新编21世纪市场营销系列教材

品牌策划与管理

第5版

程宇宁 著

Brand Planning
and Management

中国人民大学出版社
·北京·

图书在版编目（CIP）数据

品牌策划与管理/程宇宁著. -- 5版. -- 北京：中国人民大学出版社，2025.1. --（新编21世纪市场营销系列教材）. -- ISBN 978-7-300-33177-5

Ⅰ. F273.2

中国国家版本馆CIP数据核字第2024UJ7294号

新编21世纪市场营销系列教材

品牌策划与管理（第5版）

程宇宁　著

Pinpai Cehua yu Guanli

出版发行	中国人民大学出版社		
社　　址	北京中关村大街31号	**邮政编码**	100080
电　　话	010－62511242（总编室）		010－62511770（质管部）
	010－82501766（邮购部）		010－62514148（门市部）
	010－62515195（发行公司）		010－62515275（盗版举报）
网　　址	http://www.crup.com.cn		
经　　销	新华书店		
印　　刷	北京昌联印刷有限公司	**版　　次**	2011年7月第1版
开　　本	787 mm×1092 mm　1/16		2025年1月第5版
印　　张	19 插页1	**印　　次**	2025年11月第2次印刷
字　　数	435 000	**定　　价**	55.00元

内容简介

本书围绕品牌策划与管理的实际流程和内容，以品牌理论、整合营销传播理论等为指导，以应用为目的，结合作者多年从事品牌策划的实践经验，对品牌理论体系予以全新梳理和阐述。越来越多的中国品牌跻身世界知名品牌之列，第 5 版增加了一些更具现实意义的中国品牌成功案例。

本书既有严谨的理论分析，又有丰富的企业案例，有助于读者理解和掌握品牌理论知识，灵活地将其运用于品牌创建、策划与传播的实践中。

作者简介

程宇宁 重庆工商大学教授。中国广告协会学术与教育工作委员会委员，教育部学位与研究生教育发展中心评审专家，重庆市社会科学专家库评审专家，重庆创意产业发展研究所所长。中国当代杰出广告人，湖南省杰出广告人，全国大学生广告艺术大赛评委，中国优秀广告作品“IAI年鉴奖”评委，中国艾菲数字营销奖评委，中国品牌专家500强。

1993年开始从事广告学的教学与实践活动。参与和主持多个知名品牌的整合营销传播策划与创意执行项目，积累了丰富的营销传播实战经验。先后出版《广告策划教程》《广告文案创意》《广告创意》《整合营销传播》《品牌策划与推广》《重庆创意产业发展报告（2014）》《互联网生态：重构商业规则》等多部著作，发表学术论文20余篇。指导学生创作的广告作品多次获得国内外知名奖项。

序

品牌作为一个组织营销策划与传播的概念，早在 20 世纪 60 年代就由美国著名的广告大师大卫·奥格威提出。随着冷战的结束，一个全面开放的全球市场逐渐形成，一些跨国企业凭借其拥有的知名品牌在国际市场上攻城略地，取得了骄人的业绩。针对这一现象，美国知名学者戴维·阿克陆续出版了其系列品牌理论研究著作《管理品牌资产》《创建强势品牌》《品牌领导》。这些研究成果为品牌理论研究奠定了基础，也促使企业更加重视品牌策划与管理在营销战略中的角色和地位。从此，品牌就成为营销界、传播界、广告界等频繁使用的词汇之一。21 世纪初，哥伦比亚大学率先在美国成立品牌研究中心，品牌研究成为多学科、多领域相互渗透的一门新兴的边缘学科。

改革开放 40 多年来，我国经济建设取得了令人瞩目的成就，经济总量已经位居世界第二。我国是一个制造业大国，目前，我国四成以上主要工业产品产量位居世界第一，但在全球品牌价值 100 强的排行榜中我国的品牌数量还不够多。在 2024 年 BrandZ 最具价值全球品牌 100 强排行榜中，我国有 11 个品牌名列其中：腾讯、茅台、阿里巴巴、抖音/TikTok、海尔、中国移动、中国工商银行、华为、中国平安、拼多多、农夫山泉。如何根据我国产业现状踏实认真地研究品牌理论，塑造和传播自主品牌，使我国自主品牌能够在国际市场上占有一席之地，是品牌理论研究者和企业实践者共同面对的全新课题。

与国外的品牌理论研究相比，我国的品牌理论研究起步较晚，较早的品牌研究学者大都是广告行业的专家，他们基于自身的专业背景，结合我国企业经营的实际，发表了一批关于品牌理论的研究成果，为我国的品牌理论研究奠定了基础。

本书作者程宇宁是从事广告研究的学者，他从 1993 年起便开始进行广告专业课程的教学。在完成教学任务之余，他还从事广告传播的具体实践工作，在广告公司担任策划创意总监，积累了丰富的品牌策划与管理的经验，这为其撰写本书提供了有力的支撑。本书力图建构与众不同的较为合理且全面的品牌理论教学体系架构，在体例编排、内容选择上独具匠心，对品牌本质的理解与界定等方面有深刻独到的见解。本书内容丰富、观点明确，既有理论上的分析与论证，又有对具体案例的研判，这是本书的亮点。作者把多年来的品牌运作经验融入本书，借助生动的图片把读者带入鲜活的现实品牌环境，增加了本书的可读性。相信本书的出版将对国内品牌研究产生较大的影响，对在新媒体时代重新认识品牌价值和传播策略产生积极的作用。

我与宇宁相识多年，对他的独特经历有所了解。他曾经是江西最后一批知青，大学毕业之后从事大学教育工作至今。在大学里他学的是汉语言文学专业，之后又在北京广播学院（现为中国传媒大学）和湘潭大学研究生班进修，学习过广告学和企业管理，且长期从事设计艺术领域的教学工作，他常常自嘲自己的学科背景杂而不专，我却认为这种杂而不专的学科背景恰恰非常适合广告学和品牌学这种多学科相互渗透的新兴边缘学科的研究与教学工作。

宇宁2006年调入重庆工商大学之后，其研究方向从广告学向品牌理论、整合营销传播理论和创意产业理论延伸。他具有与众不同的研究视角、广博深厚的广告学科背景和勤奋严谨的治学精神，陆续出版了《广告创意》《品牌策划与管理》《整合营销传播》《品牌策划与推广》《重庆创意产业发展报告（2014）》，这些研究成果清楚地反映了宇宁的治学特点，即兼收并蓄、博采众长、去粗取精、独立思考、不断创新。

宇宁能够较好地将国外的品牌理论和整合营销传播理论与中国实际相结合，有所取舍而不是一味照搬，他始终注重将实践作为研究的起点与终点，强调以形而上的理论为指导，以形而下的实际运用为目的，形成了学以致用的研究导向。如果用时间来检验研究成果，宇宁的研究成果目前仍然被许多高校认可和使用，这足以证明其研究成果在学界的影响是十分广泛的，对品牌理论和整合营销传播理论的贡献是不可替代的。

宇宁的这本书使我联想到关于品牌策划与管理的一个基本问题，即企业在资金短缺或法人任期有限的情况下如何开展品牌规划工作。这个问题实际上涉及两个方面：一是企业所处的环境体制问题；二是企业对经营理念和价值取向的判断。从文化和长远发展的角度而言，这两个方面又有一个核心，即品牌的规划与建设是需要时间的，需要企业具有长远的眼光而不计较眼前的利益得失。很多企业却没有耐性来规划、培养、呵护自己的品牌，这在很大程度上影响甚至阻碍了品牌的建设和发展。

从市场竞争的角度来看，企业需要规划和建设品牌，从实现人生价值的角度来看，我们每个人也需要规划和建设自己的品牌形象。

陈培爱

教育部高等学校新闻学学科教学指导委员会委员

厦门大学新闻传播学院教授、博士生导师

前言

本书自 2011 年 7 月初版至今已有十余年。十几年来我国的社会经济等领域发生了巨大的变化，取得了许多历史性成就。本书第 1 版使用过 2010 年《财富》世界 500 强排行榜，其中中国企业跻身 100 强的只有 5 家。在 2023 年《财富》世界 500 强排行榜中，中国有 142 家企业上榜，其中 31 家企业跻身 100 强。这些数据十分清楚地表明在经过多年的努力之后，许多中国企业已经成功地将自身品牌建设成世界强势品牌。笔者相信，中国将有更多的企业重视自身的品牌建设，会有越来越多的企业跻身全球最具价值品牌前列。而且，越来越多的企业会更加重视品牌策划与管理的学习和实践，这必将促使越来越多的高校开设品牌策划与管理课程，培养出更多的品牌策划、管理与传播领域的专业人才。

依托中国人民大学出版社的影响力，本书得到了许多高校教授品牌课程的同行的支持，一再修订出版，在市场营销专业或广告学专业的教学过程中发挥了积极作用。笔者为自己能为中国的品牌理论与实践尽绵薄之力而深感荣幸，同时也深感压力，正是在这种无形压力的推动之下，笔者在平时的教学过程中不断学习前沿的品牌理论，不断研究最新的品牌案例，以便通过自己的教学使学生在品牌策划、管理与传播领域能够有所收获。

在修订本书第 5 版的过程中，笔者全面深入学习和领会党的二十大和二十届三中全会精神，对全书的结构、体例、章节进行了修订和完善，对过时的数据或资讯进行了更新，并新增了一些更有现实意义的中国品牌的案例，对书中所引用的大部分知名品牌的视觉传达作品也予以了调整。

本书是研究品牌理论的教材，自然免不了会有一些关于品牌策划与创意的规则和基本要求，但是笔者更希望读者在理解和掌握品牌理论知识之后，能够将其灵活地运用于企业的品牌创建、策划与传播的实践活动中。当然，笔者也希望本书能够成为本专业领域高校教材当中的“品牌”。由于笔者专业水平有限，书中肯定有需要修正和完善之处，还请广大读者和专家、学者不吝赐教，以使本书在不断修改与完善的过程中向“品牌”的目标迈进。

程宇宁

于重庆学府苑

目录

第1章
品牌基本概念

今天，越来越多的企业开始认识到最有价值的资产并不是企业的有形资产，而是企业依托于品牌所建立的无形资产。在传媒业飞速发展的21世纪，许多企业试图通过铺天盖地的各种广告来影响消费者的消费判断，但成效并不明显。许多较为成熟的消费者将品牌尤其是极具个性与文化内涵的品牌作为其选择和评价商品的重要依据。在充满竞争的市场中努力创建具有个性且受到消费者喜爱的品牌，是企业形成核心竞争力并保持可持续发展的关键所在。本章从品牌概念讲起，重点讨论品牌的本质与构成及品牌的作用。

第1节　品牌与品牌理论

一、品牌的产生和发展

（一）品牌的产生

品牌（brand）一词据说起源于欧洲中世纪的古挪威语 Brandr，意思是烙在牲畜身上的标志，以便分清牲畜归属。之后，这一词汇传入英国，最终进入英语词汇体系。

1. 古代社会的品牌

在中世纪，品牌的释义等同于商品的标志，是代表或象征某种商品的视觉识别符号。当时的商品上一般有三种标志：工匠名、行会名和城市名。工匠名的标志更接近现代品牌的概念，即表明谁是商品的制造者，但并不像今天的品牌那样具有促销作用，仅仅具有区别于同类商品的作用，如我国古代的王氏剑即以铸造师的姓氏作为标志。古代或近代的市场组织行为主要是由行会负责对某行业工匠（如银匠、面包师等）进行管理，以确保商品的质量，那时的行会标志从某种意义上说有点类似于今天的行业质量认证。有时，某些商品也会标上城市名，以表示产品的产地。

2. 现代意义的品牌

中世纪以后，尤其是在工业革命之后，现代意义的品牌开始大量涌现，如李维斯（1853 年）、柯达（1881 年）、可口可乐（1886 年）、飞利浦（1891 年）、百事（1898 年）等。具有现代意义的品牌大量出现的主要原因是：人口的增长和城市化的发展使人们对包装商品的需求大幅增加；机械化的生产方式和铁路运输的普及使得商品的流通成为可能；零售商的增加确保消费者可以不受时空限制买到所需要的商品。

李维斯品牌标志

可口可乐品牌标志

从本质上说，那时的品牌对于生产商而言并没有营销意义上的功能。在市场营销过程中，市场由连接生产与销售的批发商牢牢掌握，批发商决定生产商应当生产多少产品、零售商应该销售什么商品。一些生产商为了改变这种被动的地位，决定通过改进生产工艺、注册专利和商标等方法来提升自己的市场竞争力。这些经过注册的商品名称及其标志就是现代意义的品牌的雏形。

（二）品牌的发展

1. 生产商的崛起为品牌的发展奠定了基础

生产商通过注册拥有了属于自己并受到法律保护的商标之后，便开始利用广告向消费者传播自己商品的信息，消费者可以直接向生产商要求购买这些广告中的商品，这在无形中颠覆了生产商与批发商之间的关系：原先弱势的生产商越来越强势，原先强势的批发商则渐渐处于弱势地位。

不过，生产商与批发商之间的这种关系变化从根本上说源于 19 世纪后期工业革命在交通运输领域所取得的巨大成就，即铁路的建设和海上航线的开通使生产商可以将商品廉价而快速地运到外地市场，促使生产商生产更多的商品。这种规模化的生产方式促进了品牌的发展，因为有品牌影响力的商品显然更有助于消费者在同类商品中作出选择和判断，对于消费者而言，经过包装并且有注册商标的商品在质量上大体是可以信赖的。另外，生产商的经营理念在工业革命前后也发生了转变，许多生产商由过去的生产理念开始向产品理念转变，即更注重产品的销售。此时，专利就成为许多生产商所青睐的有用“武器”，因为专利可以使生产商对某些生产和技术工艺行使专用权，从而获得可观的销售利润。到 20 世纪上半叶，生产商由于在技术和资金方面拥有更大的优势，在营销完整环节与批发商和零售商的博弈中都处于主导地位。可以这么说，正是生产商的崛起为品牌的发展奠定了坚实的基础。这个时期诞生了许多至今仍然活跃在市场上的著名品牌，如路易威登（1854 年）、凯迪拉克（1902 年）、福特汽车（1903 年）、劳斯莱斯（1906 年）等。

路易威登品牌标志　　福特汽车品牌标志

2. 品牌管理制度的发展

1931 年，宝洁公司为了使旗下的各种商品在市场营销与传播方面更具竞争力，率先确立了品牌经理制。品牌经理制不仅重写了宝洁公司的发展史，更改变了美国生产企业营销管理的运作方式，尤其是促使企业越来越重视品牌在市场营销中的地位与作用。

第二次世界大战之后，许多较大规模的生产企业开始意识到，在同一类别的产品中只拥有一个品牌并不足以保证在激烈的市场竞争中立于不败之地。同时，消费者的消费需求也在悄然发生变化，一个品牌的商品往往不能满足不同消费者的不同需求。因此，一些拥有知名品牌的生产企业开始实施品牌组合的营销战略。不过，为了避免本企业品牌之间的内耗，企业必须考虑协调同类别品牌间的关系，于是，在一些企业中开始出现"类别经理"这一职务，负责统一管理同类别品牌或单一品牌的所有生产、营销和传播的相关事宜。当然，也有少数大型生产企业如索尼、飞利浦等采取单一品牌战略。总体来看，大多数生产企业更倾向于采用多品牌战略，因为若只经营单一品牌，那么某一产品出现质量问题的负面影响，就会殃及所有其他产品，使企业陷入极为不利的境地。

3. 全球化市场为品牌发展提供了无限的空间

20 世纪 70 年代，随着美国品牌全面进入欧洲市场，商品出口为生产企业带来的经济利润与品牌在国际市场竞争中带来的商业价值相比，已变得无足轻重。品牌概念的内涵与外延不断发生变化，品牌的作用也越来越受到企业的重视，品牌形象的规划与传播在企业的整体营销战略中扮演着日益重要的角色。一些企业倚仗所拥有的著名品牌在国际市场上纵横驰骋、攻城略地，迅速与其他不具有知名品牌的企业拉开了距离，这些品牌包括耐克（1972 年）、苹果（1976 年）、范思哲（1978 年）等。

耐克品牌标志　　苹果品牌标志

拥有著名品牌的企业依靠良好的品牌声誉形成市场竞争优势，可以占有更大的市场份额并获取更多的销售利润，这就使得企业为产品研发投入大量资金成为可能，而企业不断增加的研发投入又使产品的品种得以不断更新、质量得以不断提高，从而使企业走上良性循环的发展之路。缺乏知名品牌的企业显然不具有这样的实力，两者的差距越拉越大就成为一种必然。另外，品牌化的企业具有规模化优势，这种优势不仅反映在生产上，还反映在产品包装、广告策划和媒体购买方面。企业之间的竞争实际上就体现为品牌之间的竞争，市场营销的最终目的也必然以建立企业的品牌形象为核心，企业真正进入了品牌经营的时代。

二、品牌理论的提出与发展

（一）品牌形象理论

第一个提出现代意义上的品牌概念的是美国著名广告大师大卫·奥格威（1911—1999），他在《一个广告人的自白》中提出并倡导品牌形象理论。奥格威认为，随着产品竞争的加剧，仅仅从产品本身的物理层面去寻求独特因素并不足以为品牌建立起个性形象。品牌形象理论主要包括以下四个方面。

1. 品牌形象应具有个性特征

奥格威认为，产品就像人一样，也有自己的个性，比如严谨、开朗、高贵等。个性是品牌形象的核心，没有个性，很难建立鲜明的品牌形象。不同产品的个性当然不一样，同类别的产品中，有的能在市场上长盛不衰，有的则如过眼云烟，这并不完全取决于产品品质的差别，而是产品个性使然。奥格威在美国广告代理商协会（American Association of Advertising Agencies，AAAA）的一次演讲时说："往往是一个品牌的整体性格而不是琐碎的产品差异决定了它在市场中的终极地位。"

2. 广告活动是对品牌的长期投资

从长远的观点看，广告必须维护一个好的品牌形象，甚至可以牺牲短期利益来获取品牌的长远利益。

奥格威认为，努力塑造产品的品牌形象是极其有效的方法，这种方法一旦得到贯彻执行，就等于领到了一张通往高档品牌的通行证，感性色彩较浓厚的产品，如啤酒、饮料和汽车等更是如此。如果企业所创作的广告低俗恶劣，便会大大影响产品的销售，因为没有消费者愿意使用低格调的产品。

对于企业而言，高瞻远瞩是塑造及传播品牌形象的首要条件。当然，广告公司更应该具有长远眼光，不能一味地满足广告客户只重视眼前利益而不惜以损害品牌形象为代价的杀鸡取卵式的要求。如果广告公司的品牌管理人员能够说服客户，让他们明白品牌形象的塑造与维护是一项长期投资，在不远的将来必定有所回报，那么绝大多数的客户一定会践行品牌形象的塑造与传播。

3. 传播品牌形象比单纯强调产品功能特征重要得多

随着科学技术的发展，企业所生产的同类别产品之间的差异快速减小，这就必然导致不同企业所生产的同类别产品之间的同质性越来越高。另外，随着消费社会的形成以及社会经济的发展，消费者购买商品时理性思考也越来越少。因此，在广告活动中，塑造并传播品牌形象远比单纯强调产品的具体功能特征重要得多。

就啤酒而言，为什么有人愿意买百威，有人愿意买嘉士伯或蓝带？其实，这三种啤酒在品质及口味上并没有太大区别，只不过它们各自塑造并维护了一以贯之的品牌形象，锁定不同的消费者群体。消费者选择的并不是啤酒本身，而是他们心目中的品牌形象。啤酒厂所出售的也可以说是经过广告创作人员精心塑造并维护的品牌形象。

4. 塑造品牌形象可以满足消费者的心理需求

根据马斯洛的需求层次理论，消费者的需求层次是随着生活水平的提高不断上升的，这种变化趋势大致为：实质利益的需求→以实质利益为主、心理利益为辅的需求→以心理利益为主、实质利益为辅的需求→心理利益的需求。奥格威敏锐地发现并把握住了消费者需求上的变化，认为消费者在购买产品时所追求的是“实质利益＋心理利益”。因此，用广告创意塑造的品牌形象来满足消费者的心理需求，是广告活动成功的关键。

大卫·奥格威的个人成功使品牌形象理论获得广泛认可，但是他提出的品牌形象理论只是指出了品牌形象和品牌个性的重要性，对于企业在开展品牌传播活动时究竟应该如何塑造和建立品牌形象并没有给出答案，因此，这个理论本质上只是一种思想，不具有操作指导性。

（二）品牌定位理论

奥格威提出的品牌形象理论事实上没有对如何建构品牌的个性形象予以具体阐述，在实际应用中，品牌形象理论受到广告界的很多批评。一些专家认为，品牌形象理论要为许多虚假和夸大的形象宣传负责。1972 年，艾尔·里斯（Al Ries）和杰克·特劳特（Jack Trout）在《广告时代》上发表了系列文章《定位时代的来临》，在营销界和广告界提出了全新的理论——品牌定位理论。品牌定位理论被认为是在传播过度的社会中解决传播问题的首要思路，也是现代营销最重要的概念之一。

品牌定位理论的基本思想是：企业应想方设法通过有效的策划与传播，使产品的概念在目标消费者的大脑里占据一个有利的位置。品牌定位理论的基本假设是：社会的传播已经过度，一般的说辞很难进入人们的大脑；同时，人们的大脑又只会记住简单信息。这就产生了一个问题：如何进入消费者尤其是目标消费者的大脑并实现占位？

里斯和特劳特提出的基本方法是发现或创建目标消费者的心理位置，强调第一的位置。如果不能占据第一的位置，可以采取与第一挂钩的方式，如比附定位，让人们在记住第一的同时，还知道第二。还有一个方法是给第一的品牌重新定位，使它让位于自己，例如泰诺给阿司匹林的重新定位，泰诺称自己的药物“不伤胃”，将阿司匹林重新定位为会伤胃的止痛药，有效改变了人们对阿司匹林的看法。

品牌定位理论认为，品牌通过有效的传播进入目标消费者的大脑并占据有利的位置时，就会使目标消费者在头脑中形成固定思维，即形成一个品牌代表什么的认知定式。当然，由于环境的变化，必要的改变不可避免，所以特劳特在其《新定位》（*The New Positioning*）一书中用大量篇幅介绍如何重新定位，但同时指出，环境变化是永恒的，重新定位则是有限的和必须控制的，经常改变只会导致没有定位。

（三）品牌创建理论

该理论由美国学者凯文·莱恩·凯勒（Kevin Lane Keller）提出。凯勒认为品牌的价值基于顾客的认知以及由这个认知产生的对企业的品牌产品相对于无品牌产品的差异性反应，如果这个差异性反应是正面的和积极的，则这个品牌就有正面价值；反之，如果这个差异性反应是消极的，这个品牌就有负面价值。

1. 品牌创建就是要提炼并传播基于顾客的品牌正面价值

凯勒指出，顾客不仅包括个体消费者，也包括团体购买者。因此，品牌创建理论不仅适用于消费品，也适用于工业品。在这个基础上，凯勒提出了一个品牌创建理论模型（见图 1-1）。

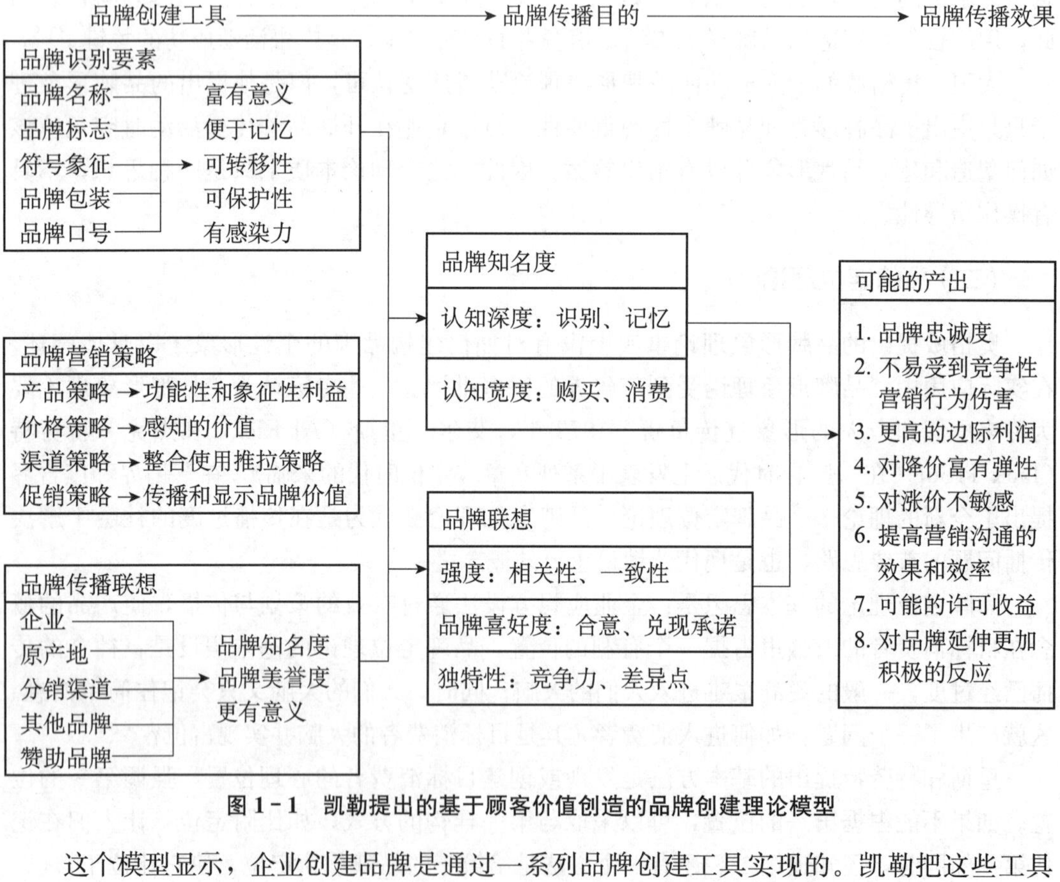

图 1-1　凯勒提出的基于顾客价值创造的品牌创建理论模型

这个模型显示，企业创建品牌是通过一系列品牌创建工具实现的。凯勒把这些工具分为三大组，分别是品牌识别要素、品牌营销策略以及品牌传播联想。首先是品牌识别要素，其中包括品牌名称、品牌标志、符号象征、品牌包装、品牌口号等，这些识别要素使品牌具有如下特征：富有意义、便于记忆、可转移性、可保护性及有感染力。其次是品牌营销策略，凯勒采取了传统的 4P 营销组合策略，即产品策略体现产品的功能性和象征性利益，价格策略体现感知的价值，渠道策略是整合使用推拉策略，促销策略是传播和显示品牌价值。最后一组工具是品牌传播联想，包括品牌产品的企业、原产地、分销渠道、其他品牌及赞助品牌等，帮助提升品牌知名度、品牌美誉度，使品牌更有意义。

通过使用上述三大组工具，企业可以实现两大目的：在顾客心目中建立起品牌知名度和品牌联想。其中，品牌知名度被凯勒分为消费者对品牌认知的深度和宽度。消费者对品牌认知的深度是指消费者对品牌的识别（在有提示下辨认的速度和正确度）和记忆（在无提示下能够回忆和表达的程度）；消费者对品牌认知的宽度是指消费者实际购买和消费的情况，如经常购买、偶尔购买等。品牌联想可分为三个方面：一是强度，它取决于品牌概念与产品属性之间的相关性和一致性；二是品牌喜好度，它取决于品牌对消费者来说是否合意及能否兑现承诺；三是独特性，它取决于品牌的竞争力和差异点。

凯勒认为，无论是品牌知名度还是品牌联想，都是品牌创建三大组工具共同作用的结果。从这个角度讲，凯勒的理论是一个“品牌设计＋营销整合”的品牌创建理论，其出发点和目的是消费者的价值感知。

品牌创建过程实际上就是整合利用这些工具（投入），进而影响品牌知名度和品牌联想（转换过程），最终创造出品牌价值（产出）。一个强势或著名品牌就是一个具有很高品牌价值的品牌。凯勒指出，品牌创建理论模型的可能产出包括：品牌忠诚度；不易受到竞争性营销行为伤害；更高的边际利润；对降价富有弹性；对涨价不敏感；提高营销沟通的效果和效率；可能的许可收益；对品牌延伸更加积极的反应。

2. 对该理论的评价

该理论很快得到了西方学术界的广泛接受，对品牌创建实践工作和理论研究具有较强的指导意义，能够告诉我们如何分析和研究品牌创建工具对品牌建设是否起到了积极作用。这个模型可以理解为试错法模型，即改变某个品牌创建变量，然后检验其是否有效，如果没有正面的效果，则放弃，再试，直至找到比较有效的变量。

然而，问题仍然存在。企业管理人员从什么地方着手寻找这个变量呢？该理论没有给出整体性和方向性的指导，而且有可能存在短期有效而长期损害品牌的营销变量。从品牌定位理论的观点看，这个理论也没有回答建立一个怎样的品牌的问题，即品牌的核心价值和定位是什么？这些问题有待于在不断的研究和实践中逐步加以完善。

（四）品牌识别理论

戴维·阿克的品牌识别理论是对凯勒的品牌创建理论的极大补充。戴维·阿克的品牌识别理论最早出现在《创建强势品牌》（*Building Strong Brands*）一书中，后来在《品牌领导》（*Brand Leadership*）中对这个理论做了改进，但没有实质性的变化，基本思想完全一致。

1. 品牌识别系统的建设

品牌识别系统的建设分为三个步骤。第一步是进行品牌的战略性分析：（1）顾客分析，包括市场趋势、动机、未满足的需要和市场区隔；（2）竞争者分析，包括品牌形象、品牌识别、战略、弱点等；（3）自我分析，包括品牌现在的形象、品牌历史、实力和能力、组织价值等。

第二步是设计品牌识别系统。品牌识别由品牌精髓、品牌核心和延伸识别三个部分组成。具体体现在四个方面：（1）品牌产品，包括品牌涵盖的产品范围、产品特性、质量/价格、使用体验、使用者和原产地，这些直接影响顾客的感受，或使其产生一些联想等；（2）品牌组织背景，包括组织特性，如组织的创新性、质量要求、对环境的友好性等，以及公司的全球性或地区性，这些方面会影响顾客对品牌的好感、尊重等态度；（3）品牌个性，包括品牌人格化的个性形象、品牌与顾客的关系；（4）品牌的符号和意义，包括品牌的视觉标志、名称、隐喻式图案、品牌传统等。

通过对品牌识别的界定，确定品牌给顾客创造价值的目标导向，即是创造功能性利益、情感性利益还是自我表达性利益。明确本品牌是否可以为其他品牌提供支持。在品牌识别、品牌的顾客价值和本品牌与其他品牌关系的基础上，明确品牌与顾客关系。这样，一个完整的品牌识别系统的设计工作就完成了。

在戴维·阿克看来，品牌识别本质上是不应该改变的，特别是品牌的精髓和核心不应该改变。品牌识别的核心部分通常会体现在品牌的定位和广告传播过程中，实际上就是要求定位不变，广告的风格和传统内容基本不变，这一点与独特销售主张理论和品牌定位理论是比较一致的。不过，在戴维·阿克的理论中，品牌定位只是作为品牌识别的手段之一。

第三步是建设品牌识别的实施系统。首先是更形象地诠释品牌识别，进行品牌定位，积极向目标受众传播品牌识别和它的价值取向；其次是开展品牌创建的一系列具体活动；最后是进行效果追踪和评价。

2. 品牌识别理论的贡献

总体上讲，品牌识别理论超越了单个品牌的创建，结合企业整体的品牌构架和企业内部不同品牌论述了怎样创建强势品牌与领导品牌的问题。这是该理论的一大特色。该理论就如何在品牌识别基础上进行品牌定位、品牌延伸进行了研究，也对运用具体品牌创建方法如网络、赞助活动等进行了探讨。

戴维·阿克的理论比较全面地吸收了品牌创建理论的核心观点，在建立一个有效的品牌识别系统的基础上充分吸取了品牌定位理论的思想。品牌识别理论认为需要深入理解消费者，要把品牌与产品的功能性利益联系起来而不是仅仅建立虚无的品牌个性形象，在这一点上该理论继承了独特销售主张理论的思想。戴维·阿克认为，在品牌创建过程中有两个问题：一是“这个品牌是什么”，通常回答的是能提供什么功能性利益；二是“这个品牌意味着什么”，通常回答的是能提供什么情感性利益和自我表达性利益。可以说，戴维·阿克的品牌识别理论比较系统地整合了独特销售主张理论、品牌形象理论和品牌定位理论的合理的思想内核，形成了更加完整的理论。与凯勒的基于顾客价值创造的品牌创建理论相比，戴维·阿克的品牌识别理论指明了品牌创建的改进方向——围绕品牌识别开展品牌创建工作。

案例 1-1　百年宝马 值得中国学习的品牌

当然，戴维·阿克的品牌识别理论也有自己的问题。在他的两本关于品牌识别的著作中都没有系统论述如何进行品牌的战略性分析，也没有就如何有效实施品牌识别系统进行论述。他的著作中用了大量的案例，结论基本上是基于案例的分析，对于如何清晰地界定和提升品牌的价值缺乏论述，也没有系统研究如何从零开始创建一个品牌。

第2节 品牌的本质与构成

一、品牌概念

品牌是一个使用比较频繁的词语，但对于究竟什么是品牌，或者从理论上对品牌的内涵和外延予以规范的界定，仍然众说纷纭，没有统一的认识。本节试图对品牌概念进行界定。

（一）品牌概念的形成

1. 品牌专家对品牌概念形成原因的探讨

20世纪90年代戴维·阿克出版了《管理品牌资产》（*Managing Brand Equity*）一书后，品牌价值说便迅速成为企业界、广告界、传媒界的热门话题。人们发现品牌概念、品牌认知、品牌个性、品牌文化、品牌精神等均是企业吸引并维护消费者，进而在市场竞争中获胜必不可少的利器。这推动着对于品牌进行深入研究，逐渐形成了关于品牌价值的系统理论。

然而，无论是品牌专家戴维·阿克，还是其他品牌研究的资深人士，在讨论使品牌内涵由形而下的产品视觉识别符号向形而上的品牌理念、文化、精神等抽象意义延伸时，均没有涉及问题的本质。戴维·阿克在其品牌三部曲中没有花多少笔墨讨论这个问题，只是在《品牌领导》的前言中写道："品牌构建工作对大多数管理者来说迫在眉睫，生产力过剩、残酷的价格竞争、激增的同质化产品和精明的零售商只是其中的部分原因。"对于促使品牌内涵延伸的其他原因，戴维·阿克并没有明确地论述。

杰斯帕·昆德在论述品牌精神的形成原因时说："消费者并非机器人，他们不只是简单地购买产品，也在选择一种观念和态度。当面对不断增加和日益多样化的选择时，消费者的购买倾向更加受制于其信仰。此时的购买动机产生于对于品牌的卓越性的信仰和本能，消费者绝不会在稀薄的空气中寻找这种信仰。"这种从消费者的角度分析品牌精神的形成原因的品牌研究著述不多见，却是一种非常正确的思路，只是杰斯帕·昆德并没有（至少在《公司精神》（*Corporate Religion*）这部专著中没有）对这一问题做全面深入的诠释。

2. 品牌概念形成的社会背景

唯物主义的观点认为，社会存在决定社会意识。因此，有什么样的社会存在，就必然会产生与之相适应的社会意识。同样，有什么样的市场需求，也就必然会产生相应的市场理论。

20世纪70年代以前，欧美国家的经济处于战后恢复时期，社会物质相对匮乏、人均收入相对较低。那时，消费者对产品的需求自然是以量的满足（生理满足）为主，十分注重产品的物质性，产品的质量、价格是绝大多数消费者决定是否购买商品的主要因素。70 年代中后期，欧美国家进入经济高速发展时期，社会物质丰富，人均收入大幅提高。此时，消费者对产品的需求开始由物质性向社会性转变，越来越重视商品的精神性（身份地位、审美品位、价值观念、精神信仰等），商品本身的物质属性逐渐变得不那么重要。针对目标消费群体，经过精心提炼且附加在商品上的价值观念、审美品位、文化等精神属性逐渐成为消费者是否购买商品的决定性因素。也就是说，随着经济的发展、物质资料的丰富、收入的增加、生活水平的提高，消费者对商品的需求从原始的物质消费向后工业时代的精神消费过渡和转化。实际上，美国著名社会心理学家马斯洛早已从宏观角度对人类的需求层次及其发展变化的趋势做了精辟分析。

品牌的内涵由最初单纯的视觉识别符号演变为集识别功能、信息浓缩功能、安全功能、价值功能于一体的全新的品牌理论，根源在于市场需求（消费者对于商品的需求）从物质性转变为精神性。

（二）品牌的定义

1. 品牌专家对品牌的定义

随着社会的发展，品牌的内涵不断地发展和演变，因此对品牌的定义也在不断地发展和变化。直到今天，在营销界和广告界仍然没有一个统一的、公认的品牌定义。

虽然宝洁公司在 1931 年便确立了品牌经理制，旗下有众多品牌，但是对于品牌的定义，宝洁公司并没有作出具体的表述。

1955 年，奥美广告公司的创始人、广告大师大卫・奥格威从广告传播的角度首次提出了品牌形象理论，并定义了品牌：

> 品牌是一种错综复杂的象征，它是商品的属性、名称、包装、价格、历史、声誉、广告风格的无形组合。品牌也因消费者对其的印象及自身的经验而被界定。

奥格威认为，品牌不仅仅是商品的名称和标志，还是一个商品所体现出来的综合的形象以及在消费者心目中的感受和所具有的社会属性的象征意义。

1960 年，美国市场营销协会（AMA）对品牌进行了定义：

> 品牌是用以识别一个或一群产品或服务的名称、术语、象征、记号或设计及其组合，以和其他竞争者的产品或服务相区别。

显然，美国市场营销协会对品牌的定义只强调了品牌的识别功能，认为品牌仅仅是一种使本商品与其他竞争商品相区别的识别符号，没有触及品牌的本质和内涵。

1994 年，著名营销学家菲利普・科特勒对品牌进行了新的定义：

> 品牌包含多方面的内容，至少有以下六个方面：属性、利益、价值、文化、个性以及用户。

应该说，菲利普・科特勒对品牌的定义是最全面、最完整的，但他的定义仅仅指出了品牌的内涵由哪些内容构成，却没有论及这些构成要素之间的相互关系，使品牌定义显得过于笼统和抽象。

1998 年，著名品牌学家戴维・阿克提出了自己对品牌的定义：

品牌就是产品、符号、人、企业与消费者之间的联结和沟通。也就是说，品牌是一个全方位的架构，牵涉到消费者与品牌沟通的方方面面，并且品牌被视为一种“体验”，一种消费者能亲身参与的更深层次的关系，一种与消费者进行理性和感性互动的总和，若不能与消费者结成亲密关系，则产品从根本上丧失了被称为品牌的资格。

戴维·阿克对品牌的定义涉及品牌的本质，即品牌与消费者的沟通功能。这个定义强调了品牌最终能够被市场认同与和消费者所建立的情感关系及互信是分不开的，但是其表述过于零乱，缺乏层次感。

2. 本书对品牌的定义

通过上述对品牌若干不同定义的分析，结合多年来笔者参与一些国内外知名品牌的营销与传播活动的实践经验和体会，笔者于2005年提出了关于品牌的定义。①

品牌是企业组织以其具有优异品质的商品或服务为载体，以商品的功能属性或精神属性为诉求内容，通过各种营销和传播活动与目标消费者建立彼此认同，并为双方带来利益的关系总和。

对这个定义，可从以下几个方面加以理解。

第一，品牌是一种关系，这种关系必须以消费者为中心。品牌的存在与发展只能以消费者是否认可为前提，没有消费者的认可，品牌就没有价值可言。因此，品牌的价值就体现在品牌与消费者的关系之中，这种关系绝不是单方获益的关系，而是能够给双方创造价值、带来利益的共生双赢的关系。

第二，品牌具有三重基本属性，即品牌的内在属性、精神属性以及有别于其他品牌的外在属性。品牌的内在属性是品牌载体的基础，它必须以优异的品质为前提，能够满足消费者的物质需求。品牌的精神属性是品牌载体的核心，它必须以独特的文化和价值观念为诉求内容，以满足消费者的精神需求。品牌的外在属性（识别系统）有助于消费者对品牌形象与品牌个性的认知和理解。

第三，品牌的价值在于传播。这里的传播包括所有与消费者沟通的环节，如产品设计、包装设计、定价策略、销售推广、广告创意、公共关系、新闻报道、人员直销、展会营销等。一方面，这些传播活动可以加强目标消费者对品牌的全面认知；另一方面，这些传播活动可以转化到品牌形象的塑造之中，从而形成品牌的一部分资产（见图1-2）。

二、品牌的构成

根据上述对品牌的定义，我们可以认为品牌主要是由企业、消费者以及产品这三大要素以及彼此之间的关系构成的。这种认识主要是从宏观的角度来界定品牌的本质。如果从微观的角度来理解品牌，则品牌是由内在属性、精神属性和外在属性这三大要素构成的。

---

① 程宇宁．从形而下的识别符号到形而上的品牌精神：也论品牌价值内涵的演变及其形成．现代广告，2005（10）：75-76.

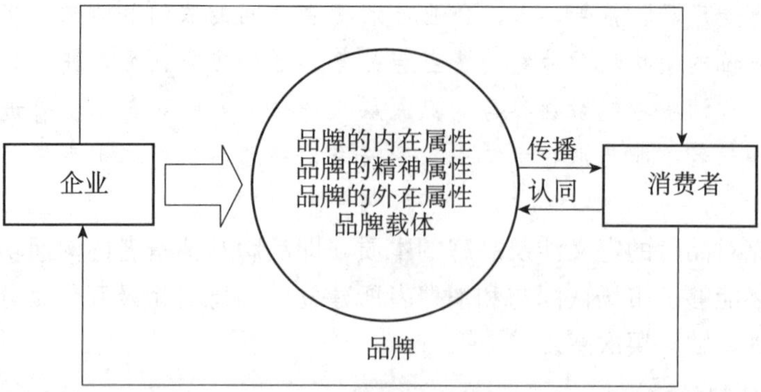

图 1－2　品牌定义的模型

（一）品牌的内在属性

品牌的内在属性是构成品牌的基础，其内容主要包括产品的原料、质量、性能、用途、技术、工艺、专利、价格、分销、配送等。品牌的内在属性还可以进一步细分为功能属性、结构属性和审美属性（见图 1－3）。

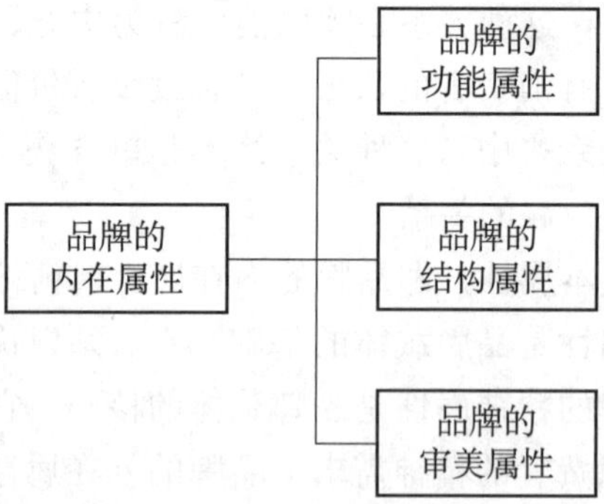

图 1－3　品牌内在属性的构成

功能属性是指品牌商品能够为消费者带来实质性利益的内在属性，如瑞士军刀的功能属性就是具备众多的使用功能。结构属性是指品牌商品功能属性的外在体现形式（如形状、直径等），如大众甲壳虫轿车的结构属性就是它有别于其他轿车的独特造型。审美属性指的是品牌商品在视觉上使消费者产生的审美感受（如设计和色调），如百事可乐就具有突出的视觉上的审美属性。

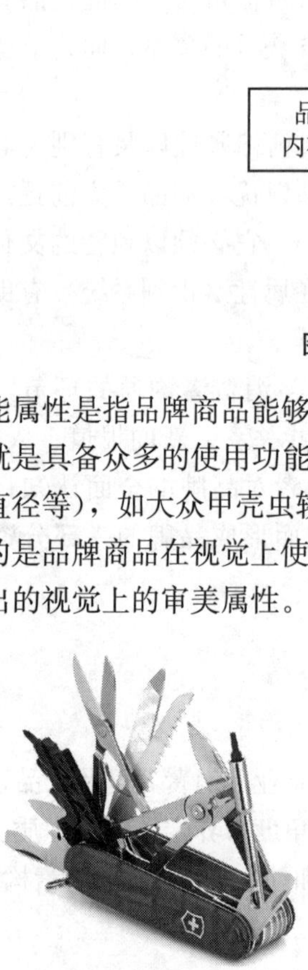

瑞士军刀

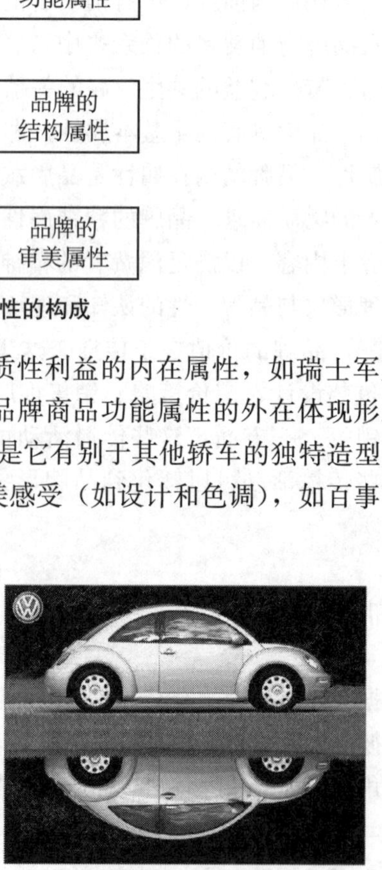

大众甲壳虫轿车

品牌的内在属性可以通过三种方式对消费者的判断产生影响：直接影响、间接影响以及与外在属性的相互作用。品牌的内在属性对消费者的判断产生的直接影响与品牌的内在属性是否容易被感知有着密切的关系。也就是说，如果品牌的内在属性能够被消费者认知和理解，那么消费者可以通过品牌的内在属性来评价和判断搜索性商品（指技术含量较高的商品，如汽车、手提电脑、家电产品等），因此，品牌的内在属性会对消费者的购买决策产生直接影响。

然而，对于经验性商品（指技术含量较低的商品，如啤酒、咖啡、可乐、饮料等），内在属性对于消费者的影响就没有那么直接了。事实上，消费者购买经验性商品往往是通过外在属性作出判断的。虽然内在属性对消费者判断经验性商品的影响极其有限，但我们不能简单地得出内在属性不重要的结论。一个企业如果希望打造一个有影响力的品牌形象，就必须使品牌的内在属性具有相当强的市场竞争力，否则建立有影响力的品牌形象便无从谈起。

因此，确保品牌战略成功的前提就是企业必须努力提升或完善品牌的内在属性，使消费者对商品的质量产生信任感，这需要真正做到商品的质量始终如一，经得起时间的考验。如果企业过于重视眼前利益而罔顾长远利益，就难以保证商品的质量，很有可能导致品牌形象毁于一旦。2008 年三鹿奶粉的三聚氰胺事件便是例证。

（二）品牌的精神属性

品牌的精神属性是品牌构成的核心要素，包括消费者通过品牌传播的各种形式所感受到的情感归属、审美愉悦、价值认同等精神层面的抽象的、具有象征意义的内容。品牌的精神属性一方面源自商品在生产、交换和使用过程中所表现出来的象征性，另一方面则源自广告的推波助澜。

1. 商品的双重属性

大多数商品具有双重属性，也就是物质性和精神性。众所周知，企业生产商品的目的是希望通过商品来交换消费者手中的货币，赚取生产与销售之间的利差。消费者愿意用自己的货币交换商品是因为商品可以满足他们的某种需要，即交换的前提是商品必须具有使用价值。另外，商品在生产过程中凝聚了生产者的劳动，此过程的外在表现形式即价值。

因此，商品具有使用价值和价值的双重属性。使用价值体现人与自然的关系，这一关系在品牌构成中体现为品牌的内在属性；价值则体现人与人的关系，这一关系即构成品牌的精神属性的主体内容。商品既是物质的、客观的，也是精神的、主观的。商品既有实用性与功能性，又具有符号性与象征性，商品就是这两种属性的统一体。商品的双重属性（物质性与精神性）之间的关系是以物质性和功能性（使用价值）为基础的。比如，消费者购买汽车的理由首先在于汽车是可以代步的交通工具。但是，商品的价值更多地并不是体现在物质性和功能性上，而是体现在社会性和象征性上。同样是汽车，消费者在选择购买前，除了需要了解某品牌汽车的诸项功能，还需要了解该品牌汽车的生产厂家，以及该品牌汽车代表的在社会关系中的地位等诸项生产关系方面的信息。在多数情况下，企业通过广告刻意强调并渲染品牌象征的社会地位、身份和符号意义以强化品牌的精神属性，进而影响消费者的购买决策。例如，消费者选择购买 Jeep 而不是其他品牌的汽车，其决策更多地依据 Jeep 汽车品牌的精神属性的相关信息。

Jeep 越野汽车广告作品

2. 广告强化品牌精神

品牌的精神属性必须依靠营销与传播人员将诸多能够反映品牌个性、文化理念及其价值观念等精神层面的内容赋予商品并广为传播，进一步彰显品牌的社会意义和象征属性。

在任何一个社会，人们都会通过对品牌的消费来显示自身的社会地位和个人身份，只不过在商品社会中，这种品牌意义进一步被放大。品牌对人们之所以重要，并不仅仅是因为品牌的内在属性，更是因为品牌的精神属性在社会关系里所体现的符号意义。人们所见到或认识的每一样东西，都有权要求其在符号意义上的解释。如果没有得到解释，人们就会判断这个东西毫无益处，至少与自己不相干。正是这种使用与符号意义的相互交织，为人与物普遍关系的形成提供了具体的背景条件。

我们不应该把消费者行为仅仅局限在消费者对商品的物质性（功能性）需求的经济层面，应该把人的消费行为看成某种文化模式的物化形式。人们通过拥有豪宅、顶级轿车、意大利品牌时装、瑞士名表等商品来彰显自己的身份、地位。人们之所以需要品牌，其实就是因为品牌可以代表某种文化，并让这种文化得以继承和延续。从文化学的角度看，品牌实际上不知不觉地承担了传播者的角色。因此，在大多数情况下，消费者对品牌的选择就不仅仅是个人的私事，还是一种展示自我并与他人形成对照的社会活动。不过，品牌的符号意义大都是由广告赋予或强化的，刚出厂的产品显然没有能力传达意义，是广告使产品具备了这样的能力。广告不仅仅是传播品牌内在属性的一种手段，更是赋予品牌某种意义的符号制造者。也正是广告，让品牌成了有意义的传播者。

品牌的内在属性构成了品牌的基础，但仅具备内在属性还不能称为品牌，只有在内在属性的基础上彰显和渲染精神属性，才能称为品牌。这就好比一个狼孩，有人的躯体却没有人的思想，他只能被称作自然人而不能被称为社会人。人的自然属性是为人的基础，人与动物的区别或者人与人之间的区别在于思想、价值观念等精神属性上的差异。

从消费者的角度来看，消费者对品牌的需求也有一个发展变化的过程。这一过程从早期的重内在属性、轻精神属性向当代的重精神属性、轻内在属性转化。这种转变的原因是：一方面，随着人们生活水平的提高，消费者对商品的需求必然从商品的物质性向商品的精神性转化，更加看重品牌的社会象征意义；另一方面，随着现代科技的普及、生产规模的扩大，产品之间的同质化日趋严重，同类产品大同小异、难有差别，此时，品牌的文化理念、价值观念等精神属性往往成为品牌之间形成差异的核心内容，在精神层面（如文化、价值观、审美等）有着不同需求的消费者就可以根据品牌的精神属性来选择自己所喜爱的产品。因此，我们说品牌的精神属性是品牌的核心，品牌的精神属性为品牌赋予了灵魂，品牌的精神属性创造并提升了品牌价值。

（三）品牌的外在属性

品牌的外在属性由企业赋予品牌有别于其他同类品牌的识别性符号构成，包括品牌名称、包装以及商品价格等。

1. 品牌名称

品牌名称对于消费者的影响主要由四个因素构成：品牌的内在属性被消费者感知的程度；品牌精神属性所彰显的社会形象与象征意义；品牌的广告规模；与品牌相关的其他信息。

首先，品牌的外在属性对消费者的影响大小与消费者在购买商品之前能否感知品牌的内在属性密切相关。如果消费者在购买商品之前无法感知品牌的内在属性，那么消费者只能根据品牌的外在属性作出决定。比如，消费者在购买封装食品时，由于无法感知品牌的内在属性，就只能依赖品牌的外在属性作出购买决定。相对而言，消费者购买经验性商品比购买搜索性商品更注重品牌的外在属性（见图 1－4）。

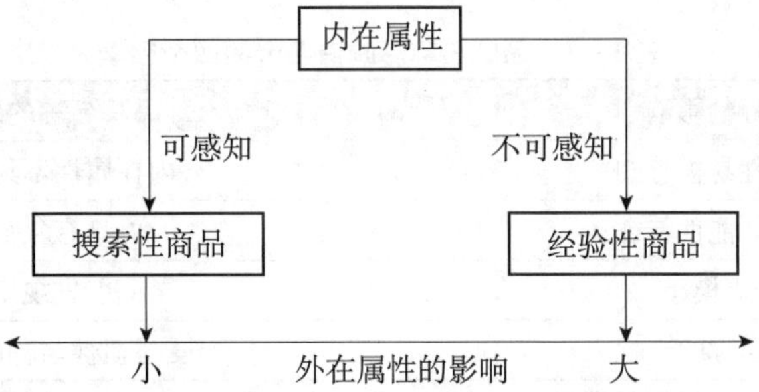

图 1－4　品牌外在属性对消费者的影响

具体到品牌名称，良好的品牌名称既可以直接传达品牌的功能属性，如美加净、飘柔、奔驰、五粮液等，又可以引发消费者的联想，如雪碧可以使消费者产生清凉解渴的联想，宝马可以使消费者产生纵横驰骋、绝尘而去的联想。因此，如果消费者在购买产品前不能对品牌的内在属性作出适当评价，那么品牌名称作为外在属性对消费者的影响会相当大。

其次，品牌名称对消费者的影响体现为品牌精神属性所彰显的社会形象与象征意义。消费者的价值观不同，对品牌的不同属性往往有着不同的需求。相对而言，那些基本生理需求已经被满足的消费者更看重品牌的精神属性而不是内在属性，因为消费者通过占有或使用某个品牌可以向他人显示自己所属或希望所属的社会群体。许多高档品牌的产品如保时捷汽车、香奈儿化妆品等，可以显示拥有者的身份与地位。一般而言，品牌名称在消费者评价和判断精神属性更为明显的品牌时所产生的作用要远远大于评价和判断内在属性更为明显的品牌时所起的作用。

再次，品牌名称对消费者的影响与品牌的广告规模密切相关。企业通过较大规模的广告传播向消费者传递品牌的相关信息，究其目的，一方面是希望消费者对品牌的内在属性和精神属性有更多的认知；另一方面是希望通过持续的大规模的广告诉求，扩大品牌知名度和提升品牌形象，使消费者对品牌名称产生较为深刻的印象，进而使消费者在评价品牌时能够借助耳熟能详的品牌名称作出有利的判断。消费者在若干同类品牌之间进行选择时，往往更倾向于那些投放了更多广告且知名度更高的品牌。因此，广告规模在很大程度上可以影响消费者对品牌的判断。

最后，与品牌相关的其他信息也会在不同程度上影响消费者对于品牌的判断，包括商品种类的名称、商品质量认证、原产地等。以商品种类的名称为例，假设消费者对商品种类的名称十分熟悉，那么品牌名称很难替代种类名称在消费者心目中的影响力。比如，许多消费者熟知“碧螺春”这一茶叶的种类名称，如果有企业试图给这一人人熟知的种类名称再加上一个品牌名称，则很难被消费者接受。正因如此，直到现在，我国茶叶市场上还很少有真正意义上的茶叶品牌。

表 1-1 总结了品牌名称影响消费者的四个因素。从总体上来说，品牌名称在消费者的评价过程中起到更大的作用，必须满足几个基本条件：品牌商品的内在属性在消费者购买前难以感知和体验，消费者更注重品牌的精神属性的社会象征意义，品牌商品具有较大规模的广告投放，以及其他对于消费者而言具有意义的名称或习惯性名称对本品牌名称构不成干扰。

表 1-1 品牌名称影响消费者的四个因素

品牌名称的影响小	品牌名称的影响大
内在属性易被感知	内在属性不易被感知
更具有功能性特征	更具有象征意义
广告规模小	广告规模大
受习惯性名称的干扰大	受习惯性名称的干扰小

2. 包装

包装在品牌的外在属性中占有相当重要的地位。商品的包装在两个层面发挥作用：其一，可以对商品进行物理性保护，尽可能使商品在运输过程中减少损耗；其二，可以在很大程度上影响消费者对品牌形象的判断。

百事可乐新概念包装

包装对品牌形象的影响体现在两个方面，即包装的设计和材料的质感，它们向消费者暗示品牌商品的质量。同时，包装也可以使消费者产生与品牌的内在属性并无直接关联的心理联想。有研究显示，两种完全相同的商品分别采用两种不同的包装材料和包装设计，被测试的消费者几乎一致认为看起来更高级、更精致的包装中的商品要比更简陋、更普通的包装中的商品更好。这一实验结果证明了包装对商品的作用逐渐从最初的物理层面向现代的心理层面过渡。因此，从某种角度来看，包装实际上是一种对消费者进行品牌诉求的无声的特殊媒介。这也是许多企业对商品的包装特别重视并愿意投入更多资金的原因。不过，这也导致了过度包装现象。

3. 商品价格

许多关于商品价格对消费者的影响的研究表明，消费者认为价格可以反映商品的质量。但是，价格对于不同消费者的影响是有一定区别的。对品牌的内在属性所知甚少的消费者对于商品的判断常常以价格的高低为标准，认为价格高的商品质量高，价格低的商品质量较低。对于品牌的内在属性有一定认知的消费者则对商品价格与商品质量的相关性有自己的判断标准，如果商品价格低于其心中的底线，消费者就会认为商品质量令人怀疑；如果商品价格高于其心中的上限，消费者就会认为商品物非所值。也就是说，这部分消费者对商品价格与商品质量之间的关联度设有一个区间值，高于或低于这一区间值，商品价格变化并不能改变他们对商品质量的看法；在区间值内，商品价格上升有助于他们对商品质量产生正相关认知。

图 1-5 中的 X 表示价格与质量完全相关的指数，Y 表示在消费者认知区间内价格与质量相关的指数。

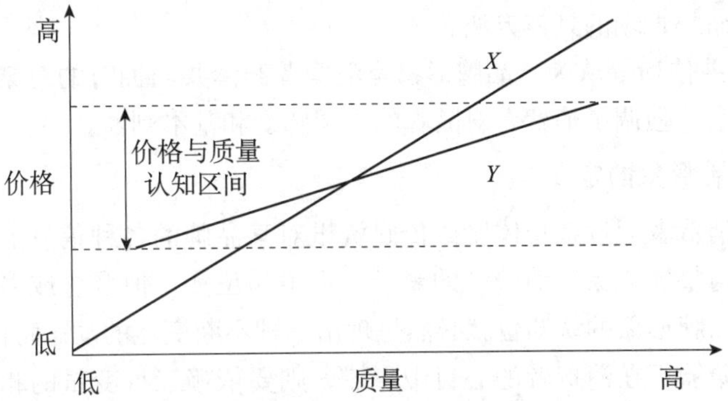

图 1-5　消费者对商品的价格与质量相关度的认知

三、品牌形象

品牌理论中还有一个很重要的概念是品牌形象。品牌形象是指消费者如何从抽象而不是现实的角度理解一个品牌。因此，品牌形象更多地是指品牌的无形元素。一个消费者既可以通过自身的经历直接形成对品牌的理解，也可以通过所接触的广告或其他信息渠道间接形成对品牌的理解。

（一）品牌形象的定义

虽然品牌形象的概念早已提出，但目前为止，关于品牌形象仍没有一个统一的定义。学者们从不同的角度对品牌形象的定义进行了探讨，总体上反映出对品牌形象的认识在不断深化。

1. 品牌专家对品牌形象的定义

1957 年，纽曼对品牌形象提出了自己的定义，品牌形象可能包括这些方面：功能的、经济的、社会的、心理的……通过风格化为广告物建立品牌形象同产品的其他方面一样存在局限性。该定义反映出当时人们对品牌形象的认识基本上还是从影响品牌形象的各种要素上予以探讨。

1978 年，莱维认为品牌形象是存在于消费者心智中的图像和概念的集群，是关于品牌知识和对品牌态度的总和。这种基于消费者的主观感受对品牌形象的内涵予以研究的做法大大丰富了品牌形象理论的研究视角，人们开始利用消费者心理学的理论来研究品牌形象的相关概念。

1984 年，雷纳德和古特曼提出：品牌形象是在竞争中使一种产品或服务差别化的含义和联想的集合。此定义反映出两位学者从营销策略的角度对品牌形象的概念加以理解的思路。

1985 年，西里提出：品牌形象具有个性形象，就像人一样……这些个性形象不是单纯由品牌的物理特征决定的。关于品牌形象的认识进入了品牌个性的层次。

1986 年，帕克等提出：品牌形象是产生于营销者对品牌管理的观念，任何产品在理论上都可以用功能的、符号的或经验的形象定位。在这里，品牌形象不仅是广告策略的主要目的，还是品牌管理的具体方法。

2003 年，莱兹伯斯等认为：品牌形象是消费者群体共同拥有的对某一品牌的主观的心理影像。这一表述强调了消费者对品牌的主观感受和基本判断。

2. 笔者对品牌形象的定义

品牌形象是消费者通过亲身体验或传媒资讯对某品牌的各种信息加以归纳和提炼而形成的主观认知与整体印象。消费者的需求、审美品位和价值观念或多或少地随时间而改变，消费者对品牌形象的认知也就必然呈现出一种不断变化的动态特征。

至于品牌形象能否在消费者的心目中形成，则要依赖三种变量的相互作用：品牌客体的属性、知觉方式和知觉情境。品牌客体的属性是指一种品牌商品的质量、包装、价格和名称等。知觉方式是指消费者对品牌客体的认知方法。不同的人对品牌客体的认知是不一样的，有的人只注重某一属性而忽略另一属性，有的人则注重多重属性甚至整体。知觉情境指的是消费者在对品牌客体进行认知的过程中所处的环境。具体而言，一个品牌商品的知觉环境是在超市还是在地摊，是在专卖店还是在百货商场，必然会影响消费者对该品牌形象的认知判断。

（二）品牌形象的构成

既然品牌形象是由客观的品牌产品和消费者的主观感受组成的混合体，品牌形象自然就由品牌产品本身及其相关资讯（内容）、消费者的感受和相关性三个要素构成。这些要素可以利用奥斯古德等于 1957 年提出的语义区分量表加以衡量。借助这一测试技术，就可以对某一品牌形象在消费者心目中的认知或评价予以量化评估（见图 1-6）。

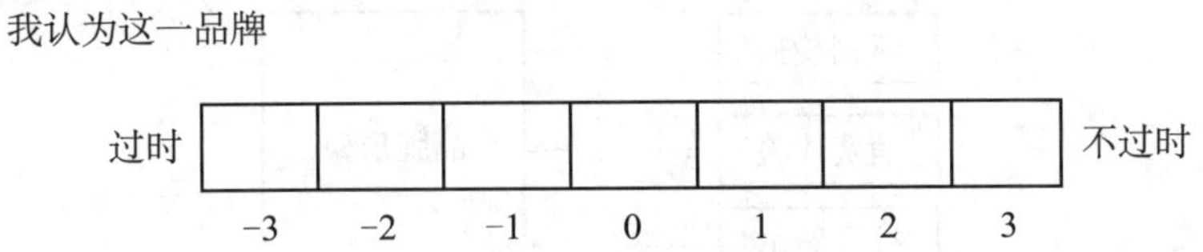

图 1-6　语义区分量表

品牌形象的内容是指消费者在品牌的外在属性（名称、质量、包装、价格、工艺等）和资讯传播（广告创意、公共关系等）的刺激下所产生的联想。消费者对品牌形象所产生的联想根据品牌个性的不同而有所不同，它既可以是理性的，如消费者对沃尔沃汽车所产生的联想是“安全”，又可以是感性的，如消费者对阿斯顿·马丁汽车所产生的联想是“奢华”；既可以是物质的，如消费者对海飞丝洗发水所产生的联想是“去头皮屑”，又可以是精神的，如消费者对潘婷洗发水所产生的联想是“更自信”。

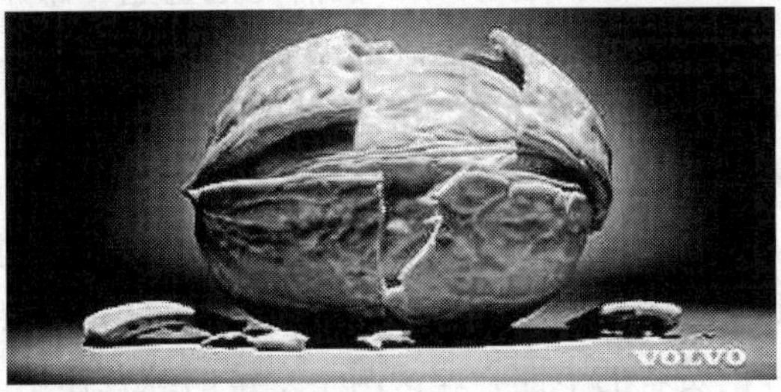

沃尔沃汽车广告作品

阿斯顿·马丁汽车广告作品

消费者的感受是对品牌形成的正面的或负面的评价和判断。例如，日系轿车的设计工艺给消费者的感受是省油（正面联想），但其安全性能给消费者的感受则是不可靠的（负面联想）。

相关性是指消费者对某一品牌的联想与品牌形象相关的紧密程度。如苹果电脑设计的艺术性使人印象深刻，人们将苹果的品牌形象与艺术（品牌联想）联系得更为紧密。

上述关于品牌形象构成的三要素的分析，仅从静态的层面予以归纳和总结。事实上，一个企业的品牌形象的形成是一个长期的、动态的、逐渐发展的过程。在这一过程中，既需要企业对品牌形象的全面规划和坚持不懈的传播，又需要目标消费者对品牌形象的正确认知。

（三）品牌形象的形成

一个企业要想在激烈的市场竞争中使品牌形象在消费者的心目中占据一席之地，关键在于如何将消费者的品牌联想与品牌形象联系起来。里克·莱兹伯斯等认为，品牌形象在消费者心目中的形成过程主要有两种途径：归纳推理和演绎推理。

1. 归纳推理

归纳推理是指消费者通过与品牌商品的实际接触并看了与其相关的大量广告之后逐

渐形成品牌形象的过程。在这一过程中，消费者会受到企业的营销传播、自己的消费体验和社会舆论三方面的影响，并将上述三方面的资讯加以归纳，在心目中确立对某商品的品牌形象（见图1-7）。

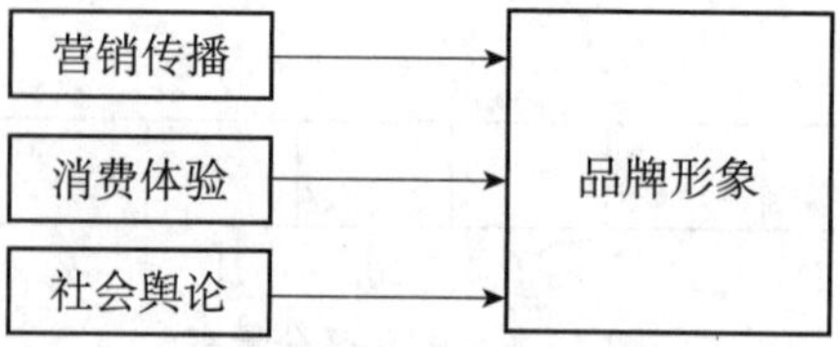

图1-7　归纳推理形成品牌形象的过程

消费者对与自己生活密切相关的品牌商品的认知要经历三个阶段：陌生→略知一二→熟悉。消费者与品牌商品接触的最初阶段是品牌形象能否树立最为关键的时期，因为任何一个人在认知事物时都不可避免地会产生先入为主的心理倾向，所以消费者在与品牌最初接触的过程中，对品牌形成的某种印象很难改变。从理论上说，企业应该在消费者认知品牌商品之前通过正确的营销传播手段传播自己良好的品牌形象。

企业的营销传播固然有助于消费者产生正面的品牌形象认知，但前提是企业在采用广告等相关的营销传播手段时，其内容必须与消费者实际消费品牌商品时的感受相一致，否则，将使消费者形成对品牌形象的负面评价。毕竟，通过实际消费品牌商品所产生的感受才是消费者形成品牌形象的最重要的因素之一。

在品牌形象形成的过程中，社会舆论（其他消费者的评价和媒体报道等）也会对消费者产生影响。不过，这种影响比起前两种因素的影响要更复杂一些。一般而言，社会舆论能否产生影响，取决于社会舆论的强度和消费者的个性心理这两个变量的综合作用。也就是说，当消费者的个性心理比较强势而且不会轻易改变自己的看法时，社会舆论对其影响就比较有限；反之，当消费者的个性心理比较弱势而且常常改变自己的观点时，社会舆论的影响就相当大（见图1-8）。

<table>
<tr><td colspan="2" rowspan="2"></td><td colspan="2">消费者个性心理</td></tr>
<tr><td>强</td><td>弱</td></tr>
<tr><td rowspan="2">社会舆论</td><td>强</td><td>有影响</td><td>有决定性影响</td></tr>
<tr><td>弱</td><td>无影响</td><td>有影响</td></tr>
</table>

图1-8　社会舆论对消费者形成对品牌形象的认知的影响

2. 演绎推理

演绎推理是指企业希望通过有计划的营销传播有意识地将消费者对某个品牌形象所产生的联想转移到该品牌下不同大类的另一种商品的过程。图1-9描述了品牌形象转移模式。

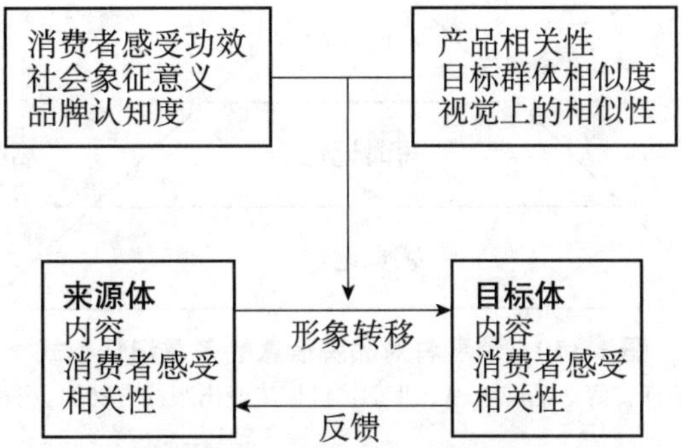

图 1-9　品牌形象转移模式

演绎推理的过程实际上就是将品牌形象进行转移的过程。既然是转移，就必须具备两个实体：来源体（品牌形象转出）和目标体（品牌形象转入）。为使品牌形象的转移过程顺利进行，企业必须具备两个先决条件。

一是来源体必须在消费者心目中确立强势的品牌形象，或者说只有在来源体的品牌附加价值（消费者感受功效、社会象征意义以及品牌认知度）较高的情况下，品牌形象的转移才有可能成功。从来源体的角度来看，品牌形象转移的过程就是演绎推理，即消费者对品牌新的联想由来源体演绎而成。

二是来源体与目标体之间必须存在某一方面的共性或相关性，即产品相关性、目标群体相似度以及视觉上的相似性。就产品相关性而言，如果来源体商品与目标体商品没有跨行业的差别，形象转移的成功概率就会大大增加。例如，康师傅方便面（来源体）的品牌形象之所以能够成功地转移到康师傅冰红茶（目标体），就是因为两者的产品具有相关性（同属食品行业）。如果目标体与来源体有相同的消费群体，形象转移成功的概率也会很大。如 Jeep 越野车（来源体）向 Jeep 男装、箱包、皮带等用品（目标体）的转移就非常成功。最后，如果来源体与目标体具有某种视觉上的相似性，也将十分有利于品牌形象的转移。比如达能商品的门类虽然较多，但是这些商品具有相似的包装图案，对消费者而言就比较容易进行品牌形象转移。

（四）消费者对品牌形象的记忆

1. 多重记忆方法

消费者对品牌形象的记忆首先是消费者通过各种方式对品牌商品及其相关资讯予以认知，然后根据认知对有关的信息加以记忆。这里涉及多重记忆方法。多重记忆方法主要包括以下三个基本概念：感觉记忆、短时记忆和长时记忆（见图 1-10）。

感觉记忆是指消费者通过感觉器官对品牌商品进行认知所产生的记忆。比如，通过对品牌商品的观察所产生的视觉记忆，通过对品牌商品的触摸所产生的触觉记忆，通过闻到品牌商品的气味所产生的嗅觉记忆，通过尝到品牌商品的味道所产生的味觉记忆，通过对品牌商品与其他物体的碰撞所产生的听觉记忆等。感觉记忆可以在瞬间记录大量信息。

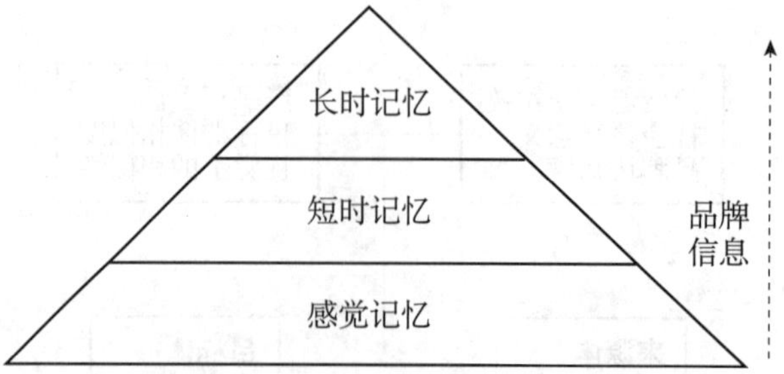

图1-10　消费者对品牌信息的多重记忆模式

资料来源：里克·莱兹伯斯，等．品牌管理．北京：机械工业出版社，2004：37.

短时记忆是指消费者在对感觉记忆信息进行综合分析的基础上，有选择地吸收的自己感兴趣或者有价值的信息。短时记忆的特征是：信息容量有限，品牌商品的信息在大脑中停留的时间大约为30秒（除非信息重复出现）。

长时记忆是指消费者对短时记忆信息予以编码、选择和重复，强化部分有价值的信息，或通过对品牌商品的实际消费和体验将品牌的信息转化为长时记忆。

2. 结构性记忆方法

多重记忆方法揭示了消费者通过感觉记忆和短时记忆将相关品牌商品的信息存储到长时记忆之中的过程。消费者除了采用这种程序性的记忆方法记忆品牌信息，还可以使用结构性记忆方法。结构性记忆方法是指消费者在对品牌信息的认知过程中，围绕品牌名称将各种与品牌相关的信息因子形成结构性的记忆网络，各信息因子以不同强度影响消费者对品牌形象的记忆。图1-11显示了一幅虚拟的消费者对泸州老窖品牌信息的结构性记忆模式图。该模式中有八方面支撑泸州老窖品牌形象的相关信息，消费者正是通过这些具体的信息因子形成了对泸州老窖品牌的长时记忆。

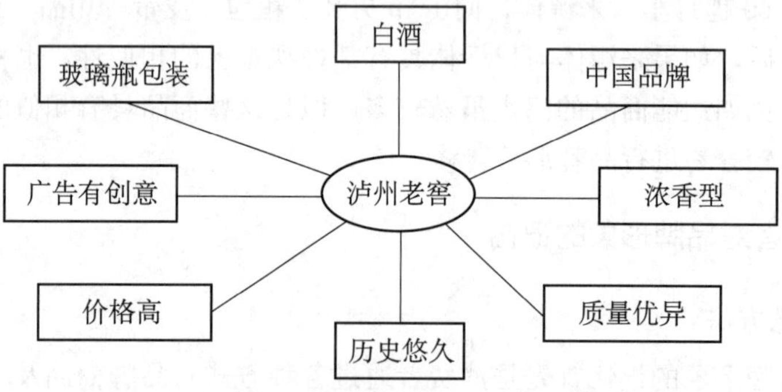

图1-11　消费者对品牌信息的结构性记忆模式

对于支撑品牌形象的诸多信息因子，消费者的记忆既不可能是均衡的，也不可能全部形成长时记忆，他们往往只对其中一些强度较高的信息因子产生记忆。比如，消费者对海飞丝品牌形象的记忆大都与支撑该品牌形象的“去头皮屑”信息因子直接相关。因此，对于企业而言，在传播品牌商品的相关信息过程中，如何强调和突出品牌商品某一具体的信息，以便于消费者形成对品牌形象的长时记忆，就显得尤为重要。

总体而言，消费者对品牌形象的记忆主要有多重记忆方法和结构性记忆方法两种方法。一般来说，多重记忆方法更适合消费者对日常生活中快速消费品品牌形象的记忆，结构性记忆方法则更适合消费者对耐用品品牌形象的记忆。

四、品牌价值

品牌价值是由品牌与消费者之间的关系这一本质属性决定的，因此，就必须将品牌价值看作一个相对的和动态的概念来理解，并且品牌价值是由品牌商品的客观存在与消费者的主观感受共同作用的结果。更确切地说，品牌价值的高低取决于消费者在长期的消费活动中对品牌的认知、感受和判断。

（一）品牌价值的概念

品牌价值是一个十分复杂、内涵丰富的概念。从宏观的角度来看，相对于企业的有形资产，品牌价值属于企业的无形资产。一个成功品牌的价值要远远大于有形资产的价值。从微观的角度来看，品牌价值又由产品的客观事实（功能价值）和消费者的主观感受（情感价值）相互作用构成。从市场营销的角度来看，企业的品牌价值存在于品牌商品的销量和利润之中。也就是说，企业的品牌价值在很大程度上取决于消费者赋予品牌的价值，即品牌的附加价值。消费者往往更愿意选择购买品牌的附加价值高而不是品牌的附加价值低的商品。因此，附加价值高的品牌比附加价值低的品牌能为企业创造更多的价值。从企业内部运作来看，品牌附加价值不仅体现在企业的经济优势上，还体现在企业的战略和管理优势上。

根据上述分析，我们可以为品牌价值下一个基本的定义：品牌价值是指品牌受到以产品质量为基础的客观属性和消费者的主观感受共同作用，为企业创造出以无形资产为主的附加价值。

（二）品牌价值的构成

品牌价值由三个部分构成，即品牌的功能价值、品牌的附加价值和品牌的资产价值。

1. 品牌的功能价值

品牌的功能价值是指品牌以质量为基础，向消费者提供能满足其使用需求的产品属性特征及其所体现出来的使用价值。这种以产品的功能为内涵的价值具有比较明显的客观属性，也是影响消费者对品牌形成判断的最基本、最直接的因素。因此，品牌的功能价值是形成品牌价值的重要基石。品牌的功能价值由产品的质量、设计、工艺水平和服务等价值要素构成。

产品的质量是构成品牌价值的前提和保证。在具体的实践中，不同的品牌对产品的质量有不同的要求。高科技产品对产品质量的要求更关注可靠性、精确性和耐用性等；一般日用消费品对产品质量的要求则更关注良好的适用性，即使用方便、耐用等。

产品的设计是指产品的生产主体在产品的实体形成之前对产品的生产制造予以事先规划的过程，也是规划主体思维能力文本化的过程。产品的设计水平高，就会保障产品在生产过程中拥有较高的质量；反之，产品的设计水平低，产品在生产过程中的质量就得不到保障。

产品的工艺水平往往可以直接反映产品的技术和文化特征。现代科学技术的发展使得产品的生产自动化程度日益提高，保证每一件产品都具有完全相同的质量。但是，对于某些特殊的产品，往往正是因为手工制作的工艺才使其具有更高的价值。如大多数的高端乐器产品、工艺制品甚至劳斯莱斯轿车等均是因为手工制作才能保证出色的质量，由此比同行业非手工制作的产品具有更高的价值。

服务是有别于上述内容的衡量品牌产品质量的关键要素。在传统的市场营销理念指导下，企业常常将注意力集中在如何满足消费者的需求上，但是随着同质化产品竞争不断加剧，新的营销理念更加重视通过建立优质的关系与服务体系来形成品牌差异化优势。

2. 品牌的附加价值

企业通过有目的的传播使消费者对品牌商品有积极的联想或正面的评价，消费者愿意以高于其他同类商品的价格购买该品牌商品，这种溢出商品正常价值的部分即品牌的附加价值。品牌的附加价值由消费者感受功效、品牌的社会象征意义以及品牌认知度三个要素构成。

在介绍消费者感受功效之前，有必要讨论消费者对品牌产生联想的相关问题。品牌联想除了有理性和感性的区别，还有物质性与非物质性之分。比如，同样是洗发水，消费者对海飞丝产生的是“去头皮屑”这一物质性联想，对飘柔产生的却是“自信”这一非物质性联想。对于品牌的附加价值而言，消费者对品牌产生什么样的联想并不重要，重要的是一旦消费者形成对某品牌的联想，这种联想对于消费者来说是不是最有价值的。如果消费者认为这种联想无足轻重，那么这种联想无法形成品牌的附加价值。由物质联想引起的并能够向消费者提供商品的功能性利益的就是消费者感受功效。感受功效由消费者所感受到的品牌商品的质量及功能属性的差异决定。消费者感受到的品牌商品质量，可能由于品牌商品的外在属性（如价格）的影响而与实际的质量有所差别。消费者感受到的品牌商品的功能属性的差异，与品牌商品是否因某种属性而令人产生联想有关。比如，日产奇骏 SUV 的三种驱动转换模式通常会使消费者感到奇骏 SUV 的功能属性与其他品牌 SUV 的功能属性有差异，从而认为该品牌商品的价值更大。

构成品牌的附加价值的第二个要素是品牌的社会象征意义。品牌的社会象征意义是指消费者通过非物质联想从品牌商品中获得的，以社会和心理层面内涵为主的附加价值。品牌的社会象征意义，不仅因品牌形象的不同而不同，还会因品牌所属的产品类别的不同而不同。具有高度社会象征意义的品牌，往往能够在消费者的心目中转化为人格化的品牌形象。阿克认为，那些希望获得社会认可的消费者，往往对具有高度社会象征意义的品牌十分敏感。他将品牌的社会象征意义的内涵进一步区分，形成了品牌社会象征意义的五个人格化特征（见图 1－12）。

值得注意的是，消费者对品牌商品的感受功效并不总是与品牌的社会象征意义的价值相当。比如，对于许多消费者而言，韩国和俄罗斯的轿车品牌具有较低的社会象征意义，但是与俄罗斯的轿车相比，韩国轿车的感受功效又相对较高。一般来说，德国和法国的轿车品牌具有较高的社会象征意义，然而，就两者的内在质量及其品牌形象而言，德国的轿车品牌更能使人联想到社会地位，法国的轿车品牌则使人感受到浪漫不羁的个性风格。不过，大多数消费者还是认为法国轿车的感受功效要低于德国轿车（见图 1－13）。

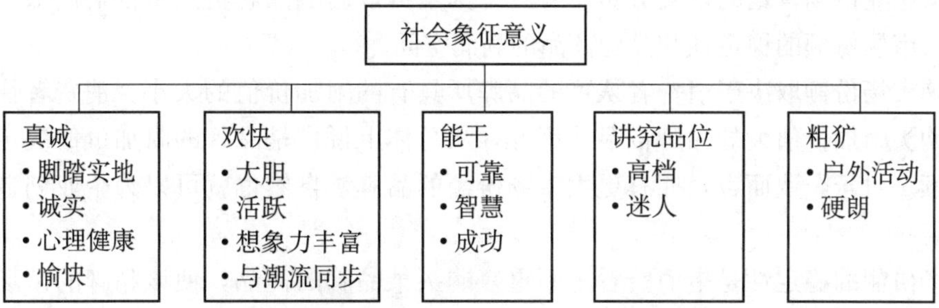

图 1－12　品牌社会象征意义的五个人格化特征

感受功效		社会象征意义：低	社会象征意义：高
	中等	俄罗斯轿车	法国轿车
	高	韩国轿车	德国轿车

图 1－13　消费者感受功效与社会象征意义之间的关系

构成品牌的附加价值的第三个要素是品牌认知度。消费者对品牌的认知主要有四种情况：第一种是对品牌名称未认知。第二种是对品牌名称被动认知，即消费者被问及某种类别的品牌商品时不能回忆起该品牌的名称，但是当其获得提示后可以识别该品牌。第三种是对品牌名称主动认知，即消费者被问及某种类别的品牌商品时不用提示即可主动说出该品牌的名称。第四种是对品牌名称首选认知，即消费者对某一商品类别产生消费需求时首先想到的就是该品牌名称。

消费者品牌认知度的强弱依赖于品牌的广告传播的曝光频率和消费者购买与使用品牌商品的频次。研究显示，60％以上的著名品牌有 50 年以上的历史，这就使这些知名品牌具有较高的广告传播曝光频率和消费者重复购买与使用频次，这些因素综合作用有利于这些品牌在消费者心目中形成首选品牌的认知。因此，从降低不确定性风险的角度出发，知名品牌自然要比不知名品牌对于消费者具有更大的价值。这种情况可以部分解释企业为什么更加注重提升品牌认知度而不是品牌形象。研究表明，在对市场份额的影响因素中，品牌认知度起到 70％的作用，品牌形象仅起到 30％的作用。品牌认知度是相对的，某一品牌认知度提高，往往意味着同一产品类别中的其他品牌认知度下降。

品牌认知度还可能对消费者感受功效及社会象征意义起到强化作用。品牌的消费者感受功效与社会象征意义可以决定品牌附加价值是正还是负，品牌认知度则在很大程度上可以对品牌的附加价值起到强化作用。从理论上说，两个都获得消费者积极联想的品牌，更知名的品牌的附加价值显然要比不太知名的品牌的附加价值大得多。

总之，消费者感受功效、品牌的社会象征意义及品牌认知度共同决定了品牌附加价值的大小。

3. 品牌的资产价值

品牌的资产价值是指品牌为企业创造的价值。在对品牌的附加价值的讨论中，我们可以得出初步的结论，那就是品牌附加价值的水平在很大程度上决定了品牌资产价值的大小。从企业市场营销的角度分析，有三个因素可以影响品牌资产价值的高低：品牌市场份额、市场份额的稳定性和品牌商品的利润空间。

品牌市场份额取决于消费者认可的品牌所具有的附加价值的大小。消费者往往更愿意选择购买附加价值大的品牌商品。因此，从总体上说，是品牌的附加价值决定了品牌市场份额。对于企业而言，拥有更大市场份额的品牌，自然也就可以为企业创造更多的资产价值。

市场份额的稳定性是指消费者不断重复购买某品牌的商品，使该品牌的市场份额保持平稳的状态。从消费者的角度来看，品牌商品能够在市场上保持稳定的份额，这就表示该品牌有相当稳定的消费群体，或者说消费者对该品牌商品拥有稳定的忠诚度。从企业的角度来看，能够使消费者对品牌商品保持稳定的忠诚度，可以为企业带来经济利益和战略决策两方面的优势。经济利益的优势体现在企业在未来的市场竞争中可以获得比较稳定的市场利润，同时也可以节省品牌商品的营销传播费用。战略决策方面的优势则体现在品牌具有威慑潜在竞争对手的能力，迫使经销商主动选择与本品牌合作，还可以考虑利用本品牌忠诚度开发其他产品，实施品牌延伸策略。因此，企业拥有能够保持较为稳定的市场份额的品牌，自然就能够创造出更多的资产价值。

影响品牌资产价值的第三个因素是品牌商品的利润空间。这里的利润是指品牌商品批发给经销商的出厂价与品牌商品生产成本之间的差价。一方面，品牌商品的出厂价可以根据市场的需求有所调整；另一方面，品牌商品的生产成本也会随着生产规模的扩大而下降。这样，利润空间大的品牌商品要比利润空间小的品牌商品更具价值。不过，作为品牌资产价值的要素之一，品牌商品的利润空间在很大程度上还是要依赖于品牌的附加价值。

第 3 节　品牌的作用

人们对品牌的认识越来越清晰，品牌不仅仅是商品或服务的标志，更是对企业的商品或服务的信誉、市场占有率和市场竞争力的集中体现，品牌的发展水平是衡量一个国家或地区的经济、科技、文化状况的重要标志。具体而言，品牌既可以为企业带来商誉利益、资金和营销投资效益，又可以为投资者带来股价提升和信心，还可以为消费者带来形象、身份和审美认同，更可以为渠道带来货架权和周转力。

一、品牌与国家层面的关系

据联合国开发计划署的不完全统计，世界上共有知名品牌 9 万余种，其中 90%以上属于西方发达国家和亚太新兴经济体。这一数据充分表明知名品牌尤其是世界级品牌的多少与一个国家或地区的综合经济实力成正相关关系。

（一）品牌与国民经济存在相关性

一般而言，一个国家或地区的经济越发达，或一个企业的经济实力越强，则其品牌的市场地位也越高。为了从实证上对上述观点进行确认，中山大学卢泰宏教授等运用回归分析法证实了经济实力（用国内生产总值反映）与品牌状况（用每年广告费投入和注册商标数量反映）之间确实存在着理想的正相关关系。

世界知名的英国品牌评估咨询公司 Brand Finance 公布的 2024 年全球品牌价值 500 强榜单可以证实上述观点。在排行榜的前 50 名中，经济最发达的美国拥有 27 个品牌，占 54%（见表 1-2）。

表 1-2　2024 年全球品牌价值 500 强榜单（1～50 名）

排名	品牌名称	国家/地区	2024 年品牌价值/同比变化
1	苹果（Apple）	美国	5 165.82 亿美元/+73.6%
2	微软（Microsoft）	美国	3 404.42 亿美元/+77.7%
3	谷歌（Google）	美国	3 334.41 亿美元/+18.5%
4	亚马逊（Amazon）	美国	3 089.26 亿美元/+3.2%
5	三星集团（Samsung Group）	韩国	993.65 亿美元/−0.3%
6	沃尔玛（Walmart）	美国	968.42 亿美元/−14.9%
7	抖音（TikTok/Douyin）	中国	841.99 亿美元/+28.2%
8	脸书（Facebook）	美国	757.16 亿美元/+28.4%
9	德国电信（Deutsche Telekom）	德国	733.21 亿美元/+16.5%
10	中国工商银行（ICBC）	中国	718.28 亿美元/+3.3%
11	威瑞森（Verizon）	美国	717.54 亿美元/+6.4%
12	国家电网（State Grid）	中国	711.45 亿美元/+20.9%
13	Instagram	美国	704.43 亿美元/+48.5%
14	中国建设银行（China Construction Bank）	中国	656.04 亿美元/+4.7%
15	星巴克（Starbucks）	美国	606.69 亿美元/+13.5%
16	中国农业银行（Agricultural Bank of China）	中国	603.98 亿美元/+4.7%
17	梅赛德斯-奔驰（Mercedes-Benz）	德国	594.36 亿美元/+1.1%
18	特斯拉（Tesla）	美国	582.72 亿美元/−12.0%
19	甲骨文（Oracle）	美国	530.99 亿美元/+34.2%
20	家得宝（Home Depot）	美国	527.68 亿美元/−13.6%
21	丰田（Toyota）	日本	526.73 亿美元/+0.3%
22	中国银行（Bank of China）	中国	504.69 亿美元/+6.6%
23	壳牌（Shell）	英国	503.02 亿美元/+4.3%
24	茅台（Moutai）	中国	500.95 亿美元/+0.7%
25	美国电话电报（AT&T）	美国	492.53 亿美元/−0.7%
26	开市客（好市多，Costco）	美国	483.80 亿美元/+3.9%

续表

排名	品牌名称	国家/地区	2024年品牌价值/同比变化
27	联合健康（UnitedHealthcare）	美国	476.32亿美元/+28.4%
28	安联集团（Allianz Group）	德国	468.89亿美元/−3.0%
29	迪士尼（Disney）	美国	467.17亿美元/−5.6%
30	英伟达（NVIDIA）	美国	444.88亿美元/+162.9%
31	中国平安（Ping An）	中国	443.69亿美元/−0.7%
32	中国移动（China Mobile）	中国	442.38亿美元/+2.0%
33	保时捷（Porsche）	德国	431.17亿美元/+17.3%
34	微信（WeChat）	中国	417.94亿美元/−16.8%
35	德勤（Deloitte）	美国	417.52亿美元/+21.0%
36	沙特阿美（Aramco）	沙特阿拉伯	415.62亿美元/−8.1%
37	宝马（BMW）	德国	409.87亿美元/+1.5%
38	埃森哲（Accenture）	美国 爱尔兰	405.02亿美元/+1.6%
39	麦当劳（McDonald's）	美国	379.93亿美元/+3.1%
40	美国银行（Bank of America）	美国	372.56亿美元/−3.6%
41	现代（Hyundai Group）	韩国	369.62亿美元/+35.6%
42	美国运通（American Express）	美国	364.75亿美元/+7.0%
43	腾讯（Tencent）	中国	360.55亿美元/−5.3%
44	富国银行（Wells Fargo）	美国	358.07亿美元/+8.6%
45	大通银行（Chase）	美国	358.07亿美元/+14.3%
46	三菱集团（Mitsubishi Group）	日本	355.47亿美元/+1.7%
47	可口可乐（Coca-Cola）	美国	350.22亿美元/+4.6%
48	联合包裹（UPS）	美国	345.52亿美元/−2.4%
49	大众（Volkswagen）	德国	337.91亿美元/−0.5%
50	万宝路（Marlboro）	美国	325.55亿美元/−6.3%

（二）品牌是国家形象的一种象征

品牌不仅与国民经济存在正相关的关系，还与一个国家的形象存在相互作用的关系。如果说一个国家在国际上的品牌声誉和名牌的数量可以反映这个国家的形象和经济实力，那么一个强大的或良好的国家形象必将不断地扶持和推动、强化该国品牌的国际地位，这种作用和反作用形成了一个良性互动的循环。

二、品牌与企业层面的关系

品牌是企业的无形资产，它对企业的意义在于其代表着较高的经济效益和经济实力，是企业附加的未来现金流量，是企业长远持续发展的产品高附加价值的来源。一个著名品牌本身就是企业重要的无形资产。

（一）扩大市场份额和提高占有率

企业通过品牌建设和传播可以逐步扩大市场份额，提高市场占有率，包括通过品牌延伸开发新产品，进入新市场，赢得消费者的认同和忠诚，打破一些国家或地区为保护本国或本地区的企业所设置的各种贸易壁垒等。联合国开发计划署的调查显示，著名品牌在整个产品品牌中所占比例还不到3%，但著名品牌产品所拥有的市场份额则高达40%以上，销售额占比更是超过50%。这充分说明了品牌在企业发展战略中所扮演的角色是多么重要。

（二）形成竞争防线

品牌通过突出产品质量或强调内在理念所形成的差异化是竞争对手难以仿效的，它可以将多种差异化利益归于一体，从而充分地向市场反映企业的综合实力和基本素质。强势品牌以长期坚持不懈的差异化诉求使企业或品牌长期保持市场竞争优势。这种优势在于：在面对竞争对手的正面进攻时，品牌差异化所形成的品牌资产可以筑起坚实的壁垒，有效阻挡竞争对手的攻击；对于潜在的、尚未进入市场的企业或品牌，品牌所代表的质量以及消费者对品牌的认可或推崇往往使得潜在进入者在巨大的压力下望而却步，放弃进入市场的念头，从而使品牌长期保持市场竞争优势。

（三）提供渠道上的杠杆力

通过塑造和传播品牌形象，尤其是当品牌已经占有较大的市场份额成为强势品牌时，企业在与渠道商的合作和销售利润分成等方面必然占据一定的优势。毕竟，渠道商更愿意与知名品牌合作，渠道商十分清楚哪些品牌的产品更受市场欢迎，如果其过于坚持自身的销售利润而拒绝与知名品牌合作，则有可能失去消费者（消费者由于得不到希望得到的品牌产品而选择其他销售渠道）。因此，一个强势品牌在争夺货架空间以及取得更优惠的价格上具有较为明显的优势。

（四）影响现金流状况

品牌资产对企业的现金流将产生四个方面的积极作用，从而在相当大程度上影响股东的利益。

第一，有助于加速现金流的周转。研究表明，良好的品牌资产有助于市场对企业营销努力产生积极的反应，从而加快现金流的周转。

第二，有助于增加现金流量。良好的品牌资产有助于企业与消费者之间形成较为稳定的关系，企业与消费者之间这种稳定且相互信任的关系可以大大减少企业的劳动力成本和固定投资，从而间接地帮助企业增加现金流量；反之，如果消费者对品牌形成负面的或消极的评价，则会使品牌产品在市场上滞销，进而造成企业生产能力过剩或闲置而效率低下，减少企业或品牌的现金流量。

第三，有助于稳定现金流。企业以良好的品牌资产为基础与消费者形成稳定的关系有助于企业相对充分和完整地掌握信息，企业留住老顾客的成本比吸引新顾客的成本低，可以在市场营销过程中减少不稳定性和不确定性因素。

第四，有助于增加未来现金流。比如，某品牌产品的早期使用者不仅可能继续购买该品牌产品，还可能购买该企业的其他品牌产品，甚至有可能积极向他人推荐这些品牌产品，这就使得由该品牌带来的未来现金流可能大大超过企业预期，因此，品牌资产有助于增加企业的未来现金流。

（五）获得更高的边际收益

美国的一项品牌调查数据显示，居于市场领导地位的品牌，其平均获利率是市场第二名品牌的4倍，相同的情况在英国则高达6倍。大量的事实表明，消费者在多数情况下更愿意为购买知名品牌支付更多的钱。主要原因有两点：一是大多数消费者认为产品的价格往往与产品的质量成正比，品牌产品的价格对消费者具有心理暗示作用。从企业的角度来看，这种情况则是品牌形象所体现出来的品质预期可以支持为品牌产品设定更高的价格。二是部分消费者更乐于体验拥有知名品牌的满足感与优越感，他们并不介意为此支付高价。

（六）应对环境变化

品牌资产有助于企业在面临不利局面时更具有适应性和应变性。这种品牌特质可以为企业或品牌赢得宝贵的时间。在实际的市场运作中，企业常常要面对通货膨胀、原材料与能源短缺、消费者的需求或偏好发生改变、新的竞争者进入市场等不利于品牌发展的环境变化。此时，如果企业的品牌具有良好的形象及较高的品牌资产，企业就有时间凭借市场对品牌产品的信任及由此形成的对品牌产品在一定时间段内的容忍度，积极进行技术革新，重新对品牌进行市场定位，或者对品牌发展战略进行适当的调整，这样有可能使品牌产品重获生机并立于不败之地。

三、品牌与消费者的关系

品牌的存在是因为它能够促进消费者对品牌产品具有使用信心，从而缩短其购买决策的时间，减少消费者在多个产品之间选择所付出的时间成本。消费者也用三种方式回报品牌：购买产品、品牌忠诚和支付较高的价格。

品牌与消费者的关系表现在以下方面。

（一）建立和维持象征意义

消费者通过品牌向他人明示或暗示自我识别，这是现代消费社会中消费者最为重要的一种社会性行为。自我识别在后现代社会是个人努力向社会或他人展示自己个性的心理倾向，而消费是最为便利和简单的一种途径。也就是说，消费者往往通过消费，准确地说是通过拥有某种品牌的商品来构建自己所期望的或想要的理想形象。因此，对于越来越多的消费者而言，展示自我或表达自我才是目的，消费只是一种手段，品牌是一种象征或符号。品牌的象征意义主要表现在两个方面：对外构建了外部世界，即社会象征意义；对内则构建了自我身份，即自我象征意义。广告实际上是这些象征意义的主要缔造者，品牌则由于文化意义的输入从而具有建立和维持某种特殊识别作用的符号象征意义。

（二）减少交易费用

在市场经济中，参与交易的双方为了完成交易，除了要按商品的价格支付货款，还需付出其他费用即交易费用，包括商品需求者搜寻商品信息（如比较价格、质量等）和购买后有可能发生纠纷等所需要付出的费用及时间成本。人们常说，消费者认可或喜爱某个品牌，是因为认可或喜爱该品牌所构建的象征意义。品牌象征意义指的是知名品牌本身往往凝聚了消费者所希望了解和掌握的各种信息，包括质量卓越、服务周到、企业声誉良好、知名度高、市场占有率高等。在大多数情况下，这些信息有助于消费者在较短的时间里形成对品牌产品的认知和判断，可以大大节省消费者选购商品所花费的交易费用和时间成本。

（三）减少消费者的认知不协调

消费者在一次较为重大的购买行为之前或之后常常会产生一种疑惑：“我买对了还是买错了?”这种自我担忧往往会使消费者在心理上产生一种认知不协调。消费者如果购买的是知名品牌的产品，则基本上不会产生上述疑惑，即使有，也会以知名品牌的影响力和声誉来消除自己的疑惑，甚至有可能以拥有知名品牌而产生一种荣耀的自我满足感。比如，拥有 100 多年历史的旁氏化妆品公司针对消费者的这一心理特征打造了一条广告，其内容是：“你可以在所有的时候愚弄某些人，你也可以在某些时候愚弄所有的人，但是你不可能愚弄每个人达 123 年之久。”这样的品牌诉求直接起到了帮助消费者在购买该品牌产品前后减少认知不协调的作用。

基本概念

品牌	品牌形象	品牌价值
品牌的精神属性	品牌的内在属性	品牌的外在属性
品牌的功能价值	品牌的附加价值	品牌的资产价值

思考题

1. 品牌的发展经历了哪些过程?
2. 应该如何正确认识品牌的概念?
3. 品牌与消费者之间存在哪些关系?
4. 品牌可以对企业产生哪些作用?

即测即评

第2章

品牌传播战略实施的调研分析

企业在实施品牌传播战略之前，必须对目前市场环境的变化状况、竞争状况、传播对象进行分析。即便企业以前开展的品牌策划与传播活动较为成功，也不能保证在目前的情况下沿用以往的做法还能够取得成功。因此，应该从零开始，而不能简单重复以往实施的品牌传播战略。

第1节　品牌市场环境分析

企业在启动品牌传播战略之前必须首先了解品牌产品所处的整个市场的发展现状及趋势，以便根据市场环境的变化采取相应的品牌传播战略。

一、经济与社会环境分析

经济与社会环境分析主要包括品牌产品所处市场的经济发展水平、经济增长率、经济体制现状、通货膨胀率、失业率、消费者对经济政策的态度以及法律制度体系的完善程度等。通过分析，判断消费者对政治、经济局势的展望，由此确定未来一段时间的消费趋势。

（一）经济环境分析

市场是由那些有需求并且有购买力的人构成的，购买力是构成市场和影响市场规模的一个重要因素，整个购买力即社会购买力又直接或间接受到消费者收入、价格水平、储蓄信贷等经济因素的影响。社会购买力是一些经济因素的函数，因此，企业在进行经济环境分析时，要着重分析以下因素。

1. 消费者收入的变化

消费者的购买力来自消费者收入，因此消费者收入是影响社会购买力、市场规模以及消费者支出多少和支出模式的一个重要变量。

消费者并不是将其全部收入都用来购买产品或服务，用于产品和服务支出的只是其中一部分。因此，在分析消费者收入因素时，应区别消费者可支配个人收入和消费者可随意支配个人收入这两个概念。

消费者可支配个人收入是指扣除消费者个人缴纳的各种税款和交给政府的非商业性开支后可用于个人消费和储蓄的那部分个人收入。可支配个人收入是影响消费者购买力和消费支出的决定性因素。消费者可随意支配个人收入是指可支配个人收入减去消费者用于购买生活必需品的支出和固定支出（如房租、保险费、分期付款、抵押贷款、水电气费用、物业管理费、车位费等）后剩下的那部分个人收入。一般而言，大多数消费者将可随意支配个人收入用于购买消费品、旅游度假或具有一定品牌力的商品。

要注意区别货币收入与实际收入的概念。实际收入会影响消费者的实际购买力。假设消费者的货币收入不变，如果物价下跌，那么其实际收入便会增加；反之，其实际收入便会下降。即使消费者的货币收入随着物价上涨而增加，但是如果通货膨胀率超过了货币收入的增长率，那么消费者的实际收入也会减少。

另外，要分析研究消费者的平均收入和各个群体消费者的收入，在有些地方，不同群体消费者的实际收入有着巨大的差异。此外，由于各个地区的工资水平、就业情况不同，消费者的收入水平及其增长率也会有所不同。

2. 消费者支出模式的变化

消费者支出模式根据消费者收入的变化而变化，这种变化有基本的规律可循，这个规律就是恩格尔定律。

德国统计学家恩斯特·恩格尔于 1857 年根据其对法国、英国、德国和比利时等国许多工人家庭收支预算的调查研究，发现了关于工人家庭收入变化与消费支出变化之间的比例关系的规律：随着家庭收入的增加，用于购买食品的支出占家庭收入的比重就会下降，用于住宅建筑和家务经营的支出占家庭收入的比重大体不变，用于其他方面（如服装、交通、娱乐、卫生、保健、教育、旅游等）的支出和储蓄占家庭收入的比重则会上升。

（二）社会环境分析

社会环境分析主要是了解品牌商品所在国家或地区社会开放的程度、消费者价值取向与消费观念的变化，从而较为准确地把握消费者需求的变化趋势。

1. 政治法律环境

企业准备进入某一国家或地区之前，应该深入考察和研究该国或该地区的政体、方针、政策等政治环境，以及法律、法规、条例和规定等法律环境，通过研究分析这些环境因素，给企业的品牌传播寻找机会，否则，企业的品牌传播活动就会受到阻碍或挫折。一般而言，企业必须掌握商标法、消费者权益保护法和广告法。另外，政治领导人的讲话和新闻媒体的报道也是分析研究的内容。

2. 文化环境

企业准备进入某一国家或地区之前，对该国或地区的历史与文化传统进行深入分析研究同样是不可忽视的。文化由不同历史、不同地域所形成的各种差异很大的价值观念、风俗习惯和宗教信仰构成，在很大程度上左右着人们的世界观，会深刻影响消费者在选择和判断商品时的基本态度。文化还具有一种自觉性，使人不由自主地采取下意识的行动。在大多数情况下，文化比法律的约束力强，其对人的影响力也是很难改变的。因此，企业在进行品牌传播时一定要深入地了解、掌握和适应当地的文化，才有可能使品牌传播活动取得理想的效果。

二、市场环境分析

市场环境分析涉及的内容较多，品牌策划管理人员应重点分析市场规模、市场占有率和流通渠道的状况等。

案例 2－1　谷歌

（一）市场规模

在分析某一市场的规模时，可以分析商品的普及率、生产量、销售量和消费额。比如，某咖啡品牌准备进入某市场，就必须分析该市场的咖啡普及率、近五年总销售量等基本数据，以比较清楚地了解该咖啡市场的规模大小及目前咖啡在该市场是处于导入期、成长期、成熟期还是衰退期。一般情况下，当某产品总销售额的增长率大于 10%时，该产品就处于成长期；当产品总销售额的增长率在 1%～10%时，该产品就处于成熟期；当产品总销售额的增长率小于 0 时，该产品则处于衰退期。

（二）市场占有率

在市场环境分析中，市场占有率是一个重要的概念。市场占有率是指某品牌产品的销售额在市场同类产品总销售额中所占的比率。企业分析市场占有率时，不应只对本品牌产品的市场占有率进行分析，还应该对该市场其他重要品牌产品的市场占有率进行分析，通过比较分析明了本品牌与竞争品牌在市场上的位次，据此制订更有针对性的品牌传播方案。

（三）流通渠道

如果说市场规模分析是对市场总销售量的研究，对市场占有率的分析则是对各品牌市场位次的研究，那么对各品牌产品的流通渠道的分析就是对其销售策略的研究。通过分析流通渠道可以明了各竞争品牌在销售环节的基本策略和状况，如各品牌产品的铺货率、店面占有情况、库存量等。

在进行市场环境分析时，还需要掌握有关市场结构类型和市场地位识别的知识。市场结构类型见表 2-1。市场地位的识别见表 2-2。

表 2-1 各市场结构类型的特点

市场结构类型	规模	集中度	产品差异化
完全垄断	大	高	大
寡头垄断	大	高	小
垄断竞争	小	低	大
完全竞争	小	低	小

表 2-2 市场地位的识别

市场地位	特点
市场领先者	（1）市场占有率最高； （2）在市场上处于主导地位； （3）市场竞争的导向者； （4）其他品牌挑战、仿效或躲避的对象
市场挑战者	（1）在市场上处于次要地位； （2）向市场领先者挑战
市场跟随者	（1）在市场上处于次要地位； （2）不热衷于挑战，安于次要地位
市场补缺者	（1）在大企业的夹缝中求得生存和发展； （2）提供专业化服务

第 2 节 品牌市场竞争分析

由于消费者最终是通过购买和使用具体的产品而对品牌产生积极正面或消极负面的印象，因此产品本身的质量、特性以及与竞争对手相比所具有的差异是品牌产品能否在市场上获得消费者认可的重要因素。

一、分析产品的竞争优势

（一）产品的基本概念

产品是指能够提供给人们使用和消费并能满足人们某种需求的任何东西，包括有形的物品，无形的服务、组织、观念或它们的组合。产品一般可以分为三个层次，即核心产品、有形产品和附加产品。核心产品是指整体产品提供给消费者的直接利益和效用；有形产品是指产品在市场上出现的物质实体外形，包括产品的质量、特征、造型、商标和包装等；附加产品是指整体产品提供给消费者的一系列附加利益，包括运送、安装、维修、保证等在消费领域给予消费者的好处。

(二)产品竞争的基本策略

根据一份新产品上市失败的调查报告，造成新产品失败的原因大体有以下七个方面：市场分析不足，占32%；产品缺失，占23%；成本过高，占14%；时效不佳，占10%；竞争者反制，占8%；营销策略不当，占7%；时间不够，占6%。该调查得出的基本结论是新产品上市失败主要有三个原因：其一，企业没有深入细致地对市场进行分析便匆匆进入市场；其二，新产品本身还有待完善之处；其三，新产品的成本过高。企业如果希望自己的品牌产品能够在激烈的市场竞争中占据有利的位置并保持竞争优势，则其竞争策略需要考虑以下三点。

1. 领先性

品牌产品的领先性对于占领市场具有举足轻重的作用。品牌产品的领先性不仅是指产品在工艺和技术层面的质量、功能等要素上领先，还包括品牌产品在价值取向、包装审美等意识形态层面等要素上领先。比如，英特尔公司在微处理器研发上拥有巨大的人力和技术优势，这就使得其产品在微处理器市场上比竞争对手保持6个季度的领先优势，从而在市场上稳居领先地位。

2. 差异化

差异化是指企业根据竞争对手产品所忽略的环节以及目标消费者所需要的利益而研发与竞争对手有较大差异的产品，其核心之处就在于及时发现市场最新的需求并努力使自己的品牌产品独树一帜。差异化主要体现在有形和无形两个方面。有形的方面通常是围绕产品内容来进行的差异化，如产品的设计与生产、交货系统及促销活动等一系列内容的差异化；无形的方面主要是指提供免费的售后维修等服务和独特的审美感受等。

企业实施差异化的产品策略将产生两方面的利益：一是给供给者或生产者带来利益。差异化能有效地回避正面碰撞和竞争；可以削弱购买者手中的权力，因为市场缺乏可比的选择；能够阻碍后来的竞争者，因为在差异化策略下，得到满足的消费者会产生品牌忠诚。二是给消费者带来利益。差异化给消费者带来的利益非常明显，差异化促使产品质量更好，价格更低，使消费者的需求得到了更好的满足。

企业致力于构建自己的品牌，关键就是产品与消费者。现在已不再是以科技、生产及创新就能改变消费者需要的时代。即使有真正的新产品上市，它也会很快地被模仿，企业想成长就必须抢夺其他品牌的消费者。广告研究者史蒂芬·金提出，管理者最好致力于生产出特别的东西，使这个产品对于特定群体具有附加价值，能拥有越多附加价值就越能满足消费者的需要。这个特别的东西就是差异化产品，特定群体就是细分的目标消费者，核心就是差异化。

3. 成本领先

成本领先就是在同类产品中本品牌产品的生产和销售成本最低，企业在认为需要时可以用低于竞争对手的价格销售本品牌产品。当然，并不是所有类别的产品都需要规划或建立成本优势，相对而言，那些无差异类别的产品（如土豆、番茄、玉米等农作物和煤矿、铁矿等原材料）尤其需要实现成本领先。在手机行业，小米的市场营销策略就是成本领先策略，以低于苹果手机和三星手机的价格销售产品，取得了较大的市场份额。

二、企业与竞争对手分析

哪里有市场，哪里就有竞争。品牌策划管理人员在对品牌进行策划的过程中应该重点分析本企业与竞争对手的实力和各自所拥有的资源，通过比较得出较为准确和更有针对性的竞争策略。

（一）企业自身的优势分析

企业开展品牌策划与传播活动，宗旨是利用自身的优势，克服或避开自身的劣势。因此，明了企业或品牌自身的优势是企业开展品牌策划与传播活动的基础之一。

1. 了解企业自身所掌握的资源、能力和竞争关系

企业在开展品牌策划与传播活动之前，必须对自己掌握的资源和拥有的能力以及与竞争对手的关系有全面、客观、公正的评价，知道自己的优势何在、劣势何在，竞争对手的优势与劣势又何在。这里的资源可以分为两种：一种是有形的，如人力、财力和物力等；另一种是无形的，如品牌、技术、声誉和人际关系等。

2. 能力之争——核心竞争力

核心竞争力是指企业积累多年经验所形成的在人才储备、研发能力、管理体系等某一领域与竞争对手相比体现出来的优势，是企业维持竞争优势的关键要素。企业的核心竞争力概括起来主要有以下五个方面：一是产品优势，二是成本优势，三是品牌优势，四是渠道优势，五是附加价值优势。

（二）竞争对手分析

企业除了要知己，还必须知彼，要充分了解在市场上的主要竞争对手的详细情况。首先，要明确最直接的竞争品牌是哪个。提起同类品牌，消费者心目中包括哪些品牌，本品牌又排在第几位。其次，要明确与本品牌有直接竞争关系的品牌的优势与劣势，并找出竞争品牌的薄弱环节与缺点。

1. 企业的竞争威胁分析

企业的竞争威胁主要可以从以下四个方面加以分析：第一，确定现实的竞争者，也就是目前在市场上与本企业品牌构成直接竞争关系的品牌；第二，预测将来的竞争者，也就是潜在进入者，即在不久的将来哪些企业有可能进入市场并与本品牌产品形成竞争关系；第三，分析供应商的发展态势，如果供应商的发展速度过快，则其议价能力必然大大增强，这会对本企业在原材料供应方面构成威胁；第四，分析替代品的出现有可能对本品牌产品构成的威胁。

2. 从 5W 着手了解竞争对手

5W 分析模式就是以竞争对手为导向的研究方法，在此基础上提出营销传播战略。其关键之处在于不过分强调和分析消费者，而是从竞争对手身上寻找营销传播的突破口。

具体的 5W 是：竞争对手在做什么？为什么那样做？没有做的是什么？做得好的是什么？做得不好的又是什么？

一般而言，企业可以将上述 5W 当中的两个作为开展品牌策划与传播活动的切入点：其一，竞争对手没有做的是什么？也就是在市场上可能存在空白，如果没有竞争品牌产品进入该空白区域，则该区域对于本品牌产品而言自然是最理想的市场区域。其二，竞争对手做得不好的又是什么？本企业如果能够分析清楚竞争对手的缺点，自然就知道自己应该采取何种策略开展品牌传播活动。

行业竞争压力分析见表 2－3。

表 2－3　行业竞争压力分析

竞争压力	表现形式
购买者的权力	(1) 分销商的权力； (2) 团体消费者的权力； (3) 个体消费者的权力
竞争厂商的角逐	(1) 产品； (2) 价格； (3) 渠道； (4) 服务
替代品的威胁	(1) 价格上的吸引力； (2) 质量、性能和其他一些重要属性方面满足消费者需求的程度； (3) 购买者转向替代品的难易程度
潜在进入者的威胁	(1) 挤占已有的市场份额； (2) 挤占投入要素的获得
供应商的作用	(1) 供应商形象； (2) 供应商产品投入对成本和品牌差异化的影响

竞争对手分析模型见图 2－1。

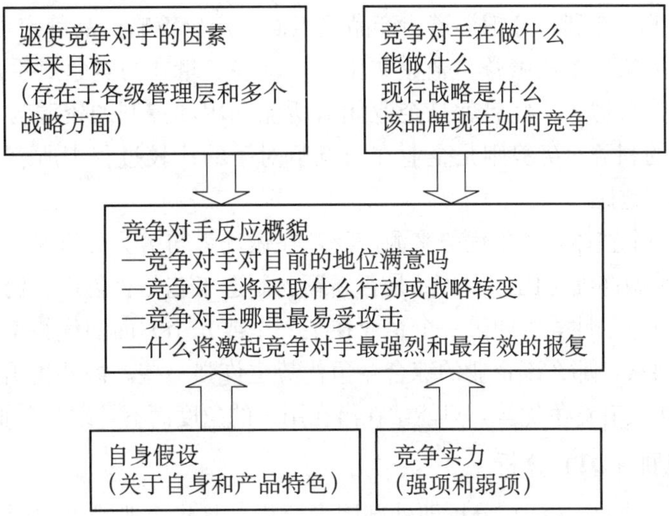

图 2－1　竞争对手分析模型

第 3 节　品牌传播竞争分析

品牌传播战略极具目的性和综合性，要求其制定者必须从战略的高度对企业自身和环境状况进行分析并排出优先次序，以作为战略规划实施的依据。SWOT 分析是品牌传播战略规划分析的第一个步骤，关注的四个要素是影响产品或品牌的企业内部优势（strengths）或劣势（weaknesses），企业在外部环境的变化中所面对的机会（opportunities）或威胁（threats）。

一、SWOT 基本概念

（一）SWOT 界定

SWOT 分析，即基于内外部竞争条件和竞争环境的态势分析，就是将与研究对象密切相关的各种主要内部优势、劣势和外部机会、威胁等，通过调查列举出来，并依照矩阵形式排列，然后用系统分析的思想，把各种因素匹配起来加以分析，从中得出一系列相应的结论，结论通常带有一定的决策性。

运用这种方法，可以对研究对象所处的情境进行全面、系统、准确的研究，根据研究结果制定相应的发展战略、计划以及对策等。企业竞争战略应是一个企业“能够做的”（企业的优势和劣势）和“可能做的”（环境的机会和威胁）的有机组合。

（二）SWOT 分析工具

1. 优势与劣势（SW）分析

企业的优势与劣势（SW）分析即内部因素分析，是指企业自己可以控制的变量，包括企业的研发技术、专利、分销渠道、产品覆盖面、定价策略、品牌定位、品牌知名度、财务实力、品牌形象、企业声誉、企业文化等，这些变量在与竞争对手进行比较的过程中可以划分为优势与劣势。优势就是企业凭借所能利用和控制的资源为自身带来诸多竞争对手所得不到的利益；劣势则是企业在与竞争对手的比较过程中所表现出来的尤其是被消费者感受到的差距。

由于企业是一个整体，竞争优势来源广泛，在做优势与劣势分析时必须在价值链的每个环节与竞争对手做详细对比，如产品是否新颖、制造工艺是否创新、销售渠道是否畅通以及价格是否具有竞争性等。如果一个企业在某一个或几个方面的优势正是该行业企业应具备的关键成功要素，那么该企业的综合竞争优势也许强一些。需要指出的是，衡量一个企业及其产品是否具有竞争优势，只能站在潜在用户的角度而不是站在企业的角度分析。

2. 机会与威胁（OT）分析

企业的机会与威胁（OT）分析即外部因素分析，是指企业难以控制或无法控制的变量，包括竞争活动、相关法律和政策、企业所处经济环境及市场环境等，这些要素能给企业带来机会或威胁。机会是指随着社会经济或市场环境的变化，市场上出现有利于企业发展或产品销售的态势；威胁则是指随着社会经济或市场环境的变化，市场上出现不利于企业发展或产品销售的态势。

以盗版产品为例，在某种程度上盗版产品限定了正版产品的最高价。盗版产品对正版产品公司是威胁，但也可能带来机会。企业必须分析，盗版产品给公司的产品或服务带来的是灭顶之灾，还是使公司获得更高的利润或价值的机会；购买者转而购买盗版产品的转移成本；公司可以采取什么措施降低成本或增加附加价值来减少消费者购买盗版产品。

品牌的 SWOT 分析模板见表 2-4。

表 2-4　品牌的 SWOT 分析模板

优势	机会
品牌是否有良好的背景和信誉？ 品牌是否存在相对优势？ 品牌是否存在渠道或价格的相对优势？	是否有良好的社会大环境？ 是否存在潜在的消费者需求？ 是否存在适合的上市时机和市场空缺？
劣势	**威胁**
产品是否不够独特？ 新品牌是否不易被接受？ 是否存在渠道和价格的劣势？	是否存在竞争者的威胁？ 产品淡旺季销售是否不平衡？ 是否有跟随者加入？

3. 整体分析

从整体上看，SWOT 分析可以分为两部分：第一部分为 SW 分析，主要分析内部因素；第二部分为 OT 分析，主要分析外部环境。企业利用这种方法可以找出对自己有利的、值得发扬的要素以及对自己不利的、要避开的因素，发现存在的问题，找出解决办法，并明确以后的发展方向。根据 SWOT 分析，企业可以将问题按轻重缓急分类，明确哪些是急需解决的问题，哪些是可以拖后处理的事情，哪些属于战略目标上的障碍，哪些属于战术上的问题，将这些研究对象列举出来，依照矩阵形式排列，然后用系统分析的方法把各种因素相互匹配起来加以分析，得出相应的结论。SWOT 分析有利于领导者和管理者作出较正确的决策和规划。

SWOT 分析图见图 2-2。竞争分析步骤见图 2-3。

<table>
<tr><td colspan="2" rowspan="2"></td><td colspan="2">内部因素</td></tr>
<tr><td>优势（S）</td><td>劣势（W）</td></tr>
<tr><td rowspan="2">外部环境</td><td>机会（O）</td><td>SO战略
优势、机会组合
（可能采取的战略：
最大限度地发展）</td><td>WO战略
劣势、机会组合
（可能采取的战略：
利用机会、回避弱点）</td></tr>
<tr><td>威胁（T）</td><td>ST战略
优势、威胁组合
（可能采取的战略：
利用优势、减少威胁）</td><td>WT战略
劣势、威胁组合
（可能采取的战略：
收缩、合并）</td></tr>
</table>

图 2-2　SWOT 分析图

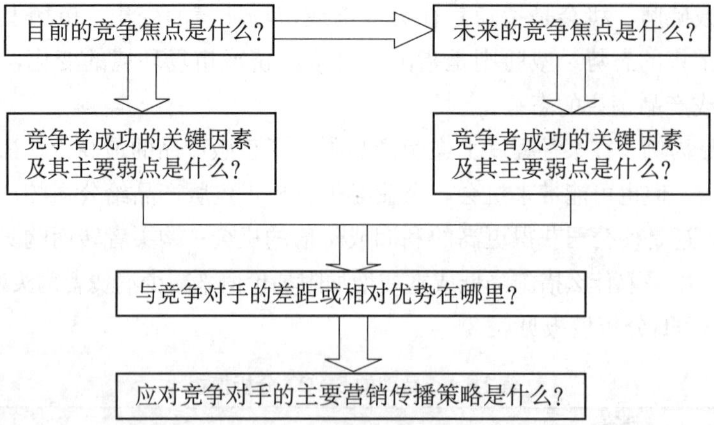

图 2－3　竞争分析步骤

二、SWOT 分析工具使用方法

品牌管理人员在运用 SWOT 分析工具时，绝不仅仅是对自身品牌的优劣势和所处环境的机会与威胁予以分析，而是应该按照以下两个步骤予以分析。

（一）以目标消费者为中心展开分析

对企业外部环境的分析，即对环境的变化所带来的机会和威胁进行分析，品牌策划管理人员可以站在企业或行业的角度思考；对于企业内部因素的分析，即企业与竞争对手进行比较分析后得出优势或劣势的基本结论，则要复杂得多。比如，在具体的实践中，某企业的高层主管在将本企业与竞争对手比较后认为本企业的优势在于拥有较高文化素质和专业技能水平的员工，该企业的营销经理却认为自身的优势在于建立了较为完善的销售渠道体系；但是经过市场调研发现，消费者对该企业的品牌产品与竞争对手的品牌产品的评价并没有什么差异。因此，企业的品牌策划管理人员在运用 SWOT 分析工具时，应以目标消费者为中心，以 4C 的观点思考和解决问题，通过深入调研目标消费者，从目标消费者的立场和角度分析本企业品牌与竞争对手的相比到底存在哪些优势或劣势。

（二）排列 SWOT 因素的先后处理次序

品牌策划管理人员在对 SWOT 各因素进行分析并作出基本的判断之后，就需要根据这些因素的重要程度排序。就大多数企业和产品而言，以下四个方面是需要着重考虑的。

第一，如果企业没有及时处理面对的威胁或自身存在的竞争劣势，则会对品牌形象和品牌资产造成多大的损失。

第二，如果企业能够及时利用面对的机会或自身存在的竞争优势，则企业会获得多少实际收益。

第三，企业处理或利用每个 SWOT 因素所需投入的成本是多少。

第四，企业处理或利用每个 SWOT 因素所需花费的时间是多少。

表 2－5 说明了美国通用汽车公司 Envoy 牌汽车的 SWOT 分析是如何对各因素量化

排序的。

表2-5 美国通用汽车公司 Envoy 牌汽车的 SWOT 分析量化排序

SWOT分析各项因素按重要程度从低到高量化打分，最高为3分	不处理则受损	利用则受益	处理或利用的成本	时间	总计
优势					
强大的顾客特许权	—	2	3	1	6
良好的经销网络	—	2	3	1	6
可确认的目标市场	—	3	3	3	9
劣势					
缺乏品牌认知度	3	—	2	3	8
上市问题	3	—	3	3	9
低预算和营销支持少	3	—	2	3	8
机会					
市场需求呈增长趋势	—	2	1	2	5
良好的经济形势	—	3	3	3	9
威胁					
竞争对手的品牌影响力大	—	3	1	3	7
新品牌进入市场	2	—	2	1	5

资料来源：汤姆·邓肯.整合营销传播.北京：中国财政经济出版社，2004：195.

对SWOT各项因素进行量化打分之后，企业就可以根据分数的高低对急需利用和处理的因素予以排序，分析方法见图2-4。在图2-4中企业需要利用的优势和机会置于图的上半部，需要解决的劣势和威胁置于图的下半部；超出临界线的SWOT因素显然是企业最需要利用或处理的因素。临界线是企业根据经验确定的。

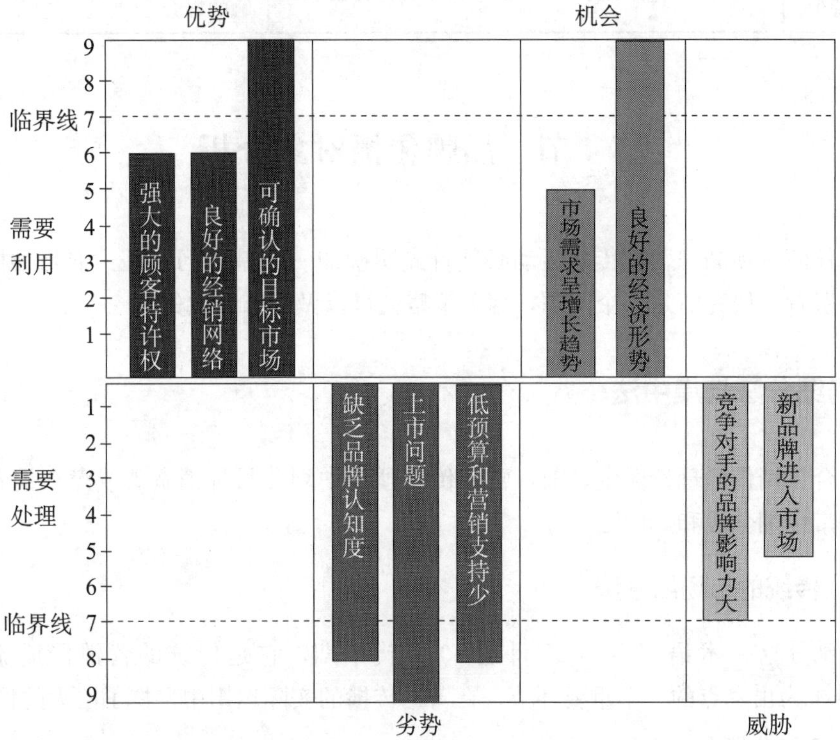

图2-4 美国通用汽车公司 Envoy 牌汽车 SWOT 因素排序分析图

注：超过临界线的SWOT因素要优先利用或处理。

案例 2-2 海尔的 SWOT 分析

企业将需要利用或处理的 SWOT 因素按分数高低排序之后，就可以明了企业的工作目标，即企业应该在最短的时间里尽可能地利用哪些环境变化所带来的机会并努力发挥自身的竞争优势，减少哪些环境变化所造成的威胁或避开自身在竞争中的劣势。即使企业没有充足的时间和资源利用或处理所有已经发现的 SWOT 因素，这种量化分析及排序的方法还是可以帮助企业在制定品牌整合营销传播战略时明确方向。

以下是美国通用汽车公司 Envoy 牌汽车根据 SWOT 分析量化打分排序之后制订的整合营销传播的初步计划（见表 2-6）。

表 2-6 美国通用汽车公司 Envoy 牌汽车的整合营销传播初步计划

SWOT 因素	整合营销传播目标	整合营销传播工具	使用/不使用的理由
缺乏品牌认知度	在目标消费者中创造 50% 的品牌认知度	广告	由于受众规模小、产品还未上市且预算低，使用广告不合适
可确认的目标市场	在目标消费者中创造 50% 的品牌认知度	直接营销	受众规模小，信息交流更顺畅和互动更好
上市问题	产品上市后吸引 10% 的目标消费者参观展厅	直接营销	在很长的一段时间里培养目标消费者的好奇心并引起他们的兴趣
低预算和营销支持少	在产品上市前预售 3 500 辆	直接营销	对预售目标市场使用适合个人接触的媒介

第 4 节 品牌传播对象分析

开展任何一项品牌营销传播活动必须首先明确的一个基本问题是：谁是目标消费者或潜在消费者，研究清楚这个问题，相关策略就可以做到有的放矢。

一、市场细分法与集中法

在整合营销传播理论诞生之前，营销传播理论中划分目标消费者或潜在消费者的方法主要是市场细分法和集中法。

（一）传统的市场细分法

市场细分这一术语产生于 20 世纪 50 年代中期，它是传统的营销传播流程中以 SWOT 分析为出发点的一个重要环节，在营销传播的实际运用中发挥了巨大的作用。

1. 市场细分概念的产生

20 世纪 50 年代中期，宝洁公司最先将市场细分的概念运用到市场营销传播活动中。

当时，宝洁公司发现许多消费者因为服装面料和质地的不同而对洗衣皂的去污力有不同的需求，据此，宝洁公司改变了以往只生产单一洗衣皂的做法，推出三种去污力不同的洗衣皂：一种是去污力特别强的强碱性洗衣皂，一种是弱碱性洗衣皂，一种是中性的多功能洗衣皂。美国著名的市场营销学者温德尔·斯密在分析宝洁公司的这种营销传播策略的基础上提出了市场细分这个市场营销理论的全新概念。

2. 市场细分概念的界定

市场细分相对于其他营销传播概念而言，是一个比较清楚且容易达成共识的概念。笔者对该概念的界定是：

> 市场细分就是企业的决策层根据消费者的欲望、需求、购买习惯和消费行为等因素，将整个市场划分为若干具有不同消费特征的亚市场，并选择其中一个亚市场作为本企业开展市场营销传播活动的目标市场。

企业在进行市场细分的过程中，往往是组合运用相关变量而不是采用单一变量。市场细分的相关变量大体上可以分为四大类，即地理变量、人口变量、心理变量和行为变量。以这些变量为依据进行市场细分就产生了地理细分、人口细分、心理细分和行为细分四种基本形式。

市场细分理论的提出是基于一个普遍的观点，即消费者的需求是有差异的，也就是通常所说的多元异质性，它在一定程度上显示出对于消费者需求差异化的承认和尊重。虽然整合营销传播理论并不认为市场细分法无懈可击，但是目前国内外许多企业在营销实践中还是广泛运用市场细分法（见图 2－5）。

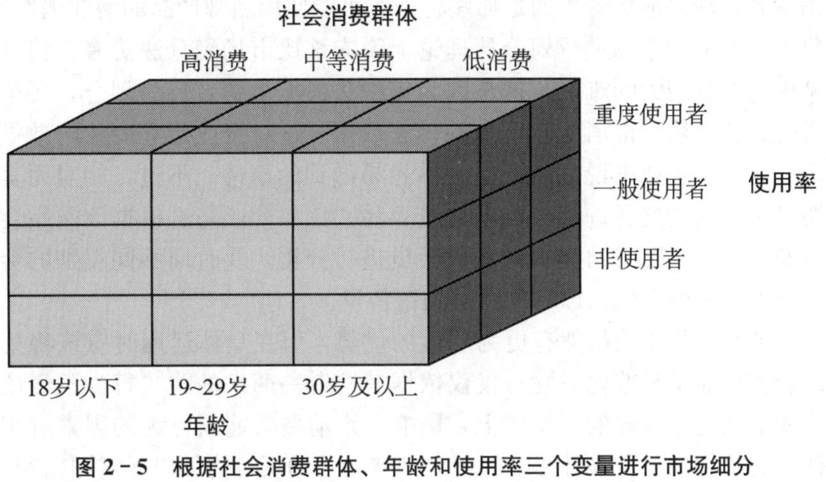

图 2－5　根据社会消费群体、年龄和使用率三个变量进行市场细分

3. 市场细分法的缺陷

整合营销传播理论认为市场细分法有很大的缺陷，主要表现在以下几个方面。首先，市场细分法从本质上说是对消费群体的划分，这就使得市场细分法不可能对目标消费者或者潜在消费者进行具体的分析和个性化的研究。其次，市场细分法对于消费者的关注只停留在表面，难以对消费者行为进行深入研究。

（二）集中法

1. 集中法的提出

针对市场细分法的缺陷，整合营销传播理论认为对于消费者的划分不能仅仅从消费者的地理区域或者其他变量入手，而是应该偏重于从消费者行为入手。在这种思路的引导下，整合营销传播理论提出的集中法的核心内容就是根据消费者行为将消费者划分为不同的类型。集中法认为，消费者的分类应该以消费者行为作为衡量标准，而不是以市场形成的消费群体作为衡量标准。例如，一类消费者总是习惯购买同一类别的产品，而且使用该产品的方式极为相似，或者以相当接近的方式对待有关该产品的商业信息或促销活动等，这种消费者就可以集中划分为一种类型。这种以消费者行为为衡量标准的划分方法摒弃了采用消费者的年龄、收入、地理等变量，将划分的标准锁定在消费者行为上，即只要消费者行为接近，无论这些消费者在其他方面有多大的差异，都完全可以划分为同一类型。因此，关于消费者以往的购买方式、购买习惯等的相关信息远比他们的年龄、性别或居住信息等更有价值。

2. 集中法的具体运用

在具体运用过程中，集中法的衡量标准锁定在消费者行为上，它根据消费者与品牌产品的关系（消费者行为）将消费者集中归为三大类：现有消费者、竞争消费者和新兴消费者。

现有消费者指的是经常购买某企业的产品并为企业带来利润的那些消费者，他们可以被企业当作单一的目标群体，也可以进一步细分为品牌产品的忠诚消费群体、重度消费群体、临时性消费群体等。竞争消费者指的是在一种品牌产品和其他品牌产品之间游移不定的消费者。新兴消费者指的是那些将来有可能使用品牌产品的潜在消费者。

使用集中法对消费市场进行划分从理论上说应该比市场细分法更有价值，但是从操作层面上来说则有相当大的难度。这是因为集中法根据消费者行为划分，要全面深入地掌握消费者行为就必须获得消费者行为的相关数据，这对企业建立专业的数据库提出了较高的要求，对一些企业来说显然不是一件容易做到的事情。不过，相对而言，各大商业网站采用集中法对消费者进行分类就比较容易。比如，亚马逊根据该网站会员输入的个人资料以及过去购买图书的类别对注册会员进行分类，及时向不同类别的会员发送其有可能感兴趣的图书的资讯，以增加图书的销售量。

需要注意的是，集中法虽然有更为明显的优势，但在具体运用时应该将集中法与市场细分法结合使用而不是彼此对立。仅仅依据消费者一两次的购买行为预测该消费者的长期购买意向显然是不准确的。事实上，影响一个消费者购买行为的因素有很多，企业在具体操作时必须注意结合多种影响因素对消费者的购买行为加以界定和判断。

二、态度研究法与行为研究法

（一）态度研究法

1. 态度研究法的基本逻辑

消费者态度研究法始于 20 世纪 40 年代，许多欧美国家的广告公司在对消费者进行分析时广泛运用该方法。这种方法基于一个假定判断，即消费者的态度可以影响消费者的行为。其基本逻辑是品牌传播活动将使消费者对某一品牌产品产生认知，进而对品牌产生喜好，最后产生购买行为（见图 2-6）。

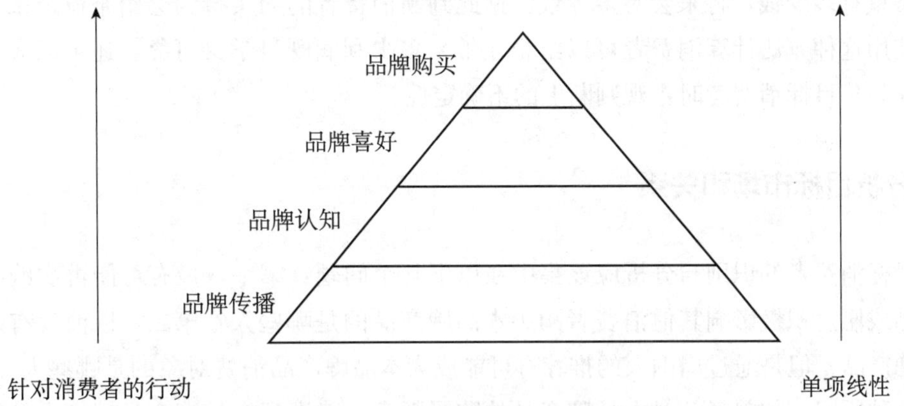

图 2-6　营销传播效果等级模式

该模式假设品牌传播是促成消费者产生购买行为的有力工具。因此，消费者越多接触某品牌产品的信息，购买该品牌产品的概率就越大。这一观点为一些企业采用大规模的广告投放策略提供了理论上的支持。

2. 态度研究法的缺陷

态度研究法从逻辑上看似乎有一定的道理，但是许多专家学者经过大量的实证研究发现该研究方法存在一些缺陷。首先，态度研究法简单地将传播活动置于一个真空环境，完全没有考虑在实际的竞争环境中传播活动的目标受众（消费者）有可能受到诸多因素的干扰。事实上，任何一位消费者在接触广告之后是否会对广告产品的态度发生变化受到诸多因素的影响。其次，态度研究法是建立在条件假定的前提下，目前还没有实证研究数据证明该方法是可行的。

行为主义研究者认为，态度改变未必会引起行为上的改变。因此，消费者态度上的认同未必会产生购买行为。实证研究结果显示，对于企业而言，最有价值的消费者信息是他们在过去不长的一段时间里在什么地方、什么时间购买过哪些品牌产品。无论是作为社会人还是消费者，人们的行为往往是习惯的产物，消费者过去的行为很大程度上在将来还会重复。在这个层面上，消费者行为研究数据对于企业自然就具有更大的参考价值。因此，在对消费者进行分析和研究时，与其用态度的改变来预测消费者将来会采取什么购买行为，不如利用消费者过去的行为来预测其将来可能的购买行为。

（二）行为研究法

行为研究法是测量消费者购买行为的一种方法，它以财务上的利润回报来测量营销传播的效果。根据消费者购买行为在财务上的利润回报的不同，计算出短期客户投资回报率和长期客户投资回报率。研究消费者的购买行为不仅可以揭示出企业以往的营销传播活动的投资回报，而且可以进一步预测和推断今后消费者的购买行为，从而判断企业在未来开展的营销传播活动可能产生的效果。

计算消费者的实际购买行为为企业带来的利益以及分析消费者今后的消费行为倾向，对于企业制定品牌营销传播规划具有十分重要的价值。行为研究法能够透视目标消费者的口袋里有多少钱，将来会有多少钱，据此判断消费者的购买行为会给企业带来多少利润。使用这种方法计算消费者可以给企业带来多少利润既科学又可靠，还可以大大减少企业在划分目标消费者时主观判断上的不确定性。

三、分析目标市场和关系

目标消费者的识别与分析应该集中在以下几个问题：第一，最有可能再次购买本品牌产品或愿意积极影响其他消费者购买本品牌产品的是哪些人？第二，以前没有购买过本品牌产品，但是通过周围人的推荐有可能成为本品牌产品消费对象的是哪些人？第三，出于某种原因（如曾降低对本品牌产品的购买频率、曾遭到本品牌产品销售人员恶劣对待或了解过本品牌产品但一直没有采取购买行为）需要企业给予特殊关注的是哪些人？另外，其他能够影响上述三种消费者并与本品牌有利益关系的特殊群体也有可能被企业列为目标对象。

在品牌与消费者之间关系的问题上，企业应该使用持续的消费者反馈和详细的消费者研究来确定品牌与消费者之间到底处于什么关系态势，以及自身品牌在市场竞争中到底具有哪些优势。对品牌与消费者之间关系的评估，可以围绕以下八个方面进行：第一，信任品牌；第二，对品牌满意；第三，认为企业在交易活动中对消费者的承诺是可以兑现的；第四，认为企业是可以接近的；第五，认为企业是负责任的；第六，能够感受到企业对消费者的利益是非常重视的，并将其放在第一的位置；第七，企业对消费者有一种亲和力；第八，喜欢企业并愿意一直打交道。

识别和分析目标消费者或潜在消费者只是手段，努力与消费者建立一种彼此认同并为双方带来利益的良好关系才是品牌传播战略实施的最终目的。

四、消费者分析工具

（一）消费者需求分析

根据马斯洛的需求层次理论，寻找消费者需求与品牌价值的契合点，从而确定品牌传播的方向（见图2-7）。

（二）消费者心理分析

消费者心理决定了消费者对媒介信息的认知方式、涉入程度、情感、态度以及购买行为。因此，对消费者心理的分析直接影响品牌传播战略的制定。消费者心理分析的主要内容见表2-7。

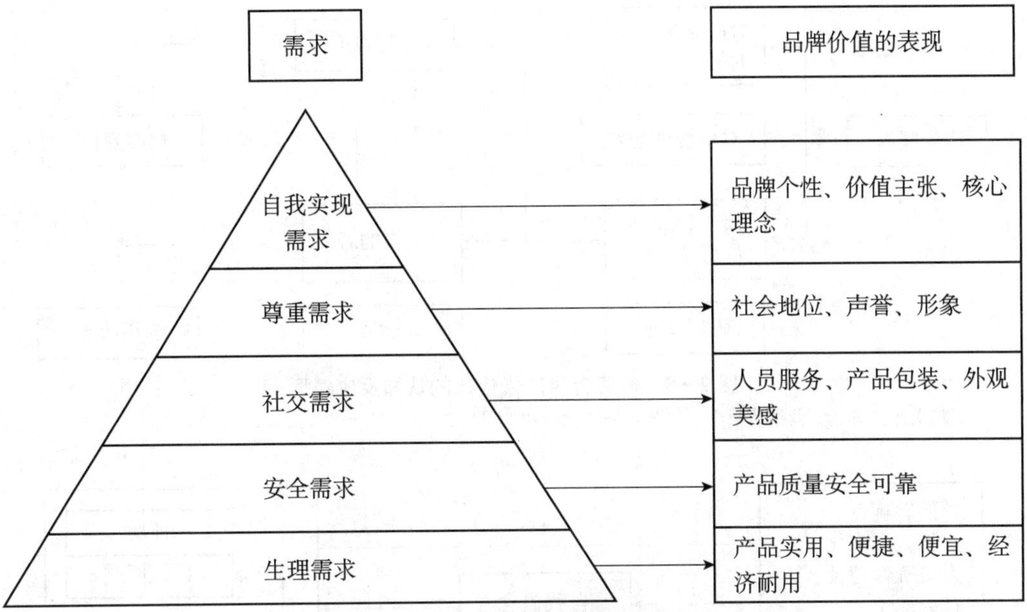

图 2-7　马斯洛需求层次理论与品牌价值的契合点分析

表 2-7　消费者心理分析的主要内容

消费者心理		
消费者认知	**消费者情感**	**消费者态度**
消费者通过感觉、知觉、联想、记忆和思维等心理活动对事物进行综合认识的过程	消费者的感觉或者对特定品牌的喜好程度，包括渴望、偏好或者确信等较强程度的喜好	消费者对某品牌产品所持有的基本评价和行为倾向，在很大程度上决定其购买行为

（三）消费者对广告信息的认知过程分析

通过消费者对广告信息的认知反应模型（见图 2-8）可以进一步了解消费者对信息反应的缘由和消费者对信息认知的过程。该模型的核心是确定广告信息唤起消费者反应的类型，以及这些反应与对广告的态度、品牌态度、购买意愿之间的相互关系。第一类消费者认知反应是针对产品、服务和传播过程的正反面观点；第二类消费者认知反应是对传播信源可信度的评价；第三类消费者认知反应是消费者个人对广告本身的情感判断，包括其对广告要素如创意、视觉效果、音乐、色彩等的反应。

（四）消费者购买行为分析

案例 2-3　2018 年克明面业品牌策划推广案例分析

消费者的购买行为会受到内外部双重因素的影响，消费者行为总体分析模型（见图 2-9）囊括了影响消费者购买行为的众多因素以及各个因素之间的相互影响关系，综合反映了消费者在购买过程中对品牌信息的反应和购买决策的过程。

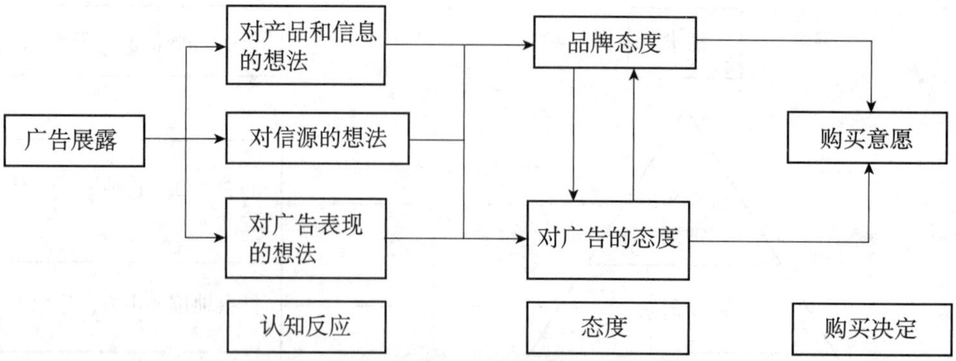

图 2-8　消费者对广告信息的认知反应模型

资料来源：郭鉴．营销传播学．杭州：浙江大学出版社，2004.

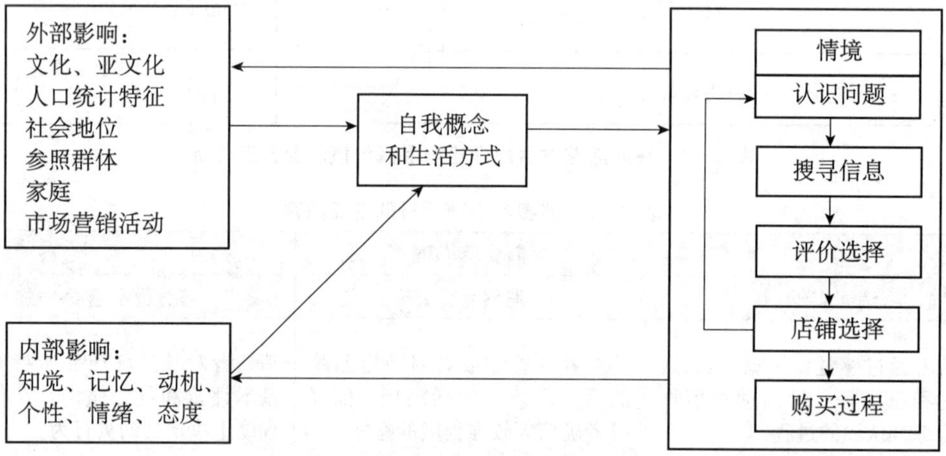

图 2-9　消费者行为总体分析模型

《基本概念》

恩格尔定律　　市场占有率　　SWOT 分析

市场细分法　　集中法　　态度研究法

行为研究法

《思考题》

1. 在开展品牌策划与传播活动之前，为什么必须对品牌所在市场及其环境进行研究和分析？研究和分析的资料及数据从何而来？如果不能获得第一手资料或数据，这种研究和分析是否就毫无意义？

2. 本章介绍了诸多对市场、环境、竞争对手及目标消费者的分析方法，你认为在具体的实践中应该如何使用这些分析方法？

3. 请同学们自由组合成立品牌策划小组，在组长的统筹下对本地区葡萄酒市场的现状做一次全面分析，形成较为完整的调研报告。

即测即评

第 3 章

品牌定位策略规划

品牌定位是企业开展品牌策略规划活动的前提，是企业制定市场发展战略最为关键的内容之一。成功的品牌定位，能够在消费者心目中树立鲜明的、独特的品牌个性形象，为品牌在市场上建立竞争优势打下坚实的基础。

第 1 节　品牌定位原理

定位的概念始于 20 世纪 60 年代末，进入 80 年代之后，越来越多的市场营销学者开始有意无意地将定位的概念与品牌形象的概念整合。其实，定位与品牌形象在内涵上有明显的区别：定位是基于鲜明的市场竞争导向，品牌形象则包含对品牌定位的选择。因此，两者的关系应该是：品牌定位是建立（或重新塑造）一个与目标市场有关的品牌形象的过程和结果。

一、定位理论的由来与发展

定位（positioning）这个概念最初是由艾尔・里斯和杰克・特劳特于 1969 年在美国《产业营销》杂志上发表的《定位是人们在今日模仿主义市场所玩的竞赛》论文中首次提出的。1972 年，他们在美国《广告时代》杂志上发表《定位时代的来临》系列文章，引起了轰动。菲利普・科特勒在总结当代营销基本理论的发展时，将定位理论列为 20 世纪 70 年代最为重要的营销概念之一。

(一)定位理论的基本内涵

定位理论的核心是主张在广告策略中运用一种新的传播方法，从而取得更有效的传播效果。其基本要点有以下三点。

1. 广告传播的目的是使品牌在目标受众的心目中占据一席之地

定位并不是要创造某种新奇或与众不同的事物，而是要明晰消费者心目中对某个品牌早已有的对应关系。

定位既可以针对产品，也可以针对服务、公司、组织甚或个人。定位并不是对产品本身做什么改变，而是对某个品牌的目标受众对该品牌的看法予以改善或强化。因此，定位的目的是在目标受众心目中为品牌确立一个有利的位置。

艾尔·里斯和杰克·特劳特认为，当今社会资讯日益膨胀，仅仅凭借广告的冲击力就想达成传播效果，实在是异想天开。广告并不是一个长柄大铁锤，而更像一层薄薄的雾，经年累月，笼罩并潜移默化地影响着消费者。

七喜饮料

说明：七喜饮料之所以能够在市场上获得成功，与其定位“非可乐”密不可分，凭借此定位，七喜在市场上牢牢地占据一席之地。

事实上，面对日益过剩的传播资讯，人们只能从中选择与其知识、经验、兴趣、爱好等相吻合的资讯，过滤、排斥大部分与其知识、经验、兴趣、爱好不相吻合的资讯。在资讯过度的社会里取得传播效果的重要方法，就是努力提炼或创新一个品牌诉求概念并集中火力对准目标市场进行持之以恒的诉求（即定位）。唯有如此，才能使品牌广告的有关资讯在消费者大脑中占据有利位置，从而达到理想的传播目标。

2. 通过广告创造出有关品牌资讯的“第一事件、第一说法、第一位置”

品牌传播要尽量表达“第一”的概念，因为人们大都只对“第一”的事物有兴趣，容易形成记忆。

比如，全球第一高峰是珠穆朗玛峰，第一位登上月球的人是阿姆斯特朗，这些事实相信绝大多数人记忆深刻且能够脱口而出。全球第二高峰是哪个？第二位登上月球的人是谁？恐怕就没有多少人知道了。之所以会出现这样大的记忆差距，是因为“第一事件、第一说法、第一位置”已不只是一条普通的资讯，更是一个概念、一条知识，人们在接受这些资讯时往往会不自觉地把它们当作知识、概念而深深地印在大脑里，从而产生较深的记忆。

在品牌传播规划过程中，如果能够为产品建立“第一”的位置，就会产生巨大的市场优势。如果我们能使某一产品以“第一位置”进入消费者的大脑，消费者往往就会将该产品等同于第一品牌。比如说起白酒，人们马上就会想到茅台；说起烤鸭，人们立刻就会想到全聚德；说到啤酒，人们则会想到青岛啤酒。使广告产品在消费者心目中占据第一位置，是广告创意最为理想的传播目标之一。

3. 品牌传播的关键是表现出品牌之间在类上的区别

定位理论认为，从传播者一方而言，现代产品同质化日益严重，在广告创作思路上如果仅仅挖掘、分析产品之间功能上的差异，就极难达到理想传播效果；从被传播者一方而言，消费者每天都要接触大量的广告资讯，同类产品的广告资讯彼此干扰会使广告效果大打折扣。因此，广告传播策略必须另辟蹊径，避免在同类产品中做资讯内容重复的广告，要在广告创意中表现出与同类品牌在类上的区别。例如，SMART 汽车提出“打开你的心智”就是在类上与同类汽车品牌区别开来。

SMART 汽车平面广告作品

说明：此作品的创意在于通过突出产品小的特点，使 SMART 汽车在小型车类别中占据一个有利的位置，消费者只要一想到小型车，就会很自然地想到 SMART 汽车。

（二）品牌定位的基本概念

广告公司在代理某品牌商品的广告活动时，这个商品已经是定型的，包括外形、包装、价格、名称等一般不会有太大的变动，广告公司的工作就是想方设法让市场上更多的消费者尽早认知、接受其所代理的品牌商品，进而产生购买行为。因此，对于广告人而言，定位就是策划人员在某品牌的商品或服务已经给定的条件下，努力研究消费者的心智模式，提炼和创造有利于品牌商品的相关联想的诉求概念，并通过各种媒介在目标消费者心目中打上美好的烙印并占据有利的位置。

从经营者的角度来看，品牌商品则是非给定的，可以根据市场状况加以更改。品牌商品的营销活动经历了如图 3-1 所示的品牌商品营销循环模式。根据这个循环模式可以发现，品牌商品对于企业而言不是给定的，而是在循环过程中不断改进、完善的。因此，应该从更宏观的角度理解品牌定位，在为品牌进行定位的过程中，品牌策划人员不应仅仅关注消费者，而是应该将策划的视角扩大至品牌和商品。

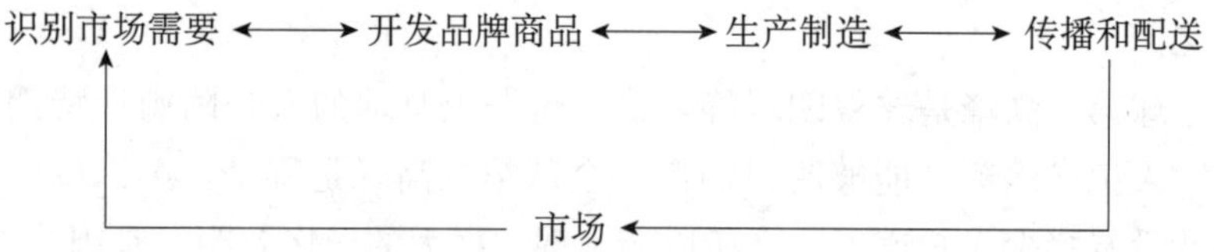

图 3-1　品牌商品营销循环模式

从品牌运作的角度来看，品牌的内涵在不断发展的过程中也有改变的可能，而且这种改变非常必要。比如，实施品牌延伸战略之后，企业有可能对品牌内涵进行一些调整或改变；再如，品牌形象在传播过程中可能被目标受众认为逐渐过时，这时企业也需要对品牌进行重新定位，使目标消费者重新建立起良好的品牌联想。

基于上述分析，笔者认为，品牌定位是指企业在市场调研和市场细分的基础上，寻找和发现品牌的独特个性（优势），将此独特个性（优势）与目标消费者心智中的空白点相对应，从而确定品牌商品在目标消费者心目中的独特位置，并借助整合营销传播手段，在目标消费者心目中建立起强有力的品牌联想和品牌独特印象的策略性行为。简而言之，品牌定位就是企业向目标消费者展示品牌商品的独特个性（优势）的过程。品牌定位要求品牌商品能够满足目标消费者的需求，能够向目标消费者提供购买商品的理由，而能够支撑这些理由的诉求内涵则来自品牌的独特个性（优势）。

（三）品牌定位的意义

在市场竞争日益激烈的今天，品牌定位越来越受到重视，品牌定位在企业的营销与传播战略中具有重要意义。

1. 品牌定位有助于目标受众识记品牌所传达的信息

现代社会已经进入信息化时代。新兴的、具有潜力的信息媒体以惊人的速度进入千家万户，且媒体形态多种多样。随着信息高速公路的建设和全球信息化时代的到来，互联网正在快速改变人们的日常生活和思维方式。现在，人们每天都要面对来自传统媒体与新媒体的大量的新闻和广告信息，在这种开放而多元的媒介环境下，消费者对待各种信息尤其是广告信息常常无所适从，他们在面对毫无个性的商品广告信息时选择充耳不闻、视而不见，这意味着企业巨额的传播费用浪费了。其实，从传播理论来说，一个消费者每天（次）只能接受有限的信息量。因此，企业必须尽量压缩信息，实施正确的品牌定位策略，为品牌塑造出极具个性、令人过目不忘的品牌形象，使目标受众能够识记品牌的差异化信息，使品牌在激烈的市场竞争中占据有利位置。

2. 品牌定位是整合营销传播的基础

品牌定位是整合营销传播的基础，或者说，品牌定位为整合营销传播的下一个步骤——品牌传播打下了良好的基础。品牌传播是指企业通过广告、新闻等传播工具将事先经过品牌定位规范并设计好的品牌形象传递给目标受众，以期获得他们的认同或喜爱的过程。

品牌定位与品牌传播在企业的整合营销传播战略的实施中有着时间上的接续关系。这种时间上的先后次序决定了两者之间存在相互依赖、相互制约的特殊关系。品牌定位是整合营销传播的基础，任何旨在扩大品牌知名度的传播活动都必须在品牌定位的规范下开展。品牌定位的相关信息是通过营销组合战略传递给目标消费者的，营销组合战略只有以品牌定位为核心，才能在目标消费者的心目中留下整体的、一致的、独特的品牌形象。

总之，品牌定位是企业实施整合营销传播战略中最为基础的一个环节，也是决定企业所实施的整合营销传播战略能否成功的关键。经过品牌定位所规范和设计的品牌形象有助于品牌在目标受众的心目中保持深刻的印象。如果没有实施正确的品牌定位，则无论企业所生产的产品质量如何优异，也无论企业采取何种促销手段，都不可能在市场营销活动中获得真正的成功。

二、品牌定位的原则

企业在实施品牌定位之前，必须对品牌定位的原则有统一的认识。就品牌定位而言，由于品牌本身包含了产品，但品牌又不仅仅是产品，品牌在产品的物质属性之上还附加了许多精神属性，因此，相对于产品定位来说，品牌定位应该更多地从传播的层面和视角加以策划与制定。

一般而言，品牌定位应该遵循以下六大基本原则：尽可能突出产品特征；有效整合利用现有资源条件；努力切中目标市场；形成竞争差异；追求传播成本效益最大化；简明扼要、抓住关键（见图 3－2）。

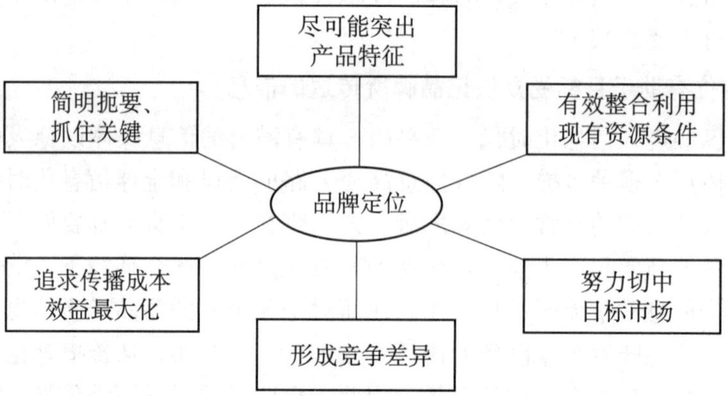

图 3－2　品牌定位六大基本原则

（一）尽可能突出产品特征

品牌是产品的形象化身，产品是品牌的物质载体。两者相互依存的紧密关系决定了在进行品牌定位时必须考虑产品的质量、结构、性能、款式、用途等相关因素。品牌定位应根据产品使用价值的不同而有所区别。当产品使用范围较宽时，可以扩大定位外延，以较为宽泛的定位来满足不同消费者的不同需求，食品、饮料等大都属于这一类；当产品使用范围较窄时，定位的外延就不可太宽泛，要针对特定的目标消费群体，许多专业用品即属此类。因此，企业在进行品牌定位时，应该考虑并尽可能突出产品本身的特征。

（二）有效整合利用现有资源条件

品牌定位的最终目的是使品牌产品在市场上占据有利的竞争位置，为企业带来最佳的经济效益。因此，品牌定位要充分考虑企业的资源条件，优化配置、合理利用各种资源，既不要造成资源闲置浪费，也不要超越现有资源条件，追求过高的定位，以致陷入心有余而力不足的被动境地。将品牌定位于尖端品牌，就要有尖端技术；定位于高档品牌，就要有确保产品质量的能力；定位于全球性品牌，就要有全球化运作能力和管理水平。例如，百威定位于高档啤酒，成为“啤酒之王”，这种底气是来自其卓越的产品质量。百威啤酒采用先进的德国啤酒酿造技术，口味醇厚，口感爽滑，深受人们的喜爱。传统的酿造工艺、先进的技术和严格的质量保证体系，保证了百威啤酒的高质量，无论是在旧金山还是在北京，百威啤酒的口感都是一样的。如果没有全球化的经营管理水平，那么做到这一点是难以想象的。因此，品牌定位要与企业的资源和能力相匹配，既不能好高骛远，盲目拔高自己，也不能妄自菲薄，造成资源浪费。

（三）努力切中目标市场

只有品牌定位针对目标市场，目标市场才能成为特定的传播对象，这些特定对象可能只是品牌所有传播对象中的一部分。品牌定位要站在满足消费者需求的立场上，借助各种传播手段，让品牌在消费者心目中占据一个有利的位置。

（四）形成竞争差异

竞争者是影响品牌定位的重要因素。考虑竞争者，就是为品牌定位找到一个参照系。在市场竞争十分激烈的情况下，几乎任何一个细分市场都存在一个或多个竞争者，某一商品可以垄断的细分市场越来越少，未被开发的市场几乎没有。在这种情况下，企业在进行品牌定位时更应考虑与竞争者相区别，制造差异，凸显竞争优势，以己之长攻彼之短，否则，盲目跟进和模仿只会失去个性，失去消费者的信任，做得再好也只是被消费者视为一个超级模仿者。

（五）追求传播成本效益最大化

追求经济效益最大化是企业发展的最高目标，任何工作都要服从这一目标，品牌定位也不例外。品牌定位因企业不同、产品不同、目标不同而各有差异。从整体上讲，要控制成本，追求低成本高效益，遵循收益大于成本的原则。收不抵支的品牌定位只能以失败告终。将洗碗布定位于高端豪华产品就不合适，因为那样只会徒增产品成本，降低经济效益，并且没有多少人愿意花高价钱去购买普通的家庭日常用品。假如一家小型企业为了向客户提供个性化服务，建立庞大的备件和管理体系、呼叫中心、服务工程师队伍、调度调节中心、服务质量管理和监督体系、全国范围的维修站等，结果只是大幅提高经营费用，不仅不能为企业带来利润，反而会使企业背上沉重的包袱。

（六）简明扼要、抓住关键

简明扼要就是消费者一看即知，不需要费心费力就能领会品牌定位。消费者不喜欢复杂，没有兴趣去记住太多有关品牌的信息。面面俱到地罗列品牌特点，注定是要失败的。抓住关键的一两个独特点，以简洁明了的方式表达出来，让消费者充分感知和产生共鸣，也是品牌定位的一条重要原则。例如，“沃尔沃——安全”“Jeep——征服”“劳斯莱斯——高贵”，这就是简明扼要、抓住关键。

三、品牌定位的概念辨析

定位这个概念在具体的运用中常常会由于与不同内涵的概念组合而有不同变式，如产品定位、广告定位、品牌定位，甚至行业定位、办学定位、城市定位等。这些概念仅仅从“定位”的角度来看确实有相似之处，容易使非专业人士产生混淆。以下内容专门对此进行辨析，希望品牌策划人员能够对上述不同的定位概念有一个比较清晰的认知，能够针对不同的定位概念，制定出相应的策略。

（一）品牌定位不等同于选择目标市场

人们常常可以听到甚至也在使用一些似是而非的概念，如某品牌定位于中老年人市场、某服装品牌定位于儿童市场等。确切地说，这里所使用的概念并不是营销理论中定位的概念。其实，这种情况在企业界也是很普遍的。

在营销理论中，市场细分、选择目标市场与定位都是企业营销组合战略的基本要素，统称为“STP”。选择目标市场与定位之间既有密切联系，又有根本区别。选择目标市场，是在市场细分的基础上对各细分市场的潜在消费群体的产品需求量、购买力、竞争状况、市场盈利率、企业实力等情况进行详细的评价之后，选择企业所要面对的目标消费群体的过程。也就是说，选择目标市场是企业如何取舍不同消费群体的问题，它解决的是企业为谁服务的问题。品牌定位则是在分析目标消费群体的价值观、精神和物质需求的基础上叩开他们的心扉，在他们的心目中占据有利的市场竞争地位，以实现目标消费群体对品牌的认同与选择的过程。因此，选择目标市场是品牌定位的前提，品牌定位则需要根据目标市场的需求特征及其对产品相关利益的重视程度予以确定。选择目标市场之后，企业必须通过明确的且得到目标消费者认可的定位才能实现吸引目标消费者进而达成提高市场营销效果的目的，因而品牌定位又是选择目标市场的进一步发展。

（二）品牌定位不等同于产品差异化

传统的产品差异化是在产品供过于求的市场环境下，企业不得不努力对所生产的产品在物质属性上做到求新、求变，以实现与竞争对手在产品属性上的差异，并试图以此获得竞争优势。产品差异化的特征主要是通过产品的价格、性能、质量、结构、包装、款式、外观等有形要素实现的。品牌定位不仅仅是实现产品差异化，更是实现品牌差异化。

品牌差异化既可以表现在品牌通过有形的产品带给目标消费群体的功能性利益上，又可以表现在品牌通过无形的精神诉求带给目标消费群体的情感性利益和自我表达性利益上。因此，产品差异化并不是品牌定位的全部而仅仅是品牌定位的基础。品牌差异化并不意味着产品就一定存在差异，但如果产品实现了差异化，品牌差异化就有了物质基础。

（三）品牌定位不仅仅是广告口号

品牌定位必须以产品差异化为基础，除了产品差异化，品牌定位的另一个重要内容是要有助于品牌传播的广告诉求。在企业的营销传播战略中，品牌的广告诉求是企业与目标消费者沟通的主题，也是品牌个性的重要体现。换句话说，如果没有目标消费者对品牌广告诉求主题的认同，品牌定位的目的就不可能真正实现。不过，如果企业过分夸大品牌广告诉求的作用，仅仅以品牌的广告诉求促使目标消费者认知品牌定位，也是十分片面的。如果品牌定位仅仅在广告诉求中体现，在产品功能、包装、价格、分销等其他方面未能展开和实施，消费者就难以对品牌内涵有一个完整的认知，也就无法建立起清晰的品牌形象。

第2节　品牌定位决策

对于品牌经营者而言，品牌定位的目的是建立企业所期盼的、对细分市场内大量消费者有吸引力的竞争优势。因此，品牌定位决策应该以竞争为导向进行品牌定位研究，确定品牌定位策略。

一、品牌定位研究

品牌定位研究是品牌定位决策程序的第一个环节，研究的具体内容构成了品牌定位决策的基础，甚至可以说在很大程度上决定品牌定位决策的成败。品牌定位研究的主要内容由三个部分组成：市场细分、识别竞争特性、辨析品牌的异同点。

(一)市场细分

在进行品牌定位决策之前，一个亟待解决的问题是哪些人群是品牌的主要消费者。这是一个非常重要的问题，因为不同的消费者会有不同的价值判断，不同的消费者对同一个品牌会产生不同的品牌联想，不同的消费者有不同的品牌偏好。不理解这一点，就很难制定出受消费者欢迎的品牌定位策略。

市场细分是指企业按照消费者的相似程度划分若干不同的购买群体，每一个购买群体具有相似的需求和消费行为，便于企业制定相应的营销传播策略。在市场细分的过程中，企业需要在营销成本与收益之间进行权衡。从理论上说，市场越细分，企业就越有可能完成营销计划，越有可能满足这一细分市场的需求。虽然市场细分有可能使部分特定的消费者产生更为积极的反应，但也有可能因为市场总量过小而使营销成本增加，难以实现企业预期收益。

在进行市场细分时，应该事先确定市场细分变量。从总体上说，市场细分变量可以分为消费者行为性的细分变量或以产品为导向的细分变量。消费者行为性的细分变量举例如表3-1所示。

表3-1　消费品市场细分变量

行为变量	人口统计变量
使用者情况	收入
使用率	年龄
使用情境	性别
品牌忠诚度	种族
寻求的利益	家庭
心理	地理条件
价值观、意见和态度	国籍
行为和生活方式	地区

消费者行为性的细分变量在理解品牌差异化问题上更有价值，因为它具有更清楚的战略性暗示。比如，以牙膏市场为例，整个牙膏市场存在四个主要的细分市场：

（1）感觉型细分市场：消费者追求牙膏的香型和产品的外观。

（2）交际型细分市场：消费者追求牙齿的洁白。

（3）忧虑型细分市场：消费者希望预防蛀牙。

（4）独立型细分市场：消费者更看重产品的低价格。

根据消费者行为性的细分变量来细分市场，有助于品牌管理人员有针对性地为某个细分市场制定和实施营销传播战略。因此，品牌管理人员常常根据消费者行为来对市场进行细分。比如，品牌管理人员可以先根据消费者的年龄对市场进行细分，然后选定某个特定年龄组的消费者作为本品牌商品的目标市场。至于为什么这一特定年龄组会是一个具有吸引力的细分市场，可能是因为这类消费者使用产品的次数特别多，对品牌特别忠诚，或者因为本品牌商品的最大优势就是他们所追求的利益等。在有些情况下，范围较宽的人群描述也有可能掩盖消费者之间一些重要的潜在差异。一个笼统的“23～55岁的女士”的目标市场，显然涵盖了好几个有着明显不同需求的细分市场，针对这些不同的细分市场，必须制订不同的市场营销传播方案。

（二）识别竞争特性

当品牌管理人员基本确定了目标市场时，通常也就明确了本品牌与其他品牌的竞争关系。原因很简单，生产同类商品的其他企业很有可能选择同样的目标市场，或者说，目标消费者有可能在购买本品牌商品之前注意甚至比较其他同类商品，这就会使本品牌商品与其他品牌商品形成竞争关系。当然，这种竞争关系还体现在其他方面，如分销渠道等。在进行竞争分析的过程中，品牌管理人员需要考虑许多因素，包括企业可以使用的资源、企业的经营能力、竞争对手或潜在竞争对手的经营动向等，以便确定为哪一个细分市场提供服务能够得到企业最理想的收益。

品牌管理人员在为本企业品牌确定竞争层次和竞争范围时视野不应过于狭窄。品牌之间的竞争未必总是在属性层面上纠缠，也可能体现在利益层面上。例如，那些关系到消费者身份地位利益的奢侈品（如奔驰、宝马的轿车），其竞争对象就不仅是同类商品（如沃尔沃、保时捷的轿车），也有可能是其他耐用商品（如豪宅、别墅等），还有可能是休闲度假活动。因此，识别本品牌与其他品牌的竞争关系和竞争特性，是品牌定位研究的一个重要环节。

（三）辨析品牌的异同点

在品牌定位研究的过程中，品牌管理人员一旦确定了目标市场和品牌的竞争特性（明确了合适的竞争参照系），就有了品牌定位的基础。下一步就是要确立本品牌与竞争品牌之间适当的异同点以及与之相匹配的品牌联想。

1. 品牌差异点联想

品牌差异点（points of difference，POD）是让消费者对与本品牌相关联的属性和利益具有积极正面的评价，并且相信竞争品牌无法达到相同程度的优势所在。如沃尔沃轿车的品牌差异点就是安全。

品牌差异点的概念与其他一些常见的营销传播概念有很多共同之处。比如，它与罗瑟·瑞夫斯在20世纪50年代提出的独特销售主张这一概念很近似。独特销售主张是指广告诉求应该向目标消费者提出一个有说服力的、竞争者无法媲美的产品购买理由。因此，广告诉求的重点应放在本产品与竞争产品比较之后得出的独特优势上。独特销售主张强调的是广告传播应该说什么而不是应该怎么说。

另一个相关的概念是持续竞争优势（sustainable competitive advantage，SCA）。在一定程度上，持续竞争优势与企业在较长时间内向市场传播品牌价值方面占据优势的能力有关。持续竞争优势概念涵盖的内容较广，它强调产品在某些方面独树一帜的重要性。品牌差异点的概念与独特销售主张和持续竞争优势的概念确有相同之处，不过相对而言，品牌差异点更注重企业通过有效传播，使目标消费者对品牌形成强有力的、有独特偏好的品牌联想，以与竞争品牌有所区别。

在现实生活中，消费者对广告中的品牌进行选择判断，常常依据其品牌联想。比如，瑞典家居商品零售商宜家将家居装饰品和家具转变成一种面向大众市场的价格便宜的商品，宜家通过消费者自助服务（运送、组装商品）等来降低商品价格，宜家还通过产品组合来建立品牌差异点，许多消费者正是通过这些不同的品牌差异点形成了对宜家十分有利的品牌联想。

品牌差异点既可以强调商品的性能属性（如现代汽车在所有型号汽车上均提供六个安全气囊作为基本配置，以提高安全性能）或性能利益（如海飞丝强调为消费者提供的去头皮屑利益），又可以强调商品的精神属性（如路易威登强调的奢侈和地位），使消费者形成深刻的品牌联想。当然，也有一些企业通过强调其为低成本供应商（如好又多超市强调的"就是便宜"）来形成品牌差异点。

2. 品牌共同点联想

许多企业难以发掘出自身的品牌差异点，相反，它们倒是与其他同类品牌有更多的共同点。品牌共同点（points of parity，POP）是指那些不一定为品牌独有，实际上可能与其他品牌共有的品牌特点。这种类型的品牌联想有两种基本形式：品类共同点联想和竞争性共同点联想。

（1）品类共同点（category points of parity）联想是指那些在某一特定产品大类中，消费者认为任何一个合理的、可信任的品牌都必须具有的品牌联想，这些联想实际上构成了消费者对这类产品的基本联想，这些联想的指向大都为品牌商品的物质属性。当一个企业使用品牌延伸战略时，品类共同点就显得更为重要。品牌延伸的产品大类越广，就越要保持品牌的品类共同点联想。如妮维雅通过品牌差异点联想（温和、保护性、呵护备至等）在护肤品类别的市场中成为领导者。之后，妮维雅在将其品牌进一步延伸至体味清新剂、洗发水、化妆品等产品大类时，发现在建立品牌差异点联想之前，有必要先建立品类共同点联想，因为当消费者并不认为妮维雅的延伸产品体味清新剂非常有效，不认为其洗发水能使头发更加柔顺，不认为其化妆品具有使消费者光彩照人的作用时，妮维雅品牌原先所具有的温和、保护性、呵护备至等品牌差异点联想就会荡然无存。因此，一个企业只有先在其延伸产品的大类中建立起品类共同点联想，才有可能逐步引入并构建起品牌差异点联想，从而建立起品牌在市场中的竞争优势。

（2）竞争性共同点（competitive points of parity）联想是指企业通过有针对性的传播淡化或抵消目标消费者对竞争对手差异点所产生的联想。或者说，如果某一品牌能在其竞争对手企图建立优势的地方与之抗衡，同时又能够在其他方面取得某些竞争优势，那么该品牌有可能处于较为有利的市场竞争地位。

二、品牌定位策略

品牌定位策略是进行品牌定位点开发的策略。品牌定位点的开发是从企业经营者的角度来挖掘品牌差异点的工作。必须强调的是，品牌定位点不是产品定位点，品牌定位点可以高于产品定位点，也可以与产品定位点保持一致。品牌定位点开发的着眼点并不局限于产品本身，还可以拓展至品牌的目标市场、品牌竞争者、品牌识别等方面。

（一）产品定位策略

产品定位策略的基本思路是以产品的物质属性为思考原点，围绕产品的功能属性、外观属性和价格属性等来选择与确定品牌定位。

1. 以产品的功能属性为基点的品牌定位

一些品牌之所以能够被消费者接受，最主要的原因之一是这些品牌的产品具有使用上的功能属性，可以满足消费者生理层面的基本需求。如果某一品牌的产品具有独特的使用功能，能够给消费者带来特殊的利益，满足其特别的需求，则该品牌就具有了与竞争品牌较为明显的差异点和竞争优势。如高露洁的没有蛀牙、佳洁士的坚固牙齿等都是以产品的功能属性为基点的成功的品牌定位案例。

高露洁广告创意作品

说明：高露洁牙膏长期以来围绕“没有蛀牙”这一独特的产品定位开展广告诉求，使消费者将没有蛀牙与高露洁形成一对一的品牌联想，获得在牙膏市场的品牌竞争优势。

2. 以产品的外观属性为基点的品牌定位

产品的外观是消费者最容易识别的特征，也是消费者是否认可、接受某品牌的产品的重要依据。因此，品牌策划人员以产品的外观这个消费者最容易识别的产品特征作为品牌定位的基点，也可以达到较为理想的营销与传播效果。如“白加黑”感冒药的品牌定位就是典型的以产品的外观属性作为基点的成功定位案例。

3. 以产品的价格属性为基点的品牌定位

产品的价格是企业与消费者之间分割利益最直接、最显见的指标，价格策略也是企业在市场竞争中经常采用的竞争手段。价格策略是一把双刃剑，在不伤及自身的前提下，一些企业还是乐于采用以价格为基点进行品牌定位的策略。此种定位策略可以非常明确地向目标消费者传递出品牌属于高端还是低端的信息。一般而言，定位于高端的品牌可以向目标消费者显示其产品的高质量，暗示拥有该品牌商品的消费者具有较高的社会地位与较强的经济实力；定位于低端的品牌则可以向目标消费者显示其大众亲民、物美价廉的品牌形象。例如，大众 Polo 轿车采取的就是典型的以价格属性为基点的定位策略，其诉求内容是"Polo 只需 8 265 欧元"（广告语）。

大众 Polo 轿车广告创意作品

（二）目标市场定位策略

目标市场定位策略是指企业以消费者的需求为基点进行品牌定位，包括以消费者的使用场合与使用时间、消费者的购买目的和消费者的生活方式等为基点的品牌定位。

1. 以消费者的使用场合与使用时间为基点的品牌定位

红牛饮料是使用此种定位方法的典型案例，该品牌定位强调消费者的使用场合或使用时间：困了累了喝红牛。另外，如青酒（喝杯青酒，交个朋友）、"8 点以后"巧克力（适合 8 点以后吃的巧克力）等也是采用此种方法进行品牌定位的成功案例。

2. 以消费者的购买目的为基点的品牌定位

消费者购买商品的目的各异，但总的来说无非两种情况：一是自用；二是送礼。一些企业在深入研究市场需求及消费者购买目的之后，围绕消费者购买目的进行品牌定位，也可以取得较为理想的营销业绩。

3. 以消费者的生活方式为基点的定位

现代消费者的消费心理与以往相比有了很大的变化，其中最大的变化之一就是从理性消费向感性消费转变。由于目前消费者的生活方式、生活态度、心理特征和价值观念对其消费行为的影响越来越大，并已经成为市场细分的重要变量，因此，以消费者的生活方式为基点的品牌定位被许多企业采用。针对年轻一代消费者追求个性、展现自我的需要，品牌定位可以从生活方式着手赋予品牌相应的意义。如贝克啤酒（喝贝克，听自己的）、阿迪达斯（没有不可能）等均是使用这种方法进行定位的成功案例。

（三）竞争导向定位策略

竞争导向定位策略是指企业以竞争对手的营销传播策略为参照物，有针对性地提出本品牌定位的方法，其目的是使本品牌在市场竞争中占据有利的地位。

1. 首次或第一定位

首次或第一定位就是要寻找没有竞争者的市场空隙（消费者的心智空白），迅速占领这个空隙，成为该市场领域的品牌领导者。定位理论的提出者艾尔·里斯和杰克·特劳特特别看重"第一"的概念，将此方法列为定位方法之首。例如，七喜第一个提出"非可乐"的概念，获得了巨大的成功。

2. 关联或比附定位

关联或比附定位即企业使本品牌商品与在市场上有相当影响力的竞争品牌商品形成

一种关系，借助竞争品牌的市场影响力使本品牌商品获得市场认可的定位策略，特别是当企业在市场上处于弱势地位而竞争对手又是市场领导者时，此种定位策略更为有效。20 世纪 60 年代美国广告大师伯恩巴克所代理的安飞士租车公司广告，首次运用关联或比附定位策略，提出了“我们是第二，但是我们更努力”的品牌定位，获得了极大的成功。

3. 进攻或防御定位

关联或比附定位策略不是去主动进攻或排挤竞争对手，而是遵守现有市场秩序和消费者的认知模式，在现有市场结构中选择一个与竞争品牌相安无事的位置。进攻或防御定位策略则是为了侵占其他品牌的市场份额或防止其他品牌的进攻而采取的定位策略。

（四）品牌识别定位策略

品牌识别是比品牌定位更本质、更内在的东西。品牌定位只是品牌丰富内涵及其潜在价值的一部分，品牌识别则是内容与形式、风格与文字、图像与音乐的完整统一体。品牌定位在一定条件下可以调整和再定位，品牌识别则应恒久不变。因此，从某种程度上说，品牌定位只是品牌识别的一个方面，或者说，在品牌定位的过程中，可以从品牌识别的多个角度选择定位点。

1. 从品牌识别的个性角度定位

如果企业在品牌定位之前就已经确立了品牌个性，那么品牌管理人员可以品牌的个性特征作为品牌的定位点。如万宝路的品牌个性是“勇敢、冒险、自由”等，其品牌定位正是以此内容加以确立的。

迪奥香水广告创意作品

2. 从品牌识别的文化特征角度定位

品牌的文化内涵既包括品牌自身特有的历史文化，又包括品牌诞生地的地缘文化。某些品牌商品经过长期的营销与传播，已经形成自身特有的品牌文化，在市场上被消费者认为是某个品类的代表。此时，跟进企业在进行品牌定位时就可以使用文化特征定位策略。如生产香水的企业只要将自己的品牌定位于法国文化特征，并反复强调本品牌是真正来自法国的，往往就会受到消费者的认可。

案例 3-1 “8 点以后”——场景定位赢得欧洲市场

3. 从品牌与消费者的关系角度定位

品牌与消费者的结合点是寻找品牌定位点的又一途径。品牌与消费者之间的关系反映了品牌对待消费者的态度，是友好、乐于助人，还是关心爱护、体贴入微，抑或冷若冰霜，拒人于千里之外。海尔品牌的定位策略就是从品牌与消费者之间的关系出发，将品牌定位为“真诚、友好、关心”，其品牌的广告语（“真诚到永远”）则根据定位生动地表述了品牌的经营理念和对待消费者的基本态度。

第3节　品牌定位评估与管理

一、品牌定位分析工具

品牌定位分析工具是选择品牌定位点、评价品牌定位是否达到目标的重要工具，也是修正品牌传播策略的基础。品牌定位分析工具主要有：ZMET技术、品牌定位知觉图、品牌定位排比图等。

（一）ZMET技术

ZMET技术是查特曼隐喻解释技术（Zaltman Metaphor Elicitation Technique）的简称。该技术的理论依据是人类彼此的沟通交流过程中大约有80%以上的信息传递要依赖非语言符号，因而传统的以语言符号为主要内容的问卷调查、小组调查、个人访谈等难以获知人们内心深处的真实想法。开展消费者调查应该使用非语言符号的方式来获取消费者的想法、观点和情感，只有如此，才能真正了解消费者对品牌的真实评价与感受。

虽然ZMET技术在20世纪90年代才提出，但使用该技术进行品牌调研和规划的企业让人印象深刻，包括美国电话电报公司（AT&T）、可口可乐、杜邦、伊士曼-柯达、通用汽车、宝丽来、锐步、太平洋煤气电力等公司。

ZMET技术的应用程序大致如下：

第一，拍摄几张图片，然后运用电脑动画和后期制作技术对图片进行加工，使图片更能表现品牌商品的象征意义。

第二，选择目标消费者对上述图片进行测试，即哪一幅图片更能恰当地表现品牌商品的特征，或者更能够与品牌商品形成一对一的联想关系。被选择的目标消费者最好控制在20人左右。

第三，根据测试分析结果，可以画出一幅心智思考图。图3-3是对美国消费者就汰渍洗衣粉进行调研分析之后获得的心智思考图。利用心智思考图，企业在进行品牌定位时可以在多种策略中进行比较与选择。

ZMET技术还远谈不上十全十美，但它至少把消费者对品牌商品相应的感受描述出来了。只要对竞争品牌也做一个相同的分析，即可了解不同品牌的差异点，从而为本品牌找到适合的定位点。

（二）品牌定位知觉图

品牌定位知觉图是一种直观简洁的分析工具，它可以用1～3个变量来描述品牌定位，从而直观地识别出目前市场上的空白点，有助于企业选择适当的品牌定位点或再定位点。同时，品牌定位知觉图还有助于企业判断品牌营销计划是否正确以及企业所期望的定位点与目标消费者的实际感知是否一致，以检验本品牌定位策略运作的实际成效。

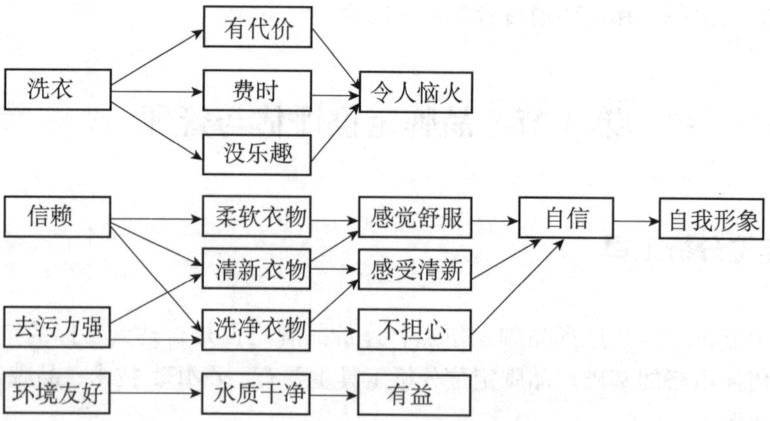

图3-3　汰渍品牌心智思考图

资料来源：Gwendolyn，Catchings-Castello. The ZMET alternative. Marketing Research，2000，12（2）：6-12.

最常用的品牌定位知觉图是二维知觉图。其运用步骤大致如下：

第一步，选择品牌定位的基准变量。正确地选择基准变量是品牌定位知觉图成功的基础，一旦选错基准变量，之后的工作将毫无意义。在选择基准变量时，应将目标消费群体关心和重视的内容作为定位的基准。

第二步，调查数据资料。品牌定位知觉图的基础变量确定后，接下来就是进行实地调查，以获取全面准确的数据资料。

上述两步工作完成之后，即可着手绘制品牌定位知觉图。我们以美国芝加哥地区啤酒市场为例来说明品牌定位知觉图的制作过程。首先确定两个最重要的影响啤酒质量的变量：啤酒的口味（浓啤与淡啤）和口感（苦味与适中），然后根据这两个变量制作品牌定位知觉图（见图3-4）。

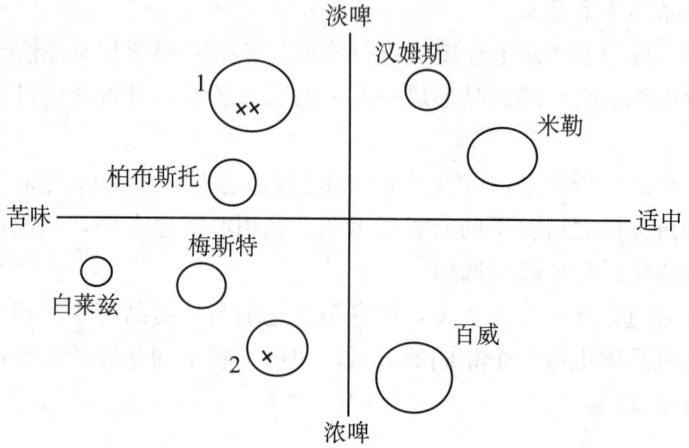

图3-4　美国芝加哥地区啤酒市场品牌定位知觉图

资料来源：仁科贞文．广告心理．北京：中国友谊出版公司，1991.

从图3-4中可以看出，1号和2号是其他品牌可以考虑进入的市场空白点。在决定进入之前，必须对这两个市场区域进行研究，以确定市场规模。如果这两个市场区域规模太小，企业就不应该进入。

（三）品牌定位排比图

品牌定位排比图是先将各种关键因子按重要性加以排列，对每个关键因子的重要性予以量化，然后在每个关键因子上分别比较各种品牌的优势与劣势，最后在此基础上确定品牌定位。

此方法相对于品牌定位知觉图而言具有更强的选择性和比较性。毕竟，品牌定位知觉图适合只使用两个评价因子的市场定位。在实际的市场营销过程中，影响消费者购买决策的因素往往不止两个，品牌定位排比图正好能够解决这一问题。

图3－5是一个方便面市场的品牌定位排比图。从图中可以看出，影响方便面品牌评价的关键因子按重要性从高到低排列分别是口味、口感、价格、质量、包装、广告、营养、历史、服务。图中还列举了5个竞争品牌，分别以A、B、C、D、E表示。此图中的5个竞争品牌通过在9个关键因子上的比较，各自的特征一目了然。

高			E	D	C	A			B		口味
				E	D	C		B		A	口感
			C	E	B	D	A				价格
					C	A	B	D	E		质量
重要性		D	A	C	E			B			包装
			E	A	D	B	C				广告
		C	E	A	B	D					营养
					A	C	B	D	E		历史
低			A		B	D	C		E		服务

弱　　竞争品牌表现　　强

图3－5　方便面市场的品牌定位排比图

二、品牌再定位

再定位的概念是艾尔·里斯和杰克·特劳特于1972年在发表于《广告时代》的一篇论文中提出的。再定位就是重新定位，也就是打破品牌在消费者心目中的原有位置与结构，按照新的传播理念在消费者心目中重新定位，以期在消费者心目中构建一个对企业更加有利的品牌结构（阶梯）。

（一）品牌再定位的必要性

企业在市场营销过程中的核心竞争是品牌的竞争，品牌竞争的起点在于品牌定位决策。因此，针对不断变化的市场需求，及时对品牌进行再定位就非常必要。具体而言，品牌再定位的必要性主要体现在以下几个方面。

1. 市场竞争格局的变化使再定位成为必要

对于企业来说，市场竞争环境不断变化，竞争激烈程度表现为以下两点：（1）竞争对手采取跟进或模仿策略，使过去市场竞争格局中的差异化品牌迅速变得同质化；（2）竞争对手采取不正当的竞争或倾销行为，对本品牌的定位优势造成较大损害。在这种情况下，企业为保持自身品牌在市场竞争中的主动性和优势地位，不得不重新对品牌实施再定位的策略。

2. 消费者对品牌利益点的兴趣变化使再定位成为必要

由于消费环境的变化，目标消费者对品牌利益点的兴趣发生变化，企业有必要根据目标消费者变化了的利益点为品牌进行再定位。因为原品牌利益点会随着时尚流行元素的更新、消费习惯的改变、产品新功能的开发、科学技术的不断进步等而发生改变或转移，所以企业在实施品牌战略的过程中，必须及时把握消费者的心理需求变化，及时对品牌进行再定位。

3. 市场法规和相关政策的变化使再定位成为必要

许多国家或地区都会根据市场发展的需要制定有利于市场发展的相关法规和政策，这些法规和政策既可能使一些企业的品牌处于有利的市场地位，又会使另一些企业的品牌处于不利的市场地位。企业要想使自身的品牌避开或化解这些不利的影响，就有必要对品牌进行再定位。

（二）品牌再定位的时机

市场不断地快速发展和变化，企业是否需要经常进行品牌再定位？回答显然是否定的。这就涉及品牌再定位的时机问题。品牌再定位不能盲目进行，在时机的选择上，既不能滞后，也不能超前。企业应充分了解市场的变化，应市场需求、消费者需要而适时地导入品牌再定位策略。具体而言，企业应该在以下几种情况下实施品牌再定位策略。

1. 品牌形象老化

品牌形象老化，即品牌的价值取向、广告的诉求点已经不能引起目标消费者的认同与兴趣，此时，如果企业不实施品牌再定位策略，品牌在市场上的生命力将会逐渐衰减，极有可能被市场淘汰。例如，麦当劳于 2003 年 9 月在中国全面更新品牌形象，其广告口号、品牌个性、员工制服、广告风格及主题歌曲等全面更新为“I'm lovin' it”（我就喜欢），以时尚、现代的价值观重新诠释麦当劳的品牌理念。此案例说明，如果品牌形象老化，那么企业进行品牌再定位就是使品牌形象重新获得生命力的有效手段。

2. 市场环境变化

经济环境的突变、市场政策的变化以及品牌产品自身潜在的不利因素，都有可能在不同程度上对品牌原定位形成干扰，甚至造成不可预测的损害。在这种情况下，企业如果不及时进行品牌再定位，就很有可能沦为市场环境变化的牺牲品。因此，企业的品牌管理人员在由于环境变化所导致的对品牌形象极为不利的局面下，一方面应该开展公关活动尽可能消除或减轻社会各界对品牌产品的疑虑和误会；另一方面可以考虑通过品牌再定位，使消费者重新认知品牌形象。例如，2000年11月，国家药品监督管理局出台新的政策，规定暂停含有PPA的非处方药品在市场上销售。当时，一直占据感冒药非处方药市场主导地位的康泰克因含有PPA而损失近7亿元。在遭受如此大的环境变化的情况下，中美史克公司为保护企业主导品牌而实施了品牌再定位策略，于2001年9月适时推出“不含PPA的速效感冒药”新康泰克，并开展有效的公关活动，品牌又逐渐获得了消费者的信任。

3. 原品牌定位有误

许多产品在上市之初（两年之内）往往不能达到预期的市场营销目标。一些企业在检讨营销业绩不尽如人意的原因时，往往将目光集中在产品策略、价格策略、渠道策略和促销策略上。其实，真正的原因很可能是品牌定位有误。此时，进行品牌再定位极有可能使市场业绩大为改观。如江中健胃消食片的产品定位为“中药保护”，没有切合目标消费者的真正需求，导致产品销售不畅。2003年，江中制药对江中健胃消食片进行再定位，根据目标消费者的实际需求将定位改为“日常助消化用药”，从而成功地占据了日常消化不良用药非处方药市场领头羊的位置。

4. 消费者的产品需求观念发生改变

消费者的产品需求观念是随着社会经济的发展和市场环境的变化而变化的。如果消费者对产品需求的兴趣点发生转移，那原品牌定位的利益点将很有可能不能引起消费者的兴趣。此时，企业就需要根据诉求利益进行品牌再定位。

案例3-2　香飘飘品牌再定位

案例3-3　乐百氏，27层净化

5. 企业的发展战略调整

企业在制定发展战略时，应主要思考两个要素，即企业的内部资源和外部环境。这两个要素都是典型的动态变量，企业的发展战略也要根据这两个变量作出调整，这又必然涉及品牌定位的调整。因此，企业在制定全新的发展战略时，就必须考虑实施品牌再定位策略。

基本概念

定位　　品牌定位　　品牌传播

选择目标市场　　品牌再定位

思考题

1. 品牌定位的本质是什么？
2. 品牌定位决策有哪些基本原则？

3. 品牌定位与选择目标市场有哪些异同点？

即测即评

第4章

品牌文化与个性识别策划

品牌文化的形成和发展是一个循序渐进的过程，它是需要企业整合智力资源和财务资源，以品牌的核心价值为主线，不断注入与品牌定位或品牌个性相适应的文化背景元素，并通过坚持不懈、持之以恒的演绎与传播，逐渐得到消费者广泛认可的一种文化现象。当一个品牌的文化得到消费者的高度认同时，就会有越来越多的消费者成为该品牌的忠诚消费者，从而使该品牌在市场竞争中长期保持领先地位。

第1节　品牌文化概述

品牌是一种文化现象，优秀的品牌往往有较丰富的文化内涵。在品牌形象的塑造与规划过程中，文化起着支撑和催化的作用。分析品牌文化，首先必须了解文化的基本概念。

一、文化的基本概念

广义的文化是指人类创造的一切物质产品和精神产品的总和。狭义的文化专指语言、文学、艺术等精神产品。

(一) 文化的定义

文化目前尚无统一的定义。在近代，英国人类学家泰勒给文化下了明确定义。他于1871年出版了《原始文化》(*Primitive Culture*) 一书。他指出："从人种志学的观点来看，文化或文明是一个复杂的整体，它包括知识、信仰、艺术、伦理道德、法律、风俗和作为一个社会成员的人通过学习而获得的任何其他知识与技能的能力和习惯。”

英国人类学家马林诺夫斯基发展了泰勒的文化定义，其在20世纪30年代所著的《文化论》（*The Scientific Theory of Culture*）一书中提出：“文化是针对那一群传统的器物、货品、技术、思想、习惯及价值而言的，这个概念包容及调节着一切社会科学。”他还进一步把文化分为物质的和精神的，即包括“已改造的环境和已变更的人类有机体”两种主要成分。

美国文化人类学家克罗伯和克拉克洪在1952年发表的《文化：一个概念定义的考评》中分析考察了100多种文化定义，对文化下了一个综合定义：“文化存在于各种内隐的和外显的模式之中，借助符号的运用得以学习与传播，并构成人类群体的特殊成就，这些成就包括他们制造物品的各种具体式样，文化的基本要素是传统（通过历史衍生和由选择得到的）思想观念和价值，其中尤以价值观最为重要。”克罗伯和克拉克洪的文化定义为现代西方很多文化学者所接受。

文化是一个非常广泛的概念，给它下一个严格和精确的定义非常困难。不少哲学家、社会学家、人类学家、历史学家和语言学家一直在努力，试图从各自学科的角度界定文化的概念，然而，迄今为止对于文化仍没有一个公认的、令人满意的定义。

笔者倾向于认同以下对文化本质的界定：文化是人类在社会历史发展过程中所创造的物质财富和精神财富的总和。狭义的文化特指所创造的精神财富，包括宗教信仰、风俗习惯、道德情操、学术思想、文学艺术、科学技术和各种制度等。

（二）文化的要素

无论对于文化的本质如何表述，构成文化内涵的要素都必须包括以下几个。

第一，精神要素，即精神文化。它主要指哲学和其他科学、宗教、艺术、伦理道德以及价值观等，其中尤以价值观最为重要，它是精神文化的核心。精神文化是文化要素中最有活力的部分，是人类创造活动的动力。没有精神文化，人类便无法与动物相区别。价值观是一个社会的成员评价行为和事物以及从各种可能的目标中选择合意目标的标准。这个标准存在于人的内心，并通过态度和行为表现出来，它决定人们赞赏什么、追求什么、选择什么样的生活目标和生活方式。同时，价值观还体现在人类创造的一切物质和非物质产品之中。产品的种类、用途和式样无不反映创造者的价值观。

第二，语言和符号。两者具有相同的性质，即表意性，在人类的交往活动中，二者都起着沟通与传播的作用。语言和符号还是文化积淀与传承的手段。人类借助语言和符号沟通，借助沟通和互动创造文化，文化的各个方面通过语言和符号反映与传播。能够使用语言和符号从事生产与社会活动，创造出丰富多彩的文化，是人类特有的属性。

第三，规范体系。规范是人们行为的准则，有约定俗成的，如风俗等；也有明文规定的，如法律条文、群体组织的规章制度等。各种规范之间互相联系、互相渗透、互为补充，共同调整着各种社会关系。规范规定了人们活动的方向、方法和方式，规定了语言和符号使用的对象与方法。规范是人类为了满足需要而设立或自然形成的，是价值观的具体化。规范体系具有外显性，了解一个社会或群体的文化，往往先从认识规范开始。

第四，社会关系和社会组织。社会关系是上述各文化要素产生的基础，构成社会关系的基础则是生产关系，也就是说在生产关系的基础上，衍生出各种各样的社会关系。这些社会关系既是文化的一部分，又是创造文化的基础。社会关系的确定要有组织保障。社会组织是实现社会关系的实体。一个社会要建立诸多社会组织来保证各种社会关系的实现和运行。家庭、工厂、公司、学校、政府、军队等都是保证各种社会关系运行的实体。社会组织包括目标、规章、一定数量的成员和相应的物资设备，既包括物质因素，又包括精神因素。社会关系和社会组织紧密相连，成为文化的重要组成部分。

第五，物质产品。经过人类改造的自然环境和由人创造出来的一切物品，如工具、器皿、服饰、建筑物、水坝、公园等，都是文化的有形部分，它们凝聚着人的观念、需求和能力。

二、品牌文化的界定

品牌文化是企业或广告主通过赋予商品深刻而丰富的文化内涵，并充分利用各种有效的内外部传播途径，努力使消费者对品牌商品所传达出来的文化内涵产生认同进而产生品牌忠诚所形成的。一个企业通过长期不懈的努力，在市场上确立和拥有了自己的品牌文化，就意味着该品牌获得了强有力的市场地位。

（一）品牌文化的提出

随着消费社会的形成和日益繁荣，大众的消费行为越来越具有文化的色彩。在消费社会里，品牌商品的文化象征意义日益深刻地影响着消费者行为。事实上，越来越多的消费者试图通过具体的消费行为来找到在某一群体中的归属感，通过可以代表身份、地位等的相关品牌向他人展示自我价值。

品牌文化就是体现品牌人格化的一种商业文化现象。如普拉达提出的“欣赏就像遥遥相对，而情感则是豁然开朗”、阿迪达斯提出的“没有不可能”等都是向消费者诉求品牌的文化理念。当一种品牌的文化理念或价值观在消费者心智上建立认同的对应关系之后，消费者选用该品牌就成为理解、接近该品牌文化的一种方式。因此，塑造品牌文化的过程就是将一个没有生命的商品转化为有生命和有思想的品牌的过程。据此，笔者对品牌文化的界定是：品牌文化是指企业在所开展的长期营销活动中，逐渐积累和形成的有别于竞争对手并为越来越多的目标消费者所认可的价值观念、利益认知和情感属性等意识形态的抽象概念及其可识别的名称、标志、色彩和设计等具象符号的总和。

（二）品牌文化的核心

品牌文化的核心实际上就是企业通过品牌向目标消费者传播的价值观，包括生活态度、审美情趣、个性修养、时尚品位、情感诉求等精神属性。在消费者心目中，他们钟情某一品牌，绝不只是通过肯定、占有和使用该品牌商品来获得生理上的满足，还要通过品牌文化所体现出来的价值理念、审美情趣、个性偏好等来获得在身份归属、价值认同、表现自我等方面的满足。因此，消费者对自己喜爱的品牌形成强烈的信赖感和依赖感，融合了许多美好联想和隽永记忆，他们对品牌的选择和忠诚不是建立在直接的产品利益上，而是建立在品牌深刻的文化内涵和精神内涵上，维系他们与品牌长期联系的是独特的品牌形象和情感因素。

（三）品牌文化与企业文化

品牌文化的核心要素大都源自企业文化，因此，塑造品牌文化必须首先建立和完善企业文化。企业如果没有建立和形成自己独有的、深厚的企业文化，就不可能塑造出具有丰富内涵的品牌文化。

企业文化的建立和形成，有利于提升品牌形象，也有利于提高企业的凝聚力和向心力，还有利于增强企业员工自我实现的成就感，进而可以推动品牌文化的巩固和发展。需要指出的是，品牌文化虽然脱胎于企业文化，但并不完全等同于企业文化，因为品牌文化一方面源自企业文化，另一方面源自消费文化，这就使品牌文化的内涵还体现为消费者的价值观。如果说企业文化的沟通对象是企业的员工，那么品牌文化的沟通对象是企业所生产的商品的消费者。

三、品牌文化的特征

品牌文化与企业文化、消费文化、流行文化有相似和相异的方面，对这些方面加以总结分析，就可以发现品牌文化大体上具有以下三个基本特征，即内涵的兼容性、传播的持久性、个性的鲜明性。

（一）内涵的兼容性

内涵的兼容性是指企业在塑造和提炼品牌文化的内涵时，既可以体现企业的经营理念、价值判断，也可以表现商品的内在或外在属性，还可以彰显消费者的审美品位和精神需求等。有一些品牌兼具多种不同的文化内涵。比如，贝纳通的品牌文化就兼具多种文化内涵：一方面该品牌通过平面媒体持续不断地向目标消费者传播平等、反战、关爱自然等价值取向；另一方面该品牌长期赞助世界一级方程式锦标赛（F1）这项昂贵的运动。这就使得该品牌的文化具有更加丰富的内涵。

（二）传播的持久性

品牌文化需要企业持之以恒地有效传播。任何一个成功品牌的文化内涵都需要经过多年的传播积淀，尤其是品牌文化中的精神属性部分更需要借助基本一致的诉求内容（主题概念）和诉求风格（表现形式）传播，才能逐渐形成有别于其他竞争品牌的文化个性。从这个意义上说，传播的持久性有两方面意义：一方面在传播的过程上具有持之以恒的历时性；另一方面在传播的内容上具有相对的稳定性。

（三）个性的鲜明性

在产品同质化日益严重的今天，品牌价值首先体现在必须与竞争品牌相区别，也就是差异化营销。品牌的差异化营销有赖于品牌的差异化传播，长期的品牌差异化传播会逐步形成具有核心识别价值的品牌个性。如中国移动动感地带的品牌个性就十分突出，这要得益于其长期向目标受众进行品牌差异化传播（“我的地盘听我的”）。

四、品牌文化的作用

品牌文化的形成有赖于企业对品牌战略的整体规划和践行，企业所提炼和传播的品牌文化在市场上发挥的作用包括以下几个方面。

（一）有助于促进商品销售、传播社会文明

企业在市场竞争活动中努力塑造和传播品牌文化的动力源自获取商业利益，即企业通过提炼和传播品牌文化来增强品牌在市场上的竞争力，从而谋求更多的商业利益。从品牌传播的对象而言，消费者首先是一个社会人，每一个社会人都具有不尽相同的复杂的个性特征，但几乎所有的社会人都会受到相同的经济环境和文化背景的影响，其价值取向、生活方式、消费行为等也具有某种共性。消费者在文化意义上的共性为塑造品牌文化提供了客观基础。

企业在进行品牌战略规划时，必须对目标消费者的文化特征进行深入调研，努力将目标消费者的文化需求与商品的效用联系起来，从而提炼出能够吸引目标消费者并被目标消费者认同的品牌文化，并在企业品牌传播战略的统一规划下，使品牌文化作用于目标消费者，最终达到销售商品的目的。

企业在提炼和传播品牌文化的过程中，虽然动机是谋求自身商业利益的最大化，但是在实际中可能不自觉地衍生出了传播社会文明的边际效用。比如诺基亚的“科技以人为本”、苹果的“非同凡响”（Think Different）、麦斯威尔咖啡的“好东西要与好朋友分享”、李宁的“让改变发生”等都是向受众传播社会文明的典型广告案例，客观上对社会文明的进步起到了积极的推动作用。

（二）有助于目标消费者对品牌个性的认知与识别

企业提炼与传播品牌文化的显性效果是使品牌可以具有多层次、多角度的识别功能。这种识别功能将从两个方面作用于目标消费者，并使之形成对品牌个性的认知。第一，品牌文化可以通过品牌外在的视觉系统使目标消费者形成对品牌在视觉形象上的差异性识别，如建立企业的识别系统和品牌形象的识别系统等。第二，品牌文化还可以通过建立企业员工的行为文化系统，并通过企业员工与目标消费者的接触与沟通，使目标消费者形成对品牌个性理念的识别。

（三）有助于培养目标消费者的品牌忠诚

无论是从理论上还是实践上，绝大多数的企业都可以将目标消费者按照消费行为划分为坚定型、不坚定型、转移型和多变型等。显然，对于企业而言，那些对品牌具有较高忠诚度的消费者是最有价值的，也是企业在市场竞争中力保并争取的目标。由于市场

竞争十分激烈，企业常常会采用各种营销与传播手段吸引目标消费者并蚕食竞争对手的市场。在这种情况下，会有大量的消费者从坚定型变成不坚定型或转移型。如何维护和扩大品牌的忠诚消费者群体，是企业至关重要的营销课题。在市场竞争加剧的今天，相同类别的产品之间的同质化日益严重，结果是消费者越来越难以区分。企业要想使目标消费者在众多的产品中很快地识别出本企业的产品，最有效的一种方法是让产品品牌具有独特的文化。贝纳通为了树立品牌特色，塑造了“爱自然、爱人、关怀社会”的品牌文化。贝纳通的广告以反对环境污染、种族歧视、战争等为题材，具有强大的冲击力，使贝纳通品牌脱颖而出、独树一帜。

品牌文化一旦为目标消费者所接受，对于提高品牌影响力就是十分有利的，因为消费者对一种品牌文化的认同是不会轻易改变的，品牌文化就成了对抗竞争者和阻止新进入者的重要手段。

五、品牌文化的构成要素

品牌文化是在企业对品牌战略进行全面规划与实施的过程中不断积累和发展而形成的，其构成要素主要包括品牌精神文化、品牌物质文化和品牌行为文化三个方面。

（一）品牌精神文化

任何一种文化体系最核心的部分都是该文化体系的精神和价值观。文化的精神和价值观是社会大多数成员所信奉并倡导的一种信念，它通过一定的社会规范影响人们的行为方式。因此，文化的精神和价值观构成了一种文化体系的精髓，规范着人们的思维方式和行为方式，也深刻影响着文化发展的方向。

同样，一个企业在规划和建设品牌文化的过程中，最为关键的是要提炼出品牌的精神和价值观，通过品牌的精神和价值观来规范与指导企业的生产、营销及传播行为。

品牌精神文化是指品牌在市场营销与传播过程中所体现出来的一种有别于其他品牌的意识形态和价值观念，包括品牌精神、品牌愿景、品牌伦理道德和发展目标等。品牌精神文化是品牌文化的核心和灵魂，它决定了品牌个性、品牌形象、品牌态度以及品牌营销传播活动中的表现。如哈雷摩托车的品牌精神是“自由”，麦当劳的品牌精神是“家庭价值”，等等。上述企业在品牌营销传播过程中，无不把各自的品牌精神和价值观融入其中，使各具特性的品牌形象能够被更多的目标消费者认识、识别甚至喜爱。

品牌精神文化的确立有助于企业建立品牌的制度性文化。品牌的制度性文化是品牌文化中品牌与企业结合的部分，又称为“中介文化”。品牌的制度性文化包括企业管理体制、组织结构、营销机制等为适应品牌营销与传播而确定的各种类型的管理制度。

（二）品牌物质文化

品牌物质文化主要由产品或品牌的物质或符号构成，其内涵通过产品的物质形态或品牌的传播符号等体现并向目标消费者传递。品牌物质文化可以帮助消费者对品牌作出基本的判断。根据品牌的物质构成要素，可以将品牌物质文化分为产品特质和符号集成两个方面。

1. 产品特质

产品特质是绝大多数品牌都必须具备的最为基本的功能要素，该功能要素就是产品在物质层面上可以满足消费者的基本需求，或者说产品能够向消费者提供的利益点。产品特质包括产品使用功能和质量特征，是消费者对产品的基本需求，也是消费者判断产品品牌的主要标准之一。

2. 符号集成

符号集成是对多种构成品牌识别的元素和符号的统称，这些元素和符号有助于品牌在包装与传播上形成差异，可以满足消费者对产品功能价值以外的需求。这些元素和符号包括品牌的视觉系统（品牌名称、标志、产品形状、颜色、字体等）、听觉系统（音色、音高、音强、节拍、旋律等）、触觉系统（产品的材料、质地等）和嗅觉系统（产品的气味等）。如果说产品特质可以满足消费者的基本需求，那么符号集成可以使消费者通过感知和体验对品牌产品形成综合的认知和判断，进而对品牌形成较为深刻的印象。

（三）品牌行为文化

品牌行为文化是企业通过品牌的营销与传播活动将品牌的价值观和相关理念等品牌精神文化予以动态表现的过程，包括品牌营销行为、品牌传播行为和品牌个人行为等。如果说品牌精神文化关注的是品牌的核心和灵魂，那么品牌行为文化关注的则是应该怎样行动才能有效地贯彻和体现品牌精神文化。

1. 品牌营销行为

品牌营销行为从表面上看只涉及产品、价格、促销和渠道这些基本要素，但是在实际运作过程中，品牌营销行为将在很大程度上影响品牌的价值。比如，路易威登的皮具不降价，不搞打折促销活动，这种固执不变的销售策略是基于路易威登深知其目标消费者并不在乎价格的高低，他们在意的是一种享受服务的体验和感觉。消费者到路易威登商店要排队等候，因为路易威登希望能够为每一个消费者提供周到和细致的服务，并且路易威登会限制顾客购买商品的数量，以避免同一款商品被一个人搜罗一空。路易威登不降价的销售策略使得其目标消费者心满意足而成为忠诚顾客。品牌就是在营销行为的细节中炼成的。

2. 品牌传播行为

品牌传播行为包括广告、公共关系、新闻、促销活动等。实际上，传播行为与营销行为难以区分。从结果来看，人们习惯于使用营销的概念，但是从过程来看，其实传播是营销的前提，或者说营销就是传播，传播也就是营销。上述路易威登案例，从营销的角度看，可以算是品牌营销行为；如果从实际的过程来看，也可以看成是一种品牌传播行为。显然，传播行为有助于品牌知名度的提升和品牌形象的塑造。

3. 品牌个人行为

品牌是由企业创造出来的，企业通过品牌这个特殊的载体向市场传播相关的信息和价值观念。品牌的拥有者包括企业家、股东、员工等。实际上，品牌个人行为就代表了品牌拥有者的行为；反之，品牌拥有者的行为也可以代表品牌个人行为。品牌个人行为并不是纯粹的个人行为，必然与品牌形象有着密切的关系，这就要求每个与品牌有着直接关系的人尽可能做到一言一行都与品牌所倡导的文化内涵保持一致，以利于品牌形象的塑造与传播。

第2节　品牌文化战略

品牌文化战略是指企业为了提高品牌文化内涵、增强市场竞争力而制定的一系列长期的总体规划和行动方案。实施品牌文化战略是知识经济时代对企业的客观要求，是品牌发展的必然逻辑，是增强企业核心竞争力的有效途径。塑造个性化、人性化、兼容性和可持续发展的品牌文化是企业实施品牌文化战略的关键。

一、实施品牌文化战略的意义

品牌是一个国家和地区的经济、科技和文化等综合实力的重要象征，是提高企业核心竞争力的重要手段。品牌关乎企业的存亡，把品牌文化上升到战略高度对我国企业适应国内外激烈的市场竞争具有重要意义。

（一）实施品牌文化战略是知识经济时代的客观要求

20世纪“企业文化热”在全球范围内的兴起，可以看作传统经济向知识经济转变中市场的一种自觉要求。工业化大生产以庞大的生产规模、飞快的生产速度、极低的生产成本和先进的生产工艺生产出来大量的物质产品，极大地满足了人们的需求。但是大工业生产也暴露出很多弱点，即同行业之间的生产者面貌趋同，个性差异小，提供的产品或服务高度雷同，导致市场竞争更趋激烈和白热化，企业的生存空间和发展空间渐趋狭窄。企业逐渐认识到，市场空间和企业生存空间的拓展必须依赖知识和文化的结合。向知识要财富、向文化要空间是21世纪对企业提出的新要求。知识经济是21世纪经济发展的主旋律，知识经济条件下创造出来的品牌，不但要突破传统品牌单纯以产品质量高和使用价值高来满足社会需求的文化意识，更要注重品牌的知识品位以及具有时代特色的文化品位。企业通过塑造具有丰富文化内涵的品牌，既可以与竞争品牌形成差异，又可以给消费者带来丰富而独特的情感利益，更好地满足消费者的文化心理需求。

（二）实施品牌文化战略是增强企业核心竞争力的有效途径

1990年美国著名管理学家普拉哈拉德（C. K. Prahalad）和加里·哈默尔（Gary Hamel）在《哈佛商业评论》中首次提出了“核心竞争力”的概念。他们认为一个企业之所以具备强势竞争力或竞争优势，是因为它具有核心竞争力。核心竞争力是指能使企业为顾客带来特别利益、使企业获取超额利润的一种独特的技能和技术。核心竞争力主要通过核心产品、核心业务、核心运营能力构建。核心竞争力决定企业的生存和发展状况。不过，这种对核心竞争力的界定有两点不足：一是过于强调技术、技能等硬技术而忽视品牌、营销、管理等软技术；二是过于强调企业自身的能力而忽视了消费者的作用。

在实际生活中，企业与消费者作为市场的供给方与需求方，往往存在严重的信息不对称。广大消费者对产品了解得并不多，尤其是不能完全了解核心技术、技能形成的核心竞争力。企业的核心竞争力只有让消费者感知并外化为具体的消费者利益才有意义。最能体现、传达以技术和技能为主形成的核心竞争力的就是品牌，因为品牌能把不可感知的技术和技能变成消费者可感知的实实在在的利益。

二、实施品牌文化战略的基本原则

（一）品牌文化与产品文化、企业文化相结合的原则

产品是品牌的载体，产品文化是品牌文化的基础，没有产品或产品文化，品牌文化就成为无本之木。产品包含三个层次，即核心产品，如质量、使用价值、性能等；形式产品，如外形、视觉、外观设计、包装等；延伸产品，如服务、承诺、荣誉等。其中，质量、使用价值、性能等属于品牌文化的内在底蕴；外观设计、包装等属于品牌文化的外在体现。任何品牌文化都是内外两方面的完整统一。品牌文化是企业文化的有机组成部分，品牌文化的建设过程就是不断培育优化企业文化、克服不良文化的过程。品牌文化是企业文化的直接体现和载体。品牌的物质基础是产品，品牌的精神力量是企业文化，企业文化是品牌的灵魂。产品文化、企业文化和品牌文化三者相互影响，相互联系，不可分割，实施品牌文化战略必须重视产品文化和企业文化的培育。

（二）坚持系统化的原则

品牌文化是各个系统的集合，由品牌精神文化系统、品牌物质文化系统和品牌行为文化系统组成。品牌精神文化系统是品牌的灵魂和核心，它规定了品牌的基本式样、战略目标、性质等；品牌物质文化系统是品牌的载体部分，受品牌精神文化系统影响；品牌行为文化系统则是品牌精神文化向实践的转换，品牌行为文化系统决定品牌行为规范与模式。品牌物质文化系统、品牌行为文化系统的内部结构与外在功能均来自品牌精神文化系统的创造与整合。此外，品牌文化是社会文化的子系统，社会文化对品牌文化会产生巨大影响，文化是品牌的根，脱离社会文化的品牌文化是不存在的。一个国家和地区的教育水平、民族特性、价值观念等对品牌文化的形成起决定性作用，品牌文化是对社会文化、亚文化的反映。因此，品牌文化既是品牌精神文化系统、品牌物质文化系统、品牌行为文化系统的母系统，又是社会文化的子系统。在实施品牌文化战略时既要考虑品牌文化与品牌精神文化系统、品牌物质文化系统、品牌行为文化系统之间的关系，又要考虑社会文化这个大系统。

（三）坚持自主知识产权原则

在市场竞争中，知识产权作为经营上的一项重要的无形资产，对品牌起到越来越重

要的作用。没有自主知识产权越来越不符合市场竞争的需要。创建自主知识产权的品牌文化，就是要使品牌从内在要素方面的经营理念、发展方向、价值观、核心技术、市场战略等到外在要素方面的视觉识别、行为识别、形象整合、营销策略等都具备自主能力和创新能力，实现品牌自主知识产权。

（四）坚持与时俱进的原则

品牌诞生之初一般以吸收先进技术、文化为特征，在发展中创造新技术和新文化，推动自身向前发展，形成良性循环。任何一个品牌都不能依靠过去的成功而永远成功。市场从来不是静止的，消费者的需求与品位总在变化，市场无时无刻不在变化，如果品牌在很长一段时间里没有与时俱进，没有带给消费者新鲜感，那么消费者自然会将之归入老化品牌的行列。可口可乐公司经营了 100 多年，历久不衰，从文化角度看，其成功源于将品牌文化特征与时代特征相结合，始终把握与时代特征的契合点和品牌稳定性，让人常饮常新。

三、如何定位品牌文化

如果把品牌视作一个有生命活力的人，品牌文化就是灵魂。消费者选择购买某种产品，绝不仅仅是因为产品的物质属性和实际功效，还看重品牌文化和与众不同的品牌个性。许多广受消费者认可的成功品牌产品蕴含着丰富的文化内涵。企业在为品牌文化定位的过程中应该遵守以下准则。

（一）围绕品牌核心价值

品牌文化的定位必须紧紧围绕品牌核心价值，切不可随意更改或偏离品牌核心价值，否则就会使消费者对品牌的认知产生混乱，以致放弃对品牌的选择。品牌核心价值是品牌资产的主要部分，应有利于消费者识别和记住品牌的利益及个性，使品牌获得消费者认同、喜欢。万宝路品牌的核心价值是自由奔放、桀骜不驯，为此，万宝路几十年来一以贯之地积极赞助 F1、高山滑雪、沙漠探险等户外运动，这些极具挑战性和超越自我的运动非常形象和生动地演绎了万宝路品牌的核心价值，完美地诠释了万宝路品牌的文化内涵。

（二）以小见大的文化定位

企业在进行品牌文化定位的过程中，应该尽可能将品牌文化定位得具体、实在、感性，切忌将品牌文化定位得空泛、抽象、笼统。事实上，大而全的品牌文化定位给消费者的感受反倒是没有文化，也难以引起消费者的情感共鸣。

许多优秀品牌的文化定位是以小见大，以少见多。如戴比尔斯的“钻石恒久远，一颗永流传”，将人世间永恒的爱情作为品牌文化的定位，打动了许多恋人；普拉达的“Less is More.”以精致的极简主义为其品牌文化定位，赢得了高端人群的认可，迅速风靡全球。

（三）与目标消费者共鸣

任何品牌文化都必须以消费者为导向，定位要以消费者接受信息的思维方式和心理为准绳，突破信息传播的障碍，让定位信息进驻消费者心里。品牌文化定位是否成功，要由社会公众或目标消费者来评判。只有准确地表达出消费者的心声的品牌文化，才能让消费者动心。品牌文化必须来自消费者内心的呼唤，又回归消费者的心灵，必须考虑目标消费者的特征，与目标消费者的需求相吻合。企业要想创造名牌，就必须研究目标消费者的需求心理、文化背景、消费观念、审美观、文化价值观及其特定需求，适应其文化价值取向和审美取向，这样的品牌文化定位才能成功。

四、品牌文化战略的选择

企业在品牌文化定位的过程中，需要充分认识品牌在各个维度上发展的多样性，并根据企业所处的外部环境、企业所拥有的资源和能力、品牌所确定的目标消费者的人口统计特征和文化特征，正确选择品牌文化战略。

（一）塑造个性化的品牌文化

个性化的品牌文化是指品牌对外展示的品质是品牌的公众形象、社会形象、自我定位的延伸，是品牌融入消费者生活的纽带。个性化的品牌文化是品牌生命的核心。大卫·奥格威认为品牌个性就如同一个人的个性，既是特殊的也是普遍的。任何一个在市场上占有一席之地的品牌都必须顺应市场的变化，尽可能创造出让竞争者难以模仿或短时间内难以模仿的个性化品牌文化。个性化的品牌文化能够显示与其他品牌的不同之处，有个性的品牌的竞争力才会日益强大，才会在消费者心中变得无可替代。通用电气公司前 CEO 杰克·韦尔奇说："没有差异化是品牌最大的危害。"要让一个品牌真正活起来，能够和消费者进行情感沟通，就要赋予品牌个性和形象，使品牌具有精神和灵魂。品牌个性实际上代表了品牌之间的差异性，在产品高度同质化的今天，鲜明的个性更容易使强势品牌在消费者心中留下烙印。个性化的品牌文化的塑造需要用差别思维去研究和发现特征鲜明的品牌文化因子。一方面通过品牌形象、品牌经营、品牌关系和产品、服务来表现这些鲜明的文化因子；另一方面建立一种品牌信息的传递机制，让消费者能够深度认识品牌，使消费者对品牌文化产生共鸣。

（二）塑造人性化的品牌文化

塑造人性化的品牌文化是现代经济发展的要求。查尔斯·汉普登·特内斯指出："现代经济的基本趋势是：从简单走向复杂，从资本走向知识，从大规模市场走向区隔市场，越来越多的产品正走向差异化和顾客化。所有这些，对企业向消费者提供千篇一律的模式化产品的惯常做法，对企业传统的厂家导向并控制市场的惯例，提出了严峻的挑战。"企业必须研究消费者的不同需要，以消费者多样化的实际需要为导向；必须塑造人性化的品牌文化，提高品牌的人性化含量。此外，企业管理过程中以人为本的文化对塑造人性化的品牌文化影响也非常大。企业管理者及员工是品牌文化塑造的主体，员工的精神面貌、价值观念、创新精神等最终会凝结到品牌当中并通过品牌表现出来。

（三）塑造可持续发展的品牌文化

人类在改造自然的过程中长期对自然资源进行掠夺性、破坏性的开发，使得资源危机、环境污染成为影响人类生存和发展的严重问题。企业实施品牌战略的根本目的就是促使品牌走可持续发展的道路。品牌要可持续发展，一方面必须以维护人类的长远利益为己任，在利用相关资源时强调节约，避免污染。既考虑当前发展的需要，又不能以牺牲后代的利益为代价；既重视保护环境生态，又重视培养人文意识。另一方面必须创造组织的无形资产，塑造品牌的精神文化、视觉文化等，以实现品牌文化的可持续发展。品牌只有主动顺应并促进人类与自然环境、社会环境、经济环境的协调发展，符合人类的利益，追求集企业利益、消费者利益和社会利益于一体的价值体系，才能实现自身的价值与目标，才能获得市场的认同。正确处理品牌与消费者、社会之间的关系是品牌文化的最终目标和最高境界。

案例4－1　宝珀手表品牌文化的厚积薄发

案例4－2　酒鬼酒文化品牌战略再上新台阶

（四）塑造兼容性的品牌文化

我国加入WTO以后，面临着与国际市场接轨和国际化市场竞争的挑战，中国经济逐步融入国际经济，经济全球化必然伴随着品牌国际化。国际化的品牌必须跨越区域、国家、文化、意识形态的差异，被不同社会、经济、文化背景下的消费者接受。这就需要塑造与不同文化、亚文化相兼容的品牌文化。塑造兼容性的品牌文化主要运用企业形象识别系统（CIS）整合品牌形象国际化元素；以理念识别系统（MIS）整合跨国经营理念和发展战略，进而形成具有国际风范的品牌特质内涵；以行为识别系统（BIS）整合适应国际准则的管理制度、教育培训、开发研究、市场营销以及公关活动等；用视觉识别系统（VIS）准确传达品牌理念，通过产品的外观、包装、陈列展示、广告等视觉语言，满足不同社会形态或文化背景中特定人群的心理预期，利用文字、符号、造型及色彩所产生的视觉形象，实现与国际公众有效的心理沟通。

第3节　品牌个性识别策划

企业在进行品牌形象策划的过程中，关键是要为品牌塑造出与众不同、独具魅力的个性特征，唯有如此，品牌才有可能被目标受众关注和记住。越来越多的企业已经深刻地意识到塑造品牌个性的重要性。本节将主要围绕品牌个性的相关概念和品牌个性塑造进行探讨。

一、品牌个性的基本概念

个性是心理学的一个重要概念，用来表述人与人之间在性格上呈现出的千差万别的特征。将人所具有的个性移植到品牌上，就形成了品牌个性。由于品牌最终影响的对象是具有不同个性的消费者，品牌个性的塑造与传播往往与品牌所针对的目标消费者的个性大致吻合。大量事实表明，消费者大都喜欢符合自己价值观或审美品位的品牌。一个品牌如果想吸引更多的消费者，就必须使自己具有鲜明的又能与消费者的个性相吻合的品牌个性。

品牌个性理论是研究品牌传播“说什么”的问题，最早是由精信广告公司（Grey）提出的一个品牌策略理论，认为广告诉求不仅仅是说利益、说形象，更重要的是向消费者说品牌的个性。因此，只有提炼出品牌个性，才能使品牌传播具有明确的主题和核心。大卫·奥格威早在 20 世纪 60 年代提出的品牌形象理论当中就多次提到过“个性”“性格”等概念，并认为“最终决定品牌市场地位的是品牌总体上的个性而不是产品间微不足道的差异”。只是限于当时的认识水平，奥格威并没有对品牌个性的内涵作出明确的界定。

（一）品牌个性理论的提出

品牌个性理论是精信广告公司在 20 世纪 80 年代对当时大行其道的品牌定位理论进行反思，进一步深化和发展得出的一个品牌策略理论。

自从艾尔·里斯和杰克·特劳特提出定位理论之后，营销界便纷纷使用定位理论开展市场营销活动。当时人们普遍认为，只要企业能够在市场上寻找到一个合适而独特的定位，就可保证企业的商品在市场上占据有利的位置。然而，到了 20 世纪 80 年代，随着市场竞争日益加剧，产品同质化日趋普遍，市场细分的空间越来越小，导致同类商品的品牌定位也越来越相似，结果是企业仅仅依靠定位理论开展市场营销活动的效果并不理想，定位理论在实际的操作过程中遇到了瓶颈。

针对上述情况，精信广告公司对同类商品的上百对品牌进行了深入分析，发现在几乎所有成对的品牌中，都有相似的品牌定位，但是其中总有一个品牌在市场上处于领先地位，另一个品牌在市场上则处于相对落后的位置，如万宝路和云丝顿就是典型的案例。在对大量影响品牌的因素进行研究之后，精信广告公司认为，影响品牌成功与否的关键在于两者的广告诉求的本质差异：不成功品牌的广告诉求大都侧重于向目标消费者描述商品是什么（东西），成功品牌的广告诉求则更倾向于向目标消费者描述商品是谁（人）。也就是说，成功的品牌通过广告赋予了品牌生命。被赋予生命的品牌就不再只是一个物品（东西），而是一个活生生的人，一个有着自己独特性格的、你我都认识的老朋友。

从精信广告公司提出的品牌个性生成模式中（见图 4－1），我们可以看出品牌个性的提炼是以产品定位为基础的，只有在此基础之上才能够将品牌人格化。在塑造和提炼品牌个性的过程中，品牌策划人员必须思考一个问题：如果这个品牌是一个人，那么他应该是一个什么样的人？他应该具有什么样的个性？对品牌个性塑造的评价尺度则应该是：独具一格、令人心动和经久不衰。

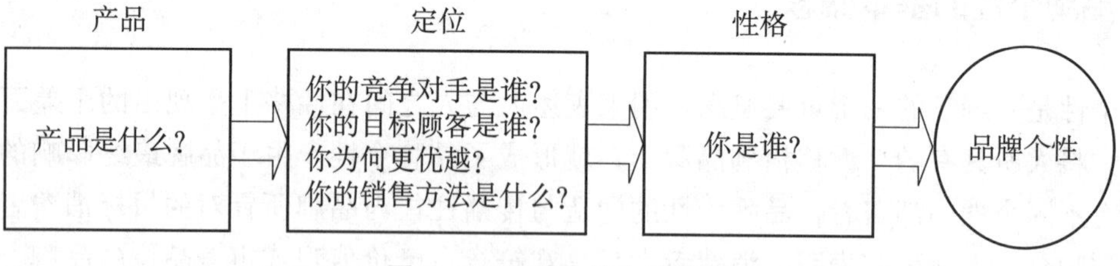

图 4-1　品牌个性生成模式

事实上，当广告公司将独特的个性赋予品牌，并且这一独特的品牌个性与该品牌的目标消费者的个性基本吻合时，企业就可以通过这一品牌与目标消费者进行沟通，并与之建立起彼此认同的关系。

（二）品牌个性的内涵

品牌个性是品牌的灵魂，是消费者识别品牌、区分品牌的重要依据。因此，塑造品牌个性就成为品牌传播的核心内容。品牌个性到底有哪些内涵呢？

1. 个性与品牌个性

“个性”一词在心理学的概念里有“人格”的意思，主要有三层含义：第一，个性是指导致人与人之间具有差异的独特特征，又称为个性特征；第二，个性是指一个人的稳定的性格特征而不是一时的、情境性的、偶然的言行表现；第三，在对环境的行动与反应方式上，具有不同个性特征的人的表现往往大相径庭，如遇到突发状况时，有的人会挺身而出，有的人则会退缩。

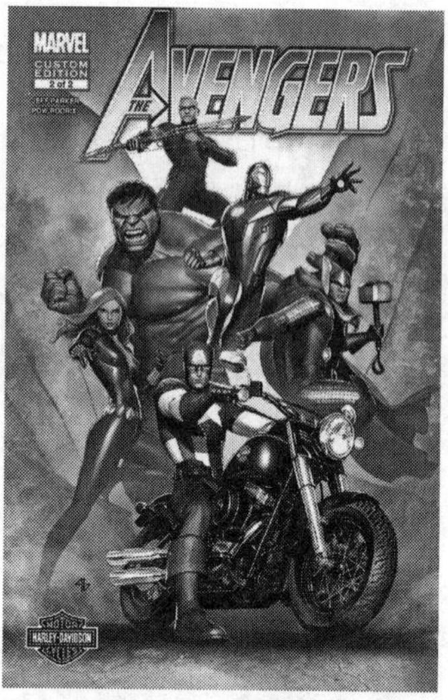

哈雷摩托车《复仇者联盟》平面广告设计作品

将人的个性的概念移植到品牌上，就是力图通过持续不断的有效传播，使品牌形成差异化并具有独特特征的品牌个性。如哈雷摩托车“自由、正义、英雄”的品牌个性、绝对伏特加“智慧而自信”的品牌个性等均是成功地运用品牌个性理论进行整合营销传播的经典案例。

品牌一旦具有某种个性，实际上也就使得没有生命的商品变成了有生命的品牌，品牌的精神属性在很大程度上要依赖品牌个性的塑造与传播。

2. 品牌个性的定义

关于品牌个性，不同的专家学者有不同的理解。大卫・爱格认为品牌个性是从品牌联想出来的一组人格特征。林恩・阿普绍则认为，“品牌个性是指每个品牌向外展示的个性，是品牌带给生活的东西，也是品牌与现在和将来的消费者相联系的纽带。它有魅力，也能与消费者进行情感方面的交流”。珍妮・艾克对品牌个性的定义则是：品牌个性是指与品牌相联系的一整套人格化特征，既包括品牌气质、品牌性格，又包括年龄、性别等人格、性格之外的人口统计特征，并具有向消费者提供象征性或自我表达的功能。

在借鉴和综合上述品牌专家学者对品牌个性的定义的基础上，笔者对品牌个性的定义是：品牌个性是指企业经过分析和提炼，有意识地将目标消费者所拥有或认可的个性特质移植到或注入品牌之中，使得品牌具有某种有别于其他品牌的独特的性格特征。

3. 品牌个性与品牌形象

品牌形象是一个含义更为广泛的概念，其内涵不仅包括品牌个性，还包括商品属性以及消费者对品牌商品所形成的大致相同的主观感受和评价。品牌个性则不包括商品属性，完全由消费者的主观感受和认识构成。品牌形象与品牌个性之间的区别是：品牌形象既包含商品属性、质量、价格、服务等客观具象的要素，也包含消费者对品牌商品的认识与感受等主观抽象的要素；品牌个性则更强调意识层面的属性。比如，百事可乐的品牌形象包括其独特的口感、蓝色的包装、优异的质量、活力与青春等，它的品牌个性则主要由青春与活力构成。因此，可以认为品牌个性是品牌形象诸要素当中最能体现本品牌与同类品牌差异的要素，也是最具特质的品牌基因。

品牌个性与品牌形象并不是彼此对立的而是相互促进的关系。也就是说，只有为品牌塑造出独特的个性，才能形成使消费者产生深刻印象的品牌形象；反之，一个品牌如果缺乏或根本就没有提炼或塑造出品牌个性，也就不可能在消费者心目中真正建立起令其喜爱的品牌形象。

对于人而言，个性具有许多不同的特征，如气质特征、性格特征、情绪特征等。世界正是由个性特征不同的人组成才多姿多彩。我们很难对个性特征不同的人进行完全正面或负面的评价，只可能更加欣赏某种个性特征的人，或者难以认同某种个性特征的人。在这里，喜欢或不喜欢就成为人们判断的标准。同样，当品牌被植入个性要素并逐渐形成独特的品牌个性之后，结果就是可以赢得部分消费者的认同与喜爱，可以和这部分消费者建立起相对长久的利益共享关系。

4. 品牌个性与品牌定位

品牌个性必须以品牌定位为前提。品牌的人格化就是要思考“如果这个品牌是一个人，那么他应该具有什么样的个性”，并且以独具一格、令人心动、经久不衰等作为提炼品牌个性的标准。品牌个性必须从品牌定位的相关要素中提炼而来，品牌个性反过来又可以深化和体现品牌定位策略。

万宝路和云丝顿的品牌定位并没有太大的差别，其竞争的类别、口味、诉求对象、提供给消费者的利益点等基本一致，这就导致这两个品牌的传播策略也比较相似——它们都强调优异的质量并努力向消费者传达卓越出众和具有现代感的品牌形象。实际上，万宝路成功地通过牛仔形象将粗犷帅气、桀骜不驯、自由潇洒的品牌个性演绎得淋漓尽致，使消费者产生了深刻的印象，在全球烟草市场上长盛不衰，其市场份额远远领先于云丝顿。这一案例十分清楚地说明，仅仅依靠正确的品牌定位未必就能塑造出成功的品牌个性，但成功的品牌定位一定拥有鲜明而独特的品牌个性。

（三）品牌个性的特征

所有成功的品牌都具有与众不同的品牌个性。笔者在对诸多成功的品牌及其个性进行深入分析与研究之后，认为品牌个性的特征主要有以下四个：稳定性、差异性、排他性和一致性。

1. 稳定性

总体而言，品牌个性一旦确定，就必须努力保持一以贯之的稳定性。稳定的品牌个性是占据消费者心智的关键所在，也是品牌形象与目标消费者的个性特质和价值取向的共鸣点。品牌个性如果没有稳定性及相应的行为特征，就难以令消费者辨识该品牌的本质特征是什么，导致消费者放弃对该品牌的关注，最终品牌在消费者的心目中失去影响力。

2. 差异性

企业努力塑造品牌个性的目的就是要使消费者对品牌产生认知、偏好并选择购买该品牌商品，品牌个性是最能体现品牌之间差异的因素之一。许多品牌的定位策略大同小异，但是总有一些品牌通过塑造与众不同的、鲜明的品牌个性在激烈的市场竞争中脱颖而出，获得消费者的认可和喜爱。

3. 排他性

如果企业塑造的品牌个性能够引起目标消费者的共鸣并被接纳，那么该品牌个性会表现出强烈的排他性，这种排他性在很大程度上就能在市场竞争中起到非常有效的防护作用，使得竞争对手无法模仿，十分有利于品牌的可持续经营与发展。许多知名品牌都有自己的品牌个性，如锐步的野性、年轻、活力，微软的积极、进取等。

4. 一致性

一致性是指企业塑造的品牌个性必须与品牌的目标消费者在个性或价值取向上保持一致。在多元化的消费社会里，不同的消费者之所以偏好和选择不同的品牌商品，原因就在于不同的消费者有不同的个性气质和差异较大的价值取向。在个性张扬的今天，消费者根据个性和价值取向选择自己认可和喜爱的品牌，是一种明显的消费趋势。因此，品牌个性只有与目标消费者的个性或价值取向保持一致，才能被目标消费者接受、认同和喜爱。需要指出的是，随着环境和观念的变化，消费者的个性或价值取向也有可能发生改变，品牌个性应该据此作出相应的调整和改变。

二、品牌个性塑造

品牌个性塑造的过程是一个高度精细的创意传播工程。品牌策划人员必须从整体上把握并深入分析构成品牌个性的各种要素，以提炼出既有别于同类竞争品牌，又符合目标消费者个性特征的品牌个性。总体而言，构成品牌个性的要素主要有三大类，即与商品直接相关的要素，与商品间接相关的要素，与目标消费者直接相关的要素。

（一）与商品直接相关的要素

我们认为品牌个性大都源自商品本身。正如美国广告大师李奥·贝纳所言：每个商品都具有与生俱来的戏剧性。品牌营销与传播活动的策划人员就是要善于挖掘和塑造商品的个性（戏剧性）。

在品牌个性的塑造过程中，一些企业针对商品的内在属性挖掘和提炼品牌个性，取得了理想的传播效果。比如，宝洁公司的舒肤佳香皂根据香皂的杀菌属性塑造出令人耳目一新的品牌个性——关爱。

舒肤佳广告作品

对于消费者而言，商品的价格是其作出选择的重要依据，消费者也会根据商品的价格形成对某一品牌的印象。一个品牌如果持之以恒地以高价作为品牌个性加以传播，就有可能在消费者心目中建立起两种相反的品牌印象：高质量的、尊贵的、富有的、豪华的、精致的、奢侈的品牌；或者是势利的、庸俗的、高高在上的、为富不仁的品牌。如路易威登坚持采用高价格的市场营销策略，长期位居国际奢侈品牌之列。一个品牌如果长期以低价作为品牌个性加以传播，则也有可能在消费者心目中建立起截然相反的品牌印象：物有所值的、亲民的、节俭的、朴实的品牌；或者是廉价的、落后的、粗糙的、不上档次的品牌。如北京现代的伊兰特、悦动、i30 等轿车一直采用低价策略，虽然在不长的时间里占据了大部分低端轿车市场，但是也使得北京现代的品牌个性在消费者的心目中与廉价产生了关联。因此，在品牌个性的提炼过程中，长时间地强调价格来塑造品牌个性，并不是明智的选择。

（二）与商品间接相关的要素

在提炼品牌个性的过程中，虽然从与商品直接相关的要素中去寻找并挖掘品牌个性是较为便捷的一种方法，但是商品的内在属性总是有限的，许多商品的内在属性早已被同类商品强调过了，并成为其品牌个性被加以传播和诉求。在这种情况下，对品牌个性的提炼只能另辟蹊径，从与商品有间接关系的若干要素中提炼品牌个性。

1. 使用者形象

使用者形象是指企业在塑造品牌个性的过程中，将品牌的目标消费者的共性特征加以提炼和整合，塑造出该消费者群体广为认同和喜爱的典型人物，并将该典型人物的个性特征融入品牌的个性之中，逐步形成独特的品牌个性。

20 世纪 60 年代美国广告大师李奥·贝纳为万宝路所做的广告策划之所以大获成功，就在于他塑造了一个万宝路品牌使用者的形象——牛仔，为万宝路提炼出极具人格魅力的潇洒豪迈、自由奔放、桀骜不驯的品牌个性。百事可乐以年轻一代的消费者作为其使用者形象，将年轻一代的活力、朝气、激情等性格特征植入品牌，形成了有别于竞争对手的品牌个性，从而在与强大的可口可乐的竞争中牢牢占据半壁江山。

2. 广告风格

广告风格是指企业在长期的广告诉求活动中，持之以恒地采用相同的表现手法，使其广告作品逐渐形成一种有别于同类商品的独特的表现方式，当消费者将这种广告诉求的表现方式与品牌形成一对一的联想时，品牌个性就在消费者的心目中牢牢地确立了。

利用独特的广告风格塑造品牌个性必须满足两个基本条件：一是该品牌在每年的传播活动中始终保持较高的广告曝光率；二是该品牌的广告表现手法和广告传播媒体都必须长期保持不变，否则就不可能形成广告风格。

3. 上市时间

品牌上市时间的长短在客观上会给消费者造成不同的印象，这种印象实际上会在很大程度上影响消费者对品牌个性的基本判断。比如，历史悠久的品牌从积极的方面而言，给人以成熟、稳重、老练、友善、值得信赖的整体感觉，但是从消极的方面而言，又给人以老迈、守旧、无趣、缺乏活力等负面印象。同样，上市时间较短的品牌，既有可能给人以年轻、新颖、时尚、有活力的整体感觉，也有可能给人以华而不实、哗众取宠的感觉。因此，企业应根据品牌上市时间的具体情况，有意识地扬长避短，努力提炼出更具竞争性的品牌个性。

（三）与目标消费者直接相关的要素

由于品牌的价值在于品牌与目标消费者之间所形成的互动关系，企业在提炼品牌个性的过程中，就必须对目标消费者的价值取向、审美情趣和品位以及个性特征进行深入细致的研究分析，根据目标消费者的上述特征提炼出能够得到他们认可的品牌个性。事实上，成功的品牌个性大都可以体现出该品牌目标消费者的个性特征。

1. 价值取向

价值取向是指一个在社会中具有特定文化背景的人所信奉的道德和行为规范的理念。在人与人的交往过程中，价值观往往是区别一个人与另一个人的标准。在宏观层面，价值取向大致可以分为三种形式：以他人为导向的价值取向、以自我为导向的价值取向和以环境为导向的价值取向。

在品牌传播过程中，策划人员可以将人的价值取向植入品牌，通过长期不间断的广告活动，逐渐形成独特的品牌个性。比如，美体小铺（The Body Shop）运用价值取向成功地塑造并传播自身品牌的独特个性，赢得了消费者的认同与尊重，当然也赢得了市场。该品牌使用以环境为导向的价值取向，所奉行的价值观是“有原则地获利”。在这种价值观的指导下，该品牌开展与环境保护有关的活动，如呼吁保护热带雨林（其员工及支持者向巴西总统寄发了有 50 万人签名的公开信，以敦促制止破坏热带雨林的行为），积极参加拯救濒危动物的活动（该品牌的系列婴儿洗浴用品均附有保护濒危动物的故事书），积极支持发展替代型能源和废弃物循环利用的研究与开发等。在美体小铺专卖店里，消费者会受

美体小铺平面广告设计作品

到穿着印有社会公益标语 T 恤衫的员工的热情接待，店内的商品海报及相关的宣传品均使用可回收的纸张印制而成。以上这些活动使消费者对美体小铺的品牌个性有了深刻的印象。

2. 审美情趣

审美情趣是指消费者在认识和接受事物的过程中判断事物美丑的兴趣与爱好。显然，不同的消费者由于价值取向不同，审美情趣往往也会大相径庭。对于同一品牌，不同的消费者会有不同的判断和选择，一个重要原因就是消费者具有不尽相同的审美情趣。比如，贝纳通的品牌个性之所以如此鲜明，就是因为该品牌根据目标消费者的独特审美情趣，提炼出有别于竞争对手的品牌个性。策划人员在提炼品牌个性的过程中，应对本品牌目标消费者的审美情趣进行深入分析，根据目标消费者的审美情趣提炼出能被目标消费者接受、认同甚至喜爱的品牌个性。

三、品牌个性的测度与评估

企业在提炼品牌个性的过程中，必须对构成品牌个性的特质有所认知和了解，寻找和辨别出构成品牌个性的核心要素。实际上，品牌个性的特质大都源自人的个性特质。因此，品牌学者往往直接将心理学的个性特质理论运用到品牌个性的测度与评估中。

（一）奥波特的个性特质理论

人的个性特质理论最早是由奥波特提出的。奥波特在全面深入分析人们撰写的大量书信、日记、自传等的基础上，提出人的个性特质主要由三个层次的特质构成：首要特质、中心特质和次要特质。

首要特质是指一个人最具代表性的个性特征。比如，19 世纪法国著名文学家巴尔扎克在小说《欧也妮·葛朗台》中用“吝啬”一词就将葛朗台的个性特质准确概括。在现实生活中，拥有极端个性特质的人并不多见。

中心特质是指构成某人性格特征的若干核心要素。一般而言，一个人的性格特征往往由 3～7 个特质要素构成。比如，对某位同事进行评价时所使用的“诚实的”“勤奋的”“乐观的”等评语，就是该同事个性当中的中心特质。

次要特质是指一个人只在某些特殊情境下才会表现出来的个性特质。比如，有些人在熟人面前高谈阔论，在陌生人面前却沉默寡言，这种个性特质即次要特质。

奥波特的个性特质理论对于提炼品牌个性具有相当重要的参考作用，企业品牌管理人员应该辨析和提炼品牌的目标消费者或忠诚消费者的首要特质，并将首要特质植入品牌，通过持之以恒的广告传播，使该品牌个性彰显并为目标消费者所接受和认可。

（二）品牌个性的测度

从理论上说，人的个性既有相似之处，又有相异之处。企业在将人的个性特征植入品牌的过程中，既要使品牌的个性特征与目标消费者的个性特征尽可能保持一致，又要使品牌的个性特征与竞争品牌的个性特征形成差异。要想提炼出既能够得到目标消费者认可和喜爱，又能与竞争品牌形成差异的品牌个性，就必须对目标消费者所认同或崇尚的个性特质进行测度和评估，消费者大都倾向于认可和喜爱与自己有相同或相似个性特征的品牌，通过该品牌与众不同的个性来界定或彰显自我。当今消费者的消费观念大都已经从“别人有的东西我也要有”向“我希望有比别人更好的东西”转变，进而向“我希望拥有别人没有的东西”演进。“别人没有的东西”只能通过品牌与众不同的个性体现。

案例 4-3 万宝路——塑造品牌个性，创造营销神话

案例 4-4 ZIPPO 品牌个性塑造与传播

在对品牌个性进行测度方面，戴维·阿克曾推荐使用“品牌个性尺度”工具所取得的研究成果。该成果是在对 1 000 位美国受访者、60 个具有明确个性的品牌进行全方位调查的基础上得出的有价值的数据和观点，认为纯真、刺激、称职、教养、强壮这五大个性要素几乎可以解释所有（达 93%）品牌个性之间的差异（见表 4-1）。

表 4-1 品牌个性测度

五大个性要素	不同层次	词语描述
纯真 （如康柏、贺曼等品牌）	淳朴 诚实 有益 愉悦	以家庭为重的、小镇的、循规蹈矩的、蓝领的 诚心的、真实的、道德的、有思想的、沉稳的 新颖的、诚恳的、永不衰老的、旧时尚的 感情的、友善的、温暖的、快乐的
刺激 （如保时捷、绝对伏特加、班尼顿等品牌）	大胆 有朝气 富于想象 最新	极时髦的、刺激的、不规律的、俗丽的、煽动性的 冷酷的、年轻的、活力充沛的、外向的、冒险的 独特的、风趣的、令人惊讶的、有鉴赏力的、好玩的 独立的、现代的、创新的、积极的
称职 （如 Amex、CNN、IBM 等品牌）	可信赖 聪明 成功	勤奋的、安全的、有效率的、可靠的、小心的 技术的、团体的、严肃的 领导者的、有信心的、有影响力的
教养 （如雷克萨斯、奔驰等品牌）	上层群体 迷人	有魅力的、好看的、自负的、世故的 女性的、流畅的、性感的、高尚的
强壮 （如李维斯、耐克、万宝路等品牌）	户外 强韧	男子气概的、西部的、活跃的、运动的 粗野的、强壮的、不愚蠢的

资料来源：Aaker D A. Building Strong Brand. New York：The Free Press，1996.

基本概念

价值取向　　文化　　文化的要素

品牌文化　　品牌精神文化　　品牌物质文化

品牌行为文化　　品牌个性

思考题

1. 构成文化的要素主要有哪些?
2. 品牌文化的特征是什么?
3. 品牌个性与品牌形象之间有什么关系?
4. 提炼品牌个性的方法主要有哪些?

即测即评

第 5 章

品牌形象识别策划

品牌形象识别由一系列视（听）觉符号构成，包括名称、标志、标准色、标准字体、象征物、包装、展示设计和特殊音乐等。品牌形象识别的策划与设计受到符号学、传播学、心理学、语言学、美学的指导和规范，同时还要符合品牌的整体营销战略和获得商业法规的许可。对于品牌运营者而言，除了要将品牌的文化与个性加以提炼和规划，更为重要的是还要将抽象的品牌文化和品牌个性通过创意设计转化为具象的视（听）觉识别符号。这一转化的过程既需要专业的策划能力，更需要丰富的创意与想象力。

第 1 节　品牌名称策划

通过对成功品牌的深入分析，笔者发现这些品牌固然各有成功之道，但有一点是大致相同的，那就是这些成功品牌的名称大都能够给消费者留下深刻的印象。也就是说，大多数成功品牌都有一个适当的、被消费者认可的品牌名称。本节将专门对品牌名称的命名策略进行探讨。

一、知名品牌名称分析

总体而言，现有知名品牌的命名方法主要有四种类型，分别是以品牌创始人的名字命名、以产品的产地命名、以动植物命名和以虚构或杜撰的词语命名。

（一）以品牌创始人的名字命名

以品牌创始人的名字为品牌命名，是一种传统方法，也是西方企业最常用的方法之一。如李维斯（Levi's，1853 年），该品牌名称取自其创始人的名字 Levi。一篇有关品牌的文章写道："消费者可以完全相信那些印有品牌创始人名字的商品的质量，因为人们很难想象哪一个企业家敢用自己的名字开玩笑。"

1. 西方以品牌创始人名字命名的品牌

从 19 世纪后半叶到 20 世纪，世界知名品牌的名称大多取自其创始人的名字。例如，尊尼获加（Johnnie Walker），该品牌创始人是约翰·沃克（John Walker）；派克笔（Parker），该品牌创始人是乔治·帕克（George Parker）；范思哲（Versace），该品牌的创始人即范思哲；白兰氏鸡精（Brand's），该品牌创始人是布兰德（H. W. Brand）；阿迪达斯（Adidas），该品牌由其创始人阿道夫·达斯勒（Adolf Dassler）的小名 Adi 加上其姓氏的前三个字母 das 组合而成；路易威登（Louis Vuitton），该品牌的创始人是路易·威登。以品牌创始人的名字来命名品牌，可以体现品牌创始人对自己所生产的商品的责任意识和对消费者诚信经营的理念，其直接的效果就是使消费者对品牌产生一种信赖感。

白兰氏鸡精品牌标志

2. 中国以品牌创始人名字命名的品牌

在中国以创始人名字来命名的具有现代意义的品牌远远少于西方国家的品牌。不过，以创始人名字命名的品牌在中国古代的商业经营中并不鲜见。当时，有许多店铺都是以店主的名字来命名的。如广州陈李济药厂始创于 1600 年，至今已有 420 多年的历史，它是由广东的陈体全、李升佐二人联合创办的，名称取陈李两人姓氏，以示永久合作，同时含"同舟共济"之意。1582 年创立的马应龙，也是以创始人马应龙的名字命名的。进入 20 世纪 50 年代之后，中国以创始人名字命名的品牌几乎绝迹，直到 80 年代之后才开始恢复和新产生一些以创始人名字命名的品牌，如王守义、羽西、王致和、王老吉、大中电器、宗申集团、马兰拉面、郑明明、丁家宜、李宁等。现在，人们逐渐重视个人品牌的打造。然而，相对于中国数以千万计的企业而言，以品牌创始人的名字命名的品牌还是少之又少。

虽然以品牌创始人的名字为品牌命名的方法很容易被后来者模仿或抄袭，并且要阻止其他有相同或相似名字的人为他们自己的品牌命名也是难以做到的事情，但是用自己的名字命名品牌就意味着企业家必须像爱护自己的生命和声誉一样来爱护自己的品牌。只有当个人的生命、声誉、尊严与自己的事业紧密结合在一起时，品牌的建设与规划才有长远的价值和意义，品牌文化、品牌个性才有可能被企业重视。以品牌创始人的名字来命名品牌的方法虽然有一定的优点，但是缺点也比较明显，那就是一般情况下品牌名称与商品的内在属性没有必然的关联性，不太利于消费者对品牌产生认知与记忆联想。

（二）以产品的产地命名

以产品的产地为品牌命名也是一种比较传统的方法，以这种方法命名的许多知名品牌在市场上取得了不俗的业绩。例如，肯德基的品牌名称取自美国肯塔基州，麦斯威尔咖啡品牌名称来自麦斯威尔高级酒店，依云矿泉水品牌名称取自法国依云小镇等。大家耳熟能详的许多中国知名品牌也是直接使用产地名作为品牌名称的，如青岛啤酒、崂山矿泉水、上海（手表）、白沙烟（该品牌取名于长沙市内一处著名的古迹白沙井）、茅台（酒）、泸州老窖（酒）、龙井茶、北京烤鸭、合川桃片、道口烧鸡、南京盐水鸭、金华火腿、鄂尔多斯羊绒衫等。使用产品产地名作为品牌名称的优点是可以使消费者产生该品牌产品富有特色的印象且习惯上把这些品牌视为正宗的，从而产生一种仰慕和信赖的心理并产生购买欲望。但是使用这种方法命名的品牌缺乏品牌个性，很难使受众通过品牌名称产生品牌联想。最关键的是，很难保证有些地名不被其他商品使用，易使消费者在品牌名称的记忆上产生混乱，有损对这类品牌的认知和记忆。

（三）以动植物命名

如果说上述两种为品牌命名的方法更加传统，那么利用动植物名称为品牌命名则更具有现代意义。实际上，与上述比较传统的品牌命名方法相比，以动植物的名称为品牌命名的优点是品牌名称与商品的类别或质量有一定相关性。也就是说，消费者在接触到这类品牌名称时会对品牌的质量或性能产生一定的认知。如彪马（运动装）、鳄鱼（男装）、猎豹（汽车）、虎牌（啤酒）、捷豹（汽车）等。

虎牌啤酒品牌标志

捷豹汽车品牌标志

（四）以虚构或杜撰的词语命名

这种命名方法往往可以使品牌更具特色，从而使目标消费者产生较为深刻的印象。如柯达（Kodak）品牌名称就是其创始人杜撰的词语，因为他想要以同一个字母开头并结尾，同时该品牌名称的发音要与按动照相机快门的声音相似。日本的许多品牌名称，如丰田、索尼等，也采取以虚构或杜撰的词语为品牌命名的方法。总体而言，使用这种方法为品牌命名，由于是用虚构或杜撰的词语，竞争者无法模仿，这样的品牌名称一旦被消费者认知，便会使消费者产生与该品牌的产品一对一的品牌联想。

泡舒洗洁精

说明：PAOS是将soap（肥皂）反写而成。

二、品牌命名的基本原则

上述对国内外知名品牌的命名方法所做的分析，对品牌策划人员策划品牌名称具有一定的启发和参考作用。由于许多成功的品牌命名时的市场环境、信息传播环境、消费文化、消费心理及消费行为在今天都发生了翻天覆地的变化，过去被证明是成功的品牌命名方法在今天未必仍然适用，这就要求企业把握品牌命名的基本原则，在此基础上确定一个有利于品牌传播的名称。品牌命名的基本原则主要有三个：有利于市场营销、符合相关法律法规、语言文字有利于识别与记忆。

（一）有利于市场营销

确定品牌名称首先应该考虑该名称是否有利于产品的市场营销。具体而言，必须在以下五个方面对产品的销售与传播产生积极的作用。

1. 有助于表明产品的类别

许多品牌之所以能够在市场上取得成功，原因之一便是这些品牌都有一个可以表明产品类别的名称，这就大大方便了消费者对品牌的识别与记忆，一旦消费者产生对某类商品的需求，可以表明产品类别的品牌名称就具有很大的优势。如奔驰（汽车）、悍马（汽车）、爱乐（乐团）、五粮液（酒）、味全（食品）等著名品牌。

2. 有助于暗示产品的利益

在为品牌命名时，除了要考虑品牌名称与产品的类别有关联，还应该尽可能地通过品牌名称来暗示产品能够带给消费者的利益。如美加净（护肤品）、劲量（电池）、固特异（轮胎）、永久（自行车）等。

3. 有助于传播产品的性能特征

品牌名称如果能够直接反映产品的性能特征，将十分有助于消费者主动寻求与购买该产品。不过，由于我国的《商标法》不允许商标直接反映产品的质量、主要原料、功能、用途、重量、数量及其他特点，企业只能通过巧妙的想象和大胆的创意含蓄间接地表现产品的性能特征。比如，白加黑（感冒药）、背背佳（书包）、好记星（学习机）就是通过品牌名称将产品的使用方法和特征形象生动地告知消费者，有助于消费者对品牌产品的性能特征产生准确的认知和理解。

4. 指明产品的目标对象

如果品牌名称能直接表明其目标消费者的范围（如性别、年龄等），则可以大大提升品牌信息的传播效果，有助于目标消费者主动消费。如针对儿童市场的娃哈哈食品、针对女性市场的太太口服液、针对中青年男性市场的七匹狼服饰等，都是通过品牌名称直接指明了产品的使用对象，从而使目标消费者与产品之间形成直接关联，有利于目标消费者对产品产生认知和记忆。

5. 表达对社会各界的良好祝愿

受中国传统文化的影响，凡是在品牌名称中出现吉祥、富贵、和谐、健康等词语的品牌，就很容易赢得消费者的好感和喜爱。如健民、万家乐、乐百氏、喜盈门、红双喜、金六福等品牌均是如此。

（二）符合相关法律法规

在为品牌命名的过程中，企业相关人员应对《商标法》及相关法律法规进行深入研究，以保证品牌名称符合法律法规的要求。

（三）语言文字有利于识别与记忆

任何一家企业都希望自己的品牌名称有利于消费者识别与记忆，以使自己的产品在激烈的市场竞争中占据有利的地位。如果说产品的价值贵在质量，那么品牌的价值就贵在传播了。品牌塑造（包括品牌命名）的主要目的是便于传播，通过传播来提升品牌的附加价值。在为品牌命名的过程中，除了要从品牌名称的内容上进行思考，还应该从品牌名称的形式上进行思考，这种思考主要包括以下三个方面的内容，即品牌名称的语音、字形和语义。

1. 品牌名称的语音

品牌价值贵在传播，品牌传播的方式不外乎借助媒体的大众传播和口耳相传的人际传播。不管是什么传播方式，要想获得理想的传播效果，至少品牌名称读起来要朗朗上口、清晰准确，使听者能准确理解、过耳不忘。要做到这点，一是要求品牌名称尽可能选择平声（阴平和阳平）的字词，如中华、光明、康佳、阿迪达斯、哈雷等品牌名称读起来清脆响亮；二是要注意掌握品牌名称在音节之间的音调搭配，产生抑扬顿挫、悦耳动听的听觉效果；三是应尽量避免使用方言、土语和生僻拗口的字词；四是要考虑品牌进入国际市场时，必须能够在任何语言中以单一形式发音。如 SONY 在字典上并不存在，是由该公司的创始人盛田昭夫自创的，该品牌名称的优势就是在任何语言中的发音都是一样的。

2. 品牌名称的字形

品牌名称既是一种特殊的听觉符号，又是一种特殊的视觉符号。事实上，对大多数商品而言，人们更多地是通过视觉来获取相关品牌的信息，这就要求为品牌命名时，不仅要考虑语音是否流畅动听、朗朗上口，还要考虑品牌名称在字形和字体上是否赏心悦目，以保证品牌名称在视觉传播中有较好的美感效果。这就要求企业在为品牌命名时，应该综合考量企业视觉识别系统中的基础部分内容（标志、标准字体和标准色）。

一般而言，品牌名称应尽可能选择结构稳定、笔画适中、繁简适宜的字形，以便在企业视觉识别系统设计中在审美效果上有更多的发挥空间。另外，还要注意选择适当的字体，以便向目标受众传达出企业希望他们获得的视觉感受。

大多数企业在利用媒体实施品牌传播策略之前，会首先运用企业视觉识别系统设计品牌名称所用的字体，以使品牌名称在视觉上形成与众不同的个性。

3. 品牌名称的语义

如果品牌在今后的发展中有机会走向国际市场，那么品牌名称在语义上的解读和翻译就至关重要。我国南方某企业的品牌名称为“舢板”，其在出口外销中将“舢板”直接翻译为“junk”并作为品牌名称，但是 junk 这一英文单词除了具有“舢板”之外，还有

“垃圾”的意思。显然，生硬地翻译品牌名称给企业造成的损失是难以估量的。

三、品牌命名的策略

企业为品牌命名的根本目的是通过品牌名称的有效传播帮助企业开展更有成效的市场营销活动。从市场营销的角度出发，品牌命名的策略大致有以下几种：目标市场策略、产品定位策略、描述性策略与独立随意性策略、联想策略。

（一）目标市场策略

目标市场策略是指根据品牌的目标消费者的特征为品牌命名的策略。在具体的做法上，尽可能使品牌名称暗示或直接反映目标消费者所处的特定文化背景和心理需求，在一定程度上起到市场营销的效果。

以品牌名称来体现商品与目标消费者在人口统计特征上的对应关系并非难事，只要在品牌名称上体现目标消费者的性别要素或年龄要素即可。比如劲霸男装、太太口服液、白领丽人化妆品、叮当猫童装、米奇妙童装等，都是通过品牌名称清楚地显示了商品的目标对象，十分有利于目标消费者对此类商品的识别、记忆和购买。

以品牌名称彰显目标消费者的心理和文化因素则是一件较为困难的事情，至少目前在国内仍属空白。有少数国外品牌用此种策略为品牌命名取得了成功。比如，法国迪奥公司（Christian Dior）于 1985 年推出一款香水品牌，命名为毒药（Poison），大受市场追捧，原因是该名称迎合了西方女性解放、独立意识增强的心理需求，触动了许多女性内心深处充满梦想、超凡脱俗、冒险刺激的叛逆心理，因此，该品牌香水在市场上受到女性的青睐就不足为奇了。

（二）产品定位策略

产品定位策略是企业希望通过品牌名称直接引发目标消费者对产品的特征、产品为消费者提供的利益、产品在使用过程中体现的社会意义等有利于产品销售的内容的联想。

通过品牌名称向目标消费者传达产品定位的成功之作当属宝洁公司的海飞丝洗发水（其英文是 Head & Shoudlers，意为“头和肩”），该品牌名称十分巧妙地向消费者传达了产品去头皮屑的定位。宝洁公司的帮宝适（婴儿纸尿裤）、舒肤佳（除菌香皂）等，其品牌名称也具有产品定位的传播效果。

使用产品定位策略为品牌命名固然有助于目标消费者对产品的功能属性产生积极的联想，并有可能促使其产生购买的意愿，但是，由于品牌名称涵盖的范围过于狭窄，此种命名策略不利于品牌延伸和企业实施多元化经营战略。

（三）描述性策略与独立随意性策略

在对市场上大多数的品牌名称进行深入分析之后可以发现一个基本规律，即无论采用哪种品牌命名策略，企业希望通过品牌名称达到的目的只有两个：一是有助于目标消费者识别产品或服务；二是有助于向目标消费者传递明确的产品信息。对于前者，品牌名称越是由独立的词生造组合，与其他常用词越不相似，其发挥的识别作用就越显著；对于后者，一个品牌名称越是采用有明确内涵的词，与其他常用词越相近，其发挥的信息传递作用就越突出。品牌名称在不同的情况下会发挥不同作用，这会导致品牌命名上完全相反的两种策略：描述性策略与独立随意性策略。

1. 描述性策略

描述性策略是指企业在为品牌命名的过程中，注重品牌名称能够对产品的物质属性予以基本概括，以有助于目标消费者对品牌商品的认知。采用这种命名策略的品牌，品牌名称本身基本上就可以起到广告传播的作用，可以节省大量传播费用，但其缺点也很明显，即这种描述性的品牌名称会演变为该类别所有产品的通用名称，从而失去商标注册的保护作用。如“麻辣烫”食品就是典型的描述性品牌，这种品牌名称很难受到商标注册的保护。相对而言，由于受广告传播经费的限制，小公司更愿意选择此种品牌命名策略。

2. 独立随意性策略

独立随意性策略是指企业在为品牌命名的过程中，注重品牌名称的独特性，以有助于目标消费者对品牌的识别。总体而言，采用这种策略命名的品牌，品牌名称大都充满个性，也很难被模仿，不足之处是需要较高的传播预算才有可能达到比较理想的效果。如索尼就是典型的独立随意性的品牌名称，其品牌名称与产品之间没有必然的关联，目标消费者对其的理解自然会产生一些障碍，但是经过较大规模的品牌传播之后，目标消费者就会在该品牌名称与产品之间建立起一对一的深刻记忆。一般来说，大公司在传播预算比较充裕的情况下更倾向于采用此种品牌命名策略。

（四）联想策略

品牌命名的描述性策略与独立随意性策略在创意思路上是两个极端，各有利弊。将两者的优缺点加以调和、折中，以达成鱼和熊掌兼得的效果的命名策略即联想策略被一些营销专家推崇。

联想策略是指既有利于目标消费者理解品牌商品的基本属性，又强调品牌名称在一定程度上的个性，以获得商标注册保护，进而形成市场竞争优势的一种命名策略。这种品牌命名策略的优点更多且风险更小，被越来越多的企业采用。我国一些比较知名的品牌，如白猫、旺旺、金嗓子、洁银、健力宝、养生堂等都是运用此种策略的成功案例。

20 世纪 70 年代后期，吉列公司的一个事业分部缤乐美公司（Paper Mate）将一种具有革新意义的可擦写圆珠笔引入美国市场。起初，该公司运用品牌描述性策略将这种可擦写圆珠笔命名为“Erasermate”（橡皮伙伴），但由于该名称过于写实而缺乏想象力，市场反应平淡，销售远达不到预期效果。之后，该公司在对市场销售不畅的各种原因进行分析之后，认为品牌名称是销售受阻的主要原因，因此果断地以联想策略为该产品重新取名为“Replay”（意为重新进行、重赛、重放），使该商品一改销售颓势，很快被消费者接受。

同样的商品，不同的品牌名称，却造成完全不同的市场营销效果，究其原因，采用联想策略将商品命名为“Replay”，该名称既新颖别致、朗朗上口又兼具一定的个性，更容易受到商标法的保护，同时，也通过该品牌名称向目标消费者暗示了商品的基本属性，有助于目标消费者对品牌商品形成独特性的认知与理解，为该品牌商品赢得市场打下了坚实的基础。

四、品牌命名的程序

为企业的品牌取一个全新的名称是一项富有想象力且极具挑战性的创意工作。虽然我们不能说一个完美的品牌名称一定能够帮助产品在市场上取得成功，但在市场上成功的产品必定有一个令人印象深刻的品牌名称。对于企业而言，必须站在市场营销战略的高度来对待品牌命名，以使企业的品牌营销战略有一个良好的开端。若条件允许，企业应借助专业公司如广告公司或品牌顾问公司进行品牌命名的工作。无论由谁来实际执行这项工作，都必须事先制定一套客观的判断标准，根据这些标准选择备选的命名方案，对备选方案进行评估并最后确定品牌名称。这个过程基本上可分为四个阶段：战略思考阶段、提出备选方案阶段、测试与评估阶段和法律检索阶段。

（一）战略思考阶段

品牌命名的首要工作就是从市场竞争、消费者心理、消费文化等不同层面对品牌的整合营销传播进行战略思考。包括：商品的基本性能和独特卖点是什么？商品的目标消费者是哪些人？这些消费者有什么样的消费心理和消费行为？商品的市场前景如何？命名的商品将来是否有可能运用品牌延伸策略？哪种类型的品牌名称更有助于品牌形象的塑造与传播？商品是否有可能进入国际市场？需要命名的商品与企业其他商品之间是一种什么关系？需要命名的商品的未来发展战略及品牌文化是什么？等等。实际上这些也就成为衡量品牌名称优劣的标准，为品牌命名工作顺利及富有成效地开展奠定了坚实基础。

（二）提出备选方案阶段

此阶段是从不同角度为品牌名称构思不同的方案。方案越多，筛选的余地越大，获得令人拍案叫绝的品牌名称的可能性也就越大。构思的方法因人而异，一般而言，使用头脑风暴法更有效率。

头脑风暴法是由 BBDO 广告公司的阿列克斯・奥斯本创建的，是两个或两个以上的人聚在一起，针对某条广告的诉求主题共同构思创意。

头脑风暴法往往是灵感喷涌的源泉，若想成功地运用这种方法，必须遵循以下两条原则：第一，任何创意均不得受他人干涉；第二，所有想法都应记录在案，以备将来参考。其目的是把所有的灵感都记录下来，这是一个自由联想的过程，应该给每一个新想法一个启迪他人的机会。

头脑风暴法的原理是利用团体环境刺激创意者的创作灵感，用个人的灵感甚至是不着边际的言语去刺激其他人思考，群体思维的合力又必将刺激衍生出更多的灵感，这远多于个人独自思考所能构想出来的创意。

头脑风暴法的秘诀在于允许相反或不同的意见，消极保守的认识会毁坏随意不拘的氛围，随意不拘的氛围正是产生原创性想法的重要条件。

（三）测试与评估阶段

此阶段是对品牌名称的备选方案进行筛选和评估。一般而言，筛选过程是放弃那些明显不合要求的备选名称，保留 10 个左右的备选名称，然后对保留下来的名称作出评估。评估工作除了组织相关专家、学者等进行内部评审，还可以邀请企业市场部的资深人员、销售渠道的相关人员以及有代表性的目标消费者以外部调查的方法进行。上述两种方法又可以分别称为专家分析法和消费者调查法。

1. 专家分析法

运用专家分析法对品牌名称进行评审，关键是必须组织一个人员构成范围和学科面都较广的合理的评审小组。评审小组的成员最好包括语言学、心理学、美学、社会学、市场营销学等方面的专家，专家人数以 7～9 人为宜。具体评审办法大致包括四个过程：初步审议、讨论评议、修改润色、达成共识。

2. 消费者调查法

消费者调查法可以采用问卷调查、投射技术、焦点小组等方法，调查的内容主要包括以下几个方面。

（1）词语联想。品牌名称能引发目标消费者产生哪些联想？目标消费者的这些联想是否与企业所期望的目标相符合？是否会引起目标消费者的负面联想？等等。在调查的过程中，调查人员应尽量避免采取直接提问的方式询问被调查者，例如，不应直接问“你喜欢这个品牌名称吗？”而是应该间接或侧面地询问被调查者“你认为这个品牌名称有什么含义？”“它是否可以代表某一品类的产品？”“你认为哪一类产品不会使用这个品牌名称？”等等。

（2）记忆测试。调查人员向被调查者给出备选的品牌名称清单，经过一段时间之后，再请被调查者写出刚刚看过的能够回忆起来的品牌名称。此种测试不仅可以判断哪些品牌名称更具有识记性，也可以测试出哪些品牌名称的用词更具有可写性。

（3）定位测试。调查品牌名称与其所属产品类别的相关性及其在市场中的相应位置。

（4）偏好测试。调查品牌名称能否引发被调查者的情感反应及其强弱程度，以及品牌名称能否使被调查者产生偏好和后续行为。如果测试分析显示消费者并不认同测试的品牌名称，那么不管专家或企业老板多么偏爱这个品牌名称，都应该考虑重新命名。

（四）法律检索阶段

经过上述各个阶段对品牌名称进行筛选和评估之后，可供使用的品牌名称一般在5～6 个，此时，就进入品牌名称的法律检索阶段。这虽然是既花钱又费时的过程，却是一个绝对不能忽略的至关重要的过程。一个再好的品牌名称，如果已经被别人注册，那么企业只有两个选择：要么放弃此品牌名称，要么向此品牌名称的所有人购买。通过法律检索，可以排除那些在市场上已经使用或已经被人注册或与本品牌名称相近的名称，以确保自己确定的品牌名称的专有性。

此阶段的工作也可视具体情况提前进行。上述所有工作直到最后确定下来的品牌名称得到法律注册之后方才告一段落。

案例 5－1　福特：始终如一的品牌形象

第 2 节　品牌标志及视觉风格策划

企业塑造品牌的根本目的是希望借力品牌，就是借助品牌的视觉识别系统（其中包含品牌标志）向目标受众传递企业或商品的相关信息，这些信息既包括商品的物质属性，又包括商品的精神属性。这些信息由一定的语言符号构成，更主要的是由大量的非语言符号构成。本节探讨的就是企业利用非语言符号向目标受众有效地传递品牌信息的基本策略与设计方法。

一、品牌视觉形象设计

品牌视觉形象设计是为企业的品牌战略服务的。单靠某个漂亮的标志或者包装不可能取得市场竞争优势，标志、包装等只是品牌形象的一个重要载体，完善的企业品牌形象必须通过完整、恰当的品牌设计来实现，告知客户“我是谁”“我是做什么的”，这就是品牌视觉形象设计应该达到的重要目的。品牌视觉形象设计是在企业定位的基础上，基于视觉沟通加以规划和实施的，它有助于消费者正确、快速地对品牌形象形成有效而深刻的认知与记忆。

（一）基于视觉传播的设计概念

1. 视觉符号的基本作用

视觉传播就是运用视觉符号系统，对相关信息予以编码和加工，有效地向受众传达诉求信息的过程。视觉传播的最大特点就是可视性，它是人类最古老、最普遍使用的一种信息传递方法，在很大程度上不受语言符号的限制。视觉传播借助视觉符号系统，该系统主要以形象、色彩、空间等视觉元素作为非语言符号，与受众进行沟通和交流。视觉符号由于具有可视性、形象性、直观性和较强的感染力等特征，能够有效地吸引受众的注意力，并对受众的潜意识施加一定影响，利用视觉符号进行设计和

爱普生打印机广告创意作品

传播是现代企业开展营销活动的重要途径之一。例如，爱普生打印机广告是一个典型的利用视觉符号进行广告创意活动的优秀作品，该作品利用视觉符号，形象生动地表现了爱普生打印机的打印效果多么逼真。

2. 设计的基本概念

《牛津大辞典》将设计的概念分为两个方面：一是指心理计划（mental plan），即人们在做事之前对如何按步骤完成工作已有基本的构思及准备实现的计划；二是指在艺术中的计划（plan in art），即对构成艺术作品的各种要素进行编排、组织，形成一个作品的创意活动的过程。从这个概念来看，设计在构思和行为上都具有一定的美学意义，其中包含的构思和创作行为构成现代设计概念的主要内涵与灵魂。从宏观的角度来看，人类所有的原创活动都可以称为设计。我们在这里主要研究的是具有商业目的的设计，这种设计只能从微观的角度来理解和界定。

对于建立在商业目的之上的基于视觉传播需要的设计概念，可以这样界定：设计是一种把计划、规划、设想通过视觉的形式传达出来的活动过程。人类通过劳动改造世界、创造文明、创造物质财富和精神财富，最基础、最主要的创造活动是造物。设计便是对造物活动进行预先的计划，可以把任何造物活动的计划技术和计划过程理解为设计。随着现代科技的发展、知识社会的到来、创新形态的嬗变，设计正由专业设计师全权负责向更广泛的用户参与演变，以用户为中心的、用户参与的创新设计日益受到关注，以用户体验为核心的设计创新2.0模式正在逐步形成。

3. 设计的进化

伴随工业革命的开始、近代都市的出现，人类社会迎来了标准化、机械化的大规模生产时代，这也使设计从制造业中分离出来，成为一种独立的职业。传统手工业时代的作坊主和工匠既是设计者又是制作者，甚至是销售者和使用者。工业革命后，从制造业中独立出来的设计，经过再分工形成外观设计与功能设计两部分。设计师负责外观设计，产品的内在功能设计则由工程师负责。设计在发展中逐渐成为一个专门的学科。19世纪摄影技术发明后，人类社会进入大量复制的时代。现代艺术设计起源于19世纪下半叶，即英国工艺美术运动；从19世纪末到第一次世界大战之间则为现代艺术设计的准备期；两次世界大战之间的机械化时代是现代艺术设计的青春期，它与现代都市共同发展，在经历了1929年世界经济大萧条之后，现代艺术设计更加合理化，逐渐走向成熟。

（二）视觉传播设计的本质

不同的视觉传播设计形式可以强化或削弱受众对信息的认知和记忆，因此，不同的视觉传播设计形式可以产生截然不同的传播效果。

1. 视觉传播的本质是对信息的传达

视觉传播是以信息发出者为起点，通过媒介将信息传播给受众的动态过程。视觉传播设计的最终目的就是要准确地向目标受众传递有效的信息。根据这一最终目的，视觉传播设计者在对信息进行编排的过程中，必须首先从整体的角度对信息的内容进行组织、筛选，以确定视觉传播的主题信息。其次，视觉传播设计者还应对信息进行分类处理，即哪些是核心信息，哪些是次要信息，以便对传播的信息进行有针对性的设计。对信息进行传播设计可以采用以下几种方法来提升视觉传播的效果。

（1）增加主题信息的视觉强度。在视觉传播设计中，设计人员常常通过增加主题信息的视觉强度来提升传播效果。基本方法是将主题信息用大号字体加以突出，画面使用反差明显的对比色，以吸引受众的注意力等。不过，这种方法的使用也是有限度的，因为无论从理论上还是实践上，在物理层面被过度突出或强化的信息往往由于超出受众视觉上的接受阈值而产生适得其反的效果，在实践中，通过增加主题信息的视觉强度来提升视觉传播效果的做法是有限度的。

（2）将抽象的信息转换为具象的视觉图形。视觉传播与传统的以文字符号为形式的传播形式的最大区别就是将抽象的信息转换为具象的视觉图形予以传播，通过直观逼真、形象生动的视觉画面吸引受众注意，增进受众对诉求信息的理解。比如，“结实”是大众汽车的主题信息，视觉传播设计人员无论如何强调“结实”这一抽象的文字符号，都远不如通过形象生动的视觉符号对这一抽象的概念予以具象表现的效果好。例如，大众汽车的广告创意作品就非常直观地将“结实”这一抽象的诉求概念用形象生动的具象画面予以表现，成功地向目标受众传达了大众汽车的诉求理念。

在运用视觉符号进行视觉传播设计的过程中，设计人员必须牢牢把握住一个根本的原则，即视觉传播的目的不是展示设计的形式美和装饰美，而是通过设计的形式美传达品牌的诉求主题信息。必须分清两者的主次关系，不可颠倒。为了设计而设计，将视觉传播的目的抛到九霄云外，这就从根本上背离了设计的初衷。

大众汽车的广告创意作品

2. 视觉传播必须寻找最佳的视觉语言

视觉传播设计之所以越来越被人们尤其是企业界重视，就是因为视觉传播设计有助于受众对诉求信息的认知与理解。因此，设计人员在利用设计语言或视觉符号进行视觉传播设计时，一定要选择和组织最佳的视觉语言进行视觉表现，以增进目标受众对视觉信息的认同、理解。

对于设计而言，视觉语言除了可以体现品牌所要传达的信息和诉求，还可以通过对设计元素的组合与编排传达品牌蕴含的价值理念和情感，这往往是实现传播者与受众之间良性对话、有效沟通的更加重要的内容。

就视觉传播的目标而言，设计人员要思考如何运用恰当的视觉语言和视觉形态传达品牌的诉求主题以及企业的设计理念和艺术主张。

需要指出的是，设计的视觉语言是依靠“理解”来起作用的，也就是说，视觉语言绝不只是设计人员自娱自乐的工具，设计语言只有被受众理解、认同才有意义和价值。理解是一个文化范畴的概念，它不同于科学的解释，更多地包含了情感色彩和人与人之间的关系。可以说，在商业设计领域，为传播而设计实际上就是为了与消费者沟通而设计，沟通才是视觉语言的最终目标。

二、品牌标志设计策略

一个成功的品牌标志可以加深人们对品牌的识别与记忆，使品牌在市场中脱颖而出。不断探索和实践不同的品牌标志设计策略，可以创造出更加独特的设计，打造更好的品牌标志。

（一）品牌标志的作用

标志对于品牌的意义非同一般，它作为一种特定的符号，实际上已经成为品牌文化、品牌个性、品牌联想等诸要素的综合与浓缩，可谓小中见大、见微知著。品牌标志如果能够深刻反映品牌精神，并与消费者心理契合，产生共鸣，则能够对品牌起到积极的推广作用。

一个优秀的品牌标志往往非常简洁、富有灵性，在视觉上具有强烈的可识别性和冲击力。在经过一段时间的传播后，消费者能够下意识地将品牌标志与品牌形成一对一的对应关系，这样，当消费者产生对某类商品的需求时，他就会想起其印象最深刻的品牌。

品牌识别系统是品牌的设计语言视觉化和规范化的呈现。品牌识别系统的目的是使消费者在任何时间、地点、产品展示或路演活动中首先回忆起品牌。

雀巢公司是全球最大的食品公司之一，该公司对品牌识别系统的管理极为严格。经过认真研究的广告主题一旦采用，就会使用相当长时间，在此期间只是偶尔做适当的更新。雀巢品牌的视觉形象也极其一致。

对于美国的百威啤酒来说，每一个识别符号都服务于品牌形象，因而都是极具价值的品牌资产；每一个识别符号都要有相当大的传播投入，以使其深深地印在消费者头脑中；每一个识别符号都要与百威产品紧密相连。

（二）品牌标志设计的基本原则

将世界众多知名品牌的标志放在一起，找到一些共同的特点，那么这些共同的特点就是成功设计的基本原则。

1. 简洁明了

在物质丰富的社会，品牌多如牛毛，人们不会刻意去记住某个堆砌元素的品牌，只有那些简洁的标志才会留在人们的脑海中。

苹果电脑是全球驰名商标之一，其被咬了一口的苹果标志非常简单，却让人过目不忘。乔布斯以苹果为标志，是为了纪念自己在大学读书时，一边研究电脑技术，一边在苹果园打工的经历。苹果电脑作为最早进入个人电脑市场的品牌产品之一，一经面世便大获成功，这与其简洁明了、令人过目不忘的标志密不可分。

耐克品牌的一钩，可以说是最简单的标志了，但给人以丰富的联想。小时候，我们做完作业，等的就是老师那一钩，它代表正确和表扬；长大了，这一钩仍然如影相随，开会签到、中奖后领奖……我们在记事本上，也会在已经完成的事项前面打上一个钩，它代表顺利、圆满。当年设计出这个标志的一名大学生只得到了 35 美元的报酬，但今天这一标志已经价值上百亿美元。

苹果品牌标志　　耐克品牌标志

2. 准确表达品牌特征

品牌标志归根到底是为品牌服务的，标志要让人联想到这个品牌体现了什么特征，能带来什么利益。比如，食品行业的特征是干净、亲切、美味等；房地产行业的特征是温馨、人文、环保等；药品行业的特征是健康、安全等。品牌标志要很好地体现这些特征，才能给人以正确的联想。

M 只是一个字母，但是在许多小孩子的眼里，它不只是一个字母，还代表着麦当劳（McDonald's），代表着美味、干净、舒适。同样是以 M 为标志，与麦当劳圆润的字体、柔和的色调不一样，摩托罗拉（Motorola）的标志棱角分明，充分表现了品牌的高科技属性。

3. 设计有美感

标志的造型要优美流畅，富有感染力，保持视觉平衡，既具静态之美，又具动态之美。

百事的圆球标志是成功设计的典范，圆球上半部分是红色，下半部分是蓝色，中间是一条白色的飘带，视觉极为舒服顺畅，白色的飘带使人产生一种动态的感觉，这与喝了百事可乐后舒畅、飞扬的感觉相一致。

麦当劳品牌标志　　摩托罗拉品牌标志　　百事品牌标志

4. 适用性与扩展性

标志的设计要兼具时代性与持久性。如果不顺应时代，就难以产生共鸣；如果经常改变，不能持久，就会给人混乱的感觉，也浪费了传播费用。

比如杀虫剂产品“枪手”，其品牌标志是“青蛙＋手枪”，青蛙是专吃害虫的，用在这里非常贴切，但考虑到将来枪手品牌要向非杀虫剂产品延伸，品牌标志就显得有些局限。该品牌新的标志是一个枪手的形象，很好地解决了这一问题，并成为品牌的象征符号。

5. 字体与色彩运用策略

首先，字体要体现产品的属性与特征，例如，食品品牌多采用明快、流畅的字体，以表现食品带给人美味与快乐；化妆品品牌的字体多为纤细、秀丽的，以体现其精致；高科技品牌的字体多为锐利、庄重的，以体现其技术与实力。其次，字体要容易辨认，不能让消费者去猜，否则不利于传播。最后，字体要体现个性，与同类品牌形成区别。

雅诗兰黛品牌标志

吉列品牌标志

在色彩的运用上，首先要明白不同的色彩有不同的含义，会给人以不同的联想，适用于不同的产品。当然，人们对于色彩的感觉有时差异很大，如由于人们的生活经历不同，红色可能令一些人联想到暴力和恐怖，白色可能令一些人联想到生病、死亡等。其次，相同的颜色也会因为地区、文化、风俗习惯的差异而令人产生不同的联想。因此，品牌进入不同的国家和地区，有时需要对色彩因地制宜进行调整。

（三）品牌标志的设计方法

品牌标志是在一定的原则下，选择特定的表现元素，结合创意手法和设计风格设计而成的。典型的设计方向有两种：文字和名称的转化、图案象征寓意的体现。它们可以组合为四种不同风格的标志设计方法：字体型、象征型、抽象型和具象型。

1. 字体型品牌标志设计方法

以文字符号（包括西方文字和中国汉字）或以字母符号作为标志图形，构成设计元素。所采用的字体符号可以是品牌名称，也可以是品牌名称的缩写或代号。这种方法的优点是识别性好，便于口碑传播，容易被消费者理解。在创意上，为了增强品牌标志的美感和可接受性，往往借助象征、装饰点缀和色彩的设计。如特斯拉的“T”标志，朗讯科技的“O”标志等。

特斯拉品牌标志

朗讯科技公司品牌标志

2. 象征型品牌标志设计方法

采用自然界的图形作为标志设计的主要元素，通过这类图形的寓意向目标受众传达品牌商品的类别、性能等相关特征。由于自然界的图形传递的视觉意念较容易被受众理解，一些企业比较愿意采用此种设计方法。如中国南方航空公司的标志是一朵大红色木棉花。在南方人的心目中，木棉花象征高尚的人格，人们赞美它、热爱它，广州市民把它推举为市花。此种品牌标志设计方法也有不足之处，就是作为主要元素的自然界的图形难以在视觉上形成独特性和专有性，在商标注册和保护上常常会有争议。

中国南方航空公司标志

3. 抽象型品牌标志设计方法

抽象型品牌标志设计方法在构图上大胆地摆脱了具象的自然形态的约束，归纳和提取事物的本质规律与基本特征，运用抽象的几何图形或图形组合，画龙点睛地向目标受众传达品牌商品的核心价值和意义。其主要特征是“形有限而意无穷”。相对于具象型设计而言，抽象型品牌标志设计方法虽然也借助“形”来表现品牌内涵，但这个“形”远远超越了具象实体的长度、宽度和高度，显示了一种在思维方式上的意向转换。

抽象型品牌标志设计的构图元素主要是几何图形，也可以利用文字符号，使图形高度夸张、概括，从而使品牌标志传达出一种感觉意向。使用抽象型品牌标志设计方法的品牌更具有现代感、信息感、商业感。

4. 具象型品牌标志设计方法

具象型品牌标志设计方法是以具象的自然形态为构图原型，在此基础上进行概括、提炼、取舍、变通、组合，最后形成品牌标志设计所需的视觉图形。自然界的一切元素，包括人物、动物、植物、山水、风景等都是具象型品牌标志设计原型取之不尽的设计素材。对这些素材的使用主要根据品牌名称和产品特征加以考量，经过设计艺术提炼加工，使之成为全新的、富有创意的视觉识别符号，并赋予其一定的表征意义。采用具象型品牌标志设计方法设计的品牌标志，直接、明了，便于目标受众识别、理解和记忆品牌的内涵与意义。如标致汽车品牌标志、皮尔袋鼠皮具品牌标志等。

标致汽车品牌标志

皮尔袋鼠皮具品牌标志

品牌标志设计的首要目的是将品牌名称形象化和图示化，以利于目标受众理解品牌的内涵。因此，品牌标志的设计应鲜明、易懂，无论运用何种方法进行设计，都要以简洁、大气、易于传播为主。设计时还必须充分考虑可行性，根据品牌标志的应用形式、材料和制作条件采取相应的设计手段。同时，还要顾及应用于各种视觉传播方式（如印刷、视频等）或放大、缩小时的视觉效果。

（四）品牌标志设计的风格

品牌标志设计风格大致经历了三个发展阶段：20 世纪以前的新古典主义风格、20 世纪初至 20 世纪 80 年代的现代主义风格和 20 世纪 80 年代至今的后现代主义风格。品牌标志设计属于平面设计的范畴，平面设计又脱胎于绘画艺术，因此，绘画艺术的相关理论和流派对品牌标志设计的影响是巨大的。

1. 新古典主义风格

新古典主义是以复兴古希腊、古罗马艺术为旗号的古典主义艺术，早在 17 世纪的法国就已出现。在法国大革命及其政治和社会改革之前，有一场纯粹的艺术革命即新古典主义美术运动。这一时期的法国美术既不是古希腊和古罗马美术的再现，也非 17 世纪法国古典主义的重复，它是适应资产阶级革命形势的需要在美术领域出现的一股借古开今的潮流。新古典主义是相对于 17 世纪的古典主义而言的。因为这场新古典主义美术运动与法国大革命紧密相关，所以有人称之为“革命的古典主义”。

在 19 世纪后期至 20 世纪初期，新古典主义对商业设计的影响是巨大的，并逐渐成为当时商业设计的主流。其设计作品的风格主要有以下两点：第一，构图注重具象与写实，追求形似，理性色彩较为强烈；第二，注重装饰效果，通过繁复的表现手法营造一种精致、典雅的整体视觉效果。

宝洁公司品牌标志设计　雀巢公司品牌标志设计　保时捷公司品牌标志设计　阿迪达斯品牌标志设计

新古典主义设计风格的品牌标志设计作品

2. 现代主义风格

19 世纪末 20 世纪初，世界各地特别是欧美国家的工业技术发展迅速，新的设备、机械、工具不断发明出来，极大地促进了生产力的发展，工业技术的飞速发展给社会结构和社会生活带来了很大的冲击。

当时设计界面临的主要问题来自两方面：一是面对社会需求和商业需求，如何看待众多的工业产品、现代建筑、城市规划、传播媒介的设计问题，如何迅速形成新的策略、新的体系、新的设计观、新的技术体系来解决这些问题，这（建立现代设计体系）是迫在眉睫的任务。二是往昔所有设计活动只强调为社会权贵服务，而现在要思考如何形成新的设计理论和原则，使设计能够为大众服务，彻底改变设计服务的对象（形成现代主义设计思想）。反映在技术上，新材料（钢筋混凝土、平板玻璃、钢材）的运用以及新形式——反对任何装饰的简单几何形状和功能主义倾向，打破了设计为权贵服务的立场和原则，也打破了建筑完全靠木材、石料、砖瓦的传统。

关于“现代主义”的定义一直是非常复杂的，因为这是一个席卷意识形态各个方面的运动。一方面是时间上的定义：从20世纪初期开始到第二次世界大战结束以后相当长的时期，范围极其广泛；另一方面是意识形态上的定义，它的革命性、民主性、个人性、主观性、形式主义性都非常典型和鲜明。现代主义是对传统意识形态的革命，范围极为广泛，涉及哲学、心理学、美学、文学、音乐、舞蹈、诗歌等领域。在每个领域里，它都有特别的内容和观念。因此，要对现代主义下一个确切的定义是非常困难的，我们只能大致把体现在设计和建筑上的现代主义总结为几个方面：精英主义、理想主义和乌托邦主义。

以现代主义设计理念为指导的商业设计作品的基本风格是：

第一，功能主义特征。强调设计图形的功能传达，对片面追求艺术表现持反对态度。

第二，形式上提倡非装饰的简单几何造型。表现在设计作品中就是体现标准化的原则和反装饰主义立场。

第三，在具体设计上重视空间，特别强调整体设计。反对在图板上、预想图上设计，强调以模型为中心的设计规划。

第四，重视设计对象的费用和开支。把经济问题作为一个重要考虑因素放到设计中，从而达到实用、经济的目的。

上海地铁标志　　顶新集团标志　　中国移动标志　　阿迪达斯标志

现代主义风格的品牌标志设计作品

3. 后现代主义风格

后现代主义是20世纪60年代出现于欧美，七八十年代流行于西方的艺术、社会文化与哲学思潮，其宗旨是反思现代性的基本前提及其规范内容。在后现代主义艺术中，这种反思表现为拒绝现代主义艺术作为一个分化了的文化领域的自主价值，并且拒绝现代主义的形式限定原则，本质是一种知性上的反理性主义、道德上的犬儒主义和感性上的快乐主义。

在后现代主义思想及理论的影响下，后现代主义广告作为一种新兴的广告类型，首先在欧美流行开来。不久以后，我国也出现了许多具有后现代主义风格的广告创意和品牌标志设计。国外对于后现代主义广告的研究主要建立在对于后现代主义理论的研究上，偏重于哲学类的研究。国内的研究则偏重于实用性的总结以及对于国外一些广告作品的评论。研究后现代主义广告是对新兴的广告概念的探索。现代广告设计遵循现代主义的审美原则，注重表达的规范性、虚实的连贯性和逻辑的合理性。后现代主义广告设计则不同，强调广告设计的意识形态作用，善于对商品、精神、文化观念等进行解构，改变了现代广告设计的风格，往往以晦涩的表达、冷傲的形象、模糊的意旨出现，以荒诞、戏谑、嘲讽的形式表现，手法怪异、内容模糊、主题叛逆，它有强烈的否定与破坏色彩，重视解构而轻视建构。

后现代主义设计风格主要有以下特点：

第一，注重人性化、自由化。后现代主义作为现代主义内部的逆动，是对现代主义的纯理性及功能主义尤其是国际风格的形式主义的反叛。后现代主义风格在设计中仍秉承以人为本的原则，强调人在技术中的主导地位，突出人机工程在设计中的应用，注重设计的人性化、自由化。

第二，注重体现个性和文化内涵。后现代主义作为一种设计思潮，反对现代主义的苍白平庸及千篇一律，并以浪漫主义、个人主义作为哲学基础，推崇舒畅、自然、高雅的生活情趣，强调人性经验在设计中的主导作用，突出设计的文化内涵。

第三，注重历史文脉的延续性并与现代技术相结合。后现代主义主张继承历史文化传统，强调设计的历史文脉。在 20 世纪末怀旧思潮的影响下，后现代主义追求传统的典雅与现代的新颖相融合，创造出集传统与现代、古典与时尚于一体的大众设计。

第四，矛盾性、复杂性和多元化的统一。后现代主义以复杂性和矛盾性代替现代主义的简洁性、单一性，采用非传统的混合、叠加等设计手段，以模棱两可的紧张感取代直言不讳的清晰感，以非此非彼、亦此亦彼的杂乱取代明确统一，在艺术风格上主张多元化的统一。

世界贸易组织标志　　格力电器标志　　万科地产标志

后现代主义风格的品牌标志设计作品

品牌标志设计风格的演变，并不只是由品牌策划人员和设计人员的不断创新促成的，更为重要的是由时代潮流以及消费者不断变化的审美品位导致的。设计风格的演变对于企业意味着要面临选择：要么随着时代的变化不断改变品牌标志的设计风格，要么坚持品牌标志的原有风格而不随波逐流。前者是“善变”，后者是“不变”。这两种态度对于企业而言都不可取。有眼光的企业应该在“善变”与“不变”之间寻找平衡点，即在品牌标志构图的核心要素上尽可能保持不变或少变，在一些非核心要素上可以根据市场的需求做一些调整。

总之，品牌标志设计毕竟属于商业设计的范畴，与纯粹的绘画艺术有相当大的区别。商业设计首先要考虑市场需求、目标消费者的感受，设计的目的性非常明确。市场是不断变化的，人们的需求当然也在不断变化。品牌标志的设计需要根据市场的变化适时地调整。唯有如此，品牌的发展才有可能做到与时俱进。如百事品牌标志、IBM 品牌标志的演变。

三、品牌视觉风格策划

品牌传播定位和品牌个性的选择与确定，解决的是品牌传播说什么的问题。品牌视觉风格的选择与确定，则是要解决品牌应该通过什么表现方式向目标消费者传递或暗示品牌的整体感觉的问题。

百事品牌标志设计的演变

IBM 品牌标志设计的演变

我们提到一种风格时，往往指的是一种富有特色的品质或一种表达方式。风格是某个人或某个群体在长期的创作中自然形成的一种持久不变的表现方式。对广告创意作品来说，如果在长期的传播过程中能够形成自己的风格特征，将十分有利于目标消费者对商品形成品牌识别和品牌记忆。形成广告风格并使受众形成整体印象的表现要素主要有以下几种：时间的表现、空间的表现、流行与时尚的表现及精致的表现。

（一）时间的表现

如果以时间作为表现要素，那么品牌视觉风格可分为传统风格、当代风格、未来风格、复古风格和前卫（或叛逆）风格。

1. 传统风格

如果品牌视觉设计中力图通过一些传统的设计元素或视觉形象表现品牌的相关信息，受众就会产生该品牌具有传统风格的整体印象。处于不同文化背景的人，对时间的看法也不尽相同，也就是说，人们对过去、现在和未来的重视程度不同：消费者如果认为传统是值得保留的，则很有可能对具有传统风格的品牌视觉设计产生比较积极的看法；消费者如果对过去持消极的态度，则可能认为具有传统风格的品牌视觉设计是过时的、老土的，排斥具有这种风格的品牌诉求信息。

对某些商品而言，刻意地通过品牌视觉形象向受众传播品牌的传统风格是一种不错的策略，因为传统的意味着上乘的质量、顾客忠诚和安全感。不过，选择这种品牌视觉设计风格也存在一定的风险，即部分消费者可能对品牌产生过时的或老土的印象。因此，在采用传统风格之前，非常重要的一点就是要跟踪了解目标消费者对具有传统美学风格的视觉形象的态度，创意人员若只根据自己的审美喜好进行创作，其品牌视觉设计的诉求效果必然会大打折扣。

2. 当代风格

如果在品牌视觉设计中试图通过一些当前的设计元素或视觉形象表现品牌的相关信息，受众就会产生该品牌具有当代风格的整体印象。相对于传统风格的品牌标志设计，许多企业更倾向于选择具有当代风格的品牌设计，因为采用这种风格风险较小，对利用现代科技手段生产并以年轻人为主要消费群体的商品来说更是如此。当代风格的构成内容主要是流行文化和时尚。例如，中国移动的动感地带品牌标志设计就是使用了当代风格，从实际效果来看，它受到了年轻消费者的普遍欢迎。

中国移动动感地带标志

3. 未来风格

如果通过一些未来的设计元素或视觉形象在品牌视觉传播的作品中表现品牌的相关信息，受众就会产生该品牌具有未来风格的整体印象。未来风格的营造可以通过以下几种方式：前卫的设计、新材料、新字体、新的打印技术等。受众对未来风格的认识可能是开创性的、高科技的、科幻的，甚至是离奇的、不可思议的。

4. 复古风格

复古风格是指通过视觉表现的整体风格再现历史上某一特定时期的文化与流行，以体现一种怀旧的情怀。怀旧是人们在情感上的一种渴望，对回顾已逝岁月或情感的一种愿望。复古风格往往针对某一特殊的目标群体，一般通过曾经流行的音乐、视觉符号或叙述的语言以及其他要素予以体现。

不过，采用复古风格也有一些不利的因素。一般来说，复古风格的流行多具有不可预测性，而且这种流行往往来得快去得也快。从某种意义上说，复古风格流行只是在通往未来的发展过程中的暂时倒退。这种品牌视觉风格更适合时尚类产品，其他产品的视觉传播最好避免这种风格。

5. 前卫（或叛逆）风格

与复古风格相反的是前卫（或叛逆）风格。前卫（或叛逆）风格所传递的信息就是反传统的。这种表现风格在建筑设计或室内设计中运用得更多一些。在品牌的视觉传播中使用前卫风格的案例较少，因为喜欢这种风格的人比较少，企业不太可能因少数消费者的喜好而背离大多数消费者的审美观念。不过，一些国外知名品牌使用这种设计风格并获得了消费者的喜爱。

（二）空间的表现

同时间要素一样，在一个视觉作品中，由不同的视觉元素表现出来的空间整体风格也是不尽相同的，受众对广告设计作品的视觉感受可以直接影响其对视觉传播的品牌商品的认知与评价。

1. 城市/乡村风格

空间表现的一个主要方面就是城市/乡村的区别。对于受众而言，城市/乡村是一个基本的视觉识别变量，也是受众不同审美观念的标尺。受众对于城市/乡村的不同审美偏好与他们的生活方式密切相关。一般而言，城市居民大都对乡村自然景色更加偏好，乡村居民则对城市的高楼大厦由衷地向往。表现城市/乡村的视觉形象比较容易。如乡村风格的视觉形象可由奶牛、青草、山水、田园、民间工艺品等元素营造；城市风格的视觉形象则可由高速公路、摩天大楼、车水马龙、拥挤的人群等元素营造。

比如，生产牛奶、阿胶、茶叶、水果等商品的企业，其视觉传播大都采用乡村风格的视觉元素来表现或暗示其商品的自然、新鲜，如永川秀芽乡村风格的广告作品。生产汽车、电脑等现代工业产品的企业，其视觉传播则更倾向于采用城市风格的视觉元素来暗示其商品的现代与科技含量，如沃尔沃汽车城市风格的广告作品。

永川秀芽乡村风格的视觉传播作品

沃尔沃汽车城市风格的视觉传播作品

2. 东方/西方风格

从空间的角度将地域的区别放大，采用地域文化视觉识别元素予以表现，就可以使受众对东方/西方的整体视觉印象有一个明确的认知。实际上，表现东方/西方的风格差异也是比较容易的，因为这种差异是显而易见的。这种差异是由两种差异较大的文化决定的，这两种不同文化背景的视觉表现元素是取之不尽的，其营造的风格、氛围所传递的信息对受众的影响也是非常明显的。

比如，我国的茶叶生产商在海外市场上选择的广告表现风格就应该传达出东方文化，使外国消费者对中国茶叶产生地域与品质的认同；反之，如果绝对伏特加在中国市场销售，那么其广告风格应该是表现出西方的文化风格，以达到较好的传播效果。

表现东方文化的竹叶青茶广告作品

表现西方文化的绝对伏特加酒的广告作品

（三）流行与时尚的表现

广告活动就是为了促进商品销售，某品牌商品能否被越来越多的消费者认同，在很大程度上受到流行与时尚的影响。因此，广告创意人员在进行广告创意之前必须研究和预测该品牌商品所投放的国家或地区的流行与时尚，以使广告作品能够被当地消费者认可和接受。

1. 流行与时尚的本质

一般而言，流行与时尚是一个国家或地区的部分消费者在一段特定时间内青睐某种商品（审美对象）或生活方式并身体力行的一种社会与文化现象。能流行多长时间视具体情况而异，形成流行这种现象的过程往往是相似的，即先由少数有影响力的人（大多数情况下是公众人物）率先使用某种商品或采用某种生活方式，受到一些消费者的追捧，进而形成一种消费潮流。

虽然从宏观的和消费社会的角度可以将流行与时尚归为文化的范畴，但是从微观的角度来看流行与时尚又有些微的区别。笔者认为流行一词更侧重于从时间的角度（现在进行时）解释社会生活中部分消费者的审美现象；时尚一词则更注重从审美的角度评价某社会主体所引领并身体力行的一种生活方式。时尚往往先由部分消费者以原创的甚至标新立异的方式对传统的生活方式或行为加以创新，在这种新生活方式逐渐被越来越多的消费者接受并身体力行之后，时尚也就成为一种流行。

从社会学的角度对流行与时尚进行分析，笔者认为几乎所有的流行和时尚的出现与形成，都可以反映一个国家或地区在某一个时期特定的文化、审美品位以及价值取向等，也就是说，流行与时尚（通过某种商品或生活方式）实际上承载了人们赋予商品的一种意义。因此，与其说消费者在参与流行与时尚的过程中消费了商品，不如说消费者在参与流行与时尚的过程中消费了隐藏在商品背后的意义。

2. 流行与时尚对消费者的影响

一个国家或地区的流行与时尚的形成，一方面要受到该国家或地区的文化、历史、政治、经济和大众审美品位的影响；另一方面必然会通过人们对流行与时尚的身体力行来反映特定时期的文化、政治、审美品位以及大众有意或无意表现出来的价值取向。因此，广告创意人员应该对流行与时尚保持高度的敏感性。毕竟，从市场营销和行为科学的理论而言，许多消费者对某一商品的购买决定往往受到流行与时尚的影响，喜欢追求时髦的年轻消费者更是如此。比如，耐克通过一些公众人物对其产品的使用形成某种时尚，吸引消费者购买耐克产品，形成大众购买耐克产品的流行趋势。

流行与时尚在形成和发展的过程中，其生命周期与市场营销理论中的产品生命周期极为相似，也有导入期、成长期、成熟期和衰退期，只不过有些流行与时尚的生命周期较短，昙花一现，有些流行与时尚则历久弥新，成为经典（见图5-1）。

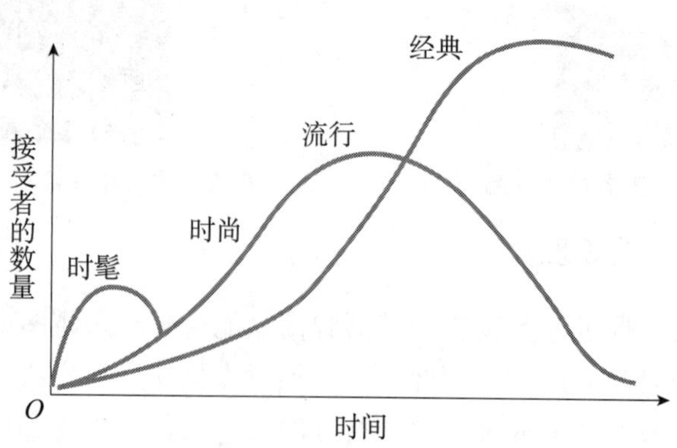

图5-1 时髦、时尚、流行和经典的生命周期曲线

基于上述分析，大多数企业尤其是经营服装或快速消费品的企业，在品牌传播的过程中往往会更主动地使用流行与时尚的视觉风格来吸引消费者的注意，以有效地提高品牌产品在市场上的影响力与销售量。

（四）精致的表现

1. 精致风格

法拉利表现品牌精致风格的广告作品

有些品牌商品通过视觉形象向受众传递出商品不精致的、未经雕琢的或廉价的感觉；有些品牌商品通过视觉形象向受众传递出精致的、精雕细琢的或高性价比的感觉。这种差异取决于企业是否对视觉传播符号进行规范的管理。受众对品牌商品所产生的精致的整体印象，依赖于企业对所有视觉传播符号的每一个细节的重视。这就要求企业不仅通过广告来传播品牌精致的风格，更要对所有与消费者接触的视觉识别元素予以全方位的精心管理。任何一个细节处理不当，都将导致消费者对品牌产生消极的评价。

2. 经典风格

经典是指经受住时间检验并在行业内具有权威的地位。经典风格可以向受众暗示品牌源远流长、经久不衰以及具有永恒的价值。就品牌商品而言，经典风格主要是通过大气的创意、简洁的视觉设计和精致的图片处理等诸多要素形成。受众对于经典风格有一个心理上认同的时间原点，也就是说，经典并不等于传统或一成不变。企业如果期望通过视觉表现向受众传播品牌经典的风格，就必须不定期地对视觉表现元素予以更新，向受众传递出本品牌与时俱进的理念。需要指出的是，经典风格的形成具有前后的延续性，即品牌的主题保持不变，变的只是形式。

第 3 节　品牌商品包装设计

从品牌商品传播的过程来看，商品的包装设计即便不是品牌形象传播系统中最先接触消费者的环节，也是相对重要的能够促使消费者产生购买行为的关键环节。品牌商品的包装设计在很大程度上决定了消费者对品牌商品的整体印象和价值判断。许多国际知名品牌商品的价格与非知名品牌商品的价格之所以相去甚远，在很大程度上是因为知名品牌商品与非知名品牌商品的包装设计和展示设计在消费者心目中具有巨大差异。

案例 5－2　红星青花瓷珍品二锅头包装案例

一、包装设计概述

随着自助服务的概念在零售业的扩展，包装对于消费品而言已经成为非常重要的反映品牌信息的载体，包装的作用几乎等同于传统的销售人员的作用，其扮演的角色就是尽可能地吸引消费者的注意力和传播品牌商品的信息。

商品的包装设计是对品牌理念、产品特性、消费心理的综合反映，它直接影响消费者的购买决定。对于企业而言，品牌商品的包装设计是建立产品对消费者亲和力的有力手段。在经济全球化的今天，包装与商品已经融为一体。包装作为实现商品价值和使用价值的手段，在生产、流通、销售和消费领域发挥着极其重要的作用，是企业界、设计界关注的重要课题。包装作为一门综合性学科，具有商品和艺术相结合的双重特性。

（一）品牌商品包装设计的作用

包装是品牌形象的重要组成部分，对于快速消费品尤其如此。事实上，促使消费者作出购买决定的有可能是商品的包装设计而未必是商品本身。在消费者没有接触过品牌商品的广告之前，品牌商品通过包装设计所传达出来的信息常常成为消费者将该品牌商品与其他品牌商品区别的依据。

一个成功的品牌商品包装设计专利（申请包装设计专利是为了防止其他品牌仿冒）的例子就是可口可乐瓶子的曲线形状设计。可口可乐公司花费数年时间研究，最终设计出了这种特殊形状的瓶子，成为可口可乐与竞争者相区别的标志之一。

可口可乐产品包装设计

包装首先是产品的容器，其最基本的功能当然是容纳产品。随着市场竞争的加剧，包装的功能和作用必然会发生变化，即包装不仅仅是产品的容器，更是一种特殊的载体，企业通过这一特殊的载体向消费者传递关于品牌商品的信息，包括产品种类、品牌销售点以及品牌的信息。正是由于包装在功能和作用上的蜕变与拓展，包装设计才受到企业的高度重视。

（二）品牌商品包装设计的目的

品牌商品包装设计的一个主要目的是利用包装这一特殊的载体建立品牌商品与消费者之间的联系，这种联系实际上就是假设消费者接触过品牌商品的广告信息，但记忆不太深刻，消费者一旦接触到品牌商品的包装，就能够回忆起品牌广告诉求信息，包装设计在很大程度上就成为刺激消费者恢复对品牌商品信息记忆的有效手段。因此，许多品牌商品的包装设计直接将品牌标志和广告语放在包装上最醒目的位置，以便引起消费者对商品特性的注意并唤起消费者对品牌商品所开展的营销传播活动的记忆，有助于促使消费者作出购买决定。

具体而言，包装设计有助于企业达到以下几个目的。

1. 保护商品

确保商品和消费者的安全是包装设计最根本的出发点。在对商品进行包装设计时，设计人员应当根据商品的属性来考虑储藏、运输、展销、携带及使用等方面的安全保护措施。不同种类的商品需要不同的包装材料。目前，可供选用的包装材料包括金属、玻璃、陶瓷、塑料、卡纸等。在选择包装材料时，既要保证材料的抗震、抗压、抗拉、抗挤、抗磨性能，还要注意商品的防晒、防潮、防腐、防漏、防燃等要求，以确保商品完好无损。

夜郎古酒包装设计作品

说明：此包装设计作品是笔者于2013年与该酒业公司合作时为其量身创意的包装设计作品，该产品于2016年获巴拿马金奖。

2. 促进商品销售

促进商品销售是包装设计重要的功能性目的之一。以往消费者在选购商品时主要依靠售货员的推销和介绍，现在超市自选已经成为消费者最普遍也是最方便的购物方式。在消费者购物的过程中，商品包装自然而然地充当无声的广告或无声的推销员。如果商品包装设计能够吸引消费者的注意并激发其购买欲望，该包装设计就达到了促进商品销售的目的。

3. 加快生产与流通

在商品包装设计过程中，设计人员除了要确保包装造型优美，还必须考虑该包装能否实现精确、快速、批量生产，能否有利于工人快速准确地加工、成型、装物和封合。在进行商品包装设计时，应当根据商品的属性、使用价值和消费群体等选择适当的包装材料，力求形式与内容统一，而且要充分考虑节约生产加工时间，以加快商品流通。

4. 方便消费者使用

优秀的包装设计必须适应商品的储藏、运输、展销以及消费者的携带与开启等。为此，在设计商品包装时必须使包装的结构比例合理、结构严谨、造型精美，重点突出包装的形态与材质美、对比与协调美、节奏与韵律美，力求实现包装结构功能齐全、外形精美，适应生产、销售乃至使用。常见的商品包装结构主要有手提式、悬挂式、开放式、开窗式、封闭式或几种形式的组合。

5. 吸引消费者注意

优秀的包装设计还应当具有艺术性。包装是美化商品的一门艺术。包装精美、艺术欣赏价值高的商品更容易从众多的商品中脱颖而出，给人以美的享受，从而赢得消费者的青睐。

6. 强化品牌环保意识

现代社会越来越多的人具有环保意识，不污染环境、不损害人体健康的商品包装设计更能赢得消费者的青睐，特别是对于食品，更应当注重绿色包装。

二、包装设计的基本策略

(一)包装设计的构成要素

包装设计指选用合适的包装材料，运用巧妙的工艺手段，为包装商品设计容器结构造型和美化装饰。包装设计主要有外形、构图和材料三大构成要素。

1. 外形要素

外形要素就是商品包装的外形，包括展示面的大小、尺寸和形状。日常生活中人们见到的形态有三种，即自然形态、人造形态和偶发形态。在研究产品的形态构成时，把共同的、规律性的东西抽出来，称为抽象形态。我们知道，形态构成就是外形要素或形态要素，是以一定的方法、法则构成的千变万化的形态。形态是由点、线、面、体这几种要素构成的。包装的形态主要有：圆柱体类、长方体类、圆锥体类等各种形体，以及有关形体的组合和因不同切割方式而形成的各种形态。包装形态本身的新颖性对消费者的视觉引导起着十分重要的作用，奇特的视觉形态能给消费者留下深刻的印象。包装设计者必须熟悉形态要素的特性及特征，善于将此作为表现形式美的素材。在考虑包装设计的外形要素时，还必须从形式美法则的角度去认识，按照包装设计的形式美法则，结合产品自身功能特点，将各种因素有机、自然地结合起来，以得到完美、统一的设计形象。

2. 构图要素

构图是将商品包装展示面的商标、图形、色彩和文字等组合排列在一起，构成一个完整的画面。这四种要素的组合就构成了包装设计的整体效果。商品包装的商标、图形、色彩和文字等运用得正确、适当、美观，就可称为优秀的设计作品。

法国 Pommery 葡萄酒包装设计

（1）商标设计。商标是一种符号，是企业、商品和各项设施的象征形象。商标实际上就是品牌的标志，企业的品牌标志经过注册受到法律保护之后，这种标志就称为商标。商标从表面上看属于工艺美术范畴，但它涉及政治、经济、文化、法律以及风俗等各个领域。商标的特点由它的功能、形式决定。它要将丰富的商品信息以简洁、概括的形式在相对较小的空间里表现出来，同时需要消费者在较短的时间内理解其内在含义。

商标一般可分为文字商标、图形商标以及文字与图形相结合的商标三种形式。一个成功的商标设计应该是创意与表现有机结合的产物。创意是根据设计要求，对某种理念进行综合、分析、归纳、概括，化抽象为具象，将抽象的设计概念逐步转化为具体的形象。

（2）图形设计。商品包装设计的图形主要指商品的形象和其他辅助装饰形象等。图形作为设计的语言，就是要把形象的内在和外在的构成因素表现出来，以视觉形象的形式把信息传达给消费者。要达到此目的，图形设计的准确定位是非常关键的。定位的过程即熟悉产品的过程，对产品的性质、商标的内涵、品名的含义及同类产品包装设计的风格等诸多因素都要熟悉和研究。图形设计就表现形式而言可分为实物图形和装饰图形。

1）实物图形。实物图形采用绘画手法、摄影写真等来表现。绘画是包装设计的主要表现形式，根据包装整体构思的需要绘制画面，为商品服务。与摄影写真相比，绘画具有取舍、提炼和概括的特点。绘画直观性强，欣赏趣味浓，是传播、美化、推销商品的一种手段。商品包装的商业性决定了设计应突出表现商品的真实形象，要呈现给消费者直观的形象，因此用摄影写真来表现真实、直观的视觉形象是商品包装设计的最佳表现手法。

2）装饰图形。装饰图形分为具象和抽象两种表现手法。具象的人物、风景、动物或植物作为包装的图形，可用来表现包装的内容物及属性。抽象的手法多用于写意，采用以点、线、面构成的几何图形、色块或肌理效果构成画面，简练、醒目，具有形式感，也是商品包装设计的主要表现手法。通常具象与抽象表现手法在商品包装设计中并不是彼此孤立而是相互融合采用。

内容和形式的辩证统一是图形设计中的普遍规律。在设计过程中，根据图形内容的需要，选择相应的图形表现技法，使图形设计达到形式和内容的统一，创造出反映时代精神、民族风貌的实用性、经济性、美观性、原创性的设计作品，是对包装设计者的基本要求。旺仔 QQ 糖食品的包装设计就比较成功。

旺仔 QQ 糖食品包装设计

(3) 色彩设计。色彩设计在包装设计中同样占据重要的位置。色彩是美化和突出产品的重要因素。色彩的运用与整个画面的构思、构图紧密关联。包装色彩要求平面化、匀整化，它以人们的联想和色彩的特性为依据。进行高度的夸张和变色是包装艺术的一种手段。包装的色彩还受到工艺、材料、用途和销售地区等的限制。

商品包装设计中的色彩设计一般应满足醒目、对比强烈、有较强的吸引力和竞争力等基本要求。例如，食品类商品的包装设计应使用鲜明、丰富的色调，以暖色为主，突出食品的新鲜、营养和美味；医药类商品的包装设计应使用单纯的冷暖色调；化妆品类的商品包装设计应使用常用的、柔和的中间色调；小五金、机械工具类等商品的包装设计应使用蓝、黑等沉重的色块，以显示坚实、精密和耐用的特点；儿童玩具类商品的包装设计常常使用鲜艳的纯色和冷暖对比强烈的各种色块，以符合儿童的心理和爱好；体育用品类商品的包装设计则多采用鲜亮的色块，以增加活跃、运动的感觉。总之，不同的商品有不同的特点与属性。设计者要研究消费者的习惯和爱好以及不同地区流行色的变化趋势，不断增强色彩的社会学和消费者心理学意识。

(4) 文字设计。文字是传达思想、交流感情和信息、表达某一主题内容的符号。商品包装上的牌号、品名、说明文字、广告文字以及生产厂家、公司或经销单位等反映了包装的本质内容。设计包装时必须把这些文字作为包装整体设计的一部分统筹考虑。

商品包装设计中的文字设计的要点有：文字内容简明、真实、生动、易读、易记；字体设计应反映商品的特点、性质，有独特性，并具备良好的识别性和审美功能；文字的编排与包装的整体设计风格应和谐。

3. 材料要素

材料要素是指商品包装所用材料表面的纹理和质感，它往往影响商品包装的视觉效果。不同材料可以使商品包装产生完全不同甚至是天壤之别的视觉效果。商品包装使用的材料，无论是纸类材料、塑料材料、玻璃材料、金属材料、陶瓷材料、竹木材料还是其他复合材料，都有不同的质地肌理效果。运用不同的材料并妥善地加以组合配置，可给消费者以新奇、冰凉或豪华等不同的感觉。材料要素是包装设计的重要内容，它直接关系到包装的整体功能、经济成本、生产加工方式及包装废弃物的回收处理等多方面的问题。

（二）包装设计的基本方法

设计师在设计包装前就知道包装的美化依赖于包装的平面设计，包装是商品外在的视觉形象，可以加入相关文字、图片、产地及视觉形象等要素。有的展示面本身就是对商品信息的形象表现，作为包装的基本面之一，它又是局部的形象表现。同样，容器标贴的设计，不仅要注重标贴设计，还要关心标贴与容器的形状、标贴与标贴之间的相互关系。所以说，包装设计在某些方面和广告设计相似，它还要注意其他方方面面，使整个包装形成一个整体。

1. 主要展示面的设计

如果商品使用纸盒包装，那么这个纸盒包装有六个面，设计人员通常需要设计五个面（底面很少设计）。一个商品的包装容器一般有 1～3 个标贴，最多可达五六个，它们也不是被同等对待。根据展示面的不同，为了吸引消费者，设计人员可以决定主要展示面设计。主要展示面是最常面对消费者的，内容包括商标名、商品形象、生产厂家等。由于主要展示面的面积有限，同时本身就是商品形象，要能迅速把商品展示给消费者，因此，常常采用文字和特写形象进行设计。在同类商品中首先进入消费者视线的主要展示面应该有醒目的品牌名和商标。是否使用其他辅助的换面或景象，则要根据商品的实际情况而定。有时可采用开天窗的方法，直接展示商品，增强传播效果。在包装设计中，主要展示面起着传达商品信息的主导作用。

2. 包装整体设计

包装的主要展示面并不是孤立的，从包装的整体角度而言，它只是一个重要的局部。包装是立体物，人们看到的包装是多面的，在考虑主要展示面的同时，也要考虑它与非主要展示面的关系。通过文字、图形与色彩之间连贯、重复、呼应和分割等手法，形成整体构图。

就纸盒包装来说，它的正面和反面一般可以构成主要展示面，如果侧面的宽度与主要展示面相等，也可以采用相同设计，成为完全一样的“主要展示面”，使消费者产生该商品的包装设计风格统一的感受。

在大多数的商品包装设计中，以正反面为主，侧面展现商品的成分、功能、重量、使用说明、保存期限、产品批号等说明性文字。在形式要素和构成方式上，各个不同的展示面既要有联系，又要有区别，以产生节奏性的变化，并表现出制作精良。

将形象、文字、图形和色彩跨面排列，把几个面连为一体、一个大的“主要展示面”，同时，每个面的画面也是完整的。这种设计常用于商店的陈列，利用不同面的组合，形成一个大的广告画面，达到强烈的视觉效果及宣传作用。

标贴的色彩设计既要考虑与容器的关系，又要考虑标贴之间的关系，还要考虑与顶盖的关系。设计人员在设计过程中，应该注意标贴底色与容器色彩的协调性，突出品牌名称。在化妆品白色的容器上，配上白色的标贴、精致的线条边框、典雅的黑色字体，显得洁净高雅；黑色的白兰地酒瓶，配上黑色的标贴，标贴底色运用金、银、白、黑和其他比较饱和的色彩，与容器构成明度及色相的对比，产生强烈、活泼的效果。直接把名称、商标印在容器上，也是一种方式。

容器的标贴一般分为身标、胸标、腹标、颈标、肩标、顶标等。一件容器上贴1～3个标贴。标贴的形状多种多样，身标、胸标、腹标有扁形的、椭圆形的、长方形的，有的根据容器形态决定形状，也有的围绕容器贴一圈。标贴选用的多少、形状和大小与容器的形状有很大关系。容器主要标贴一般指身标、胸标、腹标，三者按设计需要采用。有的容器还用顶标，与瓶盖形成呼应。也有的容器（主要指酒瓶）加上装饰肩标和颈标。还有的把顶标、颈标、肩标连为一体，没有胸标、腹标，形成主要标贴，形式多样。

在商品的包装设计上，整体设计的概念被越来越多的设计人员采用，主要体现在商品的外包装和容器的协调关系上。比如，在商品的外包装和瓶贴上采用基本相同的设计，只是构图有少许变动，两者在色调上形成对比，在品牌名称等字体上又相互呼应。在商品的外包装上也可以出现容器的形象，容器标贴上又可以重复外包装的部分设计。总而言之，包装设计要围绕一个主题思想，从整体入手，从大处着眼。

案例5-3　绝对伏特加——品牌形象识别经典案例

基本概念

目标市场策略	产品定位策略	描述性策略
独立随意性策略	联想策略	字体型品牌标志设计方法
象征型品牌标志设计方法	抽象型品牌标志设计方法	具象型品牌标志设计方法
新古典主义风格	现代主义风格	后现代主义风格
传统风格	当代风格	未来风格
复古风格	前卫（或叛逆）风格	包装设计

思考题

1. 什么是品牌命名？品牌命名主要有哪些基本策略？
2. 品牌命名应该遵循哪些基本原则？
3. 品牌标志设计的主要策略有哪些？

4. 品牌标志设计主要有哪些不同的风格？

5. 品牌视觉风格的表现要素有哪些？

6. 品牌商品包装设计的目的是什么？

即测即评

第6章
品牌传播策略

如果说产品的价值在于质量，品牌的价值就在于传播。这里的传播包括一切品牌与消费者之间沟通的环节和活动，比如产品设计、商品包装设计、品牌推广、促销、公共关系、广告等。通过整合、实施上述传播活动，企业可以有效地帮助消费者形成和加强对品牌的认知与理解；同时，企业为品牌投入的传播费用还可以转化为品牌的资产。可以说，传播创造了品牌的附加价值。

第1节　品牌传播的基本概念

品牌传播是一种操作性的实务活动，企业通过广告、公关、新闻报道、人际交往、产品服务等传播手段，塑造品牌形象并提升品牌形象在目标消费者心目中的认知度、美誉度。对品牌传播的基本理论、一般规律、传播符号特点和实施策略的研究与总结，构成了本节的主要内容。

一、传播的基本理论

品牌传播概念的重点在于通过与目标消费者及利益相关者建立关系提升品牌价值。虽然唐·舒尔茨从形而上的抽象理念出发提出“营销即传播，传播即营销”的观点，但是从具体操作的层面而言，从事品牌传播活

案例6-1　百事《把乐带回家：摘星者》品牌传播

动的人还是有必要对大众传播的基本概念和模式有比较全面的理解与掌握。

（一）传播的定义及其分类

直到今天，对于传播还没有一个权威的定义，众多传播学专家和学者各有各的表述，这些不同的表述既有一定的道理，也有一定的缺陷，这里不加以评述。传播活动从本质上说就是信息流通的过程。英语的“传播”（communication）一词源于拉丁语的 communis，意思是共同分享某种东西，据此，我们可以说传播是一种共享信息的过程。考虑到传播必须有反馈才有意义（沟而不通，传播的意义就大打折扣），笔者对传播的定义作如下表述：传播就是主客体双方各自对信息进行编码和译码及双向流通的过程，包括人类传播和大众传播两种类型。这一定义包含了一些核心要素概念，可以用图 6－1 来说明。

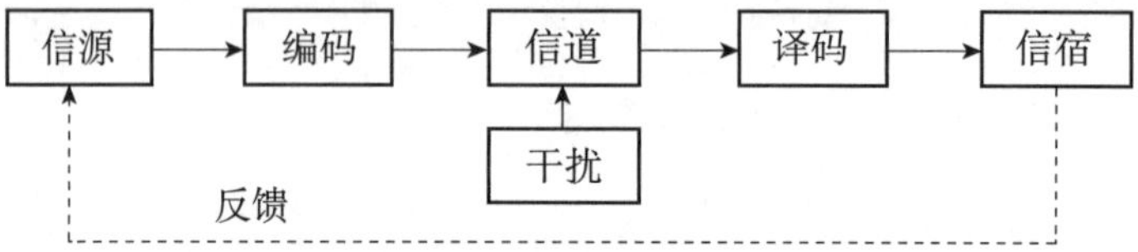

图 6－1　传播的基本模式

1. 人类传播

人类传播是人与人之间的传播。根据实际传播活动的形态、结构和功能的不同，人类传播又可以细分为人内传播、人际传播、群体传播和组织传播。

（1）人内传播。人内传播又称自身传播，即传播主体以自身为对象的信息处理过程。人如何做到自己对自己传播？很多人可能会感到难以理解。对于这一问题的理解，可以参考美国社会心理学家米德的主我与客我理论。米德将“我”分为“主我”（I）和“客我”（me），并用英语语法中的主格和宾格来加以说明。主我是自身行为能动的主体，客我是被动地受制于他人的客体；或者说，主我是个人心目中的自我，客我则是他人心目中的自我。人的自我意识实际上就是在主我与客我的互动过程中逐渐形成与发展起来的。因此，人内传播的过程就是主我与客我（自己与自己）的对话，许多善于自我传播的人正是通过这种方式不断完善自我的道德品质。主我与客我对话的经典案例当属莎士比亚创造的哈姆雷特那段流传百世的内心独白：“生存还是死亡，这是一个值得考虑的问题。默然忍受命运的暴虐毒箭，或是挺身反抗人世的无涯苦难，通过斗争把它们扫清。这两种行为，哪一种更高贵？”①

“吾日三省吾身”是关于人内传播的较早表述。人内传播的意义与作用更多地体现在人对价值观念的取舍、道德的不断完善和不断追求的过程之中。从这个角度来看，人内传播就不仅仅是个人的传播活动，也是社会的传播活动。

（2）人际传播。人际传播就是人与人之间借助语言符号或非语言符号交流信息、沟通情感、协调行为的社会活动。人际传播的概念与人际关系的概念密切相关，因为人际传播的动机、目的和功能最终都要落实到人际关系上。总体而言，人际传播是人际关系

---

① 莎士比亚．莎士比亚全集（九）．北京：人民文学出版社，1978：63.

的前提和条件，人际关系又是人际传播的基础，两者相辅相成。这一理论对品牌传播的启发是：建立与目标受众的关系有赖于传播，双方关系的质量又决定了传播能否继续进行。如果双方之间建立了彼此认同和信任的关系，则传播活动进入了良性互动的层面，否则传播活动不可能产生积极的效果。

品牌传播的目标就是努力建立与目标受众之间的关系，这种关系的形成与建立在具体操作层面上首先依赖于人际传播。因此，对于品牌传播活动而言，如何利用人际传播去构建与目标消费者的关系是一个值得思考的课题。

(3) 群体传播。群体传播是传播主体针对某一具有相同特征的人群所进行的社会传播活动。此处群体的概念并不是泛指临时凑在一起的一群人，而是指一群人按照个体的某种特征，在同一目标的指引和同一规范的约束下，心理和行为上彼此影响、相互作用、协调运动的一种社会性组合。①

不管是哪一种群体，都有一个共同的特征，即促使群体成员同心同德的内聚力。群体的内聚力（表现为成员之间的认同感、归属感）是在群体传播的过程中形成的，一旦形成内聚力，便会产生一种无形的力量，这种无形的力量对群体成员构成心理上的影响，对群体的传播活动构成制约。

群体传播理论对我们的启发是：品牌传播不应将焦点仅放在目标受众的个人身上，而是应该注重对不同目标受众群体开展互动式的品牌传播活动，尤其是需要目标受众群体改变以往的消费行为习惯，否则品牌传播活动将难以达到理想的效果。

(4) 组织传播。组织传播指组织成员之间或组织之间的信息交流行为。理解组织传播的关键要先搞清楚什么是组织，“与非组织群体不同的是，组织是一个结构秩序更为严密的社会结合体，有更为明确的目标、制度、纪律，有严格的分工和统一的指挥管理体系。因此，组织是人们为了高效率地完成分散的个人或松散的群体所不能承担的生产或社会活动而结成的协作体”②。组织是社会个体成员为了实现某种目的而组合在一起的社会团体，传播是组织结构的轴心，是组织存在的基础。因此，我们可以说，没有传播就没有组织，但是组织本身也会对传播加以制约和规范；我们又可以说，有什么样的组织，就有什么样的传播。

组织传播的主要功能有四个：内部协调，指挥管理，决策反应，达成共识。在类型上，组织传播又分为组织内传播和组织外传播。

组织在开展品牌传播活动的过程中，不仅要将传播的重心放在组织外部的目标消费者和利益相关者身上，还必须重视同组织内部的员工保持经常性的沟通互动，以使内部员工对企业的经营理念和品牌传播战略有充分的认知与理解。毕竟，一个真正成功的品牌必然是通过组织的所有员工共同努力建立的。

2. 大众传播

大众传播是职业化的媒介机构运用先进的传播技术和产业化的运作机制，对信息进行编码加工并向社会大众传播的活动过程。大众传播的英文是 mass communication。

---

① 李彬．大众传播学．北京：中央广播电视大学出版社，2000：114.

② 郭庆光．传播学教程．北京：中国人民大学出版社，1999：99.

mass体现了大众传播的特征：为数众多的传播者、规模庞大的传播机构、批量复制的传播内容、数量庞杂的传播对象。

大众传播的出现对人类社会产生了巨大的影响，这种影响既有积极的一面，又有消极的一面。大众传播既可以传播人类公共道德层面的精神文明成果，又可以制造谎言、蒙蔽受众、腐蚀灵魂、传播庸俗，给社会带来灾难性的后果。

美国著名黑人民权运动领袖
马丁·路德·金

说明：马丁·路德·金是将“非暴力”和“直接行动”作为社会变革方法的倡导者之一。1963年8月28日，他在林肯纪念堂前发表《我有一个梦想》的著名演说，之后被《时代周刊》选为当年的年度人物，1964年他获得诺贝尔和平奖。马丁·路德·金所领导的黑人民权运动能够在美国社会产生巨大的影响，部分原因是大众传媒对该项运动予以正面、积极的报道。

（1）编码和译码。19世纪30年代电报发明问世。电报是人们相互沟通信息的重要工具。不过，在使用电报进行传播活动时，发送信息的一方必须将电文稿中的每个字符相应译成事先规定的4位阿拉伯数字（电码），这一过程就是编码，接收信息的一方则必须把电码译成电文，这一过程就是译码。

在传播活动中，编码和译码是通过人的大脑进行的一种具有强烈主观性的活动，因此，无论是人际传播还是大众传播，传播信息的一方都会自觉或不自觉地将所采集到的信息先经过个人或组织的筛选和加工，再向接收方传播。也就是说，接收方接收的信息已经不是纯粹的信息，而是带有传播者的主观意愿的信息，接收方也会对所接收到的信息进行判断和理解。因此，编码和译码的过程实际上就是对信息加工的过程。这种加工一方面是对信息内容的加工，使信息带有明显的传播者的主观意愿；另一方面是对信息转换成相应的语言符号的加工，以便接收方能够运用其擅长的语言符号系统准确地理解信息。

（2）反馈。反馈是指接收方对接收到的信息的回应，是检验传播效果的现实依据。在一个传播活动中，传播者的传播过程与接收方的反馈过程是相互依存、相互作用的，正是信息传播方与信息接收方的交互作用，才推动着传播活动的持续开展。传播的双向性和互动性就体现在这一过程中。

（二）传播过程的一般结构模式

传播学的许多重要理论成果都是通过传播模式来阐释的，甚至衡量一位传播学者在理论上是否有建树的一个简单标准就是看他是否提出过有独到见解的传播模式。对于传播过程的研究，专家学者从不同的角度提出了多种模式。以下介绍几种与品牌传播有密切关系的传播模式。

1. 拉斯韦尔的5W模式

1948年，美国芝加哥大学教授、著名政治学者哈罗德·拉斯韦尔发表了《社会传播的功能与结构》的著名论文，提出了传播过程五大要素的理论：谁（who）、说什么（say what）、通过什么渠道说（in which channel）、对谁说（to whom）、产生什么效果（with what effect）。其模式见图6-2。

图6-2　拉斯韦尔的5W模式

这一模式简单直白，把传播活动的五个构成要素表示得清清楚楚，即传播主体、传播内容、传播渠道、传播对象和传播效果。不过，拉斯韦尔立足于传播主体来研究传播活动，对传播对象的反馈重视不够，因此，该模式没有揭示出人类社会传播的双向性和互动性的特点。

2. 申农-韦弗的信息论模式

联邦德国贝尔电话实验室的电气工程师申农和数学家韦弗于1949年发表了著名的《传播的数学理论》论文。他们对传播理论的研究立足于如何通过一定的线路传输最大数量的信号以及如何将噪声的干扰降到最低，他们提出的模式由信源（source）、发射器（transmitter）、信道（channel）、接收器（receiver）和信宿（destination）五个正面的要素和一个负面的要素噪声（noise）构成。其模式见图6-3。

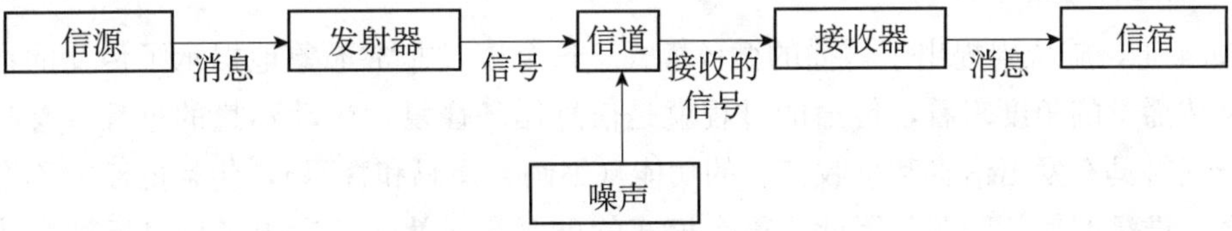

图6-3　申农-韦弗的信息论模式

在这个模式中，信源（传播主体）从一组可能传播的信息中选择出一条消息（message），这个消息可能由口头语言或文字语言、音乐、图像等组成。发射器则将消息转换成信号（signal），以便适合传播渠道使用。信道是将信号从发射器传送到接收器的中介。如果是人际传播，那么信源就是传播主体的大脑，发射器就是制造信号（口头语言）的发音器官，信号通过空气（信道）传送，接收器就是信息接收者的听觉器官，信宿自然就是信息接收者。

申农-韦弗的信息论模式虽然是从电子通信的角度出发，为物理层面的信息传递建构了模式，但也为人类传播活动提供了至少两方面很有价值的启发：一是该模式论及了编码（发射器）与译码（接收器）这对相辅相成的传播要素及其功能；二是提出了噪声的概念。噪声不是信源有意传送的而是附加在信号上的。不过，与拉斯韦尔的5W模式一样，此模式同样忽略了传播过程中的反馈环节。

3. 拉扎斯菲尔德的两级传播模式

美国哥伦比亚大学教授拉扎斯菲尔德等经过多年的研究，于1944年出版了专著《人民的选择》（*The People's Choice*），在书中首次提出了经过大量数据证实的观点：大众传媒对选民的影响非常有限。这一研究结果推翻了人们对媒介万能的假设。在研究过程中，还有一个出人意料且意义重大的发现，即大众传播过程中的两级传播现象。

两级传播是指在传播过程中，一部分在某些领域有一定研究和兴趣的受众（意见领袖），将其从大众媒介接收的信息以人际传播的方式再向周围的人传播的过程。这个过程分为前后相连的两个阶段：第一个阶段或者说第一级传播是从大众传媒到意见领袖，第二个阶段或者说第二级传播是从意见领袖再到社会大众（见图6-4）。

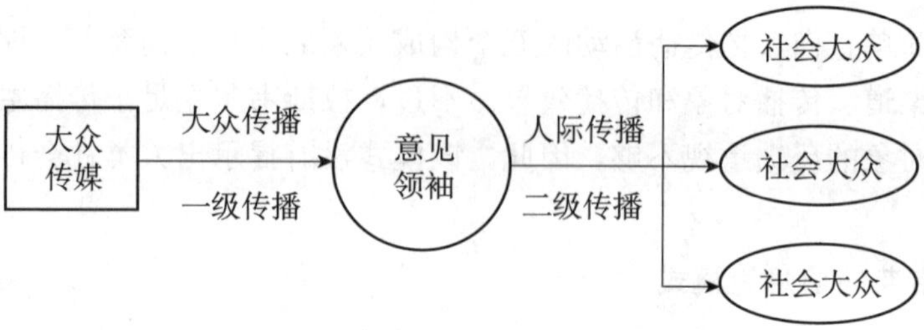

图6-4　拉扎斯菲尔德的两级传播模式

两级传播模式的提出是对传播理论的一大贡献，尤其对品牌传播活动具有启发意义。过去许多人认为品牌传播就是要对大众传播媒介予以整合，实际上，不只是对大众传播媒介的整合，还应包括对不同传播方式的整合。

4. 施拉姆的循环模式

1954年，施拉姆提出了传播的循环模式。这个模式非常形象地揭示了传播的本质特征。从传播学的角度来看，传播的过程就是信息循环往复、流动不息的过程，参与传播的双方同时具有发出信息和接收信息的功能（编码、译码和释码），传播的双方不存在谁是主体、谁是客体的问题。因此，这个模式的重要意义就在于突出了信息反馈和传播双方互动的特征，揭示了信息的双向流通及人们共享信息的内在关系（见图6-5）。

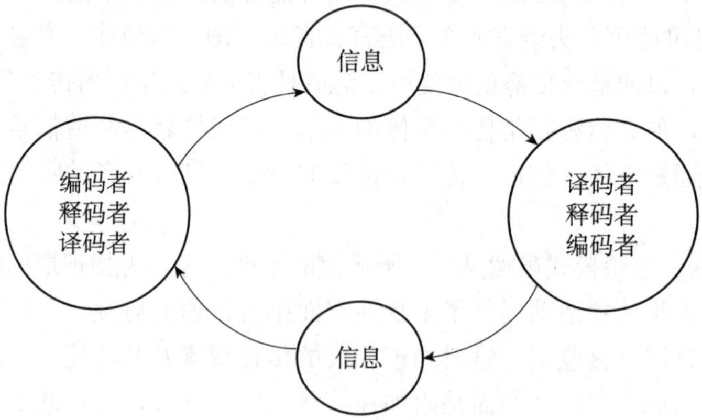

图6-5　施拉姆的传播的循环模式

（三）传播符号

人类传播活动的本质就是信息交流的过程，任何信息都有赖于符号这个传播载体。

没有符号，传播活动就无从谈起。

人们虽然对符号耳熟能详、运用广泛，但是对符号的内涵和外延有不同的看法。此处借鉴李彬对符号的定义：符号是意义和形式的统一体，是特定指示对象的代表物。[①] 也就是说，符号具有三个构成要素：一是代表事物的物质载体，如烽火；二是符号的指示对象，如外敌入侵；三是符号的意义，如奥运会会旗的五环符号代表着全世界五大洲不同肤色的人和平友好相处。

按照符号自身形态的差异，符号可以分为语言符号和非语言符号。按照非语言符号表征方式的不同，又可以将非语言符号分为图标型符号、索引型符号和象征型符号。

1. 语言符号

语言符号包括口头语言和文字语言两种类型。在所有的符号中，口头语言是最重要、最基本的，也是最核心的符号。可以说，口头语言是人际交流的核心符号，文字符号只是口头语言符号的符号。按照著名语言学家萨丕尔的说法，语言是商品，文字不过是货币，货币没有商品做保障就一文不值，同样，文字没有语言做依托也就毫无意义。

口头语言使人脱离动物而成为人，文字语言则使人脱离原始状态而跨入文明。口头语言的传播功能主要体现在共时性上，文字语言的传播功能则主要体现在历时性上。人们通过口头语言把握现实世界，通过文字语言去探寻抽象的精神。因此，口头语言传播形式更适合讨论形而下的问题，文字语言则更适合讨论形而上的问题。

以语言符号为主要内容的国外公益广告作品

说明：该广告创意是 2003 年戛纳公益类平面广告的获奖作品，其诉求的内容是告诫人们不要在驾车时打电话。广告的内容由两种颜色的语言符号构成，但是两句话是穿插写的，这使得受众阅读时感觉有障碍，但这就是广告创意所要达成的效果：让受众体验一下同时做两件事情是做不好的。其浅色的文案内容是提醒人们同时做两件事情是做不好的，深色的文案内容则是警示受众：你在打电话时出车祸的概率要提高四倍。

2. 非语言符号

非语言符号是指语言之外的所有传播信息的符号，这些符号大体上可以分为体语、视觉性非语言符号和听觉性非语言符号。

在人类的传播活动中，非语言符号的使用在大多数情况下必须以语言符号为前提，也就是说，非语言符号一般只能作为语言符号的辅助工具使用，不太可能独自承担信息传播工作。同时，人们对非语言符号的解读一般也必须有一个凭借语言符号对非语言符号进行“译码转换”的过程，这个过程的实质就是用语言符号阐释非语言符号所传播信息的内涵。

（1）图标型符号。图标型符号是指人们通过临摹和加工后的具象的图形来表征事物

① 李彬．大众传播学．北京：中央广播电视大学出版社，2000：56.

的符号。如卫生间区分性别的图案、道路交通指示牌和计算机界面上表示废弃文件处置区域的“回收站”都属于典型的图标型符号。这类符号能够直观、形象地表征事物，也最容易被人们认知与理解。

中国人寿保险公司的广告作品

说明：该作品由本书作者指导学生创作，在第一届全国大学生广告艺术大赛上获三等奖。作品的创意构思就是巧妙地利用图标型符号，直观、形象、生动地向目标受众传递人寿保险的理念。

（2）索引型符号。索引型符号是指事物本身表现出来的能够反映事物特征的信号。这类符号与其所表征的事物或观念之间存在自然的因果逻辑关系或常识性的联系，而不是直接描摹事物本身，因此，这类符号在某种程度上有着与信号相同的意义。解读和理解这类符号的难度比解读和理解图标型符号的难度要稍大一些。

索引型视觉性广告作品

说明：该广告创意是一则运用索引型符号进行视觉创意的经典广告作品。广告诉求简洁明了：百事可乐更受消费者欢迎，因为其自助售货机前的地面已经被磨出深深的痕迹。

（3）象征型符号。象征型符号是指通过约定俗成的方式表征具有一定抽象意义的事物且与该事物没有必然联系的符号。如文字、数字、色彩、服装、旗帜、鸽子、橄榄枝、音乐、企业标志等都属于象征型符号。这类符号的意义需要言传身教才能被人们理解，因此，社会因素与文化因素对这类符号的传播起很大的作用。由于这类符号的意义大都深深植根于具有一定文化传统背景的社会群体中，所象征的意义代代相传，甚至连符号也已经成为该文化的象征，所以相对于图标型符号和索引型符号，象征型符号更容易激起受众的情感反应。

在品牌传播活动中，创意人员会大量使用非语言符号尤其是视觉性非语言符号，向目标消费者和利益相关者诉求相关信息。因此，对于非语言符号概念的理解及准确使用是从事品牌传播工作的人员必须重点学习和掌握的内容。

二、品牌传播概念

品牌传播（brand communication）就是要发挥创意的力量，利用各种有效发声点在市场上形成品牌影响力。传播是品牌影响力塑造的主要途径。

（一）品牌传播概念的提出

品牌传播概念是在整合营销传播理论的基础上提出的。一些品牌和传播的专家学者将传播学理论的研究成果应用于品牌营销实务活动，以期提升品牌的认知度和美誉度，使企业在激烈的市场竞争中占据有利的地位。品牌传播概念的提出并不是偶然的，它是在时代环境的变化过程中应运而生的，该概念诞生的主要影响因素包括以下三点。

1. 品牌传播是企业在全球市场参与竞争的利器

随着全球市场一体化的形成，市场竞争的范围必然从国家市场向全球市场扩大，市场竞争也必然更加激烈。在市场环境的变化过程中，那些缺乏品牌核心价值支撑的企业将处于十分不利的地位，相反，那些拥有强势品牌的企业能够迅速在全球市场扩张，全球市场的竞争实际上更多地体现为强者博弈、名牌对决，也就是跨国公司及其所拥有的品牌之间的竞争。

据联合国跨国公司中心的统计，截至2022年6月，全世界约有6.5万家跨国公司，其子公司达到80万家。这些跨国公司控制了全世界40％的生产、50％～60％的贸易、60％～70％的技术贸易、90％的对外直接投资、80％的技术专利。

这些跨国公司实际上掌握的往往不是一个品牌而是一个品牌群，如宝洁公司旗下就有众多的子品牌。因此，全球市场上的产品竞争实质上还是跨国公司之间的品牌竞争。

一些跨国企业进入中国市场，要想占有一定的市场份额，关键就是正确地使用品牌传播策略作为市场扩张的先导。我国企业在全球市场一体化的进程中，要想使自己的产品在市场上具有更强的竞争力，就必须加强自身品牌的建设与传播。因此，企业的管理人员应积极开展对品牌传播策略的研究工作。

2. 媒体环境的变化使品牌传播概念的提出成为可能

20世纪90年代以来，媒体环境发生了巨大的变化，新兴的、具有巨大潜力的媒体以惊人的速度进入千家万户，新媒体的出现不仅改变了传统的营销方式，也改变了消费者的消费方式。在信息渠道和信息量大规模增加的同时，在信息传播过程中来自各个方面的干扰也明显增加。对于企业而言，在正确的时间、正确的地点向正确的目标受众传递正确的信息十分重要。企业要解决的一个基本问题就是如何在有限的时间和空间里向目标受众传递最有可能引起他们关注的信息。今天的消费者每天都要接触大量的商业信息，企业所提供的信息如果不能在众多的商业信息中脱颖而出，就毫无价值可言。

在这种背景下，企业在市场营销的过程中，不论是利用广告、公共关系还是其他营销传播的手段，都必须将经过整合的、最有可能被目标消费者接受和认可的、最能够满足他们心理需求的、最有价值的信息传达给目标消费者，这就使品牌传播概念的提出和运用成为必然。

3. 品牌传播成为整合营销传播理论的核心

在现代市场营销实践中，伴随着现代广告、公共关系、销售促进等传播理论和实务的出现，整合营销传播理论在 20 世纪 90 年代初期应运而生。整合营销传播理论强调了三点：一是强调从消费者的需求出发，将与目标消费者进行有效的沟通作为开展市场营销的基础；二是强调将广告、公共关系、企业形象识别、促销、直销、包装、新媒体运用等一切传播手段加以整合，使企业能够向目标受众传递一致的品牌信息；三是强调传播是营销的前提，营销是传播的结果，检验传播效果的标准就是营销的效果。

从上述内容来看，我们可以得出以下结论：有效的营销源自有效的传播。整合营销传播中“将所有的信息整合成一个声音”的观点，实际上将整合营销传播的核心指向了品牌，因为企业只有通过品牌才能将营销传播的诸多信息整合到一个平台之上，也就是说，品牌传播才是整合营销传播在实际运作过程中的核心。美国营销与广告传播学者乔治·贝尔奇等深入分析了整合营销传播理论兴起的内在原因，认为正是由于许多企业在市场营销的实际操作中充分认识到了战略性地整合多种传播信息的价值，才使得整合营销传播理论在业界被广泛运用。由此可见，品牌传播不仅仅是企业参与全球市场竞争的有力武器，更是企业在市场营销操作中的必然选择。

（二）品牌传播概念的界定

品牌传播是指品牌所有者通过各种传播手段，将事先提炼的品牌核心价值理念持续不断地同目标受众交流与沟通，以达到使目标受众认同品牌核心价值理念，并成为品牌商品的实际消费者和忠诚消费者，从而提升品牌的无形资产价值。

下面，我们对品牌传播的几个构成要素分别予以阐述，以便初学者能够准确地把握这一概念。

1. 传播手段

品牌传播实际上就是企业对各种传播手段进行信息控制和利用的过程，在这个过程中，企业如何利用、整合和控制这些传播资源是传播能否取得成功的关键。企业可以利用的传播手段包括广告、公共关系、人际传播以及各种媒介资源等。

在品牌传播的过程中，企业需要思考并解决的问题主要有以下几个。

一是随着市场竞争的日益加剧，企业的广告预算不断增加，以广告经营作为主要收入来源的媒体为获得更多的广告客户，必然会不断地开发媒体种类和媒体时段与空间，这必然导致市场上的商业信息泛滥，企业的广告成本不断上升，广告效果却日益下降。企业在品牌传播中投入的资金是有限的，还要面对竞争品牌广告信息的干扰，企业必须思考如何对自己所掌握的传播资源进行有效的、创造性的整合利用，以尽量减少品牌传播过程中的资源损耗。

二是在品牌传播过程中，如何掌握好广告传播的资源控制与产品渠道和终端销售的资源控制间的平衡关系。企业如果仅仅将注意力集中于对广告传播资源的控制，对产品销售渠道的资源控制不力，则可能使原本可以在终端控制与利用的资源被闲置，致使企业原本可以利用的资源变成了隐藏资源，造成品牌传播资源的浪费。

2. 受众目标性

品牌传播的主要目的是塑造与传播品牌形象，因此，品牌传播的对象就不能局限于对品牌商品有购买欲望的消费者，而是应该包括所有对品牌商品进行价值判断和审美判断的目标受众。比如，宝马汽车的品牌传播的目标受众中有很多人买不起宝马汽车，但这并不妨碍他们喜爱宝马品牌，好感当然也会影响宝马汽车的社会声誉，提升宝马品牌的资产价值。因此，本书在对品牌传播的界定中，没有将品牌传播对象局限于与品牌具有交易关系的消费者，而是将范围扩大为目标受众。

另外，从品牌传播源于传播学的理论体系来看，传播对象应该称为受众。“消费者”与“受众”这两个不同的表述，体现了两种不同的思维观念：消费者的概念强调的是消费者对品牌商品的消费，体现的是企业与消费者之间的交易关系；受众的概念强调的则是受众对品牌商品的认可与接受，体现的是受众与品牌商品之间的信息分享和平等沟通的理念。因此，品牌传播对象的更恰当表述应该是受众。

与其他信息传播一样，企业在品牌传播的过程中也需要对传播受众进行细分，大致确定品牌传播的目标受众。企业确定的品牌传播的目标受众既有消费者，也有品牌的关注者或通过特定媒介积极主动的“觅信者”。企业只有事先确定了较为明确的目标受众，才能在品牌传播中充分体现传播对象的本体意识，目标受众才会主动接受与认可品牌信息，相应的品牌传播策略才会卓有成效。

（三）品牌传播的特征

品牌传播的比较对象应该是广告传播和大众传播。通过比较分析，笔者认为品牌传播具有以下几个方面的特征：诉求主题的抽象性、诉求表现的文化性、传播目的的社会性、传播方式的整合性。

1. 诉求主题的抽象性

品牌传播与广告传播或大众传播一样，都必须在传播活动实施之前确定一个明确的传播主题。相对而言，广告传播诉求的主题大都是产品能够为目标消费者提供的功能性利益，也就是更偏重商品形而下的物质属性的诉求，希望通过功能性利益的诉求来促进目标消费者购买产品。如云南白药牙膏的广告诉求主题是专治“口腔溃疡、牙龈出血、牙龈肿痛”。

大众传播由于更偏重新闻传播，传播的每一条消息都有内在的主题。不过，大众传播中某条消息的主题的重要性远不如广告传播中的主题的重要性，这是因为如果广告传播的主题不能吸引目标消费者的关注，则广告传播活动基本失败，大众传播中某条消息的主题并不能起到吸引受众阅读本条消息的目的，也就是说，吸引受众关注某条消息的关键因素并不是消息的主题提炼得如何，而是消息本身是否具有轰动性或者与读者的生活背景、经历、文化和兴趣爱好等是否具有一定的关联性。比如，对于一个文化程度有限且缺乏抽象思维能力的人而言，可能就不会对报刊上关于汉娜·阿伦特（《极权主义的起源》（*The Origins of Totalitarianism*）一书的作者）的采访报道感兴趣，该报道的主题再精彩都无济于事。

品牌传播的诉求主题则往往是该品牌能够为目标受众提供的非功能性利益，也就是更偏重品牌形而上的精神属性的诉求，希望以满足目标受众心理需求为主要内容的传播使目标受众认同或喜爱品牌价值观念。如阿迪达斯品牌传播的诉求主题是“没有不可能”，该品牌传播的信息就是典型的抽象信息，它满足的是目标受众的心理需求。当然，这种以精神属性为主要内容的诉求信息，实际上表达的是企业认可的一种价值观念，品牌传播实际上就是企业将这种价值观念向目标受众传播，并希望通过这种传播与目标受众建立彼此认同的关系。对于品牌来说，建立与目标受众之间彼此认同的关系是品牌资产得以巩固和提升的重要基础。

在实际操作中，并不是所有的品牌都必须诉求产品的非功能性利益。有些产品如洗发水或洗衣粉这类个人卫生用品本身没有太多精神属性，其品牌传播可以使用功能性利益作为诉求主题。例如，立白洗洁精“不伤手去残留”就是典型的以功能性利益作为诉求主题并获得成功的品牌传播。

2. 诉求表现的文化性

品牌传播的第二个特征就是在诉求表现上具有较强的文化性。这一特征是由品牌诉求主题的抽象性决定的。比如，DIESEL 品牌传播的诉求主题是“为了成功的生活”，在这一抽象主题的规范下，该品牌在诉求上必然要表现出文化性，否则就难以很好地诠释品牌诉求的主题。

另外，许多品牌主题涉及价值观念、审美情趣等方面的内容，品牌传播在具体表现形态上必然具有文化性这一特征。比如，贝纳通向目标受众诉求的主题涉及反战、种族平等、尊重人性等，具有强烈的价值取向，要准确地表现这些抽象的内容，品牌传播在诉求表现上必然具有文化性。

需要说明的是，这里所说的文化性不能理解为就是高雅文化。文化就是文化，既包括高雅文化，又包括通俗文化。在品牌传播中，大多数企业更倾向于以通俗文化来表现和传播其品牌形象。但是，我们也不能否认有一些企业在品牌传播中所表现的是较为高雅的文化，还取得了极大的成功。企业以什么样的文化来表现和传播品牌并不重要，重要的是企业应该知晓什么样的文化更能够被目标受众认可、喜爱，以及什么样的文化与自身的品牌商品或品牌形象具有更强的关联性。

3. 传播目的的社会性

此特征具有相对性而不具有绝对性，也就是说，如果将品牌传播的目的与广告传播的目的进行比较，那么品牌传播的目的更具有社会性的色彩。

对于一个企业来说，它希望投入的广告预算在下一年度有所回报，其广告传播追求效益。但是，对于品牌传播而言，由于企业所追求的是品牌形象的建立和与目标受众的沟通与交流，以及由此产生的品牌认知与品牌联想，并不过于看重企业在短期内的回报，因此，品牌传播的目的，从企业竞争的角度来看更具有战略性和长远性，就其目的性而言则更具有社会性。

4. 传播方式的整合性

品牌传播的第四个特征就是传播方式的整合性。这里的传播方式主要由两个层面的内容构成：一是传播手段；二是传播内容。

在传播技术革命性变革的今天，新媒介与传统媒介共同造就了一个传播媒介多元化的新格局，这为品牌传播提供了新的机遇，同时也对媒介运用的多元化整合提出了新的挑战。传统的大众传播媒介如报纸、杂志、电视、广播、路牌、海报、售点广告（POP）、直邮广告（DM）、车体、灯箱等，对于现代社会的受众魅力犹存，企业在品牌传播过程中对这些传统媒介的选择和组合具有高度的多元性与整合性，新媒体的诞生则使品牌传播的媒介多元性特征更加突出。

在动态的品牌传播过程中，传播信息的整合性是由静态的品牌信息决定的。品牌信息主要由两个层面的内容构成：一是包括品牌名称、标志、色彩、包装等在内的表层信息；二是包括品牌商品特征、为消费者所提供的利益点、品牌认知和品牌联想等在内的深层信息。这两个层面的信息构成了品牌传播的信息源，也从总体上决定了品牌传播信息的整合性。

（四）品牌传播的结构模型

如前所述，品牌传播与大众传播和广告传播相比有许多独有特点，这些特点决定了品牌传播的结构模型不可能完全照搬大众传播模型或者广告传播模型，应该在借鉴二者的基础上，根据品牌传播的特点构建。20 世纪 40 年代以来，传播理论的研究成果层出不穷，著述颇丰，其中关于传播的结构模型的研究众多。下面笔者对广告传播模型和品牌传播模型做简单介绍。

1. 广告传播模型

罗格斯大学的芭芭拉·斯特恩在拉斯韦尔的 5W 模式的基础上提出了一个更为复杂的传播模型（见图 6-6）。她认为在广告活动中，信源、信息以及受众均有多个层面，其中有些层面存在于现实当中，有些层面则存在于现实的另一个虚拟文本当中。

（1）信源层面。在人际传播活动中，信源一般是指向另一个人或一群人传播信息的某个具体主体。在广告传播活动中，究竟谁才是传播活动中的真正信源是一个比较复杂的问题。

在此模型中，出资人就是现实生活中的广告主，但由于广告传播是一项非常专业的工作，广告主必须寻求与广告代理公司合作才能提炼、创作、设计并制作广告信息。虽然大多数广告主缺乏广告专业知识和相关技能，但是几乎所有的广告主都不会放弃对广告传播的信源（信息内容）进行决策的权力。

信源的第二个构成要素是作者。作者就是广告代理公司的文案人员和艺术指导，或是广告代理公司的一群创作人员。他们收取广告主的代理费为其创作广告文案（作品），

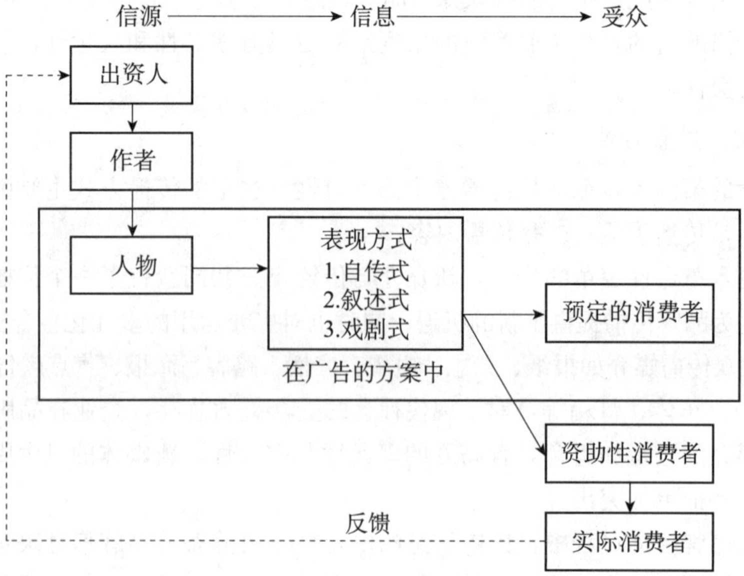

图6-6　芭芭拉·斯特恩的广告传播模型

在广告传播活动中扮演着极其重要的角色。

信源的第三个构成要素是广告文案（作品）中常常出现的真实的或虚构的代言人——人物，他们赋予广告某种风格或基调。人物有些是真实的，有些则是虚构的，但有一点是一致的，即他们向消费者传递的信息都是由广告的作者创作的。

（2）信息层面。广告传播在信息层面的构成要素实际上指的是广告信息传播的主要表现方式。在芭芭拉·斯特恩的广告传播模型中，广告的表现方式有三种：自传式、叙述式和戏剧式。自传式是指在广告创意作品中，代言人以第一人称讲述“我”的故事，至于故事的内容，当然是其使用某品牌商品的收获；叙述式是以第三人称站在较为客观的角度介绍某品牌商品；戏剧式是由广告人物在虚构的场景中表演虚构的、富有戏剧性的故事。

（3）受众层面。广告的接收者具有多面性。首先，每一条广告都假定有接收者，这些预定的消费者虽然是广告作品诉求的对象，但有时并不具体，也不真实。广告创意人员在创作的过程中往往过于理想化，认为这些想象中的消费者会被广告创意吸引。

事实上，最先观看广告创意作品的人是广告主（出资人），他们又被称为资助性消费者。这里有一个怪圈，即有权决定广告作品优劣的并不是目标消费者而是生产商品的广告主，广告主不会购买自己的商品，却可以代表目标消费者来决定广告作品能否在媒体投放。广告主有权作决定并不因他们对目标消费者有多么了解，而是因为广告作品的制作和投放费用由广告主提供。

（4）实际消费者。实际消费者就是现实生活中已经或正在使用某品牌商品的消费者。实际消费者在思维方式和消费行为上与预定的消费者以及资助性消费者有很大不同。广告创意人员必须对实际消费者如何选择商品、如何理解广告信息等了如指掌，否则其创作的广告作品很难引起实际消费者的关注。

2. 品牌传播模型

笔者在芭芭拉·斯特恩的广告传播模型的基础上，根据品牌传播的特征，提出了品牌传播模型（见图6-7）。

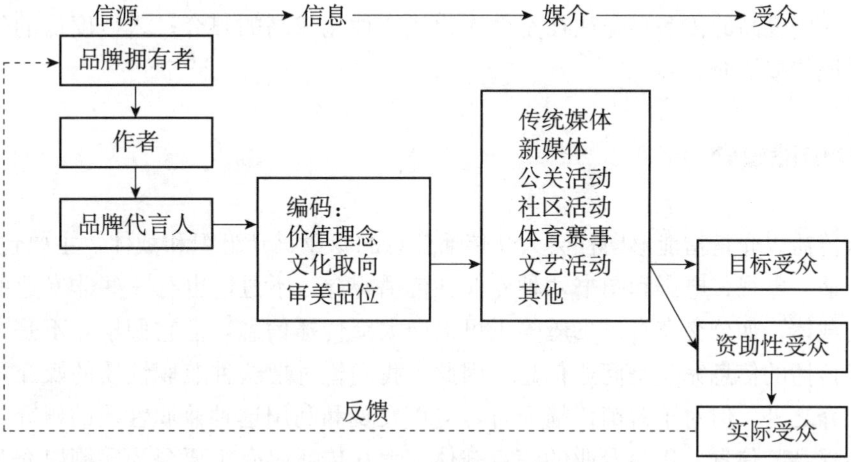

图6-7　本书的品牌传播模型

此模型脱胎于广告传播模型，信源和受众这两大部分内容并没有什么改变，改变的是信息部分，并且增加了媒介部分。

芭芭拉·斯特恩的广告传播模型中的信息部分的构成要素是三种广告表现方式。其实，广告表现方式远不止这三种。从理论上说，在艺术领域有多少种艺术表现方式，广告就有多少种表现方式。因此，品牌传播的表现方式固然重要，但更加重要的是对品牌传播信息的提炼，也就是传播理论中的编码过程。编码在品牌传播过程当中要解决的问题有两个，即说什么和怎么说。所谓说什么，即在品牌传播过程中所要提炼的涉及价值理念、文化取向和审美品位的以精神属性为主的内容。所谓怎么说，即在品牌传播过程中采用适合的表现方式，以引起目标受众的关注、认同甚至喜爱。

该模型中增加了媒介部分。在品牌传播过程中，媒介是品牌信息的载体。没有媒介的支撑，品牌信息就无法传播。在品牌传播活动中，企业必须善于整合各种媒介以及其他相关资源，与目标受众进行沟通和交流，使目标受众认可品牌。

第2节　品牌传播媒介

传播媒介有两种含义：一是指传递信息的手段、方式或载体，比如语言、报刊、书籍、广播、电视、电话、电报、电脑等；二是指从事信息采集、加工、制作和传播的专业机构，如报社、出版社、电视台和电台等。细分来看，传播的载体更适合使用“媒介”的概念，传播的组织和机构则更适合使用“媒体”的概念。

传播媒介有几种不同的划分方法，最常见的是根据出现时间将媒介分为传统传播媒介和新媒介。传统传播媒介指的是报纸、杂志、广播、电视和户外等以单向传播为特征的媒介；新媒介指的是互联网、手机等以互动双向传播为特征的媒介。根据传播的受众范围大小，可以将媒介分为大众传播媒介和小众传播媒介。根据媒介传播的效果，可以将传播媒介分为入侵度高的传播媒介和入侵度低的传播媒介。入侵度高的传播媒介是指对受众能够产生较大影响的媒介；入侵度低的传播媒介则是指对受众的影响力相对较小的媒介。入侵度高的传播媒介往往是个人化或个性化较高的媒介；入侵度低的传播媒介一般是传统传播媒介。

一、大众传播媒介

大众传播媒介是指能够向社会大众传播信息的专业媒介组织和载体，主要包括报纸、杂志、广播、电视、电影和图书六种专业性传播媒介。不过，也有一些非专业的兼职传播信息的载体，如公交车身、飞艇等也可以向大众传播信息，但它们毕竟不是专业的媒介，而且传播的信息完全是商业信息，因此，我们暂时把这种兼职性质的媒介排除在大众传播媒介之外，但对于营销传播而言，应该发现和利用这种兼职性质的媒介，向目标消费者传播品牌信息。作为专业的信息载体，大众传播媒介主要分为印刷媒介和电子媒介两大类。

二、小众传播媒介

小众传播媒介是指满足少数受众群体个性化需求的传播组织和载体，主要包括网站、博客、论坛、微博、手机、专业杂志等。媒介的发展经历了巨大的变化，过去一直由单一、强大的大众传播媒介一统天下的局面正在受到媒介碎片化和长尾化的有力挑战。

三、传统传播媒介

在制订品牌营销传播计划的过程中，企业必须选择最合适、最经济的媒介将企业的品牌产品信息准确有效地传递给目标消费者，要做到最合适、最经济和最有效，品牌传播管理人员就应该熟悉和掌握各种传播媒介的基本特征，以便根据不同传播媒介的特征，制订相应的品牌传播计划。企业使用的传统传播媒介主要有平面媒介、电波媒介和户外媒介。

1. 平面媒介

笔者根据多年对品牌传播理论的研究和实践经验总结，认为平面媒介主要有以下三个特征。

首先，平面媒介是以空间的结构形式、静态的文字语言和视觉符号向大众传播信息的载体。由于平面媒介的信息是以文字语言符号为载体，因此，受众通过平面媒介接收信息的前提是必须较为熟练地掌握文字语言，这就在无形中为信息的大众化传播设置了障碍。如果我们把大众传播媒介比作艺术作品，平面媒介更像纯文学和交响乐，电波媒介则更像通俗文学和流行歌曲。

对于企业的品牌传播而言，平面媒介更适合向目标消费者传播品牌的经营理念、产品质量、功能特点等较具有理性色彩的诉求内容，促使目标消费者在理智上增加对品牌产品的信任，这是平面媒介与电波媒介的本质区别。品牌传播策划人员在利用平面媒介进行广告创作时，要在平面媒介有限的版面空间上构思广告创意。

其次，平面媒介多以近距离一对一的传播方式进行广告信息的诉求，更适合为产品做理性诉求。一般而言，读者阅读报纸或杂志时大多是在一个较安静的环境中，受外界干扰较小，读者在接收平面媒介的信息时也会更投入。因此，平面媒介广告创意大都以文案（语言符号）为核心，配以图形画面（视觉符号），向目标受众传递尽可能清晰明确的产品信息，以利于受众对产品形成正确的理解并产生购买欲望。

最后，平面媒介的受众具有大致相同的兴趣和偏好，他们在阅读时拥有绝对的主动性和选择性。

基于上述特征，平面媒介的广告创意必须准确地把握有关受众的共性，有针对性地对受众进行诉求；同时，由于平面媒介的读者在阅读时拥有绝对的主动性和选择性，平面媒介的广告创意应具有更强的可读性、趣味性和新颖性。

2. 电波媒介

对电波媒介的特征分析必须基于与平面媒介进行的比较分析。据此，笔者以为电波媒介具有以下三个主要特征。

首先，电波媒介是以时间的结构形式对信息进行编码，以电子技术和设备作为信息传递手段的载体。与平面媒介相比，电波媒介最大的特征就是信息在传播过程中无须转换成文字语言符号，它将形象的、生动的视听觉内容直接呈现给受众，这就使得电波媒介传播的信息更具有原生态的效果，对于受众也更具有感染力。这种原生态信息再现式的传播方式几乎使所有受众都能轻而易举地对信息进行解读，再加上电子技术，电波媒介就具有更广泛的信息覆盖区域和更快捷的传播速度。对于企业的品牌传播而言，电波媒介更适合向目标消费者传播情感、流行、时尚等更具感性色彩的诉求内容，达到使目标消费者更喜欢本品牌产品的目的。

其次，电波媒介是以直观、形象、逼真的视听觉内容综合作用于人体的视听觉器官，其传播的信息比较容易使受众产生兴趣，但广告的时间短暂，很难使受众理解信息。能够综合作用于受众的视听觉，是电波媒介相对于其他媒介的最大优势。电波媒介内容切换快速、时间短暂、相关元素众多、信息量大，受众难以完整接受并理解一条广告的所有信息。电波媒介的广告并不是让受众对广告信息有多深入的理解，而是想方设法引起受众对某品牌产品产生正面的感性判断。总体而言，平面媒介的广告创意要解决的问题是如何让受众理解并相信广告传播的信息，电波媒介的广告创意要解决的问题则是如何让受众感知并喜欢广告

李宁品牌广告创意作品

传播的信息。

最后，由于电波媒介的受众群体具有分散和杂乱的特征，电波媒介的广告诉求难以针对某一目标群体进行构思和创意，其传播效率往往并不理想。另外，对于受众而言，电波媒介的信息传播方式具有强制性和不可复制性的特点，可以强行向受众传播广告信息，但这可能导致受众产生逆反心理而对广告信息持怀疑态度。这就要求广告创意人员创作出能够在瞬间吸引受众并富有艺术性的广告作品，达到较为理想的传播效果。

3. 户外媒介

户外媒介是存在于公共空间的一种传播媒介，主要指建筑物的楼顶和商业区的门前、路边等户外场地设置的发布广告信息的媒介，如路牌、霓虹灯、电子屏幕、灯箱、气球、飞艇、车体（厢）、大型充气模型等。歌风传媒研究表明，户外媒介必须具备两个基本要素：一是户外媒介存在的空间；二是有传播的特定人群。只要具备这两个基本要素，就可以基本界定某一媒介属于户外媒介。比如，餐厅内、楼宇内的一些新的媒介形式均属于户外媒介范畴。

富有创意的户外公交车站台广告创意作品

户外媒介的主要特征有以下三点：

第一，具有流动性、强制性、针对性、实效性等特点。

第二，节目优势。自制节目，即时播放，内容丰富。不仅有广告，还有节目，包括专题、专栏、综艺、动画、广播剧、电视剧，可以在节目间隙插播广告。

第三，地段优势。主要置于商场等人流量集中的地段，LED 全彩大屏幕安装在地标性地段，传播效果更震撼、更具强制性。

四、新媒介

新媒介是指随着卫星通信、数字化、多媒体、计算机、网络技术的发展而产生的有别于传统媒介的能够实时互动的新型媒介。其基本特征是：传播方式的双向性、传播功能的融合性、传播技术的先进性和传播内容的全球性。

（一）新媒介的分类

1. 互联网媒介

互联网作为继报刊、广播、电视之后的第四大媒介，在 20 世纪 90 年代兴起，对信息传播方式产生了革命性的影响，已经成为当代企业开展整合营销传播活动最为重要的媒介之一。中国互联网络信息中心（CNNIC）发布的第 53 次《中国互联网络发展状况统计报告》显示，截至 2023 年 12 月，中国互联网用户数量为 10.92 亿，较 2022 年 12 月增长2 480万人，互联网普及率达77.5%。该报告显示，网络视频、即时通信、短视频用户规模分别达10.66亿人、10.60亿人和10.53亿人，用户使用率分别为97.7%、97.0%和96.4%；网约车、在线旅行预订、网络文学的用户规模较2022年12月分别增长9 057万人、8 629万人、2 784万人，增长率分别为20.7%、20.4%和5.7%。由此可见，互联网对中国社会和经济的影响之大。

互联网具有传统媒介无法企及的优势，主要包括以下几个方面。

第一，大量即时的信息，超强的链接和搜索引擎功能。目前，凡是人们所需的信息几乎都可以从网上获得。不过，海量的信息又不可避免地为网民寻找有用信息增加了难度。网络提供了超强的搜索功能，网民可以十分便捷地搜寻自己所需的信息。与传统媒介不同的是，网络的信息发布由过去的平面化转向了立体化，可以向网民提供分层信息，用户只要点击与该信息链接的其他相关信息，就可以立刻获得更为深入和全面的信息。

第二，信息传递方式丰富多彩。现代信息技术的飞速发展，尤其是网络信息压缩技术的普遍运用，使文字、图片、影像和声音的多媒体信息的传播成为可能，消费者之间关于品牌产品的信息交流更为形象和生动。

第三，海量的信息传播者和接收者。目前，大量传统媒介的受众正在逐步将互联网作为主要的信息来源，年轻一代已经主要依赖互联网媒介接收外部信息。从发展的眼光来看，网络媒介的受众将呈递增趋势，传统媒介的受众将呈递减趋势。另外，网络媒介的受众具有以下特点：年轻、受教育程度高、消费水平高和具有超前的消费观念，是品牌传播理想的对象。

第四，信息传播者与信息接收者的互动性。传统媒介的信息传播者和接收者不可能建立即时的互动关系，在互联网上信息传播者和信息接收者则可以互动。这种互动性实际上也是互联网媒介的核心优势。

第五，受众的个性化。互联网的空间从理论上说是接近无限的，信息传播者和接收者可以根据自己的兴趣爱好开设或选择相应的网站、论坛或博客。网络传播的这一特征使企业从以往依赖大众传播向分众传播或小众传播转移，企业的品牌传播目标受众更精准，传播更有效率。

案例6-2 《罗辑思维》

2. 手机媒介

出现于20世纪90年代的手机，最初就是个人之间点对点的移动通信工具。随着短信、手机电视、手机上网、微信等无线移动功能的出现，手机已经成为集移动通信、移动上网、音视频于一体的个人移动媒介。根据中商情报网讯，2023年7月全国共有移动电话用户数17.1亿户，比上月增加了128.9万户，相较于2022年7月，增加了2.33%，移动电话用户普及率为121.4部/百人，高于全球普及率（资料显示，2022年底全球移动电话普及率为106.2部/百人）。手机媒介的主要特征有以下几点：

其一，多媒体融合。手机媒介集报纸、杂志、电视、广播、互联网等媒介于一身，传播方式融合了大众传播、人际传播、单向传播、双向传播、点对点传播、点对面传播和面（多人）对面（多人）传播等几乎所有的传播方式，形成了相对复杂的传播网络。

企业利用手机媒介开展营销传播活动，可以有较多的选择。

案例 6-3 估值上亿元的微信大号

其二，传播速度快、范围广。信息发送者借助移动通信网、微信、手机短信、手机报等各种手机信息交流平台可以在较短的时间内将信息群发给目标受众。

其三，互动性强。手机媒介可以不受时空的限制，手机拥有者在任何时间和任何地点都能够发出或接收信息，信息发送者和信息接收者的身份融合，并能够在第一时间获得反馈，具有极强的互动性。

3. 数字电视媒介

数字电视是指从演播室到发射、传输、接收的所有环节都使用数字电视信号或对该系统所有的信号都通过由 0、1 数字串构成的二进制数字流来传播的电视类型。数字电视并不是指一般家庭使用的电视机本身，而是指整个电视信号的处理、传输、发射和接收过程中全部使用数字信号进行信息接收和传输的电视设备与系统。与模拟电视相比，数字电视的优势在于：图像清晰，信号不易受干扰；内存空间大，可以传送大容量的信息；互动性强，可以提供一对一的个性化服务。

（二）新媒介是品牌传播的强大工具

新媒介为企业开展品牌传播活动提供了全新的传播方式，众多成功的案例证明，新媒介已经成为品牌传播的强大工具。

1. 新媒介有数量巨大、结构理想的受众

国际电信联盟（ITU）2023 年发布的报告显示，截至 2022 年底，全球网民总数已经达到 54 亿，相当于全球人口的 67%。数据充分表明，传统传播媒介的受众正在逐步向网络迁移，新媒介正在成为全球最有影响力的媒介。面对这一发展趋势，为了能够更有效地接近目标受众，不断强化目标受众对品牌的认知与联想，建立品牌与目标消费者之间的良好关系，企业利用网络开展品牌传播活动已是大势所趋。根据相关机构对网民的构成情况所做的分析，网民具有年轻化、受教育程度高、收入高、购买力强、容易接受新事物等特点。具备这些特点的网民正是大多数企业期望锁定的目标消费者。企业如何利用新媒介积极开展相应的传播活动，以吸引和留住这部分目标受众，是决定品牌能否成功的关键因素之一。

2. 新媒介的互动性使得个性化的品牌传播成为可能

企业开展品牌传播活动，从本质上说就是希望在品牌与目标消费者之间建立起一种比较牢固和稳定的亲密关系，因此，其传播的重点就是与目标消费者进行全方位的信息沟通和互动交流。以往通过传统媒介开展的品牌传播活动只是一种单向的信息传播，企业自说自话，受众被动接受。网络的出现在很大程度上弥补了单向传播的不足，其信息传播的双向互动性使得企业和目标受众之间可以围绕品牌进行全方位的信息分享与交流，从而使企业与目标受众建立更加密切的关系。

网络的互动性与品牌传播的本质要求（建立品牌与目标消费者之间的关系）不谋而

合。企业以往借助传统传播媒介开展品牌传播活动，虽然也强调与目标受众建立密切的关系，但任何关系建立的前提都必须是双向的、互动的，否则关系就无法建立，即使建立起来，也是脆弱的、经不起考验的。因此，传统媒介的单向性这一致命的缺陷，使得品牌不太可能与目标受众建立起真正的密切关系。新媒介互动性的本质特征，恰好是品牌传播活动所需要的。一方面，从消费者的角度来看，新媒介的互动性使他们从被动的信息接收者转变为主动的信息选择者，并且可以通过电子邮件、BBS、即时通信等方式即时地与企业就某一品牌的相关信息进行沟通交流；另一方面，从企业的角度来看，新媒介使信息的传输速度更快、反馈更及时，企业能够根据目标受众的反馈信息了解他们对品牌产品的认知与评价，及时调整品牌传播策略，使传播内容和传播方式更加符合目标受众的需要。

总之，正是新媒介与生俱来的互动性，使品牌传播活动能够借助这一全新的交流平台与目标受众建立起广泛而深入的密切关系。

3. 新媒介的表现形式使品牌信息传播更生动

随着计算机多媒体技术的发展，新媒介可以整合电视、广播、报纸、杂志等各种传统媒介的表现形式，成为一种跨时空的媒介，为品牌传播活动提供十分丰富的表现形式，丰富多彩的信息表现形式又为广告创意提供了广阔的创作空间。企业可以根据新媒介的特点，将品牌信息以更富有创意、更加生动、更有趣味的形式呈现给目标受众。目标受众也可以根据自己的兴趣爱好，选择接收自己所需要或喜爱的品牌信息。企业还可以针对目标受众的不同个性与接收信息的习惯，向他们传播更具个性化的品牌信息，这将有助于品牌信息的传播达到最佳效果。

（三）新媒介传播的方式——网络传播

从理论上说，网络传播的方式适合品牌信息传播活动，但是相对而言，以下方式更适合进行品牌信息传播活动。

1. 网络广告

对于一个品牌的塑造与传播而言，广告是最重要、最有效的传播工具之一。在绝大多数情况下，目标受众都是通过各种类型的广告获得关于一个品牌的信息。通过网络进行品牌传播，广告是最主要的传播方式之一。

网络广告简单地说就是通过网络发布的广告。广义的网络广告是指企业在网络上发布的一切商业信息。网络广告的形式很多，按照不同的标准有不同的分类。比如，按照广告在网页上所占的面积（此种分类源于传统的平面媒介）及呈现形式，可以划分为旗帜广告、按钮广告、插页广告、墙纸广告等；按照广告在网页中的不同位置，可以划分为首页广告、内页广告和弹出广告等；按照网络广告依托的不同载体，可以划分为网页广告、流媒体广告和即时聊天工具广告等。以下根据最后一种划分标准介绍几种不同类型的网络广告。

（1）网页广告。网页广告又称为页面广告，是指出现在各种网页上的广告，包括各类门户网站、其他网站、论坛甚至电子邮箱界面和博客页面等上面的广告。这种广告在形式上比较有创意性和趣味性，能够吸引网民点击，因此是许多企业经常运用的一种广告形式。比如，曾经出现在雅虎网站首页的一则飞利浦品牌广告，以半透明的形式呈现，画面色彩明亮绚丽，广告代言人是一位可爱的小女孩，广告文案引人入胜，很容易吸引网民点击，点击后即进入一个小游戏的界面，游戏由不同肤色的孩子各讲一句话，参与者可以根据提示猜猜孩子们讲的是什么，谜底自然就是飞利浦品牌的各种小家电产品。此游戏广告在揭开谜底的同时以简练的语言概括飞利浦产品的特征，即飞利浦品牌宣言“精于心，简于形”。小游戏中的孩子们天真，憨态可掬，令人忍俊不禁。在轻松愉快的氛围里，网民自然愿意一步步地猜下去，该广告达到了传播目的，飞利浦品牌形象在网民的脑海中留下了深刻的印象。企业通过网页广告的形式非常有效地与其目标受众完成了一次品牌信息的互动和交流。

（2）流媒体广告。流媒体广告又称为视频广告，是指采用流式传输的方式在互联网上播放的影视媒体广告，如音频、视频或多媒体文件等。这个过程的一系列相关的包称为“流”。流媒体实际上指的是一种新的媒体传送方式而非一种新的媒体。流媒体技术全面应用后，人们可直接通过语音输入在网上聊天；如果想看见对方的容貌、表情，只要双方各有一个摄像头就可以了；在网上看到感兴趣的商品，点击以后，讲解员和商品的影像就会出现；更有真实感的影像新闻也会出现。

流媒体技术发端于美国。在美国，流媒体的应用已很普遍，比如惠普公司的产品发布和销售人员培训都通过网络视频进行。

视频文件在打开之前会有一个缓冲阶段，在这个短暂的时间里网民的注意力一般比较集中，广告商充分利用这个时间空隙插入品牌广告，这种形式的广告就是典型的流媒体广告。

（3）即时聊天工具广告。即时聊天工具是供网民在线通信的一种软件，它可以在两名或多名用户之间传递即时信息，比较常见的有腾讯 QQ、微信等。即时聊天工具的技术不断完善和改进，它已经不再是单纯供网民在线聊天的工具，比如腾讯 QQ 既支持视频和音频聊天，也支持在线传输文件和收发电子邮件，还支持在线观看视频节目等。此外，由腾讯 QQ 延伸而来的还有腾讯网、QQ 游戏、QQ 空间等在线互动交流平台，功能实际上已经非常多元化。这些即时聊天工具的面板、界面、视频窗口及其延伸网页等，都可以成为品牌广告的载体。

由于即时聊天工具的应用非常广泛，网民一旦进入往往就会滞留较长的时间，所以在即时聊天工具中出现的广告，注目率和曝光率都是比较高的。中国移动、可口可乐、阿迪达斯等知名品牌已经开始与即时聊天工具的提供商进行多方面合作，将即时聊天工具作为品牌广告的传播工具之一。

（4）游戏嵌入式广告。游戏嵌入式广告是指以游戏作为载体发布的广告，换句话说，就是将广告内嵌在游戏中的一种特殊的商业信息传播方式。此种方式是以游戏用户群为目标对象，通过固定的条件，在游戏中的适当时间、适当位置发布广告信息。

与普通的商业广告形式不同，该种形式广告的载体是一种全新的媒介——游戏。这种形式将游戏与广告整合为一体，玩家在玩游戏的同时不知不觉地接收广告信息。玩家在玩游戏的过程中有可能将对游戏的归属感和亲切感转移到游戏中内嵌的广告上，对广告信息中出现的品牌产品产生认同感。比如，网上流行的一款赛车游戏《极品飞车》，游戏中车手驾驶的跑车有宝马汽车，这就是企业巧妙地将品牌产品内嵌到游戏当中的典型例子。需要指出的是，在游戏中嵌入广告的位置和时点必须恰到好处，以不妨碍玩家正常玩游戏为前提，否则会引起玩家的反感。

（5）电子杂志广告。电子杂志又称网络杂志、互动杂志，以 Flash 为主要载体，独立于网站存在。电子杂志是一种非常好的媒体表现形式，兼具平面媒介与互联网的特点，将图像、文字、音频、视频、游戏等动态结合呈现给受众，还有超链接、即时互动等网络元素，是一种令人享受的阅读方式。电子杂志延展性强，可移植到 PDA、手机、MP4、PSP 及 TV（数字电视、机顶盒）等多种个人终端。

就承载信息的介质而言，电子杂志的载体已不再是传统的纸张，而是磁盘或光盘、网络；就信息内容而言，大量的图片、音乐、Flash 动画甚至视频的穿插应用使得电子杂志具备更多元、更丰富的表现形态。电子杂志还有一个更加突出的特点就是互动性，受众不只是被动地阅读，还可以通过点击主动参与杂志预先设定的互动环节，或通过电子邮件将有关信息及时反馈给杂志编辑，这些使得电子杂志与传统的纸质杂志相比具有巨大的优势。我国已有十多家电子杂志发布平台，比较有影响的有 Xplus、ZCOM、iebook 等。

电子杂志广告类似于传统杂志中的广告，但由于多媒体技术的应用，电子杂志的表现形态更加多元化，其广告一般都能够链接到内容更丰富的网页上，受众通过点击广告，就能够了解到相关品牌更全面、更翔实的信息，可以进行在线虚拟品牌体验或在线品牌咨询，甚至在线购买，这是传统杂志不可能完成的任务。另外，由于电子杂志一般是由网民根据自己的爱好或兴趣主动订购的，此类广告能够更加准确、有效地将品牌信息传递给目标对象。目前在电子杂志上投放广告的成本要远远低于传统杂志，这也使得越来越多的企业开始关注和使用电子杂志，将其作为广告投放的媒介之一。

（6）直邮广告。直邮广告可分为两种：一种为邮件列表广告，即广告主利用网站电子刊物服务中的电子邮件列表，将广告夹在网民所订阅的刊物中发送给相应的电子邮箱。另一种为电子邮件广告，即直接向网民的电子邮箱发送广告。不过，在未经许可的情况下，广告主擅自将广告发送到私人电子邮箱，是对公民隐私权的侵犯，会引起网民的反感而达不到理想的传播效果，在目前广泛使用垃圾邮件屏蔽技术的情况下，许多未经许可的直邮广告常常被网民当作垃圾邮件拒绝接收。因此，广告主在使用直邮广告时应该慎重。

（7）微博广告。微博广告是以微博作为传播平台，每一个用户都是潜在的传播对象，企业通过自己的微博向网友传播企业信息、产品信息，树立良好的企业形象和品牌形象。企业每天更新内容就可以跟网民交流互动，或者发布令人感兴趣的话题，达到营销的目的。该传播方式注重价值传递、内容互动、系统布局、准确定位等。微博广告涉及的范围包括认证、有效粉丝、话题、名博、开放平台、整体运营等。当然，微博广告也有缺点：有效粉丝数不足、微博内容更新过快等。

（8）微信广告。微信广告是网络经济时代企业营销模式的一种创新，是伴随着微信的火热而兴起的一种网络传播方式。微信没有距离的限制，用户注册微信后，可与已注册的朋友进行联系，用户订阅自己所需的信息，商家通过提供用户所需的信息推广自己的产品，从而实现点对点的传播。

微信广告主要在安卓系统、苹果系统的手机或者平板电脑的移动客户端进行区域定位传播，商家通过微官网、微会员、微推送、微支付、微活动，形成一种线上线下微信互动的传播方式。

网络广告的种种优点为广告主更好地与目标受众进行品牌信息的交流与沟通提供了更多的可能。企业在投放网络广告时，应注意以下几个问题：一是要能够真正利用网络广告的形式与目标受众进行互动，满足目标受众个性化的需求，在尽可能详细地提供企业以及品牌信息的同时，创造条件，倾听目标受众的反馈信息，以便及时调整传播策略；二是要有针对性地根据多媒体丰富的表现形式创作出更富有创意、更加新颖、更具有视觉冲击力的网络广告作品，尽可能提升网络广告的传播效果。网络广告如果仅仅是传统广告在网络上的翻版，就没有任何意义，既不能体现网络媒体的巨大优势，也不能取得理想的传播效果。

2. 广告主网站

广告主网站就是广告主在互联网上进行网络建设和形象宣传的平台。广告主网站相当于广告主的网络名片。广告主网站不但是对广告主形象的良好的宣传，而且可以辅助广告主销售产品，甚至通过网站直接实现产品销售。广告主网站的作用体现为展现公司形象、加强客户服务、完善网络业务。除此之外，广告主网站还可以与潜在客户建立商业联系。

（1）广告主网站的类型。根据行业特点以及广告主建站目的和主要目标受众的不同，大致可以把广告主网站划分为以下几种类型。

1）基本信息型。主要面向客户、业界人士以及普通浏览者，以介绍广告主的基本资料、帮助树立广告主形象为主，也可以适当提供行业内的新闻或者知识信息。这种类型的网站通常被形象地比喻为广告主的“网上目录”（Web Catalog）。

2）电子商务型。主要面向供应商、客户以及广告主产品（服务）的消费群体，以提供广告主业务范围的产品或服务为主。这样的网站正处于电子商务化的中间阶段，由于行业特点和广告主投入的深度、广度不同，其电子商务化程度可能处于从比较初级的服务支持、产品列表到比较高级的网上支付的某一阶段。通常这种类型的网站被形象地称为“网上××企业”。例如，网上银行、网上酒店等。

3）多媒体广告型。主要面向客户以及广告主产品（服务）的消费群体，以传播广告主的核心品牌形象或者主要产品（服务）为主。相对于普通网站而言，这种类型的网站无论从目的还是实际表现手法上都更像平面广告或者电视广告，因此用“多媒体广告网站”来称呼这种类型的网站更贴切。

4）产品展示型。主要面向需求方展示自己产品的详细情况以及广告主的实力。其网站的主要内容是对广告主的产品的价格、生产等情况做全面介绍。这种类型的网站通过全面展示自己的产品，使目标消费者或社会各界对广告主有比较全面的认识。

在实际应用中，很多网站往往不能简单地归为某一类型，无论是从建站目的还是表现形式来看都可能涵盖上述两种或两种以上的类型。对于这类企业网站，可以按上述类型划分为不同的部分，每一个部分基本上可以认为是一个较为完整的网站类型。需要注意的是，由于互联网公司的特殊性，这里不包含互联网信息提供商或者服务提供商的网站。

（2）广告主网站的作用。广告主通过建立自己的网站，可以向社会各界尤其是目标受众展示企业形象、品牌个性，甚至传达企业的价值观和消费理念；可以对自身产品进行全方位的介绍与展示，甚至可以让潜在消费者在线虚拟体验产品的质量与功能，并接受反馈意见；可以在网站提供在线咨询，在线购买，在线售前、售中及售后服务等方便消费者的各种服务项目；可以在网站中建立一个虚拟社区（会员俱乐部、BBS等），倾听消费者的声音，与他们进行及时的沟通与交流，通过这种方式收集消费者的信息，建立消费者数据库，为广告主今后开展品牌传播活动奠定坚实的基础。

3. 虚拟社区

网民可以借助网络找到趣味相投、志同道合的朋友，就共同感兴趣的主题发表意见，互动交流。这种自由、开放又彼此匿名的特点满足了网民的需求，促使各种类型的虚拟社区出现。相对于传统社区，虚拟社区极大地扩展了人与人之间的交流范围、交流深度和影响力。虚拟社区更多地被看作一种社交网络。

虚拟社区是一个沟通平台，是一种新型的人与人之间交流的方式。虚拟社区是指一群网民借由网络，以在线的方式，围绕某个主题、某种兴趣或某种需求进行集中交流的空间。虚拟社区包括专业垂直类网站和开放式的专题BBS、聊天室等。

（1）虚拟社区在品牌传播中的作用。传统社区囿于地理位置，虚拟社区则更加开放，这一特点使虚拟社区内的交流人数呈几何级数增长，交流的话题更有针对性，交流的观点也更真实。这些特征使得虚拟社区具有以下几个优势。

第一，广泛的影响力。如果说传统社区仅仅局限在某个城市的某条街道，甚至是某条街道的某个住宅小区，那么虚拟社区可以囊括全球范围内的网民。网民只需接通网络即可同世界上任何地方的人进行交流和互动，可以就某一话题畅所欲言。网民分布极其广泛，数量极其庞大，他们都有可能成为某品牌产品的消费者。这种超出地域限制的影响力是许多企业选择虚拟社区投放品牌广告的主要原因之一。

第二，针对性的传播。虚拟社区为网民提供各项服务功能通常都要求网民先在线注册，需要提供一些基本信息，如姓名、性别、年龄、职业、爱好等。这就使虚拟社区的管理者获得了已注册网民的基本资料，如果企业对这些数据善加分析和巧妙利用，就可以使品牌传播、与网民的沟通更有针对性，品牌传播的信息更容易被网民接受和认可甚至喜爱。

第三，强大的说服力。虚拟社区中人际关系较为松散，群体流动频繁，遵守自由、平等、共享等基本准则，网民之间的交流与沟通更加简单、真实，能够围绕某个共同关心的问题就事论事、畅所欲言，这种在实际的人际传播中难以复制的交流环境，也为企业开展品牌传播活动提供了良好的条件。

（2）利用虚拟社区进行品牌传播。广告主利用虚拟社区开展品牌传播活动经常使用的方式有广告、活动、事件和博客。在虚拟社区进行相关的品牌传播应该尽可能采取潜移默化的方式，赤裸裸的广告不如情感交流式的沟通有效。在虚拟社区开展品牌传播活动应该注重运用以下传播策略。

1）品牌植入。这是一种相当隐蔽的传播手段，以间接含蓄、不露声色的方式把品牌信息融入一个合适的载体，使网民在不知不觉中接受品牌的信息。品牌植入的类型主要有实物植入、风格植入、整体植入和文化植入等。

在虚拟社区中尤其适合采用品牌植入的方式，因为在虚拟社区中网民之间更多的是基于共同兴趣爱好的交流，在这样的氛围中生硬地插入广告，很可能引起网民的反感。采取品牌植入这种隐性、温和的方式，将产品隐含在网民关心的话题中，往往能够起到事半功倍的传播效果。

2）品牌体验。21 世纪的市场营销已经进入体验营销的时代，今天的消费者不仅关注产品的价格高低和质量优劣，而且越来越注重品牌体验。同样的事物，不同的人会有不同的体验。对于品牌而言也是如此，品牌形象不完全由广告主决定，更主要的是由消费者自己感觉。因此，广告主除了在卖场等终端积极主动地开展品牌体验活动，有意识地在虚拟社区开展虚拟的品牌体验也是重要的品牌传播策略。

第 3 节　品牌传播策略

常用的品牌传播策略包括品牌叙事传播策略、公共关系传播策略、广告传播策略、品牌人际传播策略、名人背书传播策略等。这些策略是企业在市场竞争中经常使用的，也是被实践证明行之有效的。随着社会经济以及营销传播理论的发展，品牌传播策略逐渐从单向的、静止的和封闭的传播模式向双向的、多变的和开放的传播模式发展。下面对这些品牌传播策略作简要介绍。

一、品牌叙事传播策略

品牌叙事是指企业刻意将品牌的背景文化、价值理念以及产品的特殊利益等作为主要的诉求内容，以真实的人物、生动的情节和感人的故事，通过各种媒介向目标受众进行的商业传播活动。

（一）构成品牌叙事的基本要素

根据上述对品牌叙事的定义，我们可以总结出一个完整的品牌叙事大致应该包括以下几个基本要素。

案例 6－4　爱尔兰咖啡品牌叙事

1. 结构缜密的故事情节

一般而言，品牌叙事大都是通过平面媒介向目标受众诉求一定信息的特殊的传播活动，此种传播活动能否成功取决于目标受众是否愿意接受这些信息。目标受众是否愿意接受这些信息，又取决于品牌叙事是否有缜密的结构和引人入胜的故事情节。劳伦斯·维森特在《传奇品牌》（*Legendary Brands: Unleashing the Power of Storytelling to Create a Winning Market Strategy*）一书中指出：一个缜密的结构可以使叙事中发生的每件事之间都有很强的逻辑关系，前因后果非常清晰，甚至从一个精心构建的情节中移去任何一件事情都会使整个故事崩溃。传奇品牌常常赋予品牌叙事一个有序的、紧凑的、稳固的故事结构，对个性化叙事情节的展开起到催化作用。

2. 目标受众认可的典型人物

品牌叙事要具有较强的可读性，在语言风格上更接近散文或随笔；品牌叙事大都需要充分地展示品牌人物，其对人物的描写更接近小说。在品牌叙事中，经过精心加工的真实的或虚拟的典型人物，代表着品牌的价值取向和审美品位。比如，如果香奈儿、玫琳凯、雅诗兰黛等经典品牌没有或缺乏对其品牌创始人传奇般经历予以典型化的故事描述，那么其品牌传播的影响力恐怕不会像今天这样大。当然，品牌叙事还可以通过虚构典型人物来增强品牌传播的效果。如肯德基的山德士上校等就是从其产品所处行业的特点出发，通过塑造具有美国文化特征的典型人物，带给受众美国式的感官体验，使受众形成深刻的品牌印象。

3. 体现品牌的主题

品牌叙事的创作在某种程度上更类似于广告文案的创作。其实，任何一种形式的创作都必须首先提炼出创作的主题，只有具备并且充分展示主题的作品才更容易被受众理解，品牌叙事的主题更需要被目标受众认同、理解。如玫琳凯品牌叙事的主题是“你要别人怎样对待你，你也要怎样对待别人”；雅诗兰黛品牌叙事的主题是“美丽是一种态度”。这些品牌的主题充分反映了品牌的核心价值理念，同时也恰到好处地表达了女性群体内心深处的渴望和欲求，深受女性群体的认同，从而成为全球知名品牌。

（二）品牌叙事对品牌塑造与传播的作用

对于品牌而言，品牌产品能否满足目标消费者的需求，品牌形象、包装和产品质量是否达到消费者的期望等，都是品牌构成的内在要素或品牌赖以发展的基础。品牌叙事作为品牌理念的外在表现形式，巧妙地用形象生动的故事情节和美好的情感演绎品牌的抽象理念，使得受众对品牌产生一种情感上的共鸣。具体来说，品牌叙事对品牌塑造与传播的作用大致包括以下几个方面。

1. 完美地体现品牌的核心价值

企业为品牌所提炼和传播的核心价值，常常就是品牌能够满足消费者生理或心理需求的根本所在。品牌叙事将这种核心价值通过生动的故事情节和优美的语言传递给目标受众。品牌的核心价值好比品牌的灵魂，必须依附于某一载体，品牌叙事就是品牌核心价值的载体，消费者对品牌核心价值的认同是通过品牌叙事实现的。不过，不同行业甚至同一行业中的不同品牌，由于企业的经营方式不同，追求的目标不同，其核心价值也会有所不同。例如，同属于化妆品行业的玫琳凯（你要别人怎样对待你，你也要怎样对待别人）和创美时（创作至美，蝶变人生），其核心价值就不相同，但它们的品牌叙事都十分精彩地体现了品牌所倡导和传播的核心价值。

2. 增进与目标受众的情感交流

品牌叙事通过独特的结构方式和表现手法（如跌宕起伏的人物命运、引人入胜的故事情节、流畅抒情的语言文字）向目标受众传递品牌的相关信息，能迅速拉近与目标受众之间的距离，消除目标受众的陌生感和隔阂感，达到增进与目标受众情感交流的目的，进而引发品牌与目标受众之间的情感共鸣。许多全球知名品牌之所以能够得到目标消费者的喜爱，除了产品本身的高质量，更在于品牌拥有者对品牌文化传播的重视，通过广告、公关、赞助公益事业等相关活动，增加与目标受众近距离接触的机会，久而久之，就会在消费者的心目中建立起良好的品牌形象，甚至有可能形成以使用该品牌产品为荣的品牌效应。知名品牌如雅诗兰黛、兰蔻、迪奥、美宝莲、SK-Ⅱ、天梭、星巴克、李维斯等皆是如此。

3. 形象巧妙地传递品牌信息

品牌叙事的另一个明显的作用就是通过各种传播渠道向目标受众传递品牌的相关信息。随着现代科技的飞速发展和消费社会的形成，消费者接收商品信息的渠道与方式越来越多，无孔不入的商业广告在各种媒体上狂轰滥炸，使得消费者对传播商业信息的广告产生抵触和逆反心理。品牌叙事则以一种经过精心包装的、传统的讲故事的方式，向目标受众传递品牌的背景、核心价值及与产品的利益诉求点相关的品牌信息。有关品牌的相关信息是隐藏在故事情节和人物命运之中的，受众在不知不觉中接受了品牌的相关信息，增进了对品牌的识别与认可，与品牌之间进行情感交流。

（三）品牌叙事的主要叙事主题

由于品牌背景、行业类别以及经营理念和策略的差异，品牌叙事的叙事主题各不相同。无论采用哪种叙事主题，只要能够完美地传递出品牌所要传递的信息，吸引受众并给人以美感，就是成功的品牌叙事。大体上，品牌叙事主要有以下几种叙事主题。

1. 以品牌创始人为叙事主题

在全球市场经济发展中，各个行业涌现出许多不仅在品牌经营上富有远见卓识，而且具有广泛影响力的传奇式人物，许多品牌依托和借助这些传奇式人物的经历，将之提炼为品牌叙事的主题，向目标受众进行传播。受众在接收上述信息的过程中，有可能被传奇式人物的经历打动而认同品牌甚至对传奇式人物产生好感与偏爱，爱屋及乌，对传奇式人物所创立和拥有的品牌情有独钟。如香奈儿、微软、苹果、哈雷-戴维森、维珍等品牌，都是使用这种叙事主题的典型例子。

2. 以虚拟人物或神话传说为叙事主题

以虚拟人物或神话传说作为品牌叙事主题，以此不断扩展和丰富受众美好的想象，使受众获得精神上的愉悦和情感共鸣，也是品牌叙事主题的一种选择。此种叙事主题的优点在于品牌延伸和想象的空间较大，容易营造神秘感，从而引起受众的好奇与注意。如肯德基（山德士上校）、迪士尼（米老鼠）、万宝路（西部牛仔）等品牌都是使用这种叙事主题的成功案例。

3. 以地域环境差异为叙事主题

在比较特殊的行业，有些品牌的产品生产原料、使用材质、制作工艺不同，产品具有与众不同的使用效果和使用感受，经过企业的特意渲染后，将在相当大的程度上影响消费者的消费心理。许多企业抓住消费者的这一消费心理，通过描述品牌产品产地的自然风貌、地理环境、水文特质和人文景观，在目标受众心中建立起品牌的神话，形成绝对忠诚的消费关系。比如，欧莱雅旗下的碧欧泉就是以矿物学家在法国南部山区的矿泉水中发现的矿泉活细胞因子 Life Plankton 活源精粹为叙事主题，为品牌产品添加了神秘的光环。

4. 以产品功能特征为叙事主题

以产品功能特征作为叙事主题的品牌叙事，目的是凸显品牌与众不同的产品优势，以引起目标受众的注意和兴趣，进而达到广为传播、促进销售的效果。比如，欧莱雅旗下以药店作为销售渠道的薇姿品牌，其品牌叙事着重对法国中部的千年小镇薇姿的温泉水的保健功能进行描述，凸显薇姿产品的独特功效和神秘色彩，进而提升薇姿品牌的市场知名度和影响力。

二、公共关系传播策略

企业是社会物质财富的生产者，也是社会有机体中的一个组织。在整个大的社会系统内，企业必定要面对和处理与社会其他成员的关系。现代企业运作离不开良好的社会环境，品牌的发展也离不开良好的公共关系。

（一）公共关系的基本概念

自公共关系成为一门学科以来，人们对公共关系的定义一直没有统一的表述。在介绍公共关系传播策略之前，了解并把握公共关系的一些基本概念是学习和应用公共关系的基础。

1. 公共关系的定义

公共关系是一个组织运用有效的传播手段，使自身适应公众的需要，并使公众适应组织发展需要的一种思想、政策和管理职能。[①] 这一定义非常清楚地表述了公共关系是由组织、传播、公众这三个要素构成的。在这三个要素当中，组织是公共关系的主体，公众是公共关系的客体，联结主体与客体的则是传播。这三个要素规定了公共关系的基本范畴，有关公共关系的理论研究、实际操作和发展都围绕这三个要素展开（见图6-8）。

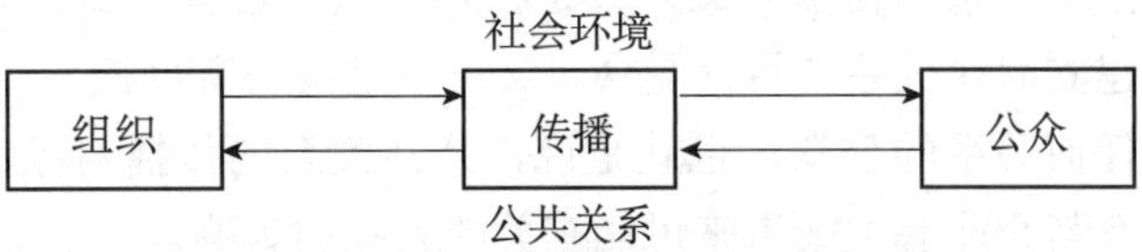

图6-8　公共关系构成要素

① 周安华，苗晋平．公共关系：理论、实务与技巧．3版．北京：中国人民大学出版社，2010：4.

公共关系的内涵可以从三个层次加以理解：一是迎来送往搞接待；二是新闻报道、广告传播；三是专业的、高层次的公共关系策划。公共关系主要包括员工关系、政府关系、媒介关系、顾客关系、社区关系等。除员工关系之外，其他的都属于外向公共关系，品牌传播则应该更多地考虑利用外向公共关系。

从品牌传播的角度看，公共关系又可以界定为先举办活动或制造事件，再通过大众传播媒介的报道，引起目标受众或特定对象的注意、理解或认可，形成对企业有利的舆论支持，达到塑造企业品牌形象、增强品牌竞争力目的的手段。

从企业发展的角度来看，品牌的发展有赖于企业与社会各界建立和保持良好的公共关系。如果说企业的传播手段主要是广告和公共关系，那么广告是典型的商业传播，所传播的信息带有明显的主观性，传播效果会大打折扣；公共关系则是典型的社会传播，所传播的信息带有较为明显的客观性，更容易被受众接受，可信度也更高。因此，利用公共关系进行品牌传播是一种行之有效的手段。

2. 公共关系的特征

公共关系是社会关系的一种表现形态，有与众不同的特征，了解这些特征有助于加深对公共关系概念的理解。

（1）人情性。公共关系是一种树立组织正面形象的艺术，强调协调的人际环境、和谐的人事氛围、良好的社会舆论，以赢得社会各界对传播主体的了解、信任与合作。开展公共关系的目的是追求协调的人际环境，为组织的生存和发展创造理想的外部环境。公共关系期望的是以普遍人性、共同情感为基础的人与人之间和谐相处的新境界；提倡的是广结人缘，甚至视竞争对手为朋友，处处为公共利益着想，调节公关主体的行为规范，以满足公众的需要为出发点；强调的是人与人之间相互理解、相互信任、相互支持和帮助。因此，人情性是公共关系最明显的特征。

（2）双向性。公共关系是传播主体以真实为基础与传播客体之间的双向沟通，这一本质特征决定了传播主体一方面需要及时了解社会公众的意见和看法，以便修正或调整正在采取的决策和措施；另一方面必须有意识地向社会公众传播企业或组织的相关信息，以便公众对传播主体产生明确的认知，实现彼此之间有效的双向沟通。因此，双向性是公共关系最为实质性的特征。

（3）广泛性。公共关系的广泛性有两层含义。一层含义是传播主体在开展公共关系活动的过程中，其传播活动具有无限的时空性，即对于一个具体的企业或组织而言，公共关系无处不在、无时不有，贯穿于传播主体的整个生存和发展过程中。从这个意义上说，公共关系又可以看作一个企业或组织持续开展的不间断的活动。另一层含义是传播对象的广泛性，即公共关系的传播对象可以是任何个人、群体和组织，既可以是已经与企业（传播主体）建立商业关系的目标受众，又可以是将来有可能与企业建立商业关系，但目前与企业没有任何关系的公众。也就是说，公共关系的传播对象有一种无限扩展的趋势，广泛地向所有与企业有关或未来可能有关的人施加影响。

（4）整体性。一个企业开展公共关系活动的宗旨是尽可能使社会各界对企业有更全面、更深入的认识，侧重于向目标受众传递企业在市场上的竞争地位和整体形象的信息，使目标受众对企业产生整体性认识。企业在开展公共关系活动的过程中，不仅要宣传产品，全方位地向目标受众介绍企业的服务、员工、机构、管理、历史与现状、设备与工艺水平等各个方面，而且要向目标受众宣传自己在行业内的成就，如实地介绍企业的价值观念等道德层面的内容。企业以这样全面的传播活动，使目标受众对企业（品牌）形成真实的、全面的、整体的良好印象。

（5）长期性。企业在开展公共关系活动时，必须将公共关系当作一项长期性工作，不应该采取“平时不烧香，急时抱佛脚”的态度，事到临头才想起利用公共关系来摆平危机。事实上，企业如果平时注意维护同社会各界尤其是目标受众的公共关系，就能在遇到危机时较好地解决；反之，企业如果平时不注重开展公共关系的各项工作，就难以在需要时有效地获得社会各界的帮助。因此，企业必须将公共关系当作一项长远的投资。

（二）公共关系传播策略在品牌传播中的作用

企业利用公共关系传播策略可以对品牌传播发挥相当大的作用，包括：传播沟通信息；协调关系，营造良好的外部环境；塑造品牌形象；化解危机；等等。

1. 传播沟通信息

品牌传播的过程就是企业将与品牌相关的信息加以收集、整理和传播的过程，企业开展公共关系活动也是一个向社会公众传播企业或品牌相关信息的过程，只是公共关系更注重沟通的双向性。通过公共关系与社会公众进行沟通和交流，可以了解社会公众对企业品牌的真实看法，促进社会公众和目标受众对企业品牌的认知与信赖，建立起品牌与社会公众及目标受众之间相互信任的信息交流渠道。由于公共关系的传播具有双向性，其传播过程自然包括两个方面的内容：一是收集与整理品牌信息，包括政府决策信息、舆论信息、企业形象信息、竞争对手信息、消费者信息等；二是面向社会公众和目标受众传播与品牌相关的信息，包括产品与服务信息、企业信息、社会评价、咨询建议等。企业通过这种双向的信息交流，可以使社会公众和目标受众消除对品牌的误解、正确认识品牌，对企业塑造良好的品牌形象产生积极的作用。

2. 协调关系，营造良好的外部环境

一个企业的生存和发展需要良好的外部社会环境，这决定了企业与社会环境存在依赖关系，但企业与社会环境的关系并不仅仅是依赖关系，还包括相互促进的关系。比如，企业开展的各种品牌传播活动，也会对目标受众或社会公众的价值观念产生一定的影响。因此，公共关系的一个重要使命就是代表企业通过各种方式与社会公众和目标受众进行沟通交流，消除双方之间的误解，协调双方之间的关系，为企业的发展奠定良好的基础。

3. 塑造品牌形象

品牌形象是企业的无形资产，企业的所有传播活动都是为了在社会公众心中建立起良好的品牌形象。品牌形象的构成主要分两部分：一是品牌知名度；二是品牌美誉度。企业通过广告传播来提高品牌知名度，通过公共关系来提升品牌美誉度。企业要在短时间内提高品牌在市场上的知名度并不是很困难，但要想长期保持或提升品牌美誉度则不太容易。因此，企业应该充分利用公共关系来塑造和传播品牌形象。

4. 化解危机

企业在品牌传播过程中多多少少会遇到一些不可预知的问题甚至危机，这些问题或危机如果不能及时解决，则会对企业的品牌形象产生难以弥补的重大伤害。一般而言，问题或危机无非由两方面的因素造成：一是企业内部可以控制的因素，包括产品质量问题、销售服务问题、诉求沟通问题等；二是企业外部难以控制的因素，包括目标受众的行为方式问题、渠道经营者的行为责任问题等。面对这些具有突发性质的问题或危机，最好的解决方法之一就是利用公共关系及时化解。

（三）公共关系活动的开展

积极开展公共关系活动，是企业与目标受众进行沟通、塑造品牌良好形象、扩大影响、提高声誉、传播品牌形象的有效途径。企业可以根据具体情况，策划、开展各种不同主题的公关传播活动。

1. 公关新闻传播

公关新闻传播是企业利用新闻报道为公众提供信息，吸引目标受众的注意，达到进一步提升品牌知名度、品牌美誉度的目的。公关新闻传播具有可信度高、传播面广、传播费用低的特点。

企业利用新闻媒介进行公关传播活动，应该注意掌握以下两个环节：第一，必须熟悉新闻传播媒介的特点，这是企业处理与媒介关系的前提。只有掌握了传播媒介的特点，企业才能根据经营发展的战略需要，恰到好处地选择合适的传播媒介、合适的地点开展有利于品牌形象的新闻传播活动。第二，应该与新闻界建立友好关系，通过积极主动地提供有价值的信息，策划和开展新闻传播活动来维护与新闻界的关系。公关新闻传播活动主要有以下几种类型。

（1）及时主动地向媒介提供有价值的信息。企业及时主动地向新闻传播媒介提供有价值的新闻素材，是维护和增进与媒介之间关系的有效途径。这些新闻素材既可以是与企业有关的品牌信息，也可以是与企业无关的社会信息。前者对于企业品牌形象的塑造和传播更直接，也更有利。不过，对于企业所提供的以利己为目的的新闻素材，传播媒介的采用一般是十分有限的。后者则涉及慈善、环保、节能减排等公益方面的信息，由于企业提供的这些新闻素材是以利他为目的的，传播媒介更乐于采用。

（2）组织新闻发布会。新闻发布会又称为记者招待会，是指以某一社会组织的名义邀请新闻记者参加，由主办方指定专人宣布有关重要信息，并接受记者采访，借助传播媒介向大众进行传播的一种特殊会议。企业举办新闻发布会的目的是通过大众传播媒介将有关企业或品牌的相关信息在社会中迅速扩散。企业举办新闻发布会的动机主要有两个：一是向社会各界公布企业近期有关产品生产、销售、管理、环保等方面的重大举措，使社会公众对企业品牌产生更好的印象；二是企业在面临突发事件时，及时召开新闻发布会向社会公众说明事件原委，以达到澄清事实、减少误会、求得谅解的效果。

（3）企业向社会公众开放。许多企业通过向社会公众开放的方式接触目标受众，传递企业的整体信息。对于企业而言，可以这种与社会公众面对面近距离接触的方式，向社会公众展示企业内部整洁的环境、先进的工艺、科学的管理、高素质的员工以及企业对社区和社会所作出的贡献，还可以通过企业的发展历史和企业的经营目标等全面、立体地向社会公众展示企业的过去、现在和未来，使前来参观企业的公众对企业的品牌拥有更坚定的信心。企业向社会公众开放日常经营的实际状况，就是试图用具体的事实说服公众，这种方式往往比其他的传播手段更加有效。比如，大亚湾核电站向公众开放实地参观，现场介绍核电站内部的安全情况，让公众对其安全性更加放心。

(4) 策划新闻事件。策划新闻事件是指企业在不损害公众利益的前提下，有计划地策划和组织有新闻价值的活动、事件，制造新闻热点，使企业成为新闻报道的主角，达到提升企业知名度的目的。企业有关人员有计划、有组织、有安排地开展一系列具有较强针对性和创新性的公关传播活动，目的是借此引起轰动效应，使企业的品牌能够被广大的目标受众关注。比如，2014年1月12日，中国民营润滑油企业龙蟠科技精心策划的“飞跃冰河”活动取得了圆满成功，这一活动成为各大新闻媒体积极报道的一个新闻事件，对龙蟠润滑油品牌知名度的提升发挥了重要作用。

2. 公关广告传播

公关广告传播是指企业通过购买大众传媒的版面或时段，向大众传播企业的信誉，树立企业（品牌）形象的一种有别于商业促销的广告形式。公关广告不同于一般意义上的产品广告，它向社会公众展示的是企业关注社会、服务社会、回报社会的高尚情怀和强烈的社会责任意识，其诉求内容涵盖社会公益的方方面面，能够有效地引发社会公众的心理共鸣，使公众对企业或品牌产生好感。

表6-1显示了公关广告与产品广告的差异。我们还可以将公关广告表述为品牌广告。

表6-1　公关广告与产品广告的差异

	公关广告	产品广告
广告目的	树立企业（品牌）形象	短期内增加销售
广告对象	目标受众	目标消费者
广告诉求内容	企业文化理念	产品特色
制作周期	长	短
制作费用	高	低
受众认知方式	受众→企业→产品	受众→产品

以下是几种常用的公关广告。

(1) 公益广告。公益广告是指企业通过大众传媒向社会公众传播诸如社会公德、民族文化、文明言行、生态环保、交通安全等方面的公益性信息，以改善和提升受众对企业或品牌形象的认知。

(2) 观念广告。观念广告是传播主体向目标受众传播企业的经营理念、价值观念和审美品位的广告。如DIESEL牛仔服装的“为了成功的生活”、阿迪达斯的“没有不可能”等都是十分经典的观念广告。许多对管理艺术深有研究的企业家，非常重视建设和规范企业的经营理念与价值观念，希望通过对企业价值观念的传播，对内形成凝聚力，对外形成感召力，使企业的形象连同它的价值观念和口号一起对目标受众产生较大影响。

（3）信誉广告。信誉广告是企业赞助大型活动，向大众传播企业或品牌良好的品质和信誉的一种公关广告形式。如日本精工表以赞助奥运会的方式向大众传播其产品的高质量，在短时间里获得了市场的广泛认同。

旺旺集团公益广告作品

（4）声明广告。声明广告又称为解释性广告，是企业对正在发生的与企业有直接或间接关系的某个事件表明立场和态度的广告形式。此种广告通常在企业遇到不利的突发性事件，但企业对此没有直接责任时适用。对于假冒企业品牌或商标生产的劣质产品给消费者造成了损害，企业的某项专利被非法侵犯，企业被某些竞争对手恶意中伤、造谣污蔑，新闻媒体的报道失实等情况，企业都可以通过发布声明广告来表明企业的立场和态度，尽可能在第一时间消除目标受众不明真相而对本企业造成的不利影响。

3. 公关会展传播

公关会展传播是指企业通过集中的实物展示和示范表演，并配以多种传播媒介的复合传播形式来传播企业产品和企业形象的专门性的公关活动。展会大多是针对某一门类的产品进行集中性的展示和交易，因此能使目标受众对同类产品进行直观的比较和亲身体验，具有较强的真实感和体验感，从而大大加深目标受众对某品牌商品的印象，甚至直接促使目标受众在现场作出购买决定。

与其他公关活动相比，公关会展传播具有以下几个特点：互动性、生动性和新闻性。互动性是指企业和目标受众面对面交流，一方面可以通过讲解、演示等多种形式向目标受众传递企业产品的相关信息，使目标受众对企业产品有更全面、更深入的认知；另一方面可以通过意见征询，调查了解目标受众对企业产品有哪些意见和要求。生动性是指展会可以通过平面的、电子的、体验的和人际的等多种传播形式向目标受众传递经过整合的企业或产品信息，大大提高企业或品牌传播的直观性、知识性和趣味性，从而产生较好的传播效果。新闻性是指展会往往成为举办地新闻传播媒介追踪报道的对象，企业应该积极主动地与新闻媒体保持沟通，借助新闻传播媒介的报道提升企业的品牌知名度和社会影响力。

4. 公关赞助活动

公关赞助活动是指企业以无偿提供资金（或设备、产品）等方式，出资或出物支持某项社会活动。企业开展公关赞助活动主要出于以下几个目的：一是体现企业的社会责任感，追求企业长远的社会效益；二是加强与目标受众之间的沟通，以博取他们对企业或品牌的好感；三是配合企业的广告传播，巩固和增强广告传播的影响力。赞助活动的形式多种多样，如赞助体育赛事、文艺演出、社会慈善和福利事业、教育事业等。

三、广告传播策略

案例6－5 准确的定位 成功的诉求——红牛饮料广告策划与创意

自现代广告诞生以来，人们对于广告的认识常常因为评判者的主体地位和观察角度不同而不同，但有一点认识是一致的，即从促进经济发展的角度出发，广告常常可以帮助消费者从自己购买的商品与享受的服务当中发现机会和意义，可以使商品和服务与文化产生联系，可以将隐藏在商品和服务背后的意义显现出来，可以使单纯的商品和服务成为某种特殊意义及身份的象征。因此，广告绝不是可有可无的东西，广告甚至在改变人们的生活方式方面扮演着越来越重要的角色。

（一）广告传播的基本概念

不同的人对于广告的理解不尽相同。对于企业而言，广告是一种有助于创造品牌忠诚、刺激消费需求的营销工具；对于媒介策划者而言，广告则是企业利用大众传播媒介向目标消费者进行产品诉求的传播方式；对于研究人员而言，广告是时代文化的表征物。因此，在了解和掌握广告传播策略之前，有必要先对广告的概念进行探讨。

1. 广告的概念

广告是由可识别的出资人通过各种媒介向目标受众进行的有关品牌（商品、服务和观点）的有偿的、有组织的、综合的、劝服性的、非人员的达到商业目的的信息传播活动。①

首先，广告必须是由广告主以有偿的方式开展的商业传播活动，传播活动如果是无偿的，就不能称为广告。比如，政府倡导的活动就不是广告活动，因为它是以无偿的方式开展的非商业性的传播活动。

其次，广告活动必须是借助大众传播媒介向目标消费者诉求品牌商品的信息的传播活动，这就意味着广告活动有别于面对面的人际传播活动。

最后，广告的传播对象必须是事先确定的目标受众，广告的诉求内容也必然包含劝服企图。广告是出于商业目的而向目标消费者传递品牌商品信息的，这个商业目的就是劝服目标受众信任广告诉求的信息，进而信任或喜爱广告诉求的品牌商品。如果没有劝服企图，这样的传播活动就只是新闻而不是广告。

2. 广告在品牌传播活动中的作用

对于企业而言，广告是塑造和传播品牌形象的有力手段。广告在品牌传播活动中的作用主要包括提高品牌知名度、建立正面的品质认知、为品牌联想提供想象空间及提高品牌忠诚度等，这些正是构成品牌资产的主要内容。此外，广告对于品牌个性的塑造也

---

① 威廉·阿伦斯．当代广告学：第7版．北京：华夏出版社，2000.

发挥着至关重要的作用。

（1）提高品牌知名度。企业品牌传播活动最基本的一个目标就是在短时间内迅速提高品牌知名度，能够帮助企业达到这一营销传播目标的非广告莫属。

提高品牌知名度是品牌传播的第一步目标，对于一个进入市场不久的新品牌来说，具有一定的知名度将十分有利于引导目标消费者尝试购买，如果新品牌商品属于快速消费品，就更容易引起目标消费者的冲动性购买。一般而言，消费者对于购买哪种快速消费品并不需要长时间思考，他们往往只是根据对某种品牌商品的熟悉程度作出购买决定。这一现象的理论依据是，人们更容易对熟悉的事物产生好感或者兴趣。同时，品牌知名度也是一种实力的象征。高品牌知名度通常给受众一种大品牌的印象，大品牌就意味着更安全、更有品质保障。这一点对于耐用品而言更是如此。

（2）建立正面的品质认知。品质包括产品的功能、特征、可信赖度、耐用度、服务水准及外观等。品质认知是指消费者对某一品牌商品在品质上的整体印象。消费者对某一品牌商品的认知大都形成于使用该品牌商品之后。但是，由于消费者在使用某种商品之前就必须在众多的品牌中作出选择，因此，消费者更多地依据从广告中得到的关于品牌商品的信息作出选择。比如，宝洁公司的舒肤佳香皂在广告传播过程中，反复诉求香皂既要去污更要除菌的观念，并强调舒肤佳强力的除菌功能，使消费者对其品质产生深刻的正面认知。

（3）为品牌联想提供想象空间。品牌联想是指在提及某一品牌商品时目标消费者所产生的联想及其相关内容。比如，提到大众汽车，人们产生的联想往往是技术先进、工艺精湛、安全可靠、品质优异。品牌联想的内容有正面和负面之分，企业在开展品牌传播活动时，自然希望目标受众对本品牌商品产生正面的、积极的联想，广告是能够帮助企业达到此目标的极佳工具，因为广告可以通过生动的情节、绝妙的创意、形象直观的艺术表现（视听觉符号）手法，给予目标受众较为丰富的品牌联想空间。比如，消费者对于沃尔沃汽车所产生的“安全”这一积极的和正面的联想，离不开其成功的广告传播。

沃尔沃汽车广告作品

（4）提高品牌忠诚度。企业开展品牌传播活动期望达到的理想效果就是提高目标消费者的品牌忠诚度，即目标消费者长期反复购买、使用本品牌商品。有研究表明，成功的广告能够极大地提高目标消费者的品牌忠诚度。在由广告引起的销售增量中，只有30%来自新消费者的首次购买，70%来自老顾客的重复购买。因此，大多数企业越来越意识到广告的主要目的就是巩固目前使用本商品的消费者与品牌之间的关系，使他们变得更加忠诚。

（5）广告有利于塑造品牌个性。品牌忠诚度既有赖于品牌产品自身的优异品质，又有赖于品牌在长期的广告传播中所形成的品牌个性和风格。塑造品牌个性的有效途径之一就是在广告传播中逐渐形成一种品牌文化。品牌文化是无形的，消费者一般很难从产品本身体会到品牌文化。企业只有通过广告才能将所提倡的某种价值观念或生活方式传递给目标消费者。目标消费者如果认同广告诉求的价值观念，相应地就会认同广告中的品牌商品。

（二）广告传播的基本策略

广告传播策略包括广告传播目标策略、品牌生命周期广告传播策略、广告预算决策策略、广告媒介策略等，是企业根据品牌产品的特征和市场的竞争状况以及目标受众的行为特征，选择和采取与之相适应的广告传播手段。

1. 广告传播目标策略

确定广告传播目标是企业开展广告传播活动最基础的一项工作。广告传播目标是企业在决定开展广告传播活动之前期望达到的效果，是企业成功开展广告传播活动的关键所在。一般而言，可供企业选择的广告传播目标策略有三种：一是当产品刚刚进入市场时，企业应采用信息性广告传播策略。此时市场上的众多目标消费者对新产品完全不了解，企业应该将新产品的功能、特征、价格、工艺等相关信息传播给目标受众，使目标受众对新产品有一个较为全面的认知。二是当产品处于市场竞争阶段时，企业应采用说明性广告传播策略。此时市场上的目标消费者已经对品牌商品有了较为全面的认知，企业通过广告将品牌商品与竞争品牌商品的差异向目标消费者说明，促使他们购买本品牌商品。三是当品牌商品在市场上处于强势地位时，企业应采用提醒性广告传播策略。此时虽然品牌商品在市场上具有相当高的知名度，但企业仍然需要保持品牌商品对目标消费者的影响力。比如，可口可乐所采用的广告传播目标策略就属于此种策略。广告传播目标策略的目的并不在于向消费者提供多少信息，也不在于说服多少消费者购买本品牌商品，而是使消费者一旦有需要时首选本品牌，并且认为其选择是非常正确的。

2. 品牌生命周期广告传播策略

任何品牌商品都不可避免地会在市场竞争中处于一种动态发展的状态，其表现形式就是品牌商品必定处于不同的生命周期。企业应该根据品牌生命周期各阶段的特点，采取相应的广告传播策略。

（1）品牌导入期广告传播策略。处于导入期的品牌，其产品刚刚进入市场，品牌在市场上的知名度非常低，此时，品牌传播的首要任务就是要在短时间里迅速提高品牌知名度。要达到这样的目的，可以从两个方面采取相应的措施：一是尽可能投入较多的广告传播预算，使更多的目标受众能够接触到本品牌产品的广告信息；二是使广告的创意作品引起受众的注意，使目标受众对本品牌产品的信息产生认知并形成较为深刻的印象。

（2）品牌成长期广告传播策略。处于成长期的品牌，其产品已经逐渐被市场接受，产品销量快速增长，品牌知名度也呈上升趋势；不过，同类品牌产品之间的竞争越来越激烈。此时，品牌传播的核心任务就要从之前的提高品牌知名度向提升品牌美誉度转变，通过塑造品牌个性形成独特的品牌风格，使一部分目标消费者成为本品牌稳定的顾客，进而形成市场竞争优势。

（3）品牌成熟期广告传播策略。处于成熟期的品牌，其产品的销量接近饱和，销售增长速度趋于稳定，同类品牌之间的竞争更激烈。此时，企业开展品牌传播的主要目的是提高目标消费者对本品牌产品的忠诚度。在此阶段，品牌广告传播策略一方面应以突出品牌的差异性为主要诉求；另一方面应强调企业的整体形象，以保持品牌对目标消费者的影响力。

（4）品牌衰退期广告传播策略。在大多数情况下，处于这一阶段的品牌实施任何传播策略都不会起太大的作用。如果企业决定采取让品牌产品逐渐退出市场的策略，那么品牌广告传播的目的就只能是促进市场销售，以帮助企业获取最后的市场利润。如果企业决定采取推出新产品的策略以延长品牌生命周期，则品牌广告传播必然要加大传播媒介的投放量，以促使本品牌产品能够顺利开启下一个生命周期循环。

3. 广告预算决策策略

在确定了广告传播目标和广告传播策略之后，企业根据希望达到的目标制定科学合理的广告预算，以保证广告传播策略顺利实施。

（1）影响企业制定广告预算的因素。企业所处的市场是一个动态的环境，企业在制定广告预算时要根据市场环境的各种因素来确定一个科学合理的方案。影响企业制定广告预算的主要因素包括以下几个。

其一，产品生命周期。处于不同生命周期的品牌产品，所需的广告预算有相当大的区别。处于导入期和成长期的品牌产品，需要提高品牌知名度和品牌美誉度，所需的广告预算更多一些。处于成熟期的品牌产品，在前期已经通过大量的广告投入在市场上有了较高的知名度，此时，广告传播策略应更重视创意的质量，没有必要再大规模增加传媒的暴露频次。处于这一生命周期阶段的品牌产品，其广告预算要远远低于处于导入期或成长期的产品的广告预算。

其二，市场占有率。市场占有率高的品牌大都希望能够维持市场占有率，其广告预算占总销售额的比例往往比较低；相反，那些希望提高市场占有率的品牌，则需要投入更多的广告预算才能达到目的。

其三，竞争。如果某一产品类别的市场中聚集了较多的竞争者，这些竞争者为了保住自己的市场地位，不惜投入巨额的广告预算，在这种情况下，品牌的广告预算就宜多不宜少。

（2）广告预算的编制方法。业界广泛使用的制定广告预算的具体方法有数十种，最为常用的有以下几种。

其一，销售额百分比法。即企业根据上一年度品牌产品的总销售额确定一个百分比，据此确定下一年度的广告预算。这是目前大多数企业经常使用的一种确定广告预算的方法。

其二，竞争对抗法。即企业根据竞争对手有可能在下一年度投入的广告预算来确定本品牌产品的广告预算。比如，甲、乙两个品牌在上一年度的市场销售业绩分别是5亿元和5.2亿元，各自的市场占有率为27%和28%。现在，甲品牌得知乙品牌在下一年度的广告预算是6 000万元，于是，甲品牌为了使本品牌产品在下一年度的销售业绩和市场占有率能够与乙品牌保持大体相当的水平，其确定的广告预算就约为6 000万元。

其三，任意增减设定法。即依据前一年的广告预算对下一年度的广告预算进行任意的增加或减少。此法在最初设定广告预算时是任意决定的，之后的广告预算则大都根据市场销售目标和企业的财力加以调整，以达到广告传播的目标。这种方法虽然不够科学，但计算简便，比较适合小型企业。

4. 广告媒介策略

广告媒介策略是指企业根据品牌产品的特点确定广告媒介的传播目标，并确定实现传播目标的具体方法。主要涉及以下方面。

(1) 确定目标受众。企业应在实施广告传播活动之前，首先确定广告传播的目标受众。广告传播的目标受众可以按年龄、性别、收入、受教育程度、家庭规模、职业和社会群体等要素来划分。企业还可以将目标受众与广告产品所形成的对应关系（如实际购买者、潜在购买者、实际使用者、购买决策者）、消费者心理特征、生活形态特性作为划分目标受众的标准。还可以根据消费行为将广告传播的目标受众划分为现有消费者（忠诚消费者、重度消费者和临时性消费者）、竞争消费者和新兴消费者。

(2) 确定广告目的。企业通过广告媒介向目标受众传播企业或品牌产品相关信息的目的，根据企业竞争环境的不同而有所不同。总体而言，常见的广告目的有以下几个：第一，提高品牌知名度；第二，促使目标受众改变不利于本品牌产品的某种态度；第三，向目标受众介绍新产品；第四，加强广告主的促销推广活动；第五，提醒老顾客，以保持他们对品牌的忠诚度；第六，与竞争对手展开竞争。

(3) 确定广告时间。制定广告媒介策略的一个比较重要的问题是：广告应该在何时投放媒体。这个问题要取决于企业采取何种营销策略和事前是否经过周密策划。一般来说，广告的具体投放时间应主要考虑以下几种情况：第一，如果企业的产品属于比较典型的有旺季和淡季之分的产品，就应在产品销售旺季之前投放广告，以引导目标受众购买产品；第二，如果企业的产品所属的产品大类没有明显的旺季与淡季之分，则可在一年之内平均投放广告，以顺应和支持企业每月的产品销售；第三，在企业开展促销活动时，积极投放较多的广告，以配合企业的产品推广活动；第四，当竞争对手的广告投放较为密集时，可考虑与其同时投放广告，以抵消竞争对手的广告投放效果；第五，在企业的新产品刚刚上市时或节假日期间，应考虑投放更多的广告。

(4) 确定广告传播区域。对于任何一个企业而言，广告预算都是有限的。如何使有限的广告预算发挥更大的作用，企业需要在制定广告媒介策略的过程中确定广告传播的具体区域，并规划好广告在不同区域出现的先后顺序。在确定广告传播区域时，企业应考虑以下几个问题：第一，如何使在全国性、区域性和地方性媒体投放的广告相互配合而不是相互干扰；第二，在选择广告传播区域时，应尽可能考虑当地人口密度这一要素；第三，在选择广告传播区域时，应综合考量当地同类产品的竞争强度。

(5) 确定广告传播规模。即在一个固定的时间段内，企业为达到某种传播效果而需要在媒体上投放的广告数量（也就是广告到达率和暴露频次）。广告传播规模应该控制在什么范围内，要根据企业的营销目标、传播目标、品牌的市场地位、竞争强度等多种因素确定。

四、品牌人际传播策略

品牌人际传播指的是某品牌产品的实际消费者在与该品牌产品或服务发生联系（接触、询问、购买、送货、安装、使用等）之后形成关于该品牌产品的看法和观点，并主动通过人际网络交流将该品牌产品的相关信息传播给其他潜在消费者的过程。

（一）品牌人际传播策略的作用

企业通过大众传媒向目标受众传播品牌产品的相关信息，固然有其优势，但是，随着大众传媒和分众传媒机构的增加，平面媒介的空间版面和电波媒介的栏目时间的过度扩容，受众对信息接收渠道的选择余地大大增加，这必然造成企业通过大众传媒传播的商业信息对受众的影响力大大降低。同时，在大众传媒发布商业信息的影响力被不断稀释的情况下，众多传媒的广告时段费用不降反升。面对这样的传媒现状，越来越多的企业开始关注并采用人际传播的方式传播品牌产品的相关信息。毕竟，人际传播相对于大众传播，是既节省成本又极富效率的传播方式，能够对品牌的传播产生积极正面的作用。

1. 鼓励消费者尝试，影响购买决策

品牌人际传播的核心价值在于传播主体是第三方信息发布者，所发布的相关品牌产品的信息具有较强的客观性和真实性，对于信息接收方具有相当强的说服力。尤其是当潜在消费者面对众多可供选择的品牌产品犹豫不决时，由第三方的实际消费者进行的品牌人际传播，通常能够起到加速潜在消费者对某品牌产品作出购买决定的作用。当企业向市场推出新产品时，品牌人际传播也能起到鼓励潜在消费者尝试购买的作用。因此，品牌人际传播是廉价又有高可信度的传播工具。

2. 传递品牌体验，强化品牌声誉

品牌人际传播中传播主体向传播客体分享的是自己对某品牌产品的实际消费体验，潜在消费者（传播客体）正是通过对实际消费者（传播主体）的消费体验的总结和分析，明确自己对某品牌产品的需求所在，并据此作出是否购买的决定，节省了选择品牌产品所花费的时间、精力和资金等。

3. 强化品牌忠诚，诱使品牌转换

企业有意识地开展有效的品牌人际传播，有可能改变消费者头脑中已经形成的对某品牌产品的认知与情感，并由此影响消费者的购买行为。品牌人际传播所传递的品牌正向信息，将强化消费者对品牌已有的正面态度，或者弱化消费者对品牌已有的负面态度，促使其对品牌产品重复购买，形成品牌忠诚。当人际传播所传递的是品牌的负面信息时，消费者就有可能怀疑原先良好的品牌体验，并有可能转换品牌。

（二）品牌人际传播策略的特点

1. 品牌人际传播策略的优势

品牌人际传播是一种影响消费者对品牌产品作出判断和购买行为的重要的营销与传

播工具。对品牌而言，消费者之间的人际传播可以分为正向传播和负向传播。正向传播往往会增强企业或品牌的盈利能力，减少企业的营销费用，吸引受到老顾客推荐和影响的新顾客，从而为企业带来更高的销售业绩。负向传播则往往会削弱企业的盈利能力，容易导致消费者抱怨，甚至会抵消品牌的广告投放效果。具体来说，品牌人际传播策略具有以下五种优势。

（1）传播信源具有高可信度。如果说企业运用大众传媒可以在短时间里迅速提高品牌知名度，那么品牌美誉度的提高更多地依赖消费者之间的人际传播。原因很简单：面对大众传媒的广告诉求，无论广告创意多么优秀，受众都可能认为这是老王卖瓜，自卖自夸，广告的可信度下降。由于处于独立地位的第三方（实际消费者）在人际传播过程中几乎没有商业目的，其传播的信息具有相当高的可信度。因此，当实际消费者向某品牌产品的潜在消费者进行人际传播时，其关于某品牌产品的功能特点、使用评价等的相关信息自然具有客观性和真实性。这种身份的独立性和传播的客观性，使得在进行人际传播时，传播者对某品牌产品的观点会对周围人产生决定性的影响。

（2）信息传递具有针对性和互动性。与其他需要媒介进行传播的方式相比，品牌人际传播方式能够在传播主体与传播客体之间形成一对一的、即时的、双向互动的信息交流，信息交流的双方都可以针对对方所传播的信息的不确定性提出问题，从而获得自己想要获得的信息。通过这种即时的互动交流，传播客体可以从传播主体那里获得品牌产品更全面、更具体、更丰富、更真实、更客观的信息。

（3）易于流行。当某品牌的信息通过人际传播的方式散播开来之后，部分消费者有可能会受到从众心理的影响，乐于倾听、参与讨论并主动形成多次传播；也有很多消费者出于对品牌广告语的欣赏而主动进行人际传播，这就使品牌的核心信息（广告语）成为社会流行语，对于品牌知名度和品牌美誉度的提升具有相当大的影响。如麦斯威尔咖啡的广告语“好东西要和好朋友分享”，就是典型的通过人际传播方式使广告语成为社会流行语的成功案例。

（4）传播成本低。与其他传播方式相比，人际传播方式的成本非常低，尤其是在当今大众传媒费用飞速上涨且效果弱化的情况下，品牌人际传播的成本优势更为明显。

（5）传播环境单纯，干扰度低。相对于其他传播方式，品牌人际传播的双方大都是朋友、同事、同学、亲戚、同乡等熟人关系，传播环境更单纯，受外界影响较小，传播质量更高。

2. 品牌人际传播策略的劣势

任何事物有长处就必然有短处，品牌人际传播策略也不例外。大体上，品牌人际传播策略主要有以下几个方面的劣势。

（1）接收者容易受到传播者主观情绪的影响。由于知识储备的差异性和消费者对品牌产品选择的随机性，消费者对于所选择和购买的品牌产品的认知未必是完整的和全面的，如果传播者本身性格有缺陷，如过于外向、言辞过于具有感染力和夸张性，或者性格过于内向、言辞过于单调乏味等，都不可避免地会在传播过程中对接收者产生影响，这种影响实际上就是对品牌产品的特点夸大或缩小。因此，人际传播的劣势之一就是在传播过程中，企业品牌信息的完整性和准确性会在一定程度上受到损害。

（2）传播过程难以准确掌控。对于企业来说，品牌信息一旦通过大众传媒向目标受众传播，接下来的人际传播的路径和内容就完全不受企业掌控，企业完全不知道品牌人际传播的内容是朝着有利于还是不利于品牌的方向发展。毕竟，当第一批消费者成为品牌产品的实际使用者之后，他们能否以企业期望的方式向企业期望的目标受众传递企业期望传递的信息存在太多的不确定因素。这是企业难以掌控的，也是人际传播方式最明显的劣势之一。

（3）人际传播的效果难以测量。事实上，所有的企业都希望对自己的广告效果有一个比较精确的测定。遗憾的是，目前针对大众传媒的广告效果测定技术仍然有待改进，针对人际传播效果的测定更是难上加难。这一劣势增加了企业采用此种策略开展品牌传播活动的难度。

3. 信息时代品牌人际传播的新特性

当今时代，由于信息技术的兴起，人际传播不再局限于人与人之间面对面的交流，人们可以通过固定电话或移动通信设备、互联网等新媒介实现异地即时的交流。受众过去被动的信息接收模式逐渐被主动的信息传播模式取代，消费者的话语权明显加强，消费者可以借助网络平台，不受时空限制自由地发表对于品牌产品的看法，并与全球的网民交流、分享。这一全新的传播模式使品牌人际传播具有了全新的特征。

（1）传播效率高。借助网络和移动通信设备，传统的人际交往模式突破了时空限制，消费者即使相距遥远，也可以畅通无阻地针对某品牌产品的使用情况和相关信息进行即时的交流与分享，这必然使得品牌人际传播的效率大大提高。

（2）传播渠道丰富。传统的人际传播方式更多的是人与人之间面对面的信息交流，传播方式和传播载体受到较大限制。现代通信技术的发展使得信息交流的平台大大增多，消费者可以借助微博、微信、QQ、聊天室、博客以及各种网络社区、论坛等交流品牌产品的信息。

（3）传播方式多元化。由于现代信息技术飞速发展，尤其是网络信息压缩技术的普遍运用，只能借助语言交流的单一方式被集成文字、图片、影像和声音的多媒体信息的传播方式取代，消费者之间关于品牌产品的信息交流更为形象和生动。

（4）传播主体的匿名性。传统的人际传播中，传播主客体具有实体性和明确性的特征，但在虚拟的网络中，消费者一般不会主动明示自己的真实身份，这就为企业锁定目标受众设置了障碍。目前通常的做法是通过网站注册来获取目标受众的个人信息，以建立目标消费者的数据库。

（5）传播信息的可信度下降。网民身份的虚拟性使得品牌产品相关信息的发布过于杂乱甚至相互矛盾，结果是网民对于通过网络平台传播的信息的信任度下降，这为企业借助网络开展品牌人际传播带来了一定的难度。

（三）品牌人际传播策略实施

相对于大众传播而言，企业运用和实施品牌人际传播策略的难度要大得多，原因是人际传播的三要素（传播主体、传播客体和信息内容）都不是企业所能掌控的。不过，有难度并不等于不能采用此种传播策略。以下是一些企业在实施品牌人际传播策略过程中总结出来的操作流程。

1. 洞察消费心理，明确传播目标

企业在实施品牌人际传播策略的过程中，首先应该确定本品牌产品的主要目标受众属于哪种消费者，比如，是引领潮流者，抑或是早期消费者，还是中期大规模消费者，或者是后期消费者等。不同类型的目标受众的消费心理和消费行为会有较大的差异，企业所制定的品牌人际传播策略也应该有所区别。其次是对选择的某一类型的消费者进行深入分析，主要包括此类消费者处于哪个消费阶段，具有什么样的消费心理和消费行为，需要什么样的品牌信息，适用哪种人际传播渠道，等等。上述内容是企业制定品牌人际传播策略的基础和前提。

2. 制定传播机制，策划传播内容

企业应针对目标受众的行为特征，事先策划、设计并创作具有较强说服力和煽动性的品牌信息素材，并且选择最合适的媒介向目标受众传播品牌产品的相关信息。需要指出的是，品牌人际传播方式必须配合品牌的其他传播方式才有效果。如果仅仅依赖品牌人际传播，则传播效果会由于信息扩散过于缓慢而不理想。因此，品牌人际传播绝不是大众传播的替代而只是一种补充。

3. 识别意见领袖，确保两级传播

意见领袖是指在一个参考群体中，具有特殊的技能、才干、知识、人格或其他特质等而能够对群体的其他成员产生影响的人。意见领袖在消费群体中具有较强的号召力和影响力，他们往往成为某一品牌人际传播的源头。事实上，企业实施品牌人际传播策略能否成功，很大程度上取决于意见领袖的传播效率。因此，企业应尽可能地识别和筛选出本品牌产品的意见领袖，并向他们提供更有针对性、更专业、更全面的品牌信息，使他们能够掌握更丰富的品牌信息，并通过人际传播的方式向其他消费者传播。另外，企业还可以邀请部分意见领袖参加产品体验活动，向他们提供实验样品、试用品、试用手册等相关物品，与意见领袖顺畅地交流和沟通。

4. 设定传播参数，测定传播效果

人际传播的效果很难测定，但是，如果对人际传播的范围加以控制或设定，则其效果的测定相对容易一些。比如，企业可以将某一社区作为人际传播效果的测定样本，借助相关软件对信息的传播参数进行分析，据此测定出意见领袖的传播范围与传播效果，以便根据人际传播的效果调整或改变品牌人际传播策略的相关内容。

5. 通过系统循环，完善传播流程

人际传播的一个重要优势是具有很强的互动性。企业应该善加利用和不断强化这一优势，采取不断重复的人际传播策略，及时处理意见领袖反馈的信息，及时发现问题、解决问题，使品牌人际传播在下一个循环中能够朝着有利于品牌的方向进行。

五、名人背书传播策略

名人背书传播策略是指企业在一定的时期内以契约的形式指定一个或几个能够代表

企业品牌形象，并在社会上有一定影响力的名人为企业产品代言的一种营销传播策略。

（一）名人背书传播策略的作用

随着市场竞争越来越激烈，企业想方设法提高自身品牌的知名度和美誉度，名人则可以较好地代表品牌和企业的形象，具有较高的传播价值和良好的传播效应。在现代企业的营销传播策略中，名人背书传播策略在品牌传播过程中发挥着日益重要的作用。

1. 传播作用

名人背书传播策略不仅用于企业的营销传播活动，也广泛用于许多传播领域。从传播学的角度看，名人背书传播策略具有以下传播作用。

（1）传播产品的具体功能。通过名人背书的方式来传播品牌产品的具体功能特征等信息，有助于吸引目标受众的注意力，增加信任度，因为当企业以名人背书作为广告传播的主要内容和形式时，目标受众是出于对名人的兴趣才关注产品的，目标受众对名人的崇拜心理会使他们想当然地认为可以信任由名人推荐或代言的产品。虽然从本质上说名人与产品之间没有必然联系，但是由于受众的崇拜心理，名人背书传播策略一般能产生较好的传播效果，尤其是对于大众消费品。

（2）展示品牌的独特个性。品牌个性是品牌形象传播的核心内容，企业必须有意识地重点强调和多次传播才有可能使目标受众建立起对品牌个性的认知与联想。企业使用名人背书传播策略，可以有意识地将名人的个性与品牌的个性有机结合，有利于目标受众对品牌个性产生认知与联想。

（3）形成品牌识别。企业开展品牌传播活动的一个基本目的就是要让目标消费者对自己的产品形成品牌识别，当消费者产生消费需求时可以直接指名购买该产品。然而，企业使目标消费者形成对自身品牌的识别并不容易，因为形成品牌识别至少需要满足两个条件：一是较高的广告曝光率；二是直观的联想物。名人背书恰恰就属于形象直观、非常容易辨认的联想物，而且这种特殊的联想物形象鲜明、个性独特，是区别于其他品牌的重要标志，易使目标消费者形成品牌识别。

2. 营销作用

企业利用名人为品牌代言，消费者由于喜爱名人而爱屋及乌，进而喜爱名人代言的品牌产品。具体而言，名人背书具有以下几点营销作用。

（1）嫁接名人资源。邀请名人为品牌产品代言，无论企业的品牌是处于强势地位还是弱势地位，与名人合作只有两种情况：要么是企业的强势品牌与名人良好的个人形象强强联合，要么是企业的弱势品牌借势于名人良好的个人形象。两者的目的是一致的，都期望通过名人良好的个人形象在短时间里迅速提高企业品牌知名度，对于弱势品牌而言尤其如此。

（2）突破广告屏障。当今社会已经进入信息爆炸的时代，人们为免于受到无孔不入的商业信息的围攻和袭扰，在自身与广告信息之间构筑起一道“视而不见、充耳不闻”的广告屏障，许多企业的广告信息在没有到达目标受众之前就已经被受众屏蔽了。为了突破受众的广告屏障，改变不利的局面，许多企业采用名人背书传播策略，认为它行之有效。

(3) 激活终端销售。企业采用名人背书传播策略，将在品牌广告、公关传播、终端促销等方面发挥名人巨大的影响力。目标受众出于对名人的喜爱而产生消费需求，迅速拉动产品的销售，增加产品的附加价值且能够在一定时期内保持一个较高的水准。终端销售的激活，有助于企业的渠道建设。

(4) 免费新闻报道。在市场经济中，企业发布商业信息是需要付费的，受众还设置了广告屏障，使企业的广告信息难以产生预期的传播效果。但是，名人则完全不同，名人本身就是媒体。如果企业使用名人背书传播策略，通过巧妙的创意将名人与品牌产品紧密地整合为一体，使受众看见某名人就会联想到某品牌产品，那么企业围绕名人所开展的一切活动（包括影视广告拍摄、平面广告拍摄、企业形象广告拍摄、新闻发布会、媒体见面会、歌迷见面会、经销商联谊会、企业庆祝会、企业组织的其他公益活动等）都理所当然地具有了新闻价值。企业要精心策划和思考如何将名人的新闻资源转化为企业的新闻资源，并有效地为品牌产品服务。

(二) 名人背书传播策略的劣势

名人背书传播策略虽然有利于企业营销与传播，但是企业在使用名人背书传播策略时应该注意处理好以下问题。

1. 品牌联想混乱

任何企业都不太可能要求名人只做本企业的品牌代言人（一般情况下企业可以要求本品牌代言人不可以为本行业其他品牌商品担任代言人）而放弃做其他品牌的代言人。这样一来，企业面对的现实是，为本品牌代言的名人同时在为其他品牌做代言人，以同一个名人为代言人的不同产品的广告在相同的电视频道、相同的栏目中投放给受众，其结果是许多受众常常将同一个名人代言的不同产品混淆，使广告传播产生负面效果。这种过度使用名人形象资源导致的受众对品牌联想出现混乱，是名人背书传播策略最主要的也是企业最难以解决的问题。

2. 名人与品牌的关联性不足

企业在使用名人背书传播策略的过程中，应尽可能选择与产品有某种关联性的名人担任代言人，否则品牌传播活动将失去意义。比如，生产喉宝产品的企业如果使用名人背书传播策略，就应该选择歌星、教师、主持人等从事与嗓子有关的职业的名人做产品代言人，但是广西金嗓子喉宝产品曾经的代言人却是与产品没有任何关联的著名足球运动员罗纳尔多和卡卡，显然，企业即使投放了大量的广告，受众在看到广告之后，也很难在代言人与金嗓子喉宝之间产生联想，这就大大影响了受众对该品牌产品的认知和记忆。

3. 名人的负面报道会殃及品牌形象

名人更容易出现一些意外事件甚至不端行为，这是企业选择使用名人背书传播策略时必须承担的风险。新闻媒体对名人的负面新闻的相关报道对其所代言的品牌具有相当大的损害。因此，企业一旦选择并采用名人背书传播策略，就要在两个方面把好关：一是尽可能与言语谨慎、品行正派的名人合作；二是与品牌代言人在合作期内保持密切联系，一旦出现有损代言人形象的意外事件，企业应在第一时间知晓并参与处理，尽可能将负面影响降到最低。

4. 名人代言的成本过高

名人代言广告并不表明名人在现实生活中也会使用代言的产品。名人为品牌代言只有一个目的，就是赚钱，而且要价不菲。虽然从启动市场、扩大规模的角度来看，如此高的费用是企业不可缺少的营销投入，但是许多消费者认为企业会把这部分成本分摊到产品的价格上，也就是变相地由消费者来支付名人的代言费，这种看法对产品的市场拓展是相当不利的。

5. 受众关注名人而忽略品牌

这是使用名人背书传播策略可能的糟糕结果。企业向名人支付了巨额的费用，但得到的结果是消费者只对名人感兴趣，对名人代言的品牌视而不见，这是企业最不愿意看到的。例如，克莱斯勒公司与著名歌星席琳·迪翁合作三年之后不得不终止其品牌代言人的协议，因为在双方合作的三年里，席琳·迪翁的唱片大卖，而克莱斯勒汽车销量并没有起色。

（三）如何选择名人

近年来，使用名人背书传播策略开展品牌传播活动已经成为许多企业的市场拓展手段。问题是，有些企业在使用名人背书传播策略之后，市场销量迅速上升，有些企业的市场销售却毫无起色。究其原因，有的企业在采用名人背书传播策略的过程中，非常严谨地确定了一个名人的选择策略；有的企业完全没有选择标准，只是依赖企业的负责人对某些名人的好恶作出选择。这两种完全不同的选择方法，必然导致两种完全不同的传播与营销效果。

1. 选择名人的原则

在现代社会，名牌与名人是相辅相成的共生关系。从企业的角度看，企业可能认为是自己为名人增加了曝光度，但从名人的角度看，他们会认为是自己为名牌产品增光添彩。其实，从客观的角度看，很难说是谁捧红了谁。比如当年的耐克与乔丹，很难说清是乔丹使耐克大红大紫，还是耐克使乔丹如日中天。企业的品牌与名人背书之间有越来越强烈的相互影响、相互成就的关系，越来越多的企业重视名人背书对于企业经营发展的重要作用。那么，企业究竟应该选择什么样的名人来担任品牌的代言人呢？选择的原则又是什么呢？

(1) 个性一致。个性是品牌的灵魂，是品牌进行差异化竞争的核心所在，也是品牌能够与目标消费者进行互动、沟通的重要基础。个性是人与人之间非常重要的差别特征之一，如有的人外向，有的人内向；有的人狂傲，有的人谦卑；有的人大大咧咧，有的人谨小慎微；等等。企业应注意选择与品牌个性大体相符的代言人，这将会使两者和谐共生、共同发展。这是企业选择名人的第一个原则。如美国哈雷-戴维森摩托车为产品打造出了叛逆、自由且与众不同的品牌个性，所实施的名人背书传播策略大体上以是否符合品牌个性作为选择代言人的基本原则。

(2) 门当户对。每个企业的资源、品牌影响力、产品大类、产品定位等诸多要素不同，选择品牌代言人的标准也不尽相同。总体而言，企业所选择的名人应该与企业的规模、实力、名气等有一定的对等性。这是企业在选择名人时必须掌握的第二个原则。如果企业选择的名人与企业的规模、实力、名气等有太大的差距，则名人背书往往起不到应有的效果。

名人与企业实力不对等主要表现为两个极端：一是企业有一定的实力和品牌影响力，在行业内属于强势品牌或领导品牌，但选择的品牌代言人没有相应的知名度和影响力，使品牌形象受到影响；二是企业实力和品牌影响力都较弱，却指望通过邀请国际名人为自己的品牌代言而一步登天，结果不是由于过早暴露而被强势品牌兼并，就是由于流动资金短缺而把自己拖垮。

(3) 与时俱进。选择名人的第三个原则是与时俱进。品牌文化的内涵不是一成不变的，它随着社会进步、文化演变、环境变迁，尤其是消费者需求的改变而不断丰富、调整和充实。企业所选择的品牌代言人也要随之发生改变，才能够比较准确地传达品牌变化的文化内涵。耐克在 NBA 不同的时代选择了不同的品牌代言人，这些代言人在不同的时代有不同的崇拜者，没有人可以长期对不同时代的消费者拥有同样的吸引力。因此，对于企业而言，要不断向市场推出新的代言人，以吸引不同特征的消费者。

2. 名人的选择方法

企业形象是社会公众对企业的整体评价，企业形象代言人在很大程度上可以说是企业文化的具体而形象的代表，也就是说，代言人自身的形象是能否代表企业形象的关键。因此，企业在选择名人为品牌代言时，一定要事先制定相应的选择策略。

(1) 围绕品牌个性选择名人。品牌个性与品牌代言人的个性是否吻合，是品牌传播效果能否实现最大化的关键所在。如前所述，名人的个性千差万别，他们或老成持重，或朝气蓬勃，或温文尔雅，或粗犷朴实，不一而足。这种个性差异，与每个人生活的环境、受到的教育、家庭的熏陶有密切关系。不同个性折射出来的往往是不同个体所秉持的价值理念和道德修养。同样，品牌个性也产生于某个特定的时代，既可以折射出市场的基本道德规范，又可以反映企业的经营文化理念。因此，企业如果要将品牌个性这一抽象的概念向目标市场传播，就必须选择能够与品牌个性相匹配的代言人作为具象的传播符号，使目标受众对品牌个性产生有效认知与联想。

(2) 围绕目标消费者选择名人。由于市场区域化的特点越来越突出，不同地区的消费者往往有不同的消费观念、消费模式，企业的营销传播活动应该因地制宜。企业在运用名人背书传播策略时，应该首先从本企业的营销目标区域出发来考虑代言人的选择，应该采取针对不同的目标市场选择不同的品牌代言人的策略。名人虽然有相当大的影响力，但在不同地区的影响力是有区别的。企业在实施名人背书传播策略时，还应对目标消费者进行细分，细分的指标主要包括性别、年龄、职业、个性、国籍和地理区域等。这种围绕目标消费者的基本特征选择品牌代言人的策略是明智和符合实际的，能够取得较为理想的传播效果。

(3) 围绕产品生命周期选择名人。企业塑造品牌形象的目的之一就是为没有生命的产品注入精神和文化，使之变得有生命，使品牌更具活力。作为品牌的物质载体的产品有自身的生命周期，包括导入期、成长期、成熟期和衰退期。与此相应的是，名人的人气也会有萌芽期、成长期、鼎盛期和衰退期。因此，企业在实施名人背书传播策略时，要有意识地将两者有机整合。比如，当产品处于导入期时，企业应选择有一定人气的名人为品牌代言，借助名人的影响力迅速打开市场、提高品牌知名度；当产品进入成熟期之后，企业则应考虑选择有潜质的新星，借助新星的人气来延长产品的成熟期。

（4）围绕名人的专一度选择名人。企业采用名人背书传播策略最忌讳的是本品牌代言人同时也为其他多家企业的品牌做代言，这必然使得品牌形象在目标受众的心目中混乱。因此，企业在与名人签约时应该尽可能对其代言的产品尤其是同行业竞争品牌产品予以严格限制，注明其在什么时间范围内可以为本品牌行业大类之外的品牌代言。目前代言人与企业之间的契约形式还没有统一的标准和执行规范，还需要行业组织通力合作，加快代言人市场的标准化和法制化建设。

案例6-6　茶颜悦色的品牌传播之道

基本概念

品牌传播	传播	人类传播
人内传播	人际传播	群体传播
组织传播	大众传播	编码
译码	大众传播媒介	新媒介
语言符号	非语言符号	图标型符号
索引型符号	象征型符号	两级传播
意见领袖	品牌叙事	公关新闻传播

思考题

1. 品牌传播的特征是什么？
2. 人际传播对品牌传播有什么启发？
3. 群体传播对品牌传播有什么借鉴意义？
4. 品牌传播模型主要由哪些要素构成？
5. 构成品牌叙事的基本要素及其表现形式有哪些？
6. 公共关系传播策略在品牌传播中的作用有哪些？
7. 广告传播的基本策略有哪些？
8. 品牌人际传播策略有哪些优势与劣势？
9. 名人的选择策略主要由哪些内容构成？
10. 企业应如何利用网络媒体建立自身的品牌形象？

即测即评

第 7 章

品牌营销战略与管理

企业是一个由各种要素组成的开放系统，因此，企业在经营过程中不能只寻求个别要素的组合，而是必须从整体出发，努力寻求企业所有要素之间的最佳组合，以形成在市场竞争中的比较优势，这种经营观念催生出企业营销战略思想。使用“战略”一词，说明企业的营销规模、营销区域甚至消费对象都已经进入更高的层级，竞争更加激烈。企业为了在复杂多变的外部环境中谋求生存和发展，就必须对经营的所有要素及其组合关系进行重点和系统的变革，制定出宏观层面的战略决策，以保证企业的经营活动有一个明确的目标，做到有条不紊、协调一致。企业的总体战略包括很多部分，品牌营销战略是其中非常重要的组成部分。

第 1 节　品牌营销战略

品牌中最持久的元素是文化和个性，它们确定了品牌的内涵。只有当它们与消费者的个性和情感发生共鸣时，品牌才能引起消费者的注意，令消费者接受，并最终培养出对品牌忠诚的消费者。探寻强势品牌的成功轨迹，可以发现它们之所以具备强大的韧性和生命力，就在于它们与客户之间超越了简单的产品和业务关系，建立了基于情感纽带的牢固联系，这样的品牌不仅满足了消费者的物质需要，更满足了消费者的精神需求。

一、品牌营销战略内涵

品牌营销战略是指企业为了提高在市场上的竞争力，在对企业内外部环境进行全面分析的基础上，所制定的关于品牌塑造和传播的总体发展规划。品牌营销战略的核心是从消费者角度出发，将品牌在消费者的心智中进行差异化定位，通过以创建品牌价值为核心的营销战略和资源配置，达到持续扩大品牌产品的销量和利润及提升品牌形象的营销传播目的。

（一）品牌营销的优势

品牌的重要性对企业和消费者来说是不言而喻的。在产品同质化越来越严重的今天，产品之间的差异通过强化品牌个性和品牌文化等要素彰显，并满足消费者的需求，也就是说，消费者对某种产品作出购买决定的最重要的依据，还是品牌。

品牌时代最本质的特点就是所有的企业营销活动都必须围绕品牌展开。那么，传统的市场营销与品牌营销之间到底有哪些区别呢？从总体上说，品牌营销不再基于产品的自然属性和特征来安排营销组合，而是基于品牌的精神属性和特征进行营销与传播的组合。具体来说，品牌营销较传统的产品营销具有以下几个方面的优势：

第一，品牌营销是根据品牌文化和品牌精神针对目标市场所开展的营销与传播活动，是品牌的价值理念、特征与个性在市场上的充分体现。企业在开展品牌营销活动的过程中，必须把握品牌个性的差异，为品牌制定符合自身特性的营销战略。

第二，品牌营销是以品牌整体战略为基础的市场行为，它拥有统一的视觉识别符号、行为规范、广告风格和销售渠道。

第三，品牌营销提高了传统营销的可控性、精确性。经过精心的策划、设计，品牌以抽象的理念为指导，并贯穿营销活动，形成独具个性的视觉系统和统一的行为准则，为品牌进入市场提供了坚实的基础，将传统营销下的市场不可控因素减至最低。

（二）品牌营销战略的特征

品牌营销战略与企业的经营发展战略、市场营销战略等相比，主要有以下五个特征。

1. 全局性

品牌营销战略是企业为了创造、培育、改善品牌形象和提高品牌资产价值而采取的各项具体计划与行动方案的路线图。品牌营销战略要解决的不是局部或者个别问题而是全局性问题。因此，企业在制定品牌营销战略的过程中，应该站在较高的层面，从宏观的角度出发，综合考虑企业所处的市场环境、目标消费者的消费心理与消费行为、竞争对手的传播策略等方面的因素及其关系，以确保品牌营销战略在具体实施中能够起到指导、协调和提高效率的作用。

2. 长期性

品牌营销战略是一个针对品牌长远发展的规划，它着眼于中长期的销售结果，是在至少三五年的时间范围内对品牌发展所做的规划方案。品牌营销战略并不计较短期品牌经营结果，主要是谋划品牌的中长期发展，因此相对更具有稳定性。

3. 导向性

品牌营销战略是站在全局高度上制定的关于企业品牌长期发展的宏观总体规划，它对各种具体措施和活动计划具有指导作用。在规划实施期内，所有的具体活动均须与品牌营销战略的总体要求保持一致，如有偏差，应及时调整。

4. 系统性

品牌营销战略包括品牌定位、品牌理念、品牌识别、品牌推广、品牌传播、品牌延伸、品牌维护、品牌管理等一系列涉及品牌发展的内容，这些内容相互联系、相互影响，品牌营销战略实际上就是创建品牌的复杂的系统工程。

5. 创新性

制定品牌营销战略是一个创新过程。企业之间由于拥有的资源不同，所处的市场环境以及面对的竞争对手不相同，必须有针对性地制定品牌营销战略，才能出奇制胜。品牌营销战略是现代企业经营发展整体战略的核心内容，它的价值在于塑造更具个性、有别于竞争对手的品牌。一个企业如果简单地模仿竞争对手的品牌营销战略，就会在激烈的市场竞争中始终处于被动地位，难以在市场竞争中取得成功。因此，企业的品牌营销战略需要具有创新性，才能在品牌建设和发展中始终掌握主动权，从市场竞争中脱颖而出。

二、品牌营销战略的选择

企业在制定品牌营销战略时，应该根据企业的资源和外部环境的特点，在以下四种战略中选择最适合自己的战略。

（一）同一品牌战略

同一品牌战略又称单一品牌战略，是指企业对于所生产和经营的产品都使用同一品牌进行市场营销与传播的战略。如飞利浦、索尼等企业均使用此种战略；我国的海尔、康佳等企业也采用此种战略，成功地建立起行业内的领导地位。

1. 同一品牌战略的优势

同一品牌战略会为企业的经营与发展带来积极的影响，主要包括以下几点：

第一，向目标受众展示品牌产品的统一形象，有助于增强品牌产品的可识别性。

第二，有助于节省企业在品牌设计、品牌推广上的费用，可以减少企业在品牌经营上的总费用开支。

第三，有助于企业集中资源，精心打造和维护自身的品牌形象。

第四，有助于企业利用深厚的品牌形象资源，在必要时实施品牌延伸战略。

2. 同一品牌战略的劣势

任何事物都具有两面性，同一品牌战略虽然可以为品牌发展带来积极的影响，但也会给企业带来一些消极的影响。

其一，加大了企业经营风险。企业生产的所有产品均使用同一个品牌，结果是一荣俱荣、一损俱损。如果某个产品出现个别的、偶然的质量问题，就会对该品牌的所有产品造成不良影响，消费者会怀疑该品牌旗下其他产品的质量。这种“株连效应”对于品牌的声誉和形象有相当大的损害。

其二，消费者难以识别各个产品的质量特征和档次，无法满足不同消费者的不同需求，影响品牌产品的市场销售。

3. 同一品牌战略的实施原则

同一品牌战略对于企业是一把双刃剑，企业在实施同一品牌战略时，应该注意掌握以下几个基本原则，尽可能扬长避短。

第一，企业应加大产品研发力度，通过不断创新使品牌产品获得或保持在市场竞争中形成的差别化品牌优势。

第二，可以在适当的时机实施品牌延伸战略，使品牌产品能够在新的市场环境下顺应变化，增强品牌在市场竞争中的主动性和攻击性。

第三，开发的新产品应与品牌有密切的关联性。企业要注意各产品应保持关联性。如果在同一品牌下有两种完全不相关的产品，消费者在品牌认知上会感到茫然，一头雾水。

第四，各产品应具有大致相同的质量。一般而言，不同的品牌代表不同的产品形象。如果将同一品牌用于具有较大质量差别的产品上，那么低质量的产品就会损害品牌的现有形象，使消费者放弃对品牌的偏好与忠诚。

第五，各种产品应该具有大致相同的目标消费者。一般而言，针对不同的目标消费者应该采用不同的品牌。如果将具有很大差异的消费者整合到同一品牌消费者之列，就会破坏品牌定位，失去既有的消费者。

（二）品牌组合战略

品牌组合战略又称多品牌战略，是指企业对于所生产的属于同一产品大类的不同产品使用不同的品牌开展营销传播活动的战略。品牌组合战略在很大程度上是针对同一品牌战略的缺陷而制定的战略。

1. 品牌组合战略的优势

企业选择和实施品牌组合战略，最大的优势之一是可以在企业内部形成良性竞争。负责不同品牌的经理将投入百分之百的精力来研究市场和消费者，努力使自己负责的品牌在市场上有良好的销售业绩，这就间接地提高了企业在品牌营销管理方面的工作效率。除此之外，企业选择品牌组合战略还有以下几个优势。

（1）有利于细分市场。随着生活水平的提高和市场竞争的加剧，消费者对商品的需求呈现多样化的趋势。以往具有大致相同需求的消费者群体（大群体）逐步分化为具有不同需求与偏好的消费者群体（小群体），相应地，以往能够满足消费大众需求的品牌也不断开发出新产品来满足具有不同需求的消费小众。面对市场需求的变化，企业如果选择和实施品牌组合战略，就可以根据不同市场的不同需求，不断开发和推出不同品种、不同功能、不同特色的能够满足不同消费者需求的产品。如可口可乐在保持原有市场的基础上向细分市场推出了芬达、雪碧、醒目、冰露、美汁源、怡泉等产品，以满足不同口味偏好的消费者对饮料的需求。

（2）有利于提高市场占有率。一个企业如果采用品牌组合战略开展市场营销活动，就可以在产品分销过程中占据更大的货仓和货架空间，这就相应地挤占了竞争对手产品的货仓和货架空间，为本企业某一大类的品牌产品获得更大的市场占有率奠定了良好的基础。如宝洁公司旗下的海飞丝、潘婷、飘柔、沙宣、伊卡璐等洗发水品牌，就占据了超市洗发水货架的大部分空间，其他品牌的洗发水只能占据很小的货架空间。宝洁公司正是使用这种战略将潜在的竞争对手先从货架上挤出，再从市场上挤出，使自己的品牌占据绝大部分的市场。

（3）有利于突出品牌特性。品牌组合战略的目的是满足不同消费者的不同需求，因此，企业必须突出不同品牌产品的特性，以吸引目标受众成为尝试性购买者，直至成为本品牌产品的实际消费者和重复消费者。如宝洁公司旗下的三大洗发水品牌均有明显的品牌特性：海飞丝的品牌特性是“去头皮屑”，潘婷的品牌特性是“使头发健康亮泽”，飘柔的品牌特性是“更飘、更柔、更自信”。三种品牌通过广告向目标消费者诉求各自的特性，便于目标消费者有针对性地选择适合自己的品牌产品。

（4）有利于分散企业经营风险。同一品牌战略的优势是企业可以集中资源开展有利于品牌发展的营销传播活动，劣势是企业承担的市场风险太大。一旦市场需求发生变化，企业的经营将处于十分危险的境地。企业实施品牌组合战略，就好比将鸡蛋放在几个篮子里，经营上的安全系数自然会增大。

2. 品牌组合战略的劣势

品牌组合战略虽然有上述许多优势，但也有一些劣势，因此企业需要谨慎作出选择。

（1）营销费用过高。如果一个企业同时拥有两个或两个以上的品牌，其市场推广成本就会比单一品牌的市场推广成本至少多一倍。这对于实力有限的企业而言是难以承受的，这也是现实中采用此战略的大都是实力雄厚的跨国公司的原因所在。

（2）品牌管理难度加大。首先，企业实施品牌组合战略，必须采用相应的品牌管理体系，制定相应的品牌管理制度，配备相应的品牌管理人员；其次，企业在资金有限的情况下，分配给不同品牌的市场推广预算难以做到公平合理；最后，防止企业内不同品牌经理之间的恶性竞争也是一个具有挑战性的课题。上述种种问题会大大增加企业品牌管理的难度，如若控制不好，极有可能造成损失。

（3）组合中各品牌恶性竞争导致资源浪费。实施品牌组合战略的企业，往往是围绕一个产品大类市场进行市场细分，开发出相应的品牌产品。问题是，各个细分市场的边界不可能泾渭分明、一清二楚，细分市场之间总会有模糊地带，可能导致各个品牌相互蚕食。企业如果不能对各个品牌合理协调、保持差异，以适应不同细分市场的不同需求，就有可能导致品牌之间的恶性竞争，造成资源浪费。

3. 品牌组合战略的实施原则

企业如果有意选择品牌组合战略，则应该注意把握以下几个原则，并以此作为实施品牌组合战略的前提。

（1）市场需求发生平行裂变。实施品牌组合战略的前提条件是，市场明显地平行裂变出两个或两个以上的不同需求，而且已经有企业开始生产能够满足这些不同需求的产品。也就是说，市场已经由于消费者的不同需求裂变出若干细分市场。在这种情况下，企业可以考虑实施品牌组合战略。

（2）市场需求发生纵向裂变。即根据消费者的收入水平、生活质量和审美品位，某一产品大类的市场出现纵向裂变，细分为若干不同档次的市场。如果企业面对的市场属于此种情况，则其也可以考虑实施品牌组合战略。企业实施品牌组合战略，可以根据高、中、低档市场分别开发和使用三种不同的品牌，以分别占据高、中、低三种档次的市场，由于三种品牌各不相同，也不会造成消费者对品牌形象的混淆。

（3）企业资源雄厚。如上所述，实施品牌组合战略需要投入更多的营销费用，只有当企业拥有足够的资源，并且目标市场的发展趋势比较明显，所有细分市场的容量均足以支持企业对应品牌产品的发展时，才能实施这种战略。

（三）复合品牌战略

复合品牌战略是指企业在实施品牌营销战略的过程中，对同一产品赋予两个或两个以上的品牌名称。采用这种战略的好处是：一方面可以通过主品牌向目标受众传播企业的声誉和形象；另一方面可以通过副品牌向目标受众传递产品的个性特征，以达到两全其美的营销与传播效果。一般可将复合品牌战略分为三种情况：双品牌组合战略、联合品牌组合战略和成分品牌组合战略。

1. 双品牌组合战略

双品牌组合战略又称主副品牌战略，是指企业对所生产或经营的各种产品使用一个主品牌（一般是企业品牌名称），再根据各种产品的不同性能和特点使用不同的副品牌。企业使用双品牌组合战略需要具备两个基本条件：一是企业的主品牌具有较高的声誉，能够吸引一部分消费者成为忠实顾客；二是企业推出的各个副品牌确实有明显的差异。如格力空调的每种产品都包含“格力”主品牌和一个副品牌名称，如“睡梦宝”“小金宝”“凉之夏”等就属于副品牌。

（1）双品牌组合战略的优势。双品牌组合战略兼有同一品牌战略和品牌组合战略的优势，同时避开了上述两种战略的劣势。其优势具体表现在以下方面：

1）能够突出品牌的正统性。企业使用此种品牌战略，始终将企业品牌作为主品牌进行传播，以强调或突出品牌产品的正统性，从而使目标受众对企业所生产的其他不同性能和特色的产品都产生一种信任感，为品牌产品的市场营销奠定良好的基础。

2）有助于彰显产品个性。企业使用双品牌组合战略，可以在不影响企业主品牌形象的前提下突出产品的功能特色和个性，使各个品牌的产品既保持主品牌的声誉和形象，又突出自身的差异性，极大地满足了消费者对不同产品的需求，也便于消费者识别与选购差异化产品。

3）有利于推出新产品。实施双品牌组合战略，可以为企业不断跟进市场的需求开发新产品留出巨大的空间。副品牌的命名和设置具有更大的灵活性，即便出现新产品投入市场不太成功的情况，也不会对主品牌声誉造成太大的影响，因此，从理论上说，如果条件和资源允许，企业可以以主品牌为基础，不断根据市场的需求推出相关的副品牌产品。

（2）双品牌组合战略的实施原则。双品牌组合战略有许多优势，也是许多企业愿意采用的一种品牌营销战略，但是这并不等于说企业使用此战略便可高枕无忧。企业应该注意处理好主品牌与副品牌之间的关系并掌握以下几个原则，才有可能获得成功。

1）主副品牌主次有别。在使用双品牌组合战略的过程中，企业应始终将企业品牌即主品牌作为传播的重点，将副品牌置于从属地位，因为消费者对企业新产品的认可源自对企业主品牌的信任。企业应尽可能借助已经在市场上具有一定知名度和影响力的主品牌来推广新产品，才有可能使目标消费者认可和信赖新产品。

2）副品牌应表现出个性。副品牌应该尽可能直观、形象地表现产品的特点和个性特征，并有助于消费者对产品产生功能性利益联想。另外，副品牌的名称也应该具有时代感，简洁通俗，有助于消费者记忆和传播。

3）结合产品生命周期。在决定选择何种品牌营销战略时，最好能够结合产品生命周期加以考虑。一般而言，若由于技术不断更新等，产品生命周期逐渐变短，则企业最好选择双品牌组合战略；如果企业所生产的产品仅局限于某一品类且产品生命周期比较长，则更适合使用双品牌组合战略。

2. 联合品牌组合战略

联合品牌组合战略是指两个或两个以上的企业通过合作、联营、合资等方式，共同开发和生产产品，使合作企业双方品牌并列或者另创品牌的一种品牌营销手段。如索尼和爱立信合作生产的索爱手机就是典型的合作企业双方品牌并列的联合品牌组合战略的示例，Smart汽车则是由梅赛德斯-奔驰公司与斯沃琪公司合作生产并另创品牌的联合品牌组合战略的示例。

Smart汽车广告创意作品

联合品牌组合战略又分为两种形式，即强强联合型和以强扶弱型。前者是两家或两家以上知名强势品牌的联合，通过联合可以更加有效地整合资源，所生产的产品能够扬长避短、优势互补，从而在同类产品市场上形成巨大的竞争优势。后者一般是用比较知名的品牌联合新生品牌，这种组合经常遇到的问题是拥有较高知名度品牌的企业因担心自身的声誉受到影响而不太愿意联合。因此，如何在借助著名企业品牌的同时，使著名企业也感到自己在联合中有利可图，是此种联合品牌组合战略的重点，这就需要相对弱小的企业有较强的发展潜力。

（1）联合品牌组合战略具有如下优势。

1）资源整合，增加效益。联合品牌组合战略可以使两个或更多的品牌结成联盟、相互借势，以此提高联合品牌产品在市场上的影响力与接受程度。理论上，不同品牌的忠诚消费者将因为品牌联合而聚合在一起，并且带动更多的对联合品牌产品有潜在消费欲望的顾客，形成一个更大的目标消费市场。如果合作双方来自不同的国家和地区，则联合品牌产品就可以在各自企业所在国家开展市场销售，从而使联合品牌产品拥有更为广阔的市场。

2）共同经营，共担风险。对于联合品牌产品的开发和市场拓展，合作双方必须共同负责，才能做到风险共担。在联合品牌产品的经营过程中，难免会遇到意想不到的问题和困难，有时甚至要冒相当大的风险。如果企业采用的是联合品牌组合战略，这一新的联合品牌产品的决策者就有两个或两个以上，在处理危机时，企业的决策者可以相互协商、取长补短、群策群力，降低或化解可能出现的风险。

（2）联合品牌组合战略的劣势。由于联合品牌的企业主体在理论上各占有联合品牌50%的产权，任何一家企业提出的品牌经营战略都必须征得另一家企业的同意才能够顺利实施。在实际的品牌策划与传播过程中，两家企业对于联合品牌战略的决策和实施很难保持高度一致，当两家企业对相关决策的意见难以统一时，双方就要花费大量的时间进行协调，可能贻误最佳的决策时机。

3. 成分品牌组合战略

成分品牌组合战略是指企业所生产的产品中不可或缺的关键原材料或部件由其他品牌供应商提供，企业在进行市场营销的过程中必须向受众明示上述原材料或部件的品牌供应商。典型的成分品牌是英特尔处理器。

英特尔处理器

从消费者行为的角度来看，产品中如果含有某成分品牌（大多数情况下，该成分品牌常常是行业内的首选），则消费者往往认为该产品具有较高的质量保证。因此，企业使用成分品牌组合战略，尤其是该成分品牌是消费者心目中的行业标准，将十分有助于增强目标消费者对产品的使用信心。

（1）成分品牌组合战略的优势。成分品牌组合战略的优势与联合品牌组合战略的优势非常相似，我们可以从成分品牌提供商和成分品牌生产商两个不同的角度来分析。

1）成分品牌提供商。以往绝大多数的产品零配件提供商是不太可能去建立自己的品牌的，原因无非所生产的零配件并不是最终产品，零配件的购买者并不是终端消费者而是中端企业。在这种情况下，企业确实没有必要对自己的零配件产品进行品牌化经营。但如果企业生产的零配件产品有专利技术、过人的质量，就完全有必要对零配件产品实施品牌化经营，以通过品牌传播形成对终端市场需求的拉动，提升企业在产业链中的谈判地位，从而获得更高的市场销量和更大的边际利润。此外，企业除了可以向成品企业供应成分产品获得收入，还可以通过成分品牌特许使用费来获取收入。

2）成分品牌生产商。对于使用成分品牌产品的生产商而言，使用成分品牌组合战略可以借助成分品牌在行业内的权威地位提升产品的声誉，从而使目标消费者对产品的质量有信心，增加产品在市场上的销量。从需求角度来看，使用成分品牌组合战略的产品更容易进入市场和获得更多的销售渠道；从供应角度来看，使用成分品牌组合战略，可以与成分品牌提供商分摊成品品牌的生产和开发费用。

（2）成分品牌组合战略有如下劣势。

1）促销费用过多。企业要使用成分品牌，不仅要对自己的产品进行广告传播，还必须对成分品牌进行必要的广告传播，这就使得企业的促销费用有所增加。

2）诉求信息混乱。成分品牌组合战略和品牌组合战略一样，也会因成分品牌提供商与产品生产商的经营目标不同，以及向目标受众传播的信息不同等而出现混乱，从而削弱产品生产商对营销过程的实际控制力。

3）引发利益矛盾。从商业经营的角度而言，有些产品生产商不愿意过于依赖成分品牌提供商，以避免自身的产品在合作过程中处于不利的地位。如果成分品牌所占资产比重过大，那么产品生产商也会因消费者弄不清哪个是“真正的品牌”而担忧。随着消费者对成分品牌的深入了解，成分品牌在产品中所发挥的作用越来越大，获取利润的比重也越来越大，这种结果是产品生产商不想看到的。

（3）成分品牌组合战略的实施原则。采用成分品牌组合战略与采用其他品牌营销战略有许多相似之处。如全球著名的杜邦公司在经营发展中就曾经成功地引入了多个成分品牌。以下是生产商在实施成分品牌组合战略时必须遵循的基本原则。

案例 7-1　杜邦公司成分品牌组合战略之路

第一，使消费者感知到该成分品牌对最终产品的性能具有相当大的影响力。最为理想的情况是，成分品牌的内在价值能够被消费者理解或消费者能够通过体验产生牢固的认知。

第二，使消费者认为不是所有的成分品牌都是一样的，本企业所使用的成分品牌是更为出众的。理想的情况是使目标消费者感受到成分品牌具备创新性或更具潜在优势。

第三，设计一个有特色的符号或图形作为标志，明确告知目标消费者产品中含有该成分品牌。该符号或图形最好能成为一种象征并具备广泛的应用性，在大多数的媒体或销售场合使用和出现，使目标消费者能够通过这一品牌标志坚定对成分品牌质量的信心。

（四）许可授权战略

许可授权是指企业之间关于使用他人品牌的名称、标志（图形）或其他品牌元素来促进本企业销售并支付固定费用所达成的协议。从本质上说，这种做法是一个企业“租赁”他人品牌以帮助自己的产品创建品牌资产的一种品牌营销战略。由于这是创建品牌的一条捷径，越来越多的企业采用这种战略创建并推广自己的品牌。

相对而言，娱乐业内的许可授权更普遍一些。如电影周边产品（如《哈利·波特》《星球大战》《蜘蛛侠》等的周边产品）、漫画形象（如加菲猫等）以及影视卡通形象（如《芝麻街》《辛普森一家》）等。生产商频繁地在与电影相关的产品开发上投资，以寻求下一个有轰动效应的许可授权。

1. 许可授权战略的优势

许可授权对于许可方而言是一种有利可图的商业手段。许可授权很早就成为服装、饰品设计师非常重要的业务手段。设计师如范思哲、皮尔·卡丹、贝纳通等将他们的名字许可授权用于服装、腰带、领带、皮包等各种商品的品牌上，并收取高昂的许可使用费。拉尔夫·劳伦将拉尔夫·劳伦、Double Rl 以及 Polo 的品牌许可授权给不同的商品，创造了 50 亿美元的收入。

对于被许可方而言，使用许可授权的最大优势是能够在短时间里根据市场需求热点，以某个受到人们追捧的人物或事物或事件的名称作为品牌向市场推出产品，获得最大的市场销售效益。

2. 许可授权战略的劣势

实施许可授权战略固然可以在短时间里使某一品牌产品受到市场追捧而获得较理想的市场效益，但这往往又构成一个营销陷阱，即被许可授权的品牌产品在更多的情况下只是短暂的时髦，当人们的热情淡去之后，销售便会一落千丈。如 Barney 授权服装的销售额在 1993 年达到 5 亿美元的骄人成绩，第二年销售额却迅速衰落。鳄鱼服装的销售额在 1982 年达到 4.5 亿美元这一峰值之后，由于其品牌被过多使用及折价销售，1990 年它的销售额锐减到 1.5 亿美元左右，在该品牌被 Phillips-Van Heusen 购买之后，由于对该品牌许可授权的谨慎使用，该品牌的市场经营状况才有所好转。

3. 许可授权战略的实施原则

企业在使用许可授权战略之前，应通过许可协议将双方的权利和义务予以规范与明确，以尽可能保护自身合法权益，对于那些品牌资产较弱、对许可方品牌依赖程度高的企业而言更应如此。例如，企业可以通过扩大许可授权实体的范围和拉长与一些许可授权实体的合作年限来分散经营风险；企业还可以开发具有独特性能的新产品并开展别具一格的营销活动，使自己的营销活动不仅依赖授权品牌的知名度。

4. 企业商标许可授权

企业商标许可授权是许可授权一个迅速增长的分支，它是指企业将其名称、标志或品牌授权给与本品牌产品大类没有任何关联的企业，由该企业以许可品牌的名义进行产品的市场销售活动。例如，哈雷-戴维森经过多年的品牌营销传播活动，已经成为摩托车和自由生活方式的代名词，因此，哈雷-戴维森将其企业（品牌）商标授权给许多与摩托车行业毫无关联的产品大类，其中包括服装、打火机、葡萄酒等。

不同的企业对于企业商标许可授权的动机是不一样的，这些动机包括试图获取额外的收入和利润、提高品牌曝光率或提升品牌形象等。其中，获取利润是最吸引人的，因为通过商标许可授权不会产生任何存货、应收账款、制造费用等。通常情况下，被许可方将按每件商品批发价的 5%向许可方支付企业商标许可使用费。事实上，该支付比例一般为 2%～10%不等，由双方视企业商标价值高低协商决定。

不加选择地滥用企业商标许可授权有可能给许可品牌带来风险，即被许可的产品达不到许可品牌应有的水平，淡化许可品牌在消费者心目中形成的价值联想，甚至会损害许可品牌的形象。

第 2 节　品牌管理

有些企业敢放手一搏，在大众媒体上投入巨额的广告费，对市场进行地毯式的广告轰炸，借此迅速扩大品牌知名度，但实际结果可能并非如企业所愿。比如，名噪一时的秦池酒、爱多 VCD 等产品由于仅仅重视广告投放，却不重视品牌管理，最终是昙花一现。因此，仅仅重视品牌传播战略规划而不重视在营销过程中的品牌管理，是无法建立一个成功的品牌的。

一、品牌管理的层次

品牌管理就是建立、维护和巩固单个品牌以及管理品牌体系的过程。品牌管理可以分为两个层次：单一品牌管理和品牌体系管理。其中，单一品牌管理是指建立、维护、巩固某个品牌的过程；品牌体系管理则是要明确品牌群中每个品牌的角色和任务，协调好各个品牌之间的关系。品牌管理是一个复杂的系统管理过程，品牌需要长时间的优异表现才能赢得较高的品牌美誉度和品牌忠诚度。

（一）单一品牌管理

品牌管理是一个不断创造市场机会，改进品牌与目标消费者之间的关系，增加品牌资产价值的过程。单一品牌管理的过程一般可分为品牌诊断、品牌规划以及品牌规划的实施与监控三个阶段。

1. 品牌诊断

关于品牌诊断的详细内容，本章第 3 节会全面阐述，此处简要地对企业在这一阶段需要解决的问题予以说明。

在此阶段，企业必须通过市场研究，深入分析品牌的核心价值、品牌形象、产品属性、消费者需求以及品牌与消费者之间的关系等。通过对上述内容的分析，企业就可以清楚地了解品牌在目标消费者心目中的真实形象和健康状况，为下一阶段的品牌规划打下基础。

归纳起来，此阶段需要研究的问题主要有以下几个：品牌的健康状况如何？品牌驱动市场的关键属性是什么？本品牌与竞争品牌在关键属性上有何差别？品牌的优势与劣势是什么？品牌在市场竞争中有哪些机会和威胁？品牌的定位是否合适？品牌形象能否被目标消费者认同？驱动品牌资产价值的关键因素是什么？如何才能提升品牌资产价值？等等。

2. 品牌规划

在品牌规划阶段，企业品牌管理人员应该根据品牌诊断的结果，思考品牌应该往哪个方向发展。在具体项目上，需要对品牌识别、品牌价值、品牌定位等进行适当的调整和更新。

3. 品牌规划的实施与监控

企业在制定好品牌规划之后，就应该落实具体的实施办法和相关步骤。品牌管理人员在这一阶段需要依据品牌定位来制定品牌沟通目标和计划（其中包括选择媒体、制订广告策划方案等）以及执行方案，最后还要监控方案的实施效果。在监控方案实施的过程中，通过衡量品牌形象在消费者心目中的认同指数，及时发现还需要在哪些方面进一步调整和改进品牌形象识别。对于品牌形象识别的改进通常会根据品牌的三种不同的沟通目标进行，即拓展、强化和开发品牌形象。当品牌形象限制性过强，如品牌只适合某个年龄段的消费者或某个产品大类，但其品牌识别包括其他细分市场或其他应用范围时，就应该对品牌形象进行拓展；当一些重要的品牌识别因素没有被目标消费者有效地感知时，企业就应该强化其品牌形象；当品牌形象被消费者误解时，企业就应该使目标消费者明确品牌能带给他们的核心利益，开发品牌形象，也就是品牌是什么和不是什么。

（二）品牌体系管理

品牌体系是指企业品牌家族中所拥有的品牌及它们之间的关系。随着竞争的加剧，许多企业针对不同的细分市场开发出不同的品牌产品，以满足消费者的不同需求。对于实施品牌组合战略的企业而言，如何科学地规划品牌体系，梳理好企业品牌与产品品牌、各产品品牌之间的关系，使它们能够协调发展、相得益彰、相互促进并形成品牌合力，以实现整个品牌家族效益的最大化，是企业必须面对和思考的重要问题。

1. 品牌的层次

企业的多品牌体系通常可以划分为几个层次，各层次的品牌在整个体系中扮演着不同的角色。处于某一层次的品牌通常会与其他层次的品牌产生密切的联系。品牌按照层次的不同可以划分为：企业品牌、产品大类品牌、产品线品牌、子品牌、零配件品牌或服务品牌等。品牌层次结构图如图7-1所示。

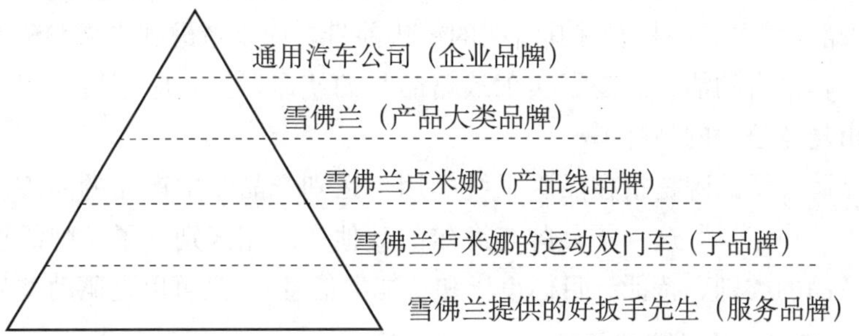

图7-1 品牌层次结构图

品牌层次的顶端是企业品牌。企业品牌显示产品或服务是由哪个企业生产或提供的。产品大类品牌代表的是包括几种产品系列的品牌。有些企业品牌，如通用汽车、雀巢、惠普等本身就是产品大类品牌。在通用汽车品牌旗下的雪佛兰产品系列包括厢式车、卡车和轿车产品；雀巢品牌旗下有早餐麦片、炼乳及婴儿奶粉等产品。产品大类品牌往下有时还会有产品线品牌，这些品牌代表了企业特定产品，如雪佛兰的卢米娜（Lumina）、雀巢的三花（Carnation）奶粉等。这些品牌还可以通过子品牌继续细化，如雪佛兰卢米娜的运动双门车（Sports Coupe）等。最后，品牌还可以根据零配件或产品成分及服务的特点进一步细分出零配件品牌或服务品牌，如雪佛兰提供的好扳手先生（Mr Goodwrench）服务系统等。

2. 品牌的角色

多品牌体系中各种品牌担任的角色和拥有的地位各不相同。按照每个品牌的角色，可以将品牌划分为驱动型品牌、来源型品牌、担保品牌、战略品牌、子品牌等。

（1）驱动型品牌。驱动型品牌是指能够以出众的魅力和优异的质量促使消费者作出购买决定的品牌，它所代表的正是消费者通过购买想得到的无形的象征意义和有形的产品的结合体。如宝马 700 系列就属于典型的驱动型品牌，因为消费者在作出购买宝马 700 系列轿车的决定时，首先想到的是该品牌体现社会意义的符号价值，而不是某种具体车型的产品价值。

（2）来源型品牌。来源型品牌的核心价值是品牌所体现的情感性利益和自我表达性利益，它可以通过形象转移把自身的核心价值转移给其他产品。比如，哈雷-戴维森摩托车就属于典型的来源型品牌，其品牌的核心价值“追求自由”很好地诠释了消费者的自我表达愿望，因此哈雷-戴维森可以很容易地将其品牌核心价值转移到其他产品上。

（3）担保品牌。担保品牌是指能为驱动型品牌所承诺的利益提供支持和信誉保证的品牌，一般多是企业品牌，如宝洁、雀巢、通用电气等。也有部分产品，如热水器等，存在一定的使用安全问题，为了减轻或消除消费者对这些产品在使用过程中的安全性的担忧，这类品牌产品常常会与保险公司合作，以保险公司的名义进行担保。

（4）战略品牌。战略品牌是指对企业未来绩效有重要影响的品牌。要成为企业的战略品牌必须满足以下两个条件：首先，这些品牌必须能够为企业带来可观的销售额和利润额；其次，这些品牌可能是公司在某业务领域或未来发展成败的关键。比如，IBM 将 OS/2 作为战略品牌，并不是看好其潜在的销售前景，而是考虑到未来 OS/2 主导 IBM 电脑产品线的操作平台的能力。为了实现战略品牌的使命，公司应不惜一切代价扶持该品牌成为极具市场竞争力的品牌。

（5）子品牌。子品牌是指在品牌系统中用于区别产品线中产品的品牌。比如，海尔小王子冰箱用“小王子”这一子品牌与海尔的其他产品相区别。子品牌既可以是描述型品牌（表明产品的类别、特征、目标市场和功能等信息），又可以是驱动型品牌。

3. 企业品牌与产品品牌的关系

企业品牌与产品品牌的关系可以分为以下三类：产品品牌完全独立、企业品牌作为来源型品牌、企业品牌作为担保品牌。

（1）产品品牌完全独立。即在产品品牌的广告和包装上不出现企业品牌的名称与标志，刻意不让消费者了解产品品牌与企业品牌之间的隶属关系。采用这种管理方式的企业大都基于以下几种考虑：企业品牌的联想对于产品品牌的推广没有任何帮助；企业品牌的联想不利于产品品牌的推广；企业需要为产品品牌注入独立的个性。

（2）企业品牌作为来源型品牌。当企业品牌与产品品牌的核心价值基本一致时，企业可以直接将企业品牌形象识别的要素转移给产品品牌，使产品品牌能够在短时间里迅速被目标消费者接受。同时，产品品牌也可以借助企业品牌的影响力迅速在市场上占据有利地位。

（3）企业品牌作为担保品牌。只要企业品牌形象与产品品牌形象不发生严重冲突，即使两者向消费者提供的价值有所不同，还可以运用品牌认可策略，让企业品牌为产品品牌提供支持和信誉担保。

4. 品牌组合及各个品牌之间的关系

当一个企业的产品线拥有多个品牌时，其很容易在管理上出现混乱，消费者在品牌识别上也容易产生混淆。为避免或减轻这种负面作用，企业需要加强对品牌的营销管理，明确各个品牌在品牌组合中的作用。品牌组合主要包括四类品牌：主力品牌、侧翼品牌、进攻品牌和威望品牌。这些不同的品牌一般会根据目标消费者的不同需求和消费愿望推出，其产品价格也有所不同。品牌组合的实质在于：企业利用其他品牌保护经济效益最好的品牌免受竞争对手的袭击。

（1）主力品牌。主力品牌是指在企业的众多品牌中，具有最强的获利能力的产品品牌。主力品牌通常是品牌组合中市场占有率和销售量最高的，也是消费者认为质量好且性价比较高的，还具有较强精神内涵的产品品牌。因此，主力品牌是企业最宝贵的品牌，是企业必须加以保护的品牌。

（2）侧翼品牌。侧翼品牌是指企业为满足某一特殊的细分市场的需求而开发的品牌。侧翼品牌有与主力品牌差不多的市场利润率，但在对消费者需求和愿望的满足方面与主力品牌不太一样。侧翼品牌在消费者的眼中同样是质量优异且具有较强的品牌精神内涵，但其目标市场的规模较小，只是利基市场，满足的是部分消费者特殊的需要。由于市场规模的限制，竞争对手进入该市场的难度大大增加。因此，侧翼品牌虽然不像主力品牌有那么大的市场规模，但由于市场内没有竞争对手，其市场利润率可以保持较理想的水平。

（3）进攻品牌。进攻品牌是指企业为防止市场上的廉价品牌对企业主力品牌造成冲击，向市场推出的一个或多个低价品牌。进攻品牌主要是打击廉价品牌，因此，其产品的质量一般，实行的是低价策略。

（4）威望品牌。威望品牌是指企业为满足某一高端细分市场的需求而开发的品牌。威望品牌的消费者更加有限，满足的是高端人群对产品的高质量和奢侈的需要。该类型的品牌基于威望策略，在消费者眼中成为高端、华贵、奢侈的代名词，企业可以通过威望品牌来满足消费者对于身份、地位的展示需要。

二、品牌形象的管理

良好的品牌形象是企业在市场竞争中的有力武器，许多知名企业就是凭借良好的品牌形象在市场竞争中占据有利的地位。品牌形象的管理实际上就是对品牌的有形内容和无形内容的管理。

（一）品牌形象的构成要素

品牌形象的构成要素主要包括有形要素、无形要素和驱动要素，企业的品牌管理人员在对品牌形象进行管理的过程中，必须对上述品牌形象的三个构成要素不断地分析与评估，以便及时发现问题、解决问题。

1. 品牌形象的有形要素

品牌形象的有形要素主要包括产品形象、环境形象、业绩形象、社会形象、员工形象等。

（1）产品形象。产品形象是品牌形象的代表，也是品牌形象的物质基础，更是品牌最主要的有形形象。品牌形象主要是通过产品形象表现出来的。产品形象包括产品质量、性能、造型、价格、品种、规格、款式、花色、档次、包装设计、服务水平、产品创新能力等。产品形象的好坏直接影响品牌形象的好坏。一个好的产品可以使广大消费者蜂拥而至，一个差的产品则会使消费者望而生厌。企业只有通过向消费者提供质量上乘、性能优良、造型美观的产品和优质的服务来塑造良好的产品形象，才能得到消费者的认可，在竞争中立于不败之地。

（2）环境形象。环境形象主要是指品牌的生产环境、销售环境、办公环境和各种附属设施。厂区环境的整洁和绿化程度，生产和经营场所的规模与装修，生产经营设备的技术水准等，无不反映品牌的经济实力、管理水平和精神风貌，是品牌向社会公众展示自己的重要窗口。特别是销售环境的造型、布局、色彩及各种装饰等，更能展示品牌文化和品牌个性，对于强化品牌的知名度和信赖度，提高营销效率，有直接的影响。

（3）业绩形象。业绩形象是指品牌的经营规模和盈利水平，主要由产品销售额（业务额）、资金利润率及资产收益率等构成。它反映了品牌经营能力的强弱和盈利水平的高低，是品牌生产经营状况的直接表现，也是追求良好品牌形象的根本所在。良好的品牌形象特别是良好的产品形象，总会带来良好的业绩形象，良好的业绩形象反过来又会增强投资者和消费者对品牌及其产品的信心。

（4）社会形象。社会形象是指品牌通过非营利的以及带有公共关系性质的社会行为塑造良好的品牌形象，以博取社会的认同和好感。社会形象包括：奉公守法，诚实经营，维护消费者合法权益；保护环境，促进生态平衡；为所在社区的繁荣与发展作出自己的贡献；关注社会公益事业，促进社会精神文明建设；等等。

（5）员工形象。员工是生产经营管理活动的主体，是品牌形象的直接塑造者。员工形象是指员工的整体形象，包括管理者形象和普通员工形象。管理者形象是指品牌管理者集体尤其是企业家的知识、能力、魄力、品质、风格及经营业绩给本企业员工、同行和社会公众所留下的印象。企业家是品牌的代表，其形象直接影响到品牌的形象。当今众多企业均非常重视企业家形象的塑造。普通员工形象是指全体普通员工的服务态度、职业道德、行为规范、精神风貌、文化水准、作业技能、内在素养和装束仪表等给外界的整体形象。员工的言行会影响品牌形象。管理者形象好，可以增强品牌的向心力和社会公众对品牌的信任度；普通员工形象好，可以增强品牌的凝聚力和竞争力，为品牌的长期稳定发展打下牢固的基础。因此，很多品牌在塑造良好形象的过程中十分重视员工形象。

2. 品牌形象的无形要素

品牌形象的无形要素主要指品牌的独特魅力，是营销者赋予品牌的并为消费者所感知、接受的个性特征。随着社会经济的发展，商品日益丰富，人们的消费水平、消费需求不断提高，人们对商品的要求不仅包括商品本身的功能等有形要素，也包括商品带来的无形感受和精神寄托。品牌形象的无形要素反映了人们的情感，显示了人们的身份、地位、心理等个性化要求。

3. 品牌形象的驱动要素

树立品牌形象最重要的因素之一是人们对品牌的联想，或者说一提到品牌消费者便会想到的东西。这种联想使品牌形象与众多事物联系起来，驱动品牌形象的建构、发展。

(1) 产品或服务自身的形象。产品或服务自身的形象既包括价格、速度、功能、耐用性、舒适性、应用等硬性指标，又包括活力、高雅、体面、珍爱、豪放、尊贵、魅力等软性指标。

(2) 产品或服务提供者的形象。产品或服务提供者的形象也是影响品牌形象的重要因素。严师出高徒，将门出虎子。人们常依这种观念去评价品牌形象。提供者的形象的硬性指标有科技能力、企业规模、资产状况、服务状况、人员素质等。营销者常利用企业已有的形象来树立品牌形象，如五粮液集团在推出一种新品牌酒时所采用的广告语“系出名门”，就是借五粮液的良好形象推广新品牌。

(3) 使用者的形象。使用者主要是指产品或服务的消费者，使用者的形象可以反映品牌形象。使用者的形象也是影响品牌形象的重要因素，其硬性指标有使用者的年龄、职业、收入、受教育程度等，软性指标有生活形态、个性、气质、社会地位等。使用者的形象有两种，一种是现实自我形象，即使用者内心对自我的认识形象；另一种是理想自我形象，即使用者对自己期望的形象。从心理学的角度来看，这两种形象是人们对自己的评判，认为自己从属于一个群体或希望从属于一个群体所应该有的形象。

以上三者对品牌形象的影响在不同的产品特性、文化背景、人文个性等条件下是不一样的，应注意判断三者如何影响品牌形象，加强其驱动作用。

(二) 品牌形象的时间管理

品牌形象管理的核心问题是如何在保持品牌形象不变的同时追求发展，以及哪些形象识别元素可以改变，哪些形象识别元素不可以改变。这些内容构成了品牌形象的时间管理的主要内容。

1. 品牌形象管理的背景

科技和文化因素在不断变化与演进，时间是变化的代言人，它见证着社会的变迁和市场的发展。对于消费者而言，他们希望自己喜爱的品牌形象既能够始终保持不变，以形成认同和情感归依的关系；又能够适时地以新的面貌保持其在众多竞争品牌中的新颖性，以满足他们追求时尚流行的心理。企业为了满足目标消费者对品牌形象的这种特殊愿望，就必须在适当的时间对品牌形象的识别元素加以适当的调整。

(1) 科技进步。科技进步必然导致革新。企业生产的产品也需要在科技进步的引导下不断地在技术、工艺、质量、设计等方面进行革新，以保持与时代和市场需求的同步发展。如果企业顽固地不做任何革新，结果只能是产品走向衰亡。比如，20世纪五六十年代的大众甲壳虫汽车，以其独特的外形设计和精湛的工艺及广告大师伯恩巴克杰出的广告创意，在国际汽车市场上获得了空前的成功，甚至在一段时期内“甲壳虫”还能代表大众这个企业品牌。然而，由于大众公司对甲壳虫品牌的成功过于自负，几十年来甲壳虫汽车的外形和技术一直保持不变，甲壳虫品牌在20世纪80年代进入了衰退期，还连累大众品牌走向低谷。这一案例说明，企业在品牌管理的过程中，一方面，应该针对市场需求的变化，利用不断发展的科技对品牌产品进行技术改造，以满足目标消费者对产品的需求；另一方面，可以利用品牌的无形资产，向市场推出具有独特技术含量的新产品，以避免由于某一品牌产品过早地进入衰退期而连累整个品牌。

(2) 文化演进。与时间因素密切相关的一个因素是文化演进。出生于不同年代的消费者所生活的环境、所接受的文化、所受到的教育不同，往往具有不同的价值观、思维方式和行为方式。企业在进行品牌形象管理时，应该注重跟进和把握时尚与流行文化的变化趋势，及时将品牌形象与当下流行文化整合，从而达到理想的传播效果。例如，2013年东方卫视的《中国梦之声》节目获得空前成功，长安福特翼虎（SUV车型）准确地预测和适时地把握了这一新兴的文化现象，对另一档节目《超级女声》进行了独家赞助，获得了极大的成功。

2. 品牌形象的时间管理模型

品牌形象的时间管理模型要解决的是一个品牌在管理过程中的重大问题：为保持目标消费者对品牌的忠诚度，品牌形象的哪些要素应该保持不变；为了保持目标消费者对品牌形象的新鲜感，品牌形象的哪些要素又可以改变。大量的研究表明，在品牌发展过程中，保持不变的是品牌的核心价值，可以适当改变的则是品牌形象的外部识别元素。图7-2是一个品牌形象的时间管理的金字塔模型，以下将根据该三层金字塔模型分析品牌形象时间管理的具体操作方法。

(1) 金字塔顶层——不变的核心价值。位于金字塔顶层的是品牌的核心价值，也是品牌的遗传基因。比如，汰渍洗衣粉之所以能够多年占据美国洗衣粉市场第一的位置，就是因为汰渍品牌能够向消费者提供长期不变的核心价值——洁净。虽然汰渍的核心价值有很多种表述方式——“你能买到的洗涤最干净的”“你可以永远放心的、可靠的、可以信赖的朋友”“没有什么可以把你的衣服洗涤得再干净了，这一事实也维系了家庭的和睦”，但核心价值对于全世界所有的消费者都具有同样的意义。

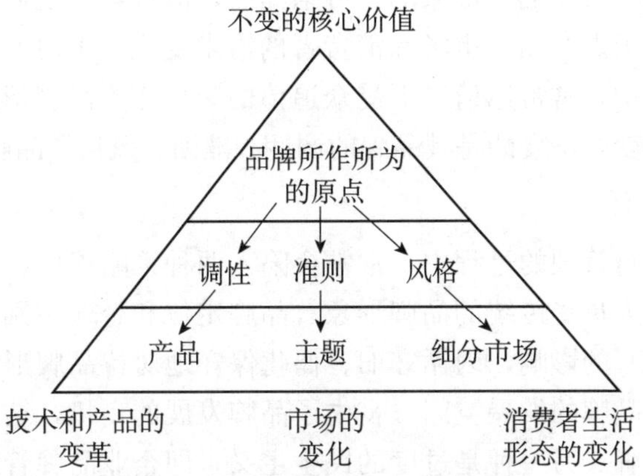

图7-2　品牌形象的时间管理模型

核心价值的这种不变性稳固了企业的品牌定位、识别符号和成本效益，这三者的有效结合可以为企业带来惊人的竞争优势。

(2) 金字塔中层——不能随意变动的调性、准则和风格。处于金字塔中层的是品牌的调性、准则和风格。这些要素一方面受制于金字塔顶层的品牌核心价值，或者说它们是品牌核心价值在品牌形象上的反映；另一方面规范金字塔底层的具体表现元素。品牌调性、准则和风格必须时刻保持与品牌核心价值的有机联系，不能随意改变。但是，为适应时代的变化和文化的演进，这些要素在适当的时候可以循序渐进地改进。凯迪拉克汽车的标志做了多次修改，其成功之处在于：它的改变都是对边缘设计元素进行修改，标志的核心元素则保持不变。这种循序渐进式的改进，不仅反映了时代审美品位的变化，也维持了凯迪拉克品牌形象的核心组成要素。即使在多年后的今天，消费者仍然可以一眼认出凯迪拉克品牌标志。

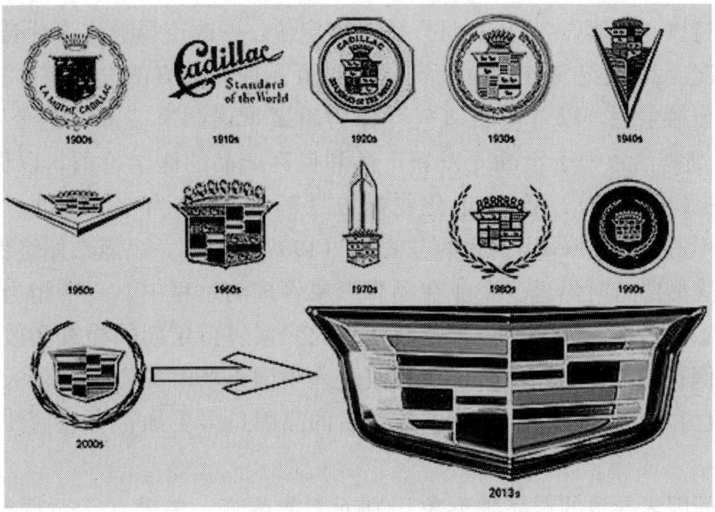

凯迪拉克品牌标志的改进

(3) 金字塔底层——因产品、市场、消费者而变化的品牌传播行为。金字塔的底层是产品、主题和细分市场，其在品牌形象的传播过程中常常表现为品牌定位和传播主题的确定。这些内容都是具体的、形象的、可感知的，消费者正是通过这些要素来认识品牌的。这些内容可以根据产品、市场和消费者的需求变化而随时发生改变。比如，力士香皂在广告传播过程中，常常邀请当下受众追捧的影星作为品牌形象代言人，其广告传播的视觉形象经常改变，不变的是其品牌的调性、准则、风格及品牌核心价值。

3. 保持品牌持久活力

企业在对品牌进行管理的过程中，常常会陷入两种策略误区：一种是过度的教条主义，即企业品牌管理人员受传统的品牌形象、品牌定位和企业识别系统理论原则（策略一致性与视觉统一性）的影响，因循守旧、僵化保守地对待品牌形象传播中的各个相关元素，极大地限制了品牌的发展空间，丧失了品牌发展的良机，结果是难以造就一个受消费者欢迎的强势品牌。另一种是过度的民主主义，即企业品牌管理人员经常根据部分消费者的需求变化和个人喜好随心所欲地更新或改变品牌形象，品牌形象难以保持自己的风格，丧失品牌个性，无法在市场竞争中形成优势。在避免上述两种误区的前提下，企业保持品牌持久活力主要有以下三条途径。

（1）保持品牌的核心价值。所有的企业都希望自己所拥有的品牌能够永远保持生命力，企业应该充分认识到品牌核心价值的重要性，品牌核心价值一旦确立，就必须持之以恒、自始至终地保持下去，不应该随着市场需求的变化而轻易改变。品牌不仅是一种商品消费的象征物，更是一种精神消费的象征物。作为一种特殊的象征物，品牌必须保证自身所代表的意义持久不变。

（2）通过开发新产品保持品牌活力。品牌如果想保持活力，就必须不断开发新产品或举办有意义的传播活动。在不损害品牌核心价值的前提下，企业应该不断开发新产品，寻找产品新的利益点，以适应目标消费者需求的变化。产品可以根据消费者的需求而改变，但品牌核心价值应保持不变。比如，高露洁最早是一家经营很成功的以生产肥皂为主的公司，后来高露洁的产品从“清洁身体”的肥皂向“清洁口腔”的牙膏延伸。高露洁牙膏一直坚持以“健康”“口腔关怀”为品牌定位，一改市场上许多牙膏品牌以化妆品面貌出现的情况。20世纪50年代以后，高露洁开始使用新兴的电视媒体进行广告传播，以“健康”为传播主题，以“清新口气”作为附属承诺，这一定位至今不变。20世纪20—90年代，高露洁致力于不断开发新产品和提高产品的医学价值，以保持品牌活力。从Gardol配方（1955年）、MFD氟化物配方（20世纪60年代晚期）、牙石控制配方（20世纪80年代中期）到GPF牙龈保护配方（1989年）等，高露洁始终保持领导地位。

（3）使品牌形象与时俱进。企业在品牌形象管理的过程中，一个相当重要的内容就是对品牌的标志、名称、口号、包装及其他视觉元素进行定期的检查和改变。品牌传播口号修改的案例有很多，例如，摩托罗拉刚进入中国市场时的广告口号为“随时随地传信息”，之后改为“飞跃无限”，显然，改变后的品牌口号更加符合通信技术日新月异的发展。

当然，时间因素导致的对品牌形象识别元素的改变，关键在于对调整周期的把控。一般而言，为保持时代感而对品牌形象的相关元素进行调整，调整周期相对较长；为保持新鲜感而对品牌形象的相关元素进行调整，调整周期则较短。同时，不同视觉元素的调整周期也不同，例如，品牌标志的调整周期较长，包装的调整周期则相对较短。

4. 品牌形象改变的时机

从品牌形象的时间管理模型中可以看到，品牌形象总体上应该保持稳定，但市场不是稳定不变的，市场的变化是绝对的。因此，从长期发展的角度来看，企业适时地对品牌形象作适当调整和改变是必要的，甚至在一些特殊情况下，企业只有改变品牌形象才能扭转危机。通常在以下四种情况下，企业可以对品牌形象进行改变。

（1）品牌形象未能对准目标市场。企业通过调查消费者对品牌的认知、态度和产品的销售状况可以得知目标消费者是否认可品牌形象。如果获得的结果很不理想，企业就应该考虑品牌形象在哪些地方存在问题，哪些识别元素需要进行适当的改变等。

（2）品牌形象已经过时。随着社会的发展和人们生活水平的提高，消费者的价值观和生活方式都在不断发生变化，曾经成功的品牌形象有可能在新的市场环境中变得没有效用。企业品牌如果面临这种情况，就应该对品牌形象进行重新设计或适当改变。比如，20世纪90年代容声冰箱和科龙冰箱合并之后，就对原品牌形象进行了重新设计。经过重新设计的科龙品牌标志更能够展示其现代企业的内涵与外延。

科龙冰箱品牌标志的演进

（3）品牌形象吸引的市场有限。如果某一品牌形象不错，但该品牌所在市场规模有限，甚至在萎缩之中，企业就应该考虑对品牌形象进行改变，以适应更为广阔的市场。

（4）消费者对品牌形象产生认知疲劳。时间流逝的一个后果是，消费者对原有品牌形象习以为常，甚至丧失兴趣。当一个品牌形象多年维持不变，广告传播表现品牌形象的创意就会逐渐枯竭，品牌在激烈的市场竞争中就会处于不利地位。因此，当消费者对品牌形象产生认知疲劳时，企业应及时考虑改变品牌形象，通过新的品牌形象引起消费者的注意和激发品牌策划人员的创意激情。

三、品牌管理组织

伴随着经济全球化，企业的规模不断扩大，经营方式不断变换，企业的品牌管理方式也发生了巨大的变革。企业拥有多个品牌时，更要注意在多种品牌之间进行协调管理，并在品牌管理组织上作出相应的调整，使之与企业和品牌的发展相适应。

（一）品牌职能管理制

品牌职能管理制于20世纪20—50年代盛行于西方，许多西方企业和部分中国企业至今仍沿用这种管理制度。品牌职能管理制是指在企业统一的领导、组织与协调下，品牌管理的职责主要由企业的各个职能部门承担。各个职能部门的负责人在各自的职权范围内行使权力、承担责任、履行义务，即在品牌职能管理制下，有关品牌的决策与计划由各个职能部门的负责人或者管理人员共同参与研究制定、分别执行。

1. 品牌职能管理制的组织结构

品牌职能管理制的组织结构可以用图 7－3 表示。为使品牌管理工作顺利进行，各部门必须有效地整合运行。在作出有关品牌的最终决定时，最高决策者必须承担相应的责任。

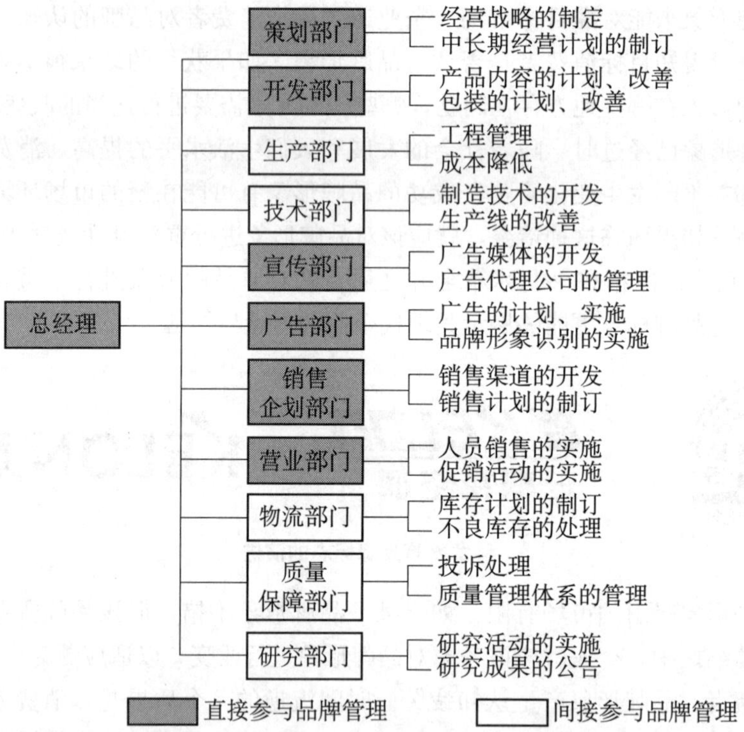

图 7－3　品牌职能管理制的组织结构图

2. 品牌职能管理制的作用

品牌职能管理制的作用主要有以下四点：

第一，可以确保企业内部做到分工合理、责权明晰，极大地消除经验管理的弊端，提高工作效率，有利于品牌形象的提升。

第二，各职能部门的建立以及分工、责权的确认，使企业管理层能够从具体事务中脱身，集中精力思考、解决企业发展和品牌发展的重大问题。

第三，使企业管理包括品牌管理由传统的直觉与经验管理走向科学化管理，在整体上迅速提高企业的管理水平。

第四，通过品牌管理运作，加强各个职能部门的合作和沟通，在出现意外情况导致品牌危机时，企业各部门可以协调、通力合作，将负面影响降到最小。

（二）品牌经理制

品牌经理制是宝洁公司创造的一种特殊的品牌管理模式。品牌经理制就是企业为每一个子品牌都专门设置一位具有高度组织能力的品牌经理，企业赋予其相应的职权，他也要对品牌产品的开发、销售以及产品利润承担全部责任，品牌经理统一协调产品开发部门、生产部门、营销部门以及品牌管理的所有工作。

1. 品牌经理制的组织结构

由于品牌职能管理制涉及的部门太多，总经理往往很难对每一个子品牌的生产与销售情况都了如指掌，由专门的品牌经理来代替总经理具体管理各子品牌，可以大大提高品牌管理的效率（见图 7－4）。

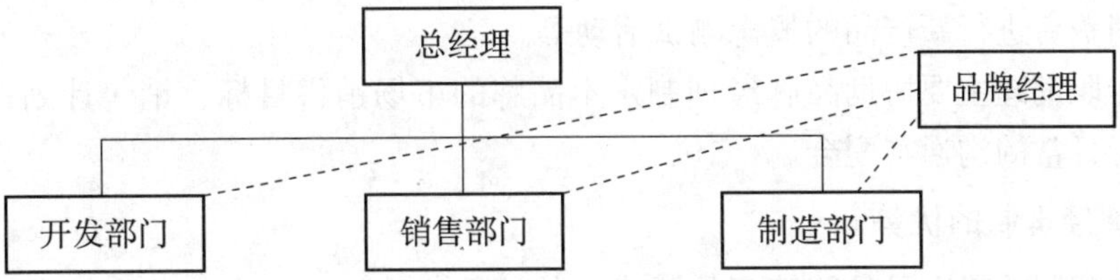

图 7－4　品牌经理制的组织结构

说明：虚线表示调整关系。

在大多数情况下，品牌经理并不是独自一人负责品牌的维护与管理工作。品牌经理实际上是一个品牌管理团队的负责人，在这个团队中，还有数位品牌副经理和品牌助理协助品牌经理共同完成品牌管理的相关工作（见图 7－5）。

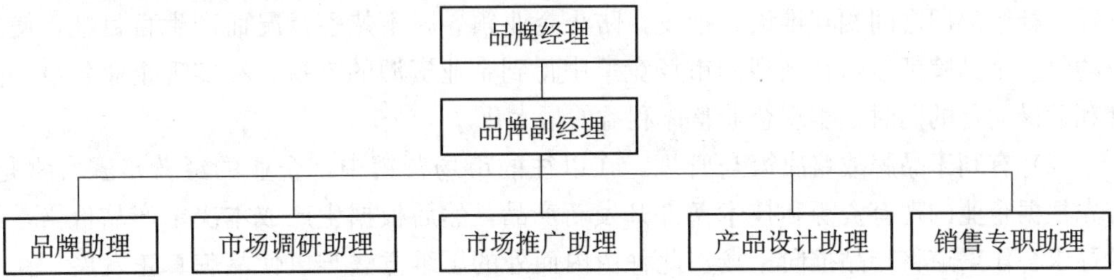

图 7－5　品牌经理制下的管理团队

品牌管理团队中每个成员的工作职责如下。

品牌经理是与品牌业务相关的所有事务的负责人，在品牌管理中起着举足轻重的作用。他的职责是协调企业内部各职能部门之间以及各职能部门与市场、消费者之间的关系。品牌经理组织市场调研活动，组织和协调企业的研发、生产、财务、销售等各个职能部门根据市场需求的变化，采取有效措施，作出快速反应，不断适时调整品牌产品，以更好地满足消费者的需求。品牌经理作为品牌的负责人，不仅要制订品牌的发展计划，还要督导计划的实施和执行。

品牌副经理主要协助品牌经理有效地开展团队管理工作，协助进行价格、广告、促销、分销的日常管理与决策，协助收集、处理有关品牌各方面的信息，为品牌经理及相关人员的决策提供依据。

品牌助理主要负责及时收集本品牌和竞争品牌各方面的信息，尤其是竞争品牌在广告、促销、市场占有率、品牌联想、品牌忠诚等方面的相关信息，为品牌副经理和品牌经理提供决策依据，此外，还负责及时处理品牌经理与副经理分配的各种文书工作。

市场调研助理主要负责市场调研计划（包括消费者购买行为调研、消费者对品牌的认知度调研、品牌销售渠道调研等）的制订、实施和监控；开展行业信息、竞争品牌市场信息的收集、分析及传播效果评估工作；负责市场信息的整理与分析，为品牌经理制订和修正各项市场营销计划提供依据。

市场推广助理主要协助品牌经理制订并执行品牌市场推广计划；协调、督导广告代理公司工作；协助品牌经理对广告及促销效果进行评估。

产品设计助理应根据市场调研结果和新技术发展信息，协助品牌经理拟定新产品开发计划；协助品牌经理与产品研发、生产、材料采购等相关部门开展合作；组织市场研究人员对消费者进行新产品的概念测试活动等。

销售专职助理主要协助品牌经理制定本品牌的市场销售目标、销售计划；负责同销售部门进行日常的沟通与配合。

2. 品牌经理制的优势

品牌经理制的建立是品牌管理趋于成熟的结果。品牌经理在企业内部全面负责品牌的构想、设计、传播、维护、管理和品牌资产的经营等，从而保证全面有效地实施品牌战略，形成有效的管理机制。概括起来，品牌经理制具有以下几个优势。

（1）加强部门间的沟通与协调。企业采用品牌经理制并全权委托品牌经理负责品牌运营的全过程，可以使品牌经理熟悉品牌运作的各个环节，能够立足全局，充分运用品牌管理制的优势，协调各部门共同为品牌发展作出努力；同时，还可以明确每个部门的责任，杜绝部门之间相互推诿、扯皮，防止企业领导因不熟悉情况而产生盲目性，使企业的每一个品牌都能够在激烈的市场竞争中得到企业资源的支持，在实现企业各单一品牌利益最大化的同时，实现企业整体利益的最大化。

（2）有利于品牌战略决策与管理。在以往的市场营销中，企业的经营步骤常常是：首先根据企业的现有资源和技术条件开发新产品，然后根据生产成本决定产品价格，最后寻求合作渠道将产品推向市场。此种由内而外的思维方法难以使品牌真正发展。在品牌经理制下，企业的品牌战略成为企业整体战略中最为关键的一部分。更为重要的是，在品牌经理制的运作中，品牌的经营步骤从由内而外向由外而内转变，品牌经理根据市场需求规划品牌的长期战略，确定品牌的发展目标，包括新品牌的定位、创建，对现有品牌的维系、调整、延伸，以及制定品牌的整合营销传播策略等。因此，品牌经理制有利于企业品牌战略决策与管理。

（3）维持品牌的可持续发展。品牌的生存和发展与其他事物一样，也有生命周期。企业采用品牌经理制后，可以由专职的品牌经理对品牌进行全天候的维护和监控，时时关注消费者对品牌形象的偏好与忠诚度的变化，据此调整品牌形象的识别元素，使品牌形象能够在消费者心目中保持应有的地位。如宝洁公司的佳美香皂和象牙香皂历史悠久，这些品牌能够长期发展并立于不败之地，就是因为宝洁公司较早地实行了品牌经理制，这些品牌的管理部门能够充分地从企业品牌的整体利益出发来考虑各子品牌的发展策略，从而延长了品牌产品生命周期。

（4）有利于培养消费者的品牌忠诚度。在品牌经理制下，品牌经理着眼于品牌竞争的差异化优势，包括价格成本差异化、产品特点差异化、服务质量差异化、品牌风格差异化、促销手段差异化，有效地突出自身品牌的优势特征，消除产品或品牌的同质性，以差异化改进品牌的市场定位，通过实行差异化战略赢得市场竞争的主动，增强消费者对品牌的偏好和忠诚。

第 3 节 品牌维护

品牌的营销传播活动是在不断发展变化的环境中进行的。品牌营销传播活动的成败取决于企业对市场环境变化的适应能力。为了使品牌在瞬息万变的市场竞争中始终处于主导地位，不至于由于环境的突变或突发因素而产生品牌危机，企业应该注意精心维护构成品牌的各个要素。品牌维护主要由品牌诊断、品牌维系和品牌保护三个方面构成。

一、品牌诊断

企业对品牌所开展的任何维护行动，都必须建立在对品牌进行深入、细致和全面的诊断的基础上，否则可能因无的放矢而浪费企业的人力和物力，甚至有可能间接地损害品牌的整体形象。

（一）品牌诊断的基本概念

品牌诊断是指企业从时间（品牌的过去、现在）与空间（品牌在市场竞争中所处的地位）维度对所拥有的品牌进行全面、综合和客观的分析，洞察品牌在市场竞争及消费需求不断变化的过程中有可能出现的问题，及时采取防范或纠正措施，使品牌能够可持续地健康发展。

品牌诊断的意义不是在发现品牌的若干问题后才采取一些补救措施，而是督促企业必须在平时就牢固树立危机意识，自觉地将品牌诊断工作纳入企业管理，使之制度化、经常化，防患于未然。

（二）品牌诊断的方法

企业开展品牌诊断的目的是使品牌不出现或少出现问题，这就要求企业既拥有一定专业水准的诊断者（企业自身的品牌经理或聘请的品牌管理机构的专业人员），又采用先进和正确的诊断方法，如此才能及时发现品牌在市场运作中有可能或已经存在的问题，并迅速解决问题。

1. 品牌诊断的内容

洞察一个品牌的过去、现在和未来，了解一个品牌的竞争力和健康程度，需要综合考虑三大要素，那就是品牌传递给消费者的价值、品牌的市场表现和品牌的竞争前景（见图 7－6）。

价值传递是品牌的物质基础。没有价值，品牌就失去了根基。市场表现则是品牌发展的结果，是品牌诊断的依据，也是品牌诊断未来的起点。竞争前景是对品牌未来的展望，是对品牌竞争力与成长动力的洞察。根据品牌在这三大内容上的表现，可以清晰地

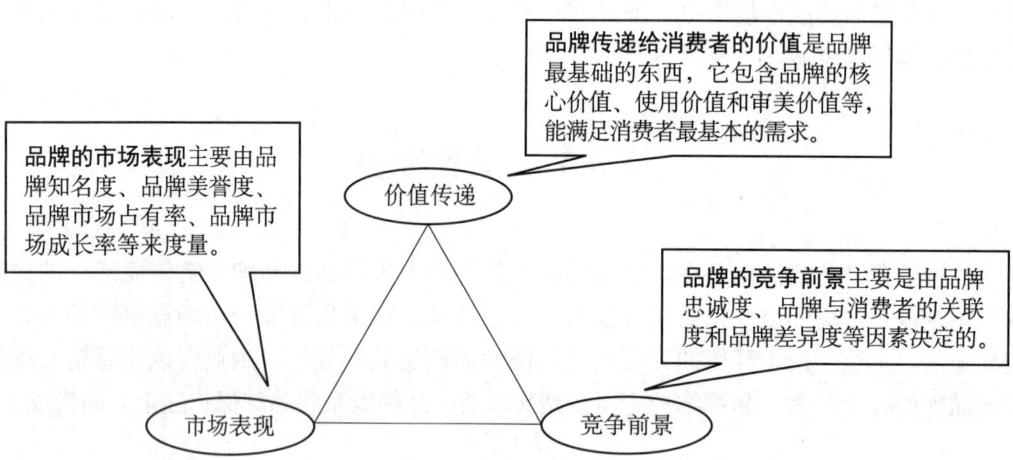

图7-6　品牌诊断的三大内容

界定品牌的市场位置、品牌策略的市场效果、品牌竞争力及品牌管理的未来方向。基于三大内容的平衡程度，我们可以得出八种品牌诊断结果：强势品牌、弱势品牌、成长品牌、流行品牌、特异品牌、现实品牌、低价品牌、利基品牌（见图7-7）。

（1）强势品牌。这种品牌具有稳定的产品质量，已经建立起市场基础，在同类产品中塑造并传播了不可替代的品牌形象，与消费者的生活方式具有高度的相关性，占据绝大部分的市场份额。强势品牌在价值传递、市场表现和竞争前景方面都具有良好的表现，属于典型的领导品牌。如可口可乐就属于强势品牌。

（2）弱势品牌。此种品牌在市场上已经丧失竞争力，根本原因是该品牌产品不能满足消费者的需求而失去了市场基础。其在价值传递、市场表现和竞争前景上的表现都明显地呈现弱势，属于逐渐淘汰的产品。如健力宝和红桃K补血冲剂等产品就属于弱势品牌。

（3）成长品牌。该类品牌有比较稳定的产品质量，传递给消费者的品牌价值（包括产品的使用价值和品牌的核心价值）能够得到消费者的认同，但是该类品牌目前在市场上的销售状况以及未来的发展前景不容乐观，造成这种状况的原因可能是该品牌产品上市不久，还处于市场导入期，品牌影响力有待进一步扩大。如果企业加大品牌传播力度，挖掘或突出品牌的差异化特征，实施更有针对性的品牌战略，则成长品牌会有很大的成长空间。

（4）流行品牌。严格来说，属于这种情况的只能称为产品而不能称为品牌，因为该类产品只有一定的市场销量，但消费者对其价值并没有多少认知，而且该类产品没有质量上的独特性和差异性。显然，这种产品就是典型的跟风产品。

（5）特异品牌。从品牌诊断的三大内容来看，这种品牌既缺乏良好的价值传递，又没有理想的市场表现，却具有一定的品牌差异性和独特性。这种品牌一般有两种情况：一是属于典型的概念炒作品牌，但炒作效果不太理想，如上海汤臣一品楼盘就属于这种情况；二是处于市场边缘的细分品牌，即与某一类特定的消费人群（这类消费市场容量十分有限）的生活方式有很强的关联性，如专门为听力不好的人生产助听器的斯达克。

（6）现实品牌。这种品牌既具有稳定的质量和消费者认可的品牌价值，又有相当不

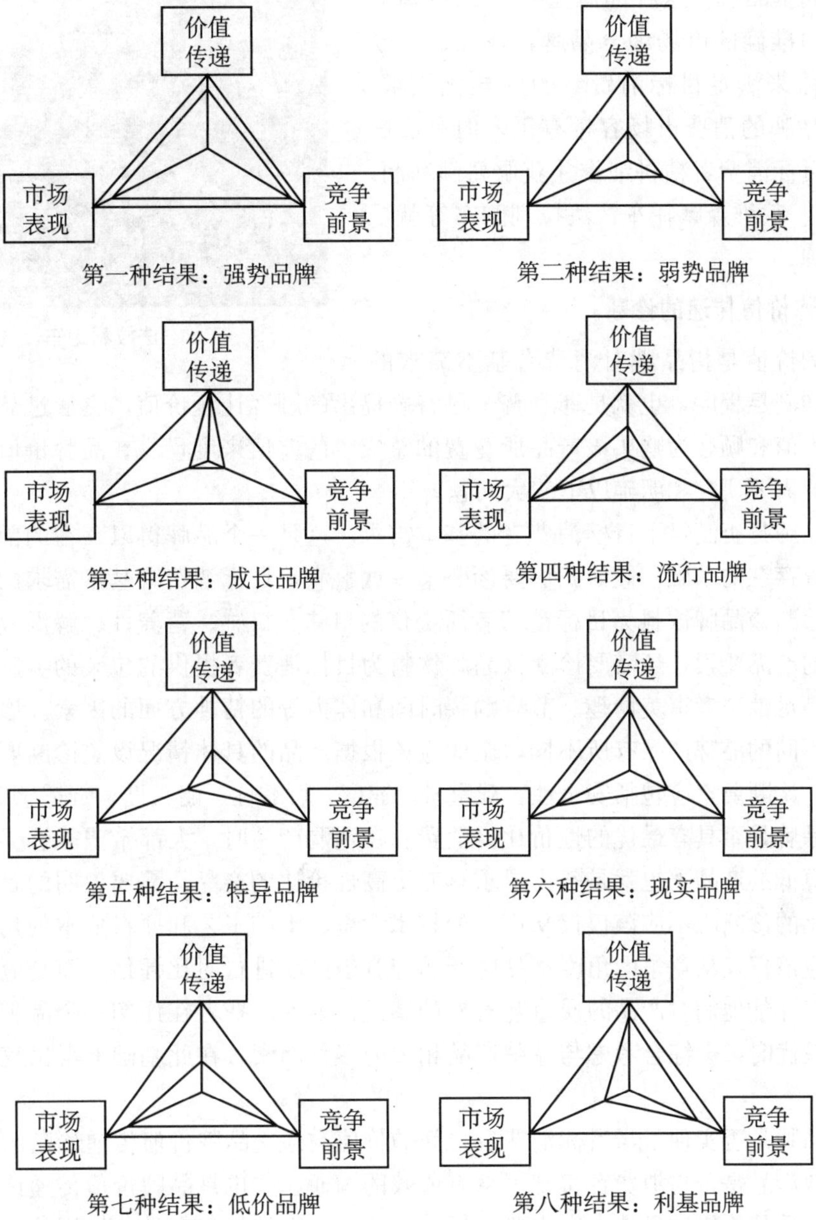

图 7－7　基于三大内容的八种品牌诊断结果

错的市场销售业绩，但是，由于缺乏品牌的差异性和独特性，该类品牌在抵御竞争对手的攻击方面十分被动，市场发展前景不容乐观，甚至有面临市场衰退的可能。对于此类品牌，企业应该适时地采用品牌活化和品牌创新策略，以强化市场竞争能力。

（7）低价品牌。这种品牌缺乏优异的品牌价值，也就是说品牌没有带给消费者更多的使用价值或观念价值，但是在市场上有不错的销售业绩，与特定消费者也有比较密切的关联。大体而言，属于这类品牌的产品具备以下两个共同的特征：低价和模仿。这类品牌由于自身没有多少技术优势和产品的差异化特征，只能依靠价格优势抢占部分市场份额。如国内汽车行业的奇瑞、力帆等就属于低价品牌。

（8）利基品牌。这种品牌是一种经过精心策划、指向准确的市场细分品牌，往往以出众的品牌价值来满足目标消费者的差异化需求。虽然这类品牌的消费市场容量有限，但是品牌可以针对目标消费者精耕细作并获取高额利润。比如，哈雷-戴维森摩托车、法拉利跑车等就属于这种品牌。

法拉利跑车

2. 品牌价值传递的诊断

这里的价值是指品牌对消费者基本需求的满足能力和满足程度，也就是菲利普·科特勒提出的顾客让渡价值，它通过品牌提供给顾客的总价值和顾客为购买该产品所花费的总成本的差值来度量。在品牌价值传递的诊断中，企业需要研究和明确以下三大问题。

（1）品牌是否满足了目标消费者的基本需求。这是一个品牌得以存在的前提，也是产品或服务存在的基础。假如我们要诊断某一饮料满足目标消费者基本需求的状况，就不仅需要诊断该品牌饮料为目标消费者所提供的口味、口感、营养性、解渴效果、新鲜度等基本的产品要素，还需要诊断该品牌饮料为目标消费者提供的包装的美感、购买的方便性等满足消费者审美情趣、节省购买时间和体力等的精神方面的因素。诊断要素的设定对于不同的品牌产品有所不同，企业应该根据产品的具体情况设定诊断要素。比如对于汽车，诊断要素应包括安全性、载重量、速度、可靠性、耐久性、舒适感等。

（2）品牌是否具有最优的性价比。消费者在选购产品时，大都希望能够买到质量更优而价格更低的产品，也就是努力寻求具有更高性价比的产品。需要说明的是，对品牌产品性价比的诊断既不应该仅仅从产品的技术含量、生产工艺和原料成本的角度进行评估，也不应该仅仅从竞争的角度将品牌产品与竞争产品进行对比评估，而是应该从消费者的角度来评估他们对产品的质量与价格的感觉，因为消费者在评判一个品牌产品的性价比是否最优时，会综合考虑与品牌产品相关的多种因素，在此基础上得出直观的感知与反馈。

（3）品牌是否实现了与目标消费者之间的价值沟通。品牌价值传递诊断的第三个问题就是品牌产品是否与消费者实现了卓有成效的沟通，这也是品牌价值传递诊断最为重要的内容。品牌价值沟通的内容主要包括两个层面：一是品牌产品的使用价值层面；二是品牌为消费者提供的精神价值的层面。最为理想的结果是这两个层面的品牌价值通过适当的传播媒介和方式同时被目标消费者认同。在实际的品牌运作中，有许多品牌在传播过程中常常受到与消费者沟通问题的干扰，品牌价值在传递过程中受到影响。因此，企业在对品牌价值传递要素的诊断过程中所要解决的问题是：品牌价值传递过程中所强调和突出的内容是不是消费者最关注的？品牌价值传递是否选择了最合适的传播媒介和方法？品牌的核心利益点（使用价值）在目标消费者中的熟悉程度、吸引程度、可信程度如何？等等。

总之，只有将消费者最需要的产品使用价值和符号象征价值通过合适的载体准确地传递给目标消费人群，并得到预期的认知和理解，品牌价值传递才是完善的，品牌价值传递的运行才是健康的。

3. 品牌市场表现的诊断

品牌市场表现可以直观地反映一个品牌的现状，直接、有说服力地体现企业所运用的品牌战略在市场上的成效。对品牌市场表现的诊断可以通过以下五大指标来进行，即品牌知名度、品牌知晓度、品牌美誉度、品牌市场占有率和品牌市场成长率（见图7-8）。

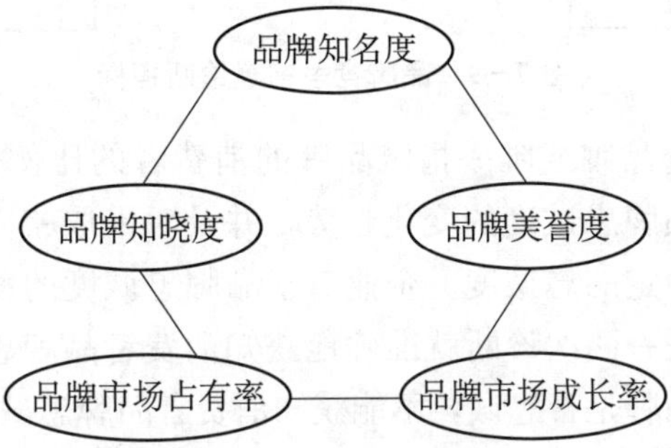

图7-8　品牌市场表现诊断五要素

品牌知名度是指消费者对某品牌产品名称或商标的识记程度。品牌知晓度是指消费者不仅知晓某品牌产品的名称或商标，而且对该品牌产品的使用功能、产品质量、包装、价格等基本情况都非常了解。品牌美誉度是指消费者在使用某品牌产品之后对该品牌产品形成的正面的、积极的评价。

品牌市场占有率是指在一定的时间范围内购买某一特定品牌产品的消费者在该品牌产品所属品类市场消费者中占有的比例，也就是指消费者的占有率，而不是通常理解的销售额、销售量的市场占有率。

品牌市场成长率是指某年某一特定的时间段内某特定品牌的消费者占有率与上一年同一时间段内该品牌的消费者占有率的比值。之所以要选择两年的同一时间段而不选择在一年中的两个时间段进行比较，是因为需要考虑到产品销售的外部环境因素有较大的差异会导致比较失去意义。如在一年之中的冬天和夏天比较啤酒销售情况就完全没有意义。因此，将某一特定品牌在两年内同一时间段内的情况进行比较所得出的比值与一年来新增加的消费者、流失的消费者、核心的或重要的消费者等相关资料进行综合分析，能够直接得出当年品牌营销战略的成效。

4. 品牌竞争前景的诊断

品牌竞争前景是指品牌是否具有良好的竞争能力和持续的成长动力。品牌竞争前景可以通过品牌忠诚度、品牌与消费者的关联度和品牌差异度三个指标加以度量（见图7-9）。

（1）品牌忠诚度。品牌忠诚度是衡量品牌是否具有市场竞争能力和成长前景的重要指标，它是指消费者在购买决策中多次表现出来的对某个品牌有偏向性的（而非随意的）行为反应。这种反应体现在消费者对某个品牌产品的持续购买、持续消费、口碑传播等行为中。品牌忠诚度的形成不完全依赖产品的质量、知名度、品牌联想及传播，它与消费者自身特有的价值取向和审美品位等密切相关。

企业对品牌忠诚度的诊断，可以将在连续两年甚至三年的时间段里始终将企业的品

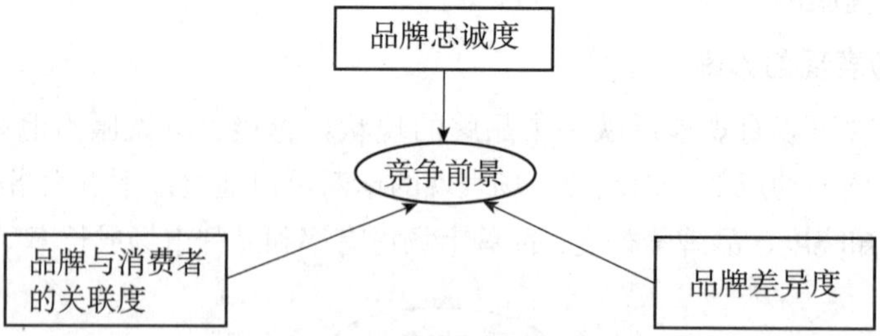

图7-9　品牌竞争前景诊断指标

牌作为同类品牌中的首选品牌或唯一指定品牌的消费者的比例作为分析和度量的依据，以便准确地把握消费者品牌忠诚度的变化趋势，并及时采取相应的对策，尽可能使较多的消费者对本品牌拥有稳定的忠诚度。企业对于品牌忠诚度的度量应该是一项长期持续的跟踪调查，绝不可能凭一两次诊断就准确地获知消费者品牌忠诚度的变化趋势。一次诊断只能得知消费者对品牌是否忠诚，不能获知消费者品牌忠诚度的变化趋势。

（2）品牌与消费者的关联度。企业生产的产品通过向消费者提供使用价值来满足消费者最基本的需求，企业塑造的品牌则可以通过其蕴含的文化观念来满足消费者的精神与情感需求。成功的品牌被赋予一种价值、一份情感、一种象征来满足消费者的心理需求，从而具有生命力。伟大的品牌则不仅具备上述内容，更重要的是能融入消费者的生活，成为消费者的生活态度、生活方式和人生追求的一种载体，影响更多的消费者自愿成为拥有同一种生活方式和价值观的大群体的一员，产生一种群体归属感。

案例7-2　可口可乐的“新可乐”失败案例

品牌与消费者的关联度决定了品牌生存与发展的基础。企业如果要对品牌的竞争前景进行诊断，就必须将这个关联度作为必不可少的度量指标。为此，企业在诊断的过程中需要研究分析以下几个问题：本品牌目标消费者目前的生活方式、生活态度是怎样的？不同生活形态的消费群体在社会公众中所占比例及各群体的背景特征是什么？本品牌的价值诉求是否与某种生活方式具有密切的联系，选择这种生活方式的消费群体的容量有多大？本品牌传递的价值理念（品牌文化理念、品牌价值主张、品牌使用利益等）在目标消费者中的熟悉程度、吸引程度、可信程度如何？本品牌理念、主张、利益诉求是否对目标消费者的购买、消费行为产生了实质性的影响？等等。

（3）品牌差异度。从品牌的使用价值的角度来看，品牌的核心竞争力就是品牌产品所具有的不可模仿性和不可替代性。不过，企业对品牌差异度的理解不可局限于品牌产品的技术专利和功能研发的层面。毕竟，技术上的竞争优势在时间上总是有限的，而观念上的竞争优势在时间上更接近于无限。因此，企业应该注重通过提炼和传播品牌最核心的价值诉求、精神诉求或实现这些诉求的手段和方式来强调与突出品牌差异度。

对品牌差异度的诊断主要包括以下三个方面的内容。

第一，品牌自由联想。在诊断的过程中，品牌管理人员不能事先给予被试（消费者）任何提示，只能告诉被试某一品牌名称，让被试对品牌蕴含的意义展开自由联想，以此来审视产品属性、品牌利益、品牌态度、企业行为等方面的联想广度与强度、联想美誉度和联想独特性。

第二，品牌载体形象，如名称形象、包装形象、渠道形象和传播形象等。

第三，品牌个性特征。品牌的个性特征可以直接赋予品牌产品独特性和差异性。对品牌个性进行审视，可以从两个方面展开：一是直接对品牌本身的个性特征进行审视。品牌个性来自品牌行为对品牌自身的影响，反过来品牌个性又可以影响品牌行为。二是针对品牌产品的使用者的基本属性进行审核分析，以便准确地了解和把握品牌更适合哪类消费人群，以及品牌的使用者具有什么样的属性特征，比如是男性还是女性或是没有性别差异？是儿童、青年人还是老年人更适合成为本品牌的使用者？最适合成为本品牌使用者的消费者的职业、文化、个性特征是什么？等等。

在实际的操作过程中，企业需要先对上述各项细分指标分别进行审核，然后按照重要程度为每个指标设定权重，最后经过加权平均计算得出品牌在消费者心目中品牌自由联想的差异度、品牌载体形象的差异度和品牌个性特征的差异度。

综上所述，品牌忠诚度反映了品牌在消费者心目中的整体实力；品牌与消费者的关联度反映了品牌在一定时间内的市场基础；品牌差异度反映了品牌在满足消费者需求方面具有多大的不可替代性。三者共同决定了品牌竞争前景。

品牌诊断是一个比较复杂的系统工程，它包含的具体内容和要素非常多，除了已述及的内容，还包含品牌沟通策略的诊断、品牌识别系统的诊断、品牌形象系统的诊断、品牌的内部诊断等，都需要企业进行深入细致的研究和分析。

二、品牌维系

品牌维系大致可以分为两种形式，即保守性维系和积极性维系。前者包括常规品牌维系和品牌危机管理，是指企业在经营战略中采取非进攻性的、用于加强与巩固品牌的市场地位和声誉的营销与传播手段；后者包括企业的管理创新、品牌形象的更新、品牌定位的修正和科技创新等，是指企业在经营战略中采用进攻性的，旨在提升企业和品牌产品形象、积极拓展市场的营销与传播手段，核心理念是根据市场需求的变化和消费者心理需求的变化不断创新，与时俱进。

品牌维系不可能一蹴而就，需要各个方面的努力，企业自身维系、政府的支持以及消费者对品牌的爱护等多管齐下，方可真正从常态上维系品牌的生命力和竞争力。

（一）企业的常规品牌维系

作为品牌维系的重要组成部分，企业的常规品牌维系是最基础的，是企业必须从日常工作做起的。企业的常规品牌维系主要包括以下三方面内容：生产系统的维系、技术层面的维系和营销策略的维系。

1. 生产系统的维系

（1）针对目标群体开展有效营销。企业提供给消费者的产品是企业与市场之间的纽带，产品能够满足消费者需求的能力则是品牌得以存在和发展的基本前提。企业要想保证自己的品牌能够在市场上长盛不衰，就必须依据市场需求的实际状况和变化趋势，结合自身的优势组织产品的生产经营活动。盲目扩大生产规模或一味降低产品售价以片面追求市场占有率的做法是与品牌维系背道而驰的。无论市场怎样变化，企业都应牢牢地把握目标消费者的真正需求，并根据他们的需求坚持生产与目标消费者品位、风格和个性相吻合的产品，有计划地安排产销量，巧妙地维持生产与销售的平衡，以保持旺盛的市场需求。另外，还应尽力避免因过量扩产、市场需求饱和而不得不降价竞销，致使品牌声誉受到损害的情形。

（2）持之以恒的严格质量管理。企业实施严格的质量管理是维系品牌资产最重要的一种手段。严格要求、严格管理体现在企业生产与经营活动的方方面面，目的是维系和提升品牌在市场上的竞争力。

企业通过保证品牌产品质量的稳定，可以向市场表明其品牌产品的基本特性及企业在满足目标消费者和其他利益相关者需求方面的管理能力。消费者对品牌产品质量的要求往往会随时间变化，也与科学技术的不断进步有密切的关系。消费者对产品质量的要求可以转化成具有具体指标的特征和特性，通常包括产品的安全性、耐用性、适用性、新颖性和审美性。

品牌产品的安全性是指产品在使用、储运、销售过程中所表现出来的保障人体健康和人身、财产免受损害的基本性能。事实上，品牌产品安全可靠，是消费者对产品质量的基本要求。安全性直接关系到品牌产品的市场发展前景和品牌形象的建立与传播，尤其对于那些有可能造成重大安全问题的产品，如汽车、热水器、高压锅等，安全性就更为重要。

品牌产品的耐用性是指产品在使用过程中，其使用寿命能否符合甚至超出品牌产品设计的使用年限。能够长时间无故障地使用的产品，更受到消费者的喜爱。对于家电类、电子类商品来说，耐用性是影响消费者选择购买的重要因素。

品牌产品的适用性是指产品在一定条件下能够帮助消费者实现预期目的或者规定用途的能力。企业要根据目标消费者的实际需要设计产品的具体功能，以增加产品对消费者的适用性。目前市场上有许多品牌产品增加了科技含量，设计了众多的使用功能，产品的操作十分复杂，消费者为产品的多功能支付了较高的费用，但是大多数消费者可能永远都不会使用那些复杂的功能。

严格来说，产品的新颖性和审美性不能算作产品的质量范畴，但是从市场竞争的角度来看，随着人们生活水平的提高，消费者对产品的新颖性和审美性的要求越来越高，企业应该积极主动地根据市场需求的变化对产品的设计、包装等环节加以改进，以便通过新颖的使用功能和外观设计使产品的质量明显提升。苹果手机之所以受到市场的热烈追捧，一个很重要的原因就是苹果手机同时满足了消费者对使用功能上的新颖性和产品外观上的审美性的要求。

2. 技术层面的维系

（1）保持技术领先。保持技术领先是一个品牌在激烈的市场竞争中赖以生存和发展的先决条件。技术领先意味着在相同的外部条件下，企业所拥有的品牌产品比同类竞争产品具有更多实用的功能和更优异的质量，可以为消费者提供更多的产品效用，使消费者产生物有所值甚至物超所值的满足感，从而吸引更多的潜在消费者成为本品牌产品的实际消费者。技术领先还意味着品牌产品可以凭借掌握的先进技术，以新的理念、材料、工艺和方法，不断开发出领先于竞争对手的新产品，在市场竞争中始终占据领先位置。

(2) 严格技术保密。差异化是现代企业参与市场竞争的基本战略之一。差异化的实质就是努力形成品牌产品独有的特点，以明显区别于竞争品牌的产品，从而形成某种技术垄断。产品的差异化可以通过多种方式实现，相当多的品牌产品的差异化与其独特的原料、配方、工艺或严格保密的技术有关。如可口可乐的配方一直严格保密，就是一个典型的案例。

(3) 统一技术标准。在激烈的市场竞争中，拥有良好品牌形象的企业往往会突破原有地域或国界的局限，通过并购、控股、合资、联营、承租乃至特许经营的方式，将产品的生产加工和制造环节转移到加工成本更低的国家或地区，或者允许其他企业有偿使用本品牌来加工生产产品，以获得更高的市场占有率和更多的利益。企业如果以上述方式进行品牌扩张，就一定要进行严格的质量控制，坚持统一的技术标准，严格按照企业规定的统一生产标准和质量标准进行管理，绝不可盲目地追求规模效益而牺牲品牌的声誉。

3. 营销策略的维系

企业常规品牌维系的最后一方面内容是对于品牌营销策略的维系。对于企业的品牌经理而言，是否始终自觉地将消费者视作品牌营销与传播的核心和导向，将直接影响品牌营销策略的实施效果。企业对于营销策略日常维系的核心内容就是坚持以消费者为中心，一方面通过传统的营销组合方法对品牌产品进行市场推广；另一方面通过建立顾客关系管理系统与目标消费者保持沟通，以维系品牌产品的常规运作。

(二) 消费者的品牌维系

对于消费者而言，品牌是一个符号、一种信息和一个承诺，也是品牌的拥有者与消费者进行沟通的媒介。消费者根据自己对品牌形象的认知与喜好作出购买决定，直接的利益动机是可以减少自己在选择商品时所花费的时间、体力、心力，最重要的是可以大大降低购买风险。因此，企业在开展消费者的品牌维系工作时，应该及时了解和掌握消费者对本品牌辨识能力的相关信息，据此对品牌形象及产品作出更符合消费者需求的改进，使得品牌维系朝积极的方向发展。

三、品牌保护

品牌保护就是对品牌的所有人、合法使用人的品牌（商标）使用权采取各种保护措施，以防范来自第三方的侵害或侵权行为。这实际上就是对品牌的知识产权进行保护，即对品牌的注册商标、专利、商业秘密、域名等涉及知识产权的内容进行保护。品牌保护主要由品牌的法律保护和品牌的自我保护两方面内容构成。

(一) 商标的基本概念

界定商标的基本概念，首先应该将商标与品牌的概念放在一起进行比较。只有分析清楚品牌与商标的关系，才能真正理解商标的概念。

1. 商标与品牌的关系

商标不同于品牌，商标是个法律概念，品牌是个市场营销概念。在市场经济中，能称得上品牌的实际上就是在某个行业具有一定美誉度和知名度的商标，这种商标也称为名牌。

品牌并不是与生俱来的，品牌是成功的传播与营销的结果，是对使用商标的产品进行整体营销策划，包括研究市场，选择目标市场，制定产品策略、价格策略、渠道策略和促销策略，并保证这些策略有效实施。品牌应该包括以下几方面的内容：商标、产品质量、营销手段、广告诉求、服务。品牌并不只是商标，而是依附在商标上具有无形价值的东西，凝聚着品牌策划与管理人员的智力成果。

2. 商标的定义

商标是一种法律用语，被生产经营者用于生产、制造、加工、拣选或者经销的商品或服务，以区别商品或服务来源，具有显著特征的标志，一般由文字、图形或者其组合构成。经国家核准注册的商标为注册商标，受法律保护。商标注册人享有商标专用权。

我国的《商标法》第八条规定：“任何能够将自然人、法人或者其他组织的商品与他人的商品区别开的标志，包括文字、图形、字母、数字、三维标志、颜色组合和声音等，以及上述要素的组合，均可以作为商标申请注册。”由此可见，商标是一种标志，用于商品上，具有区别性，是一种可视标志。

这与国际上通常采用的商标定义是一致的。比如，在欧盟商标条例中，商标被界定为：由能用书写表示的任何标志，特别是文字，其中包括人名、图案、字母、数字、商品形状或其包装，只要这些标志能够将一个企业的商品或服务同其他企业的商品或服务区别开来。这些关于商标的定义揭示了商标的本质特征，说明了人们对于商标的共识。

3. 商标的构成

商标的核心概念在于“受法律保护的、有区别功能的商品标志”，也就是说，如果消费者能够借助某种标志将某个商品或服务与其他商品或服务区别开来，这个标志就是商标，该标志的拥有者就可以通过商标注册提出对该标志的所有权和使用权。商标的构成方式多种多样，以下是一些市场上常见的商标构成。

（1）词汇商标。这是最常见的一种商标构成，商标就是该商品的名称词汇。此种商标的设计方法能够起到明显地表示并区分商品或服务的作用。如英特尔、耐克、麦肯锡、微软等都采用此种方法设计商标。

（2）字母组合。这种方法与词汇商标在本质上是一回事，只不过这种方法是在词汇商标的基础上，将各词的首字母予以组合，形成商标。如 BMW、IBM、KLM（荷兰皇家航空公司）等。

McKinsey&Company

麦肯锡咨询公司商标设计

KLM

荷兰皇家航空公司商标设计

(3) 数字组合。以数字组合的方式构成商标实际上是企业为品牌另行注册一个副品牌，目的是区别于该品牌覆盖的其他商品。如 Levi’s 501（李维斯牛仔裤）和保时捷 911（保时捷汽车）等。

(4) 书写风格。企业商标受到法律保护的不仅仅是商标的词汇或发音，还包括商标的书写风格，企业希望商标不仅通过词汇本身，而且通过词汇的书写风格起到区别于其他商品的目的，如可口可乐商标。

(5) 图形。企业将为品牌或商品设计的图形作为商标，希望通过特殊的图形起到标志商品的作用，达到区别于其他商品的目的。如苹果电脑的“苹果”图形、英国石油的“太阳花”图形等。

保时捷 911 汽车商标设计　　可口可乐商标设计　　英国石油公司商标设计

(6) 色彩。在某些特殊的情况下，比如具有相当长历史的知名品牌，其商标构成要素中的色彩或色彩组合也具有一定的商品区别功能，色彩本身也构成了商标，企业完全可以将这种具有明显区别作用的色彩作为商标的重要组成部分。如壳牌的红黄色彩、IBM 的蓝白条搭配等。

(7) 包装。对于消费者而言，商品的包装往往是他们选择购买商品的重要判断依据，因此商品的包装本身就成为区别商品的一个非常重要的元素。将包装作为商标，主要有两种形式：一是将商品包装的标贴物设计构图作为商标，如万宝路产品包装的设计构图；二是将商品的包装物的造型设计作为商标，如可口可乐的包装瓶设计。

可口可乐包装瓶设计

(8) 声音。在特殊情况下，企业也可以将精心创作的音乐作为区别于其他商品的听觉商标。著名的例子如英特尔的标志性音乐和米高梅电影公司影片片头的狮子吼声被这两家公司分别注册为商标。

目前许多国家对声音能否作为商标仍有争议。2000 年哈雷-戴维森撤回了将其摩托车发出的声音作为商标注册的申请，因为该申请遭到了摩托车行业众多公司的反对，这些反对者对哈雷-戴维森造成的压力使其意识到以摩托车声音作为商标注册的受理程序可能旷日持久且耗资巨大，于是决定放弃注册。

(9) 气味。与声音同理，气味原则上也可以注册为商品的商标，但前提是某商品的气味必须具有其他商品所不具有的独特性，可以令人立即产生对该商品的联想。

上述列举的可以作为商标的视听觉元素，体现了商标法对商标概念理解的宽泛程度。

构成商标的元素还有许多，从理论上说，不管这些元素是什么，只要能够起到区别商品的作用，而且企业对其拥有所用权和使用权，企业就可以将其注册为商标。

（二）品牌的法律保护

企业运用法律手段对所拥有的品牌进行保护是十分必要的。在我国颁布的《中华人民共和国民法典》《中华人民共和国商标法》《中华人民共和国反不正当竞争法》《中华人民共和国产品质量法》《中华人民共和国刑法》等相关法律法规中，对企事业单位的商标创建、使用和违法惩罚都有明确的规定。企业应该首先做到不得有侵犯他人商标的违法行为，然后应该依据法律法规对自己的商标采取相应的保护措施。

企业对所拥有的商标进行法律保护，主要涉及两方面的内容：注册权和商标权。其中，商标权是品牌法律保护的核心。商标权是对商标在使用过程中各种权利的统称，包括商标专用权、续展权、许可权、转让权等。

1. 注册权

企业要想使所拥有的商标获得法律保护，就必须注册，从而获得法律认可的商标专用权，这就在客观上要求企业必须强化商标注册意识。企业由于商标注册意识薄弱而没有及时到企业属地的相关部门注册商标，将会在市场竞争中留下致命隐患，很可能蒙受巨大损失。商标注册权保护的具体原则主要有以下几点。

（1）注册类别要宽。由于商标注册是与本体品牌产品一对一绑定的，商标权的使用范围就只能以商标注册时核准的商品为限，超出核准的商品范围的商标得不到法律的保护，比如长丰集团生产的猎豹汽车在申请商标注册时只是将猎豹商标的使用范围限定在汽车行业，该商标自然受到法律的保护，但是随着猎豹汽车品牌影响力的扩大，长丰集团希望利用猎豹的品牌影响力进入服装行业，生产猎豹牌男士休闲服装，此时，猎豹牌男士休闲服装就不能受到法律的保护。反过来说，由于当初猎豹商标的注册使用范围仅限于汽车行业，实际上也就是不反对其他企业使用猎豹商标进入非汽车行业进行商业活动。

越来越多的企业开始意识到商标是参与国内外市场竞争的有力武器，因而大都采用占位策略注册，根据自身的实力和今后发展的规划设想，将同一商标注册于几个不同的行业，以防止竞争对手使用与自己相同的商标生产经营其他类别的产品，避免消费者在认知上产生混淆，规避品牌在市场营销过程中有可能出现的风险。如果条件允许，企业在注册商标的过程中，应尽可能将商标注册的范围和类别设置得宽泛一些，以免品牌在发展过程中受到干扰。

采用商标占位策略虽然可以在一定程度上保护品牌所有者的合法权益，但是企业为此要多付注册费用，对于中小企业而言，应该慎重考虑是否采用这种方法进行商标注册。一般而言，小型企业在进行商标注册时没有必要采用较宽的占位策略，只需选择较窄的占位策略，甚至不使用占位策略；大型企业则应考虑采用更为宽泛的占位策略，以在市场拓展中保持主动并拥有较大的发展空间。

（2）多样化注册。多样化注册是企业为保护商标而采取的一种注册策略。具体做法是：企业一次性注册多个近似商标，其中一个为企业使用的正商标，其余的近似商标则为防御商标。注册防御商标的目的就是杜绝其他组织或个人对品牌进行恶意侵犯。防御商标有两种表现形式：一是由正商标文字交替组合形成的防御商标，如“娃哈哈”在注册商标时就可以采用多样化注册的策略，注册“哈哈娃”“娃哈娃”“哈娃哈”“娃娃哈”“哇哈哈”“哈哈哇”“哇哈哇”“哈哇哈”“哇哇哈”等近似商标。二是由正商标的主要文字衍生而成的亲族性防御商标。

防御商标为正商标筑起了一道法律保护墙，保护商标所有者的合法权益免受侵害。不过，这种注册方法也容易造成商标垄断。一般认为，注册防御商标是有一定原则的，只有在正商标有一定知名度并且广大消费者对该商标的商品产生偏好时，注册防御商标才能获准。

(3) 注册区域要广。企业在制定品牌发展规划时应该目光长远，未雨绸缪。考虑到品牌将来有可能进军国外市场，企业在品牌的经营与管理中就要对商标的注册实行地域辐射原则，不能仅在某个国家或地区注册商标，必须在多个国家或地区注册商标，以获得相关国家或地区的法律保护。实施商标地域辐射的注册策略主要有两种具体做法：一是申请国际注册；二是到各国逐一注册。

2. 商标权

商标是品牌差异化市场竞争在法律层面的表现形式。商标一经注册，商标所有人即可享有该商标的专用权、续展权、许可权和转让权。

(1) 商标专用权。专用权是商标经核准注册或经法律规定赋予商标所有人对商标的独占使用权。独占使用权是指商标所有人在核准注册时指定的商品范围内享有完全独占使用其商标的权利。但是，当某品牌的商标成为世界级的商标之后，如可口可乐、沃尔玛、苹果等，其商标所有人对商标的使用就不再受当初注册时指定的行业范围的限制，可以在商品的所有领域内享有完全独占使用其商标和自动取得法律保护的权利。商标专用权是全部商标法律保护权利的核心，也是品牌创新和发展的基础。品牌所有人应该重视和加强对商标专用权的保护，主动审视市场上是否存在使用本商标开展的商业活动，一旦发现构成对本商标侵权的侵权主体和侵权行为，及时依法追究其法律责任。

(2) 商标续展权。续展权是商标所有人在商标注册之后保持商标继续有效的一种权利。商标权具有时间性，即商标权具有有效期限，在有效期限内，商标受到法律的保护；超过有效期限，商标就不再受法律的保护。因此，企业应重视对续展权的保护，要注意法律对商标注册的有效时间的规定。各国规定的商标注册后的有效保护时间长短不一，我国的规定是十年。企业在所注册的商标的有效保护期届满之前，应及时办理续展申请，否则将视为自动放弃商标权的保护。

(3) 商标许可权。许可权是商标所有人许可他人在一定期限、一定地域以一定的条件使用其商标的权利。许可权可以分为独占使用许可和普通使用许可两种情况。许可权是商标所有人的一项重要权利，也是品牌发展的一个重要手段。对被许可方在商标许可权的使用过程中的每个细节，许可协议条款都应尽可能详细和完备地规定，以免在实践中由于协议文本的疏漏，导致被许可方滥用商标许可权开展有损消费者利益的商业活动，使商标许可方的品牌形象受到伤害。

(4) 商标转让权。转让权是指商标所有人由于某种原因而将商标的所有权转让给他人的权利。从目前的情况来看，各个国家的法律对商标转让权的规定不太一样，有的国家允许商标单独转让，有的国家则要求商标必须连同企业一并转让。然而，几乎所有国家的法律都规定，对一个注册商标所包含的商品不能部分转让；如果是联合商标，如索爱（索尼和爱立信），则不能只转让其中的一个而必须将整个商标一并转让。商标的转让有两种情况：一是继承转让；二是合同转让。不论使用哪种方法转让，商标转让的授予方都必须向商标主管机关申请办理转让手续。

（三）品牌的自我保护

运用法律手段维护企业的合法权益是实施品牌保护最行之有效的手段之一，但是在实际的市场运作过程中，由于受到执法力度的局限和其他种种原因，品牌在法律层面受到的保护有可能出现滞后或遗漏，给企业造成难以估量的损失。为提高品牌保护效果，企业还应高度重视在品牌营销过程中的自我保护。

1. 珍惜商标权

企业在依法取得商标权后，绝不可认为万事大吉，应该指派专人对商标权的相关事宜进行有效的维护。首先，对商标注册的时间进行维护，注意及时对商标续展进行登记注册。其次，定期查阅商标公告，及时对异常情况提出异议。商标公告是商标注册必须经过的一个程序，也是企业对所拥有的商标权进行救济的一个途径。企业一旦发现在商标公告中存在侵犯自身权益的行为，就应及时提出异议，收集证据，最大限度地保护自己的合法权益。最后，企业在进行商标转让或变更商标时，要组织相关人员和材料再次登记注册。

2. 保护商业秘密

商业秘密是指不为公众所熟悉、能为商标所有人带来经济利益、具有实用性并由商标所有人采取保密措施的技术信息或经营信息。商业秘密主要包括企业的生产方法、技术、配方、营销计划等。商业秘密最显著的特征是秘密性和经济性，妥善地保护好企业的商业秘密可以为品牌所有者带来巨大的利益和长期的市场垄断地位。保护商业秘密是品牌保护的一个重要内容。

企业应该制定严密有效的制度和措施来保护自己的商业秘密，具体做法包括以下几点：第一，企业在进行品牌传播的过程中，必须指定专人对品牌传播的相关材料进行详细的审核，以免涉及商业秘密的相关信息在品牌传播活动中主动泄露。第二，企业应制定严格的保密制度，加强内部信息管理，防止泄密。第三，当品牌的商业秘密出现被窃取、泄露等侵权的意外事件时，企业应通过法律途径解决。

3. 注重互联网域名权

域名是互联网的单位名称和在互联网上使用的网页所有者的身份标志。域名不仅可以用来区别不同网站主页的网络地址，还具有商标属性的特点，能够传递很多重要的信息（如单位属性、业务特征等）。企业必须认识到域名的重要性，尽早进行域名注册，以防域名被他人抢注。万一域名被他人抢注，企业一定要想方设法进行补救。补救的措施主要有：第一，向域名注册机构提出注册异议。第二，与域名注册人进行交涉，通过各种努力使其放弃该域名。第三，求助法律，用诉讼解决争端。对恶意抢注域名者，企业可按法律规定，将抢注者的行为诉诸法律，取得域名。第四，使用另外的域名，即注册与自己的企业或商标相似的域名，或是在自己的文字商标或品牌名称中加连字符、点等不影响商标整体的简单内容，再申请注册。

4. 打击假冒侵权行为

其他企业或竞争对手的假冒侵权行为对品牌具有相当大的负面影响，这些负面影响包括：品牌的无形资产被严重侵害；市场被挤占；利润迅速下降；品牌产品在市场上的生存成为问题。对此，企业一方面应积极主动地使用高科技手段，加强品牌产品自身的防伪能力；另一方面应主动出击，积极收集各种制假线索，掌握制假证据，配合相关部门，严厉打击假冒侵权行为。

第 4 节　品牌危机管理

品牌危机具有隐藏性和不可预知性，造成的危害也难以弥补。那些不慎遭遇品牌危机的企业，往往要使出浑身解数方能全身而退，脱身乏术的企业只能被危机淹没。因此，及时发现危机、避免危机和解除危机是品牌管理必须面对的重要课题。

一、品牌危机概述

品牌危机是指企业内部和外部的诸多可变因素使得品牌产品在设计、生产、原料、配方等环节出现有损消费者身心健康的隐患，甚至直接损害消费者的生命安全，造成品牌形象受损和品牌价值降低的意外情形。

2005 年，在我国国内市场销售的一些国际知名品牌的产品频频出现品牌危机：在快餐业，肯德基食品被曝含有苏丹红；在乳制品业，雀巢金牌成长 3＋奶粉被曝碘含量超标；在化妆品业，宝洁公司 SK-Ⅱ产品被曝含有腐蚀性成分；在日化品行业，强生婴儿油被指含有有害成分。上述这些品牌危机的案例表明，在消费者权益至上和网络舆论无处不在的今天，任何品牌都有可能因为自身的不慎或外部不可抗力原因而遭遇品牌危机，使企业陷入极端危险的境地。企业如果不能以诚恳的态度和正确的措施来应对危机，则势必引发消费者的抵制，这对企业意味着更沉重的打击。

（一）品牌危机产生的原因

引发品牌危机的主要方面有自然环境、企业本身、传播媒体和消费群体等。由于自然环境属于典型的不可抗力，企业或品牌在遭遇自然环境导致的品牌危机时，一般很难独自采取相应的策略来化解这种危机，因此，在对上述各方面导致的品牌危机进行分析和探讨时将不涉及自然环境。

1. 企业本身

这是指企业自身在品牌的经营管理过程中作出错误的判断或行为而导致品牌危机。

企业错误的判断或行为包括决策失误、管理不善，或者企业在产品制造、物流配送、市场推广等环节出现问题。

(1) 决策失误。企业在规划和运作品牌发展战略的过程中，方向性的判断错误往往比执行性的错误更具危险性。由于企业的决策层往往是从战略角度与宏观层面对品牌发展进行全面和长远的规划，此类决策一旦失误，对企业和品牌的负面影响将难以估量，甚至严重威胁整个企业的生存和发展。比如投资失当、品牌延伸决策失误、品牌定位不当、生产能力扩张脱离实际需求、市场需求变化预测失准等，都是企业决策失误的具体表现。如1985年可口可乐新的领导层停止生产经典的可口可乐，向市场推出新配方的可口可乐，结果遭到消费者的强烈反对，再加上老对手百事适时采取市场拓展策略，可口可乐遭遇了有史以来最大的一次品牌危机。

(2) 管理不善。品牌管理水平的高低直接关系到企业的生存和发展。企业在品牌的经营管理过程中出现问题，如岗位设置不合理、职位描述不明确、管理不严等，都有可能诱发品牌危机。

企业管理不善将直接引发一系列问题，如生产设备老化、人员管理不当等，这些问题有可能连带导致品牌产品的质量下降和次品增多。另外，企业管理不善还容易导致企业内部员工之间的派系斗争，不同派系的员工为泄私愤而散布有损企业或品牌形象的流言，使品牌形象受到伤害。企业管理不善还容易导致腐败现象，如挪用公款、做假账以及泄露企业的商业机密等。

(3) 产品制造问题。企业在产品制造过程中出现的失误或问题将直接导致品牌危机的爆发。毕竟，产品是品牌价值的载体，质量是产品价值的重要体现。在实践中，许多品牌危机就是产品在生产制造过程中出现技术、数量以及质量上的问题引发的。2008年三聚氰胺事件所导致的三鹿奶粉品牌危机就是由其内部的产品制造问题引发的。企业出现这些问题，主要是因为企业管理层急功近利，无视市场规律和法律法规。

(4) 物流配送问题。产品从原材料到半成品再到成品，经过多层销售渠道最后到达消费者的手上，其中存在着众多的物流配送环节。在这些环节中，每一个节点都可能由于管理制度的不健全或员工的素质不高、责任心不强等而出现问题。如保存方法不当导致产品变质；清点有误导致供货缺斤少两；粗枝大叶导致产品在仓库的存放时间超过了产品的保质期等。上述问题要么使产品失去原来的使用价值，要么使经销商与企业出现矛盾甚至双方终止合作关系。上述这些问题导致的更为严重的后果就是品牌声誉和品牌价值受到严重的伤害。

(5) 市场推广问题。企业在对品牌进行市场推广的过程中，如果事先没有对当地市场的文化、价值取向、消费习惯和消费心理做深入细致的调查与研究，就有可能由于文化和价值观念的不同而在广告的创意内容上无意地伤害到消费者的文化或民族情感，导致消费者对品牌产生不满甚至抵触心理。

2. 传播媒体

首先，大众传播媒体由于权威性及巨大的影响力，对某个企业或品牌的报道会对社会公众产生较大的引导作用。当然，如果传播媒体对企业或品牌进行的是正面的报道，则会对企业或品牌产生积极的影响；如果传播媒体对企业或品牌进行的是负面的报道，那么对企业或品牌而言，后果无疑是灾难性的。

其次，在虚构的文学艺术作品如小说、电影、电视剧等中也有可能涉及对品牌产品的功能和作用的负面传播，导致不明真相的社会公众对该品牌产品产生怀疑，从而引发品牌危机。如2003年上映的电影《手机》，由于剧情中表现了手机可以精确定位以及他人可以查询话费清单的功能，众多中国移动的手机用户感到个人隐私受到严重威胁而纷纷质疑中国移动，导致中国移动陷入一场品牌危机。

3. 消费群体

消费者对品牌核心理念的认同与喜爱是品牌价值的体现，企业应该善待品牌产品的目标消费者，尊重他们的价值观和民族传统、文化习俗，并通过品牌这一特殊的载体同消费者进行良性而友好的交流与沟通，如此才能真正与消费者形成良性互动，建立彼此认可的良好关系。企业如果不对消费者的价值观和民族传统、文化习俗做深入的了解，就有可能因为价值观的冲突而导致消费者对品牌的不满、抗议，甚至引发品牌危机。

比如，2005年6月，有麦当劳餐厅播放了一则广告，其内容当中有顾客为求得麦当劳的折扣券而下跪的情节，引起消费者的反感，认为这是在侮辱消费者。为此，消费者纷纷到有关部门对麦当劳进行投诉，要求麦当劳立即停止播放这条广告，并公开道歉。面对投诉，麦当劳公开表示道歉，称将在严格遵守中国的各项法律法规及文化风俗习惯方面继续努力，并作出停播该广告的决定。

（二）品牌危机的特征

从近年来市场上发生的众多品牌危机事件的经验教训来看，品牌危机具有以下几个特征：突发性、危害性、蔓延性和被动性等。

1. 突发性

这是品牌危机最显著的特征。在绝大多数情况下，品牌危机的发生都是事前难以预料的，即使预见到危机有可能出现，也不能准确地预测危机发生的具体时间、形式、强度和规模等。品牌危机一般都是事发突然，在很短的时间里给企业或品牌造成极大的负面社会影响，企业仓促应对。企业在突发性的危机面前所采取的补救措施既有可能使其成功地摆脱危机，也有可能加重危机，使企业或品牌从此一蹶不振。

2. 危害性

品牌既具有物质属性，又具有精神属性，而精神属性构成了品牌价值的主体，也就是说，品牌资产的构成主体不在于品牌产品的有形部分而在于品牌产品的无形部分。品牌危机与产品危机的区别就在于：产品危机造成的伤害更多地体现在产品的有形资产上，企业通过技术改造、设备更新、加强管理等措施，一般能使产品在市场上东山再起；品牌危机造成的伤害更多地体现在品牌形象这一无形资产的流失上，品牌声誉受损，很容易使品牌陷入困境甚至衰败。

3. 蔓延性

当代社会高度发达的信息技术为人们的信息交流和信息发布提供了多种途径，除了传统媒介，新兴的网络媒体、微信、抖音、微博、QQ、电子邮箱、博客等在人们的生活中发挥着越来越重要的作用。在品牌危机爆发时，如果品牌已经具有一定的知名度，就必然会引起舆论的广泛关注，成为人们茶余饭后的谈资。这些有损品牌形象的负面信息的蔓延，将使品牌陷于更危险的境地。

4. 被动性

由于品牌危机事出突然，企业往往只能仓促应对，不太可能有太多的时间对所采取的措施进行全面和反复的考虑，这些补救措施只能是“头痛医头，脚痛医脚”，企业十分被动。

由于品牌危机对企业影响极大，品牌危机管理在品牌经营管理中占据越来越重要的位置。品牌危机管理是指企业在遭遇突然出现的品牌危机时，应该采取相应的措施来化解危机，并努力将品牌形象在危机中受到的损害降至最低。品牌危机管理是一个难题，不同的企业或品牌由于遭遇的品牌危机不同，处理方法也不同。总体来说，品牌危机管理主要包括品牌危机预警和品牌危机处理两方面的内容。

二、品牌危机预警

品牌危机对企业具有严重的危害性，许多企业尤其是知名企业建立了一套品牌危机预警系统，以便在危机突发时能够采取有效的措施。此外，一些企业在建立品牌危机预警系统的基础上积极加强与有关方面的互动和沟通，如建立新闻发言人制度，与政府、媒介和社会公众保持良好的沟通等，以便在危机来临时，有可能通过媒介提前获取信息，及早研究应对策略，减小危机给品牌带来的负面影响。总之，企业应该在思想上建立全员危机意识，在行动上建立品牌危机预警系统，尽可能提前预防危机或在危机发生后能采取妥当的方法将损害降至最低。

（一）建立全员危机意识

危机意识是每个企业都必须强调和重视的。从某种意义上说，一个没有危机意识的企业注定是一个没有进取心的企业。比尔·盖茨用“微软离破产永远只有 18 个月”来激励自己和员工，充分表明了微软对外界环境和新生事物时刻保持高度的敏感与警觉的进取心态。

一般而言，企业内部对企业或品牌的发展具有危机意识的人有两种：一是接受过良好培训的员工；二是与企业有利益关系的股东或董事等相关人员。一个企业中只有中高层管理人员有危机意识还不够，必须使全体员工都具有强烈的危机意识，才能防患于未然。

（二）建立品牌危机预警系统

建立品牌危机预警系统是预防危机的必要手段，品牌危机预警系统在现代企业中扮演着越来越重要的角色。建立品牌危机预警系统，需要有应对危机的常设机构，组成人员包括决策层负责人、市场总监（或公共关系负责人）、人事总监、生产总监以及按照企业规模设置的专职危机应对人员。品牌危机预警系统的工作职责主要包括以下几个方面。

1. 监控企业内部环境

企业内部环境是企业运作和管理能力的体现，企业应该设立专门的人员和相应的制度对企业内部环境进行严密的监控。比如，首先，在生产运作管理方面，企业的厂房长期得不到维修、设备老化不能及时得到维护或更新等，都极有可能影响企业的安全生产和产品质量；其次，根据公平理论，如果企业员工的收入待遇难以体现其付出的劳动价值，则有可能使员工产生不公平的心态，可能作出泄密等有损企业或品牌的行为；再次，企业的管理制度制定得不够严密，也有可能造成相关人员携款逃跑等不良情形，严重危害企业的信誉和品牌形象；最后，品牌出现危机的先兆还包括企业或品牌的各项财务指标不断下降，资金运作效率不断降低，困难越来越多等。上述问题的积累有可能导致品牌危机突然爆发。为避免品牌危机爆发，应该加强对企业内部环境的监控，及时发现和处理相关问题，提前防范品牌危机。

2. 加强企业外部沟通

外部环境包括人文/经济环境、技术/自然环境、政治法律环境和社会文化环境等。外部环境是企业赖以生存和发展的土壤。企业与外部环境的沟通是单向的，外部环境更多地影响和作用于企业，企业却难以影响外部环境。因此，企业必须时刻对外部环境的变化保持高度关注，及时根据外部环境的变化采取相应的防范措施。

企业外部环境涉及广泛的领域，每一个环节甚至是意想不到的一个细节都有可能触发品牌危机。比如，社会上出现有损企业决策人或品牌形象的传言，甚至是一些无中生有、与品牌没有直接关系的信息都有可能导致品牌危机。因此，品牌危机预警系统的一个重要内容就是要注重和加强与企业有利益关系的组织及部门进行经常性的沟通，建立与市场监督管理、税务、财政、法院等相关部门以及传播媒体的良好关系，减少导致品牌危机产生的流言传播。即便危机出现，企业也可以凭借与上述部门的良好沟通处理好危机事宜。

3. 总结经验，制订计划，备好资源

没有一种经验比企业经历过的危机更适合企业员工学习与借鉴了，当然，企业如果能对其他各种品牌危机的材料进行系统的分析和研究，就可以了解危机发生的根源和品牌经营有可能出现的问题，了解到品牌危机经常出现的节点，以便有针对性地在品牌危机预警系统中重点加强对该方面的监控和维护。在制定品牌危机应对策略时，应根据品牌危机产生的原因对有可能出现的危机进行分类，尽可能全面地设想可能出现的情况，并事先预计到在危机出现之后企业应该在第一时间进行沟通的组织、个人或传媒机构等。

危机一旦出现，难免会引发混乱，企业应该在品牌危机预警系统中事先设立危机处理中心，设置人员和界定权责，并任命对外发言人与传播媒体进行沟通，还应注意备好处理品牌危机所需资源，包括各种联络设备、交通工具、后备装置、相关材料以及足够的周转资金等。

三、品牌危机处理

即使企业建立了一套品牌危机预警系统，也不能保证危机不再光顾企业。也就是说，品牌危机的出现是不可避免的，品牌危机预警系统只是尽可能将危机发生的频率降低而已。对于任何一个企业而言，都必须以充分的准备来应对危机的发生。

（一）品牌危机处理的原则

品牌危机的出现虽然有不确定性，但是企业对品牌危机的处理还是有章可循的，大致可以总结为七项原则。

1. 主动应对

危机事件发生时，企业或品牌必定成为舆论和公众关注的焦点。一般而言，危机事件的负面信息传播的速度往往与危机产生后果的严重性成正比，与危机事件的模糊性则成反比。因此，企业在危机出现时必须积极主动应对危机，尽可能在最短的时间内阻断负面信息的传播，控制信息蔓延和扩散的速度及范围。这是挽救品牌的首要原则，是渡过难关、重塑品牌形象的基础。

2. 反应快速

企业应该充分利用通信工具与相关部门、传媒机构以及相关企业和协会建立一种动态联盟，在联盟内加强在信息、技术、资源等方面的合作，充分发挥联盟内各个成员的优势，在最短的时间内将品牌危机扼杀在摇篮里。一般情况下，危机爆发后的第一个 24 小时对于企业至关重要，企业必须对品牌危机作出迅速的反应，向品牌受害者、消费者、社会公众及新闻媒介就危机产生的原因和对危机的处理措施等作出解释和说明，尽快消除公众对品牌的疑虑。

3. 态度真诚

保护消费者的合法权益，减少受害者的损失，是企业处理品牌危机过程中的第一要务。品牌危机发生后，企业应及时向消费者、受害者表示真诚的歉意，必要时还应该通过大众媒介向社会公众发表致歉公告，主动承担责任，尽可能获取社会公众和舆论对企业的理解。在品牌危机面前，企业在公开场合切不可让公众产生企业只关注危机会给企业带来多大的损失、对危机的肇因百般辩解、对危机的责任尽量推诿等负面印象，否则，将增大企业解决危机的难度。

4. 尊重事实

危机出现之后，企业应该积极主动地通过大众传媒向公众说明全部真相，绝不可抱着侥幸的心理掩盖事实真相，或者企图大事化小、小事化了，蒙混过关的做法只会导致公众的反感和媒体的穷追猛打，无形中延长危机曝光的时间，增加危机的破坏性，使企业蒙受更大的损失。

5. 步调统一

品牌危机的突发性这一特征使企业在处理危机时不可能面面俱到、滴水不漏，但是有一点企业必须做到，就是保证各个部门在对外发布相关信息时口径一致，否则，会让公众认为企业是在掩盖真相、信口胡说，给人一种不诚实的印象，进一步降低企业或品牌在公众心目中的可信度。

6. 全员参与

企业员工是企业信誉和品牌维护的主体，危机一旦出现，企业员工自然也是危机处理的直接或间接的参与者。企业对危机事件的处理在很大程度上要依赖全体员工。因此，企业在危机来临时应该将真实情况告知全体员工，让员工及时了解危机的处理方法，积极主动地参与危机处理。

发动全体员工参与危机处理，可以使企业员工了解危机处理的方法和应对的态度，有助于企业将危机事件处理得更加妥善和顺畅。此外，全员参与危机处理还能够使员工在危机中总结经验教训，有利于防止危机再度发生。

7. 着眼未来

遭遇品牌危机，是任何企业都不想发生的事情，但是事情往往具有两面性。企业在处理危机的过程中，实际上也是面对一个新的挑战。危机使得企业和品牌处于舆论报道与公众关注的中心，如果处理得当，危机事件将是展示和传播企业良好形象与品牌价值理念的难得机会，企业甚至可能由于在处理危机事件中所表现出的诚信、务实、勇于担当责任、将消费者的利益置于企业的利益之上等良好的企业文化理念，在社会舆论和消费者心目中提升品牌形象。因此，企业在处理危机的过程中，既要积极处理危机事件，又要从企业和品牌形象的长远利益考虑，绝不可因急于处理眼前问题而忽视甚至放弃对品牌长远利益的追求。这就要求企业在处理危机事件时努力将危机事件转化为一次难得的契机，使企业或品牌的形象在危机过后能够得到更多公众和消费者的认可与称赞，为品牌的市场拓展奠定坚实的基础。

（二）品牌危机处理的措施

面对品牌危机，企业应该迅速明确和制定危机处理的流程并采取应对措施。一般而言，企业在应对品牌危机时应该采取以下几项措施。

1. 成立危机处理中心，统筹协调

品牌危机是企业日常经营与管理计划之外的突发事件，企业以常设管理机构来处理危机不如临时组织专业的协作团队来应对危机事件更为有效。在危机出现后，企业应该立刻以品牌危机预警系统中预先设置的人员为核心，迅速组成危机处理中心，全权负责危机善后事宜。危机处理中心可下设调查组、联络组和宣传组等，有针对性地开展工作。

调查组主要负责危机事件善后事宜中最基本也是最重要的危机肇因调查工作，这项工作的开展要求行动迅速、周密细致，通过详细的调查和分析，对造成危机的真正原因，危机事件对消费者和公众造成的损失情况，危机事件涉及的部门、企业的相关人员所应负的责任，以及危机给品牌造成的损失情况，有可能进一步发展的负面影响等，尽快形成调查报告，以便危机处理中心据此作出正确的决策。

联络组的工作较为烦琐，其主要的工作是负责接待和安抚在危机事件中受到伤害的消费者及其家属，向他们解释企业在危机事件处理过程中最新的相关政策。联络组的工作人员在工作中应该有足够的耐心和细心，安抚在危机事件中受到伤害的消费者或相关人员的情绪，为危机事件的妥善处理奠定一个良好的基础。

宣传组的任务是及时向媒介和政府相关机构通报企业对危机事件善后处理的相关信息与决策内容。由于宣传组的工作在很大程度上影响着舆论和公众对危机事件的基本看法，因此，宣传组的成员一般以企业的高层管理人员和公关部门的人员为主，这样的人员设置既有助于信息在企业内部及时传递，又有利于将企业的统一且有效的信息传递给媒体和公众。

2. 开展内部公关，动员全员参与

正如我们在前面的品牌危机处理原则中提到的，面对危机积极处理应该是企业全体员工共同参与的事情。在危机发生之时，企业应该通过内部动员机制动员全体员工一起参与处理危机的过程，做好本职工作，同时，也应要求全体员工在与社会各界包括家人、亲戚、朋友等的沟通中，自觉地传播维护企业利益的言论。

危机不仅使社会各界与消费者对企业和品牌产生负面的情绪，还将直接冲击企业内部的相关人员。如果企业内部的信息传递不够通畅，员工对危机的来龙去脉不甚了解，则很容易使员工对企业失去信心，进一步加剧危机对企业的影响。因此，在危机出现时，企业必须做好内部的公关工作，使全体员工帮助企业，也是帮助自己渡过难关。

3. 调查危机肇因，消除谣言

在危机爆发的初期，由于事发突然，传播媒体和公众对危机产生的原因、造成的损失、发展的趋势等都不太可能了解和把握，此时，社会上最容易出现各种谣言。企业应该采取适当的行动，有效地遏制谣言的产生和传播。要达到这一目的，必须了解造成谣言的各种因素，分析谣言的主观意图和可能的来源，以及谣言传播的范围和对公众的影响程度，在此基础上采取相应的措施。

调查并公开事实真相是遏制谣言的最有效方法。只有事实才能使谣言不攻自破。在查明危机真相之后，企业应尽快将危机坦诚地向公众和媒体公布，及时向有关人士和公众开放必要的信息传播通道，并且勇于承担责任。如果企业查明社会上流传的谣言与事实完全不符，并有陷害者和竞争对手操纵的证据，则可以通过法律手段为企业或品牌恢复声誉。

4. 统一口径，主动联系媒体

媒体既是公众的组成部分，又是公众和企业之间沟通的桥梁，影响范围广泛，对公众舆论的导向起着重要的作用。在危机事件发生之后，新闻媒体对危机事件予以广泛深入的报道是媒体的工作和责任，如果企业试图阻挠、限制媒体记者对危机事件的报道，则只能让社会公众认为企业是欲盖弥彰，结果是搬起石头砸自己的脚。因此，企业应该主动与媒体沟通，公开事实真相，引导媒体朝有利于企业和品牌的方向报道，尽可能地降低事件的负面影响。

基本概念

品牌营销战略	同一品牌战略	品牌组合战略
复合品牌战略	双品牌组合战略	联合品牌组合战略

成分品牌组合战略	许可授权战略	驱动型品牌
担保品牌	主力品牌	品牌诊断
品牌市场占有率	商标	商标专用权
商标续展权	商标许可权	商标转让权

思考题

1. 品牌营销的优势有哪些?
2. 品牌营销战略的特征有哪些?
3. 品牌营销战略有哪些，选择的主要依据是什么?
4. 品牌管理的主要内容是什么?
5. 品牌诊断的内容是什么?
6. 品牌保护需要注意哪些事项?
7. 品牌危机产生的原因主要有哪些?
8. 企业应对品牌危机应采取哪些措施?

即测即评

第8章
品牌延伸战略与管理

品牌延伸是品牌策划与管理中的一个重要内容。一项针对消费品生产商的调查发现，市场上近90%的新产品为原品牌延伸的新产品。另一项针对美国超市的快速流通商品的研究显示，过去十多年来的成功品牌（指年销售额在1 500万美元以上的品牌）有2/3是品牌延伸的结果。这些数据表明，越来越多的企业正在利用品牌延伸战略成功地使本品牌在激烈的市场竞争中占据更有利的地位。

企业为了在市场营销中长期保持竞争优势，一方面，加速研发，推出新产品，这是企业赢得竞争优势的根本战略；另一方面，企业充分利用品牌资产，用较小的风险取得更大的市场效益，这是企业开拓市场的有效战略的核心内容。有效整合这两者，就形成了品牌延伸战略。本章将讨论品牌延伸的原理及其决策的基本方法。

第1节　品牌延伸的原理

品牌延伸理论的广泛运用，首先源于消费者对品牌商品的关注焦点从单纯的视觉沟通转移到品牌诉求的承诺上，这就迫使企业只有通过不断地进行技术创新，向市场推出品牌新产品，才能保持品牌优势。其次是随着市场营销和广告的成本不断增加，企业不得不将有限的营销推广费用集中在少数几个具有市场影响力的品牌上。上述两个因素直接导致企业对品牌延伸战略越来越重视，其运用的范围越来越广泛，频率越来越高。

一、品牌延伸的内涵与类型

品牌延伸从表面上看是推出新产品或扩展了产品组合，从品牌内涵的角度来看，品牌延伸实际上还包含品牌情感诉求的扩展。如果新产品无助于品牌情感诉求内容的丰富，甚至弱化情感诉求，那么品牌延伸会产生危机。企业的品牌策划与管理人员不应只看到品牌对新产品上市的推动作用，还应该分析新产品的市场与定位是否有助于品牌地位的稳固，两者是否兼容。

（一）品牌延伸的概念

企业准备向市场推出一款新产品之前，可以利用的品牌策略大致有三种：一是单独为新产品开发设计一个新品牌；二是以某种方式使用现有品牌；三是将新品牌与现有品牌整合使用。企业利用一个现有品牌推出新产品，以便目标消费者将对现有品牌的信任转移到仍然使用现有品牌的新产品上，这种方法就叫作品牌延伸。必须指出的是，品牌延伸并非新产品借用老品牌那么简单，而是新产品对老品牌资产的全面、策略性地利用。如康师傅饼干就是康师傅（方便面）的品牌延伸产品。

在品牌延伸战略的具体运用中，首先使用某品牌的产品称为母品牌产品，利用母品牌进行品牌延伸的新产品称为子品牌产品（延伸产品），消费者最容易由某品牌联想到的产品称为旗舰品牌产品。在大多数情况下，母品牌产品与旗舰品牌产品并无二致，如人们提到康师傅品牌，自然会联想到方便面，康师傅方便面既是母品牌产品，又是旗舰品牌产品。不过，也有极少数的例外情况。如人们提到 IBM 时，首先联想到的不是最先使用该品牌的产品——天平，而是 IBM 在市场上影响最大的旗舰品牌产品——电脑。通过这一实例我们可以发现，在品牌延伸战略的运用过程中，消费者对品牌产生的联想指向的并不是企业的母品牌产品，而是影响力更大的旗舰品牌产品。针对这一现象，企业的品牌管理人员在实施品牌延伸战略时，要关注如何将旗舰品牌产品良好的形象转移到新产品上。接下来我们讨论品牌形象转移的概念。

1. 品牌形象转移

品牌形象转移是指消费者将其对某一品牌产品的积极或消极意义的联想转移到该品牌的新产品上。在品牌延伸战略的具体实施过程中，企业就是期望将旗舰品牌产品的形象转移到子品牌产品上，从而有利于子品牌产品被目标消费者认同而迅速切入市场。

品牌形象转移的实现至少需要两个基本的实体：品牌形象转移的来源体（旗舰品牌产品）和目标体（子品牌产品）。首先，品牌形象的来源体必须在消费者心目当中具有正面形象和积极意义；同时，来源体与目标体之间还应具有某种关联性或共性。其次，目标体也应拥有能够激发消费者产生品牌联想的属性。例如，宝马汽车通过品牌延伸设计并生产出高品质的男士休闲服装，使其服装也能像宝马汽车一样使消费者联想到较高的社会地位。当企业的品牌具备了这两个实体之后，就大大增加了所实施的品牌延伸战略成功的可能性。

基于品牌形象转移的品牌延伸战略还包括成分品牌策略、联合品牌策略和品牌认可策略。成分品牌策略指的是品牌产品只能作为某一产品的一部分（零部件）使用，例如，联想电脑使用英特尔处理器，其成分品牌英特尔充当来源体的角色，联想电脑则扮演目标体的角色，此时，联想又可以称为载体品牌。

联合品牌策略是指由两个企业或品牌共同推出一款新产品，并在新产品上标示两个品牌的名称，如梅赛德斯-奔驰与斯沃琪公司合作研发推出的 Smart 汽车即属于典型的联合品牌策略。在这个例子中有两个来源体，即梅赛德斯-奔驰和斯沃琪，目标体则是 Smart 汽车。

品牌认可策略是指企业在推出新产品时使用新的子品牌名称，但在其产品包装或广告传播中明显地突出母品牌名称。譬如，宝洁公司（中国）在它的各种产品广告之后都会强调“宝洁”这个母品牌名称。在这个例子中，认可品牌——宝洁就是来源体，其下属的其他品牌就是目标体。

2. 品牌形象转移的实现条件

企业在实施品牌延伸战略时，先决条件是保证品牌形象能够成功转移到新产品上。品牌形象转移的实现条件有两个。

第一，来源体的品牌具有较高的附加价值。在品牌形象转移的过程中，来源体（旗舰品牌产品）的品牌附加价值（消费者对品牌的感受、信任度、认同度）必须较高，才有可能使品牌形象成功转移。如果来源体的品牌附加价值较低，则企业应该延缓品牌延伸战略的实施，先通过加强产品质量管理、提升产品品质以及增加广告投入等手段使品牌附加价值达到较为理想的水准。只有在品牌附加价值达到一定的水准之后，企业才可考虑使用品牌延伸战略。

第二，来源体与目标体具有一定的相关性。在品牌形象转移的过程中，影响品牌形象转移的因素还有来源体与目标体之间的相关程度，包括新老产品之间的相关性、目标消费者之间的相似度以及新老产品在视觉上的相似性。

首先，就新老产品之间的相关性而言，如果来源体与目标体的产品属于同一大类，则品牌形象转移比较容易成功。例如，红双喜品牌由乒乓球延伸到乒乓球拍和乒乓球桌，由于这些延伸的产品均在同一产品大类的范围之内，消费者自然很容易将对红双喜乒乓球的喜爱和信任转移到红双喜乒乓球拍与乒乓球桌上。

其次，如果来源体与目标体的市场细分确定的是同一目标消费群体，则其品牌形象转移也更容易成功。比如，娃哈哈集团的旗舰产品是“娃哈哈儿童营养液”，其后，该集团又针对同一目标消费群体推出新产品“娃哈哈果奶”，取得了巨大的成功。成功的原因之一便是目标体的细分市场与来源体的细分市场属于完全相同的一个群体，自然容易得到市场的认同。

最后，倘若来源体与目标体之间具有某种视觉上的相似性，则品牌形象转移的成功可能性也会大大增加。在品牌形象转移的过程中，来源体与目标体的视觉相似性往往体现在产品的包装设计风格上。当来源体与目标体使用相同或相似的包装设计风格时，消费者就很容易在视觉上将来源体与目标体的产品视为同类产品，并产生两者具有大致相同的品质的联想。如乐百氏在成功推出“脉动”功能性饮料之后，又推出“脉动动动茶”饮料，由于来源体与目标体使用相似的包装设计风格，消费者很容易在视觉上认知和认同两者的相关性，从而迅速认可延伸的新产品。

（二）品牌延伸的类型

品牌专家科普菲尔将品牌延伸分为两种类型，即相关延伸和间断延伸。

相关延伸是指延伸的子品牌产品与旗舰品牌产品在生产技术和工艺上具有共通性，或者它们属于一个产品大类。比如，以光学产品为主的佳能公司，其旗舰品牌产品是照相机，佳能借助相同的光学技术，逐渐将品牌延伸至复印机、打印机、数码相机等产品，此种品牌延伸就类别而言属于典型的相关延伸。

间断延伸与相关延伸的概念相反，是指子品牌产品与旗舰品牌产品之间在生产技术和工艺等方面没有任何关联。比如，雅马哈品牌拥有摩托车和电子琴两种完全不相关的产品，沃尔玛品牌延伸的子品牌产品则可能覆盖整个消费品领域甚至耐用品，这意味着其品牌伞下覆盖的产品范围更为广泛。

至于上述两种品牌延伸战略哪种更好，不能一概而论。一般情况下，企业应该根据自身品牌的资源优势、市场环境的变化、消费者的需求以及市场竞争的态势选择适合自身市场营销战略的品牌延伸战略。

（三）品牌延伸战略的结果

每一种品牌延伸战略的实施，都不可避免地会对企业的品牌形象产生影响。不过，由于各种因素的综合作用，企业实施品牌延伸战略的结果有很大的区别。实施品牌延伸战略的结果有理想结果、好结果、中性结果、坏结果和最坏结果。

1. 理想结果

实施品牌延伸战略的理想结果是指企业在实施品牌延伸战略之后，其品牌知名度进一步扩大并发展和丰富了品牌意义，其旗舰品牌产品和子品牌产品因相互之间的关联性以及在满足消费者不同需求方面形成的互补的产品结构，使企业的品牌在整体上获得了较大的提升。比如，香奈儿在女性时装的基础上又陆续向女性市场延伸出香水和珠宝等产品，品牌延伸战略就十分有利于巩固其在目标市场上的品牌形象。

香奈儿香水广告创意作品

2. 好结果

实施品牌延伸战略的好结果是指企业向市场推出的子品牌产品依靠旗舰品牌产品的影响力，在市场上快速成长，但企业的产品结构重心仍然在旗舰品牌产品上，子品牌产品在企业的产品整体中所占比例偏小。比如，梅林旗舰品牌产品是罐头食品，尤其是午餐肉罐头。20 世纪 90 年代后期，梅林品牌开始向厨房食品延伸，虽然梅林厨房食品可以利用梅林的品牌资源进行市场推广，但梅林厨房食品在市场上的影响力十分有限。

3. 中性结果

实施品牌延伸战略的中性结果是指企业在实施品牌延伸战略之后，市场销售业绩平平，品牌知名度并没有明显变化。如上海红心器具有限公司在生产出电熨斗之后，又陆续向市场推出电饭煲、吸尘器等家用电器产品，但是这些产品并没有引起消费者对红心品牌的关注，或者说，红心品牌也没有使消费者产生任何联想，消费者只是认为红心公司有能力生产一系列家用电器产品，品牌延伸战略并没有改变红心公司的品牌形象。

4. 坏结果

实施品牌延伸战略的坏结果是指企业延伸的子品牌产品与旗舰品牌产品的市场定位或价值取向相冲突，导致消费者对品牌认知混淆，使品牌延伸战略失败。比如，当年李维斯推出时装产品彻底失败，就是因为消费者对时装产品的认知和期望与对牛仔服的期望有天壤之别。虽然李维斯在服装市场上有非常强势的品牌影响力，但这种强势的影响力只局限于牛仔服市场，在时装市场上李维斯完全没有影响力，甚至在某种程度上说，其影响力还是负的。

5. 最坏结果

实施品牌延伸战略的最坏结果是指企业实施了品牌延伸战略之后，延伸的子品牌产品不但失败，而且损害了旗舰品牌产品的形象和资产。比如，皮尔·卡丹原本在高档时装领域有令人瞩目的品牌形象，但是皮尔·卡丹不断地使用品牌延伸战略，将品牌延伸至上千个产品种类，尤其是在中国市场将品牌延伸至中端市场，不仅没有在市场上引起反响，销售业绩令人失望，而且损害了消费者对皮尔·卡丹高端时装的认知，丧失了原有的部分目标群体（高收入群体）。

二、品牌延伸战略的优势

对于大多数企业而言，在确定使用品牌延伸战略时，必须十分注重品牌延伸战略的实施细节，包括应该在何时、何地以及如何延伸品牌。从总体上来说，经过精心策划和实施的品牌延伸战略会为企业带来诸多竞争优势，这些优势主要包括两个方面：增加新产品的市场可接受性；为旗舰品牌提供反馈效益。

（一）增加新产品的市场可接受性

企业为了在市场竞争中保持有利地位和竞争优势，必须不断地推出新产品，但是企业推出的新产品不成功的例子比比皆是。一项调查数据表明，新产品推出后，被市场认可的不到20%。不过，品牌延伸战略能够给企业或品牌带来以下优势，企业借助品牌延伸战略可以将新产品成功的概率提升至60%以上。

1. 提升品牌形象

如果旗舰品牌具有相当广泛的知名度和良好的口碑，消费者就会对该品牌的产品形成长期良好的预期。因此，对于品牌延伸的新产品，消费者也会根据他们掌握的旗舰品牌信息以及他们认为该信息与新产品之间的相关程度，对新产品的品质作出判断或达成形象转移。例如，索尼推出笔记本电脑VAIO，消费者基于对索尼品牌的信任而对VAIO的质量感到放心。

2. 减少消费者的风险感知

有研究表明，影响新产品能否成功的一个重要因素是新产品与旗舰品牌相关联的程度。如通用电气、惠普、摩托罗拉等国际知名品牌的延伸，向消费者传递了质量优异、信誉可靠的信息，这对于消费者而言将大大降低使用这些子品牌产品的风险。因此，消费者对企业旗舰品牌的信誉感知在很大程度上保证了品牌延伸的成功。

3. 提高营销费用的使用效率

从营销传播的角度看，运用品牌延伸战略推出新产品的一个比较明显的优势是，在新产品导入市场的阶段，其传播活动只需集中于向目标消费者诉求新产品能够带给他们的利益点，不必花大量的费用向消费者诉求品牌名称。对于消费者而言，将记忆中的旗舰品牌与子品牌产品相关联，比花大量的时间和精力去记住一个新品牌要容易得多。美国的一项调查表明，运用品牌延伸战略向市场推出新产品的平均广告费占销售额的比例为 10%，企业向市场推出全新品牌产品的平均广告费占销售额的比例则为 19%。这一数据证明了实施品牌延伸战略可以提高企业营销费用的使用效率。

4. 减少企业在流通渠道的管理成本

企业的营销活动不外乎采用“推”和“拉”的策略。所谓“拉”，即针对终端消费者采用促销、广告等方式以达到扩大销售的目的；所谓“推”，即针对中间商（包括批发商和零售商）开展能够吸引其大批量进货和积极销售的活动，以保证产品在流通渠道能够不受阻碍地实现终端销售的目的。企业实施“推”的策略，必须投入相当多的时间与精力来建立、拓展和维护品牌产品的销售渠道。采用品牌延伸战略的企业，尤其是在品牌延伸的子品牌产品与旗舰品牌产品属于同一产品大类的情况下，完全可以利用旗舰品牌产品原有的销售渠道开展子品牌产品的终端销售活动，这就使得企业在建立、拓展和维护产品流通渠道上减少了管理成本。

5. 避免创建新品牌的成本

一个品牌在市场上能够深入人心，受到消费者的欢迎和信任，绝不是一朝一夕的事情，必须经过长时间不懈的努力和坚持。企业要制定并实施正确的营销与传播战略，还需要在具体环节上开展相应的工作，如进行必要的消费者调研，聘用专业的策划公司为品牌设计名称、标志、视觉符号、包装，选择代言人，创作广告语，创作影视（平面）广告等，这些工作的完成需要企业付出相当多的人力、物力和财力。而全新品牌进入市场未必能够成功。借助旗舰品牌产品的市场影响力推出子品牌产品则不需要花费如此高的成本，成功的概率也远远高于创建新品牌成功的概率。

6. 满足消费者多样化的需求

不同的消费者往往有不尽相同的偏好，同一个消费者，对品牌产品的偏好也会发生变化。因此，在同一产品大类里向消费者提供多样的有一定差异（如在口味、花色、功能等方面有差异）的产品，就在相当大的程度上满足了消费者的不同需求。另外，为了有效地开展市场竞争，企业也有必要开发子品牌产品，以避免消费者在兴趣发生变化时转而选择竞争对手的产品。比如，宝洁公司延伸的洗发水子品牌有海飞丝、潘婷、沙宣、伊卡璐、飘柔等，这些在功能和诉求利益点上略有不同的子品牌同属一个产品大类，即使消费者追求的产品利益有所变化，其选择的洗发水也大都还在宝洁这一旗舰品牌范畴内，这种策略对于竞争对手更具有侵略性。

（二）为旗舰品牌提供反馈效益

品牌延伸除了可以增加新产品的市场可接受性，还可以多种方式向旗舰品牌提供正面的反馈效益。

1. 界定和拓宽品牌含义

实施品牌延伸战略有助于企业向消费者进一步阐明旗舰品牌的含义，界定其参与竞争的市场范围和类型。界定一个较为宽泛的品牌含义对企业来说是十分必要的，它可以使企业在营销战略上有较为广阔的发展空间，为提出更具竞争性的营销战略打下基础。

2. 提升旗舰品牌形象

从理论上说，企业运用品牌延伸战略取得的理想结果是子品牌产品可以加强旗舰品牌的正面和积极的联想，改善旗舰品牌联想的偏好性，拓展旗舰品牌的范围，丰富子品牌的联想内容，从而在整体上提升旗舰品牌的形象。

企业实施品牌延伸战略可以通过阐述核心品牌价值和联想，扩大旗舰品牌对目标消费者的影响力。核心品牌联想是指那些在品牌线中能够代表所有产品特征的属性和利益，也是消费者印象最深的联想。例如，耐克从设计和生产跑鞋逐渐延伸到其他运动鞋、运动衣和运动器械，通过品牌延伸不断丰富和强化其在消费者心目当中“巅峰表现”和“运动”的品牌联想。

三、品牌延伸战略的风险

企业实施品牌延伸战略虽然可以获得上述优势，但是如果在不恰当的时间采取不恰当的品牌延伸战略，则有可能受到负面的影响甚至造成经济损失。任何事物都有两面性，品牌延伸战略如果运用得当，则会给企业带来优势，但如果运用不当，则会给企业带来风险。

（一）使消费者对品牌认知产生困惑

企业实施品牌延伸战略固然可以丰富家族品牌，满足消费者的不同需求，但是也有可能因为在同一产品大类中提供的产品过多，消费者难以对诸多的品牌产品产生正确的认知和判断，无法弄清哪一款产品才是真正适合自己的，感到困惑甚至放弃购买计划。一项市场调研的结果显示，6 种可供选择的产品比 24 种可供选择的产品更容易让消费者作出购买决策。因此，在有些情况下，过多的产品种类反而有可能导致消费者减少对产品的购买。

（二）损害旗舰品牌产品的形象

实施品牌延伸战略最糟糕的结果并不是子品牌产品被消费者拒绝而退出市场，而是对旗舰品牌产品的形象造成了损害，使旗舰品牌产品的市场占有率直线下降。这种“偷鸡不成反蚀把米”的后果，是任何一个企业都不愿面对的。比如，通用汽车公司于 20 世纪 80 年代推出了一款凯迪拉克 Cimarron 牌小型豪华车，其目标对象是那些希望拥有一辆真正的凯迪拉克但又因囊中羞涩转而寻求小型豪华轿车的消费者。然而，上市销售的结果是，不仅凯迪拉克 Cimarron 在市场上的销售业绩令人失望，还使得凯迪拉克的老用户对 Cimarron 不满，他们认为 Cimarron 极大地损害了凯迪拉克豪华大型轿车的权威形象，结果在 80 年代中后期凯迪拉克豪华大型轿车在市场上的销量大幅下降。

（三）挤占旗舰品牌产品的市场份额

即使企业在实施品牌延伸战略之后使得延伸的子品牌产品在市场上取得了非常理想的业绩，这一业绩也很有可能是建立在旗舰品牌产品或旗舰品牌之下的其他产品的销售业绩直线下滑的基础之上。也就是说，旗舰品牌产品的失败导致了延伸子品牌的成功，子品牌产品实际上是挤占或侵蚀了旗舰品牌产品的市场份额。这种结果与企业运用品牌延伸战略的初衷相悖，不过，这种新老品牌产品之间的销售业绩转移也并非完全不能接受，企业的管理层可以将这种情况看成一种先发挤占，或者退一步说，如果没有延伸的子品牌产品上市销售并取代旗舰品牌产品，那么取代旗舰品牌产品的可能就是竞争对手的品牌产品了。

例如，可口可乐的子品牌产品健怡可乐，一方面具有与旗舰品牌产品可口可乐相同的好味道的特点；另一方面具有自身的品质差异特性——低卡路里，这就在很大程度上决定了其部分销售业绩来自对旗舰品牌产品可口可乐市场份额的挤占。这种在同一品牌之下的所谓“自相残杀”现象，在短时间里对于可口可乐公司确实不是一件令人愉快的事情，但从长远来看，未必不是一件防患于未然的事情。

健怡可乐和樱桃可乐

事实上，自 1980 年以来，可口可乐公司的产品在美国的销售业绩并没有明显的起伏，过去其市场销售业绩主要来自可口可乐，但今天可口可乐公司的大部分销售业绩来自健怡可乐、樱桃可乐和不含咖啡因的可乐。由此可见，如果可口可乐公司当初没有实施品牌延伸战略，那么今天的大部分市场份额有可能被百事可乐或其他品牌饮料夺走了。

（四）稀释品牌个性

企业过多地采用品牌延伸战略，有可能导致旗舰品牌的个性特征被众多的子品牌稀释，不但子品牌不能通过旗舰品牌的形象来建立自己的市场地位，甚至连旗舰品牌的个性特征也逐渐被消费者淡忘。比如，维珍集团的母品牌商品是唱片，其真正在市场上有较大影响力的则是维珍大西洋航空公司，应该说，维珍大西洋航空公司是维珍集团的旗舰品牌产品。维珍集团不间断地、大规模地实施品牌延伸战略，子公司超过 200 家，经营产品包括金融服务、音乐、汽车、饮料、化妆品、公用事业、移动通信、婚礼商品和电子商务，其旗舰品牌的个性特征在众多的跨类产品中荡然无存，人们无法对众多毫无关联的产品产生品牌认同。相反，消费者一旦在使用维珍的某一子品牌产品或服务时产生不愉快的体验（如航班晚点），则会对维珍所有品牌的产品或服务产生怀疑。这也可以说明为什么维珍集团投资的维珍可乐、维珍伏特加、维珍个人电脑、维珍牛仔、维珍服装均遭失败。

（五）丧失开发新品牌的时机

如果企业已经设计并生产出一种新产品，那么企业面临的市场营销战略只有两个：要么采用品牌延伸战略，要么选择开发新品牌的战略。从逻辑上说，企业选择品牌延伸战略，就丧失了开发新品牌的时机。即使将来市场销售的业绩足以表明企业当初实施品牌延伸战略是正确的，也不能说明当初放弃开发新品牌的战略就一定是正确的。因此，企业管理层在做上述选择时必须慎重。毕竟，企业向市场推出新产品时，品牌延伸战略并不是唯一的选项，在某些特殊的市场环境中，企业选择开发新品牌的战略可能更有利于企业的发展。如李维斯面对市场需求的变化，适时地推出新品牌 Dockers，以休闲裤吸引目标消费者，根据目标消费者的心理需求塑造相应的品牌个性和价值观念，取得了极大的成功。

第 2 节　品牌延伸的决策

品牌延伸战略是一把双刃剑，使用得当，企业大受裨益；使用不当，则可能反受其累。企业在进行品牌延伸决策时，一定要对企业自身的资源优势、品牌资产、市场需求和竞争趋势做深入细致的研究，在此基础上进行决策。为了成功地实施品牌延伸战略，企业还应了解品牌延伸战略的类型和实施过程。

一、品牌延伸战略的类型

品牌延伸战略按照延伸产品的性质可以分为三种：其一，如果旗舰品牌产品与延伸产品属于同类产品，如康师傅牛肉面和延伸出的康师傅排骨面，则这种品牌延伸战略就称为品牌产品延伸战略；其二，如果旗舰品牌产品与延伸产品不属于同类产品，但产品的性质大致相同，如娃哈哈纯净水和延伸出的娃哈哈八宝粥（两者的性质都是食品），则这种品牌延伸战略称为品牌名称延伸战略；其三，如果旗舰品牌产品与延伸产品既不是同类产品，也不具有相同的性质，如 Jeep 汽车和延伸出的 Jeep 服装，则这种品牌延伸战略称为品牌概念延伸战略。这三种品牌延伸战略的成功运用需要企业具备一定的条件，下面分别对这三种品牌延伸战略进行讨论。

Jeep 汽车广告创意作品和 Jeep 品牌服饰广告创意作品

（一）品牌产品延伸战略

品牌产品延伸战略是所有品牌延伸战略中最为简单也是最容易操作的。其具体的操作方法又分为产品横向延伸和产品纵向延伸。

1. 产品横向延伸

产品横向延伸是指旗舰品牌产品与延伸产品在名称、包装、价格以及产品的主要原料及构成上几乎完全相同，不同的只是产品的配方、功效。如佳洁士品牌延伸的产品有佳洁士茶爽牙膏、佳洁士防蛀牙膏、佳洁士皓爽白牙膏、佳洁士双效洁白牙膏等几十种同类产品，这种品牌延伸方式就是典型的产品横向延伸。

2. 产品纵向延伸

在实施品牌产品延伸战略中，如果延伸产品之间的价格有较大差异，则这种延伸称为产品纵向延伸。如丰田汽车在高、中、低三个价格档次上分别延伸出丰田皇冠、睿智、RAV4、卡罗拉、雅力士等汽车品牌。

一般而言，产品横向延伸多适用于非耐用消费品，产品纵向延伸多适用于耐用消费品。

3. 使用产品纵向延伸的风险

相对于产品横向延伸而言，产品纵向延伸遭遇失败的可能性要更大一些。其失败的原因主要有以下两个。

一是如果旗舰品牌产品本身属于高端产品，则其延伸的路径只能是向下延伸，如此一来，虽然其延伸产品可能在一定的时间内受到消费者的欢迎，但是旗舰品牌形象必然会受损，甚至导致旗舰品牌从高端市场退出。当年派克笔的营销战略之所以失败，就是因为采用了产品纵向延伸（向下），虽然派克在短时间里赢得了低端用户市场，但是其高端用户转向了竞争对手产品。因此，采用产品向下延伸的战略如果操作不当，很容易对旗舰品牌的高端形象造成伤害，结果很可能是捡了芝麻丢了西瓜。

二是如果旗舰品牌产品本身属于中低端产品，在实施产品纵向延伸时，就只能向中端或高端（向上）延伸。由于旗舰品牌产品在消费者心目中档次平庸，延伸产品通过形象转移从旗舰品牌产品上所获得的只能是中低档的产品形象，这与企业期望通过产品纵向延伸建立高端品牌形象的初衷背道而驰，因此，由中低端产品向中高端产品进行纵向延伸对于一般的企业而言弊大于利。也许，经过企业的不懈努力，有些企业使用这种产品纵向延伸可能也会取得一定的市场业绩，但是与企业向中高端市场推出全新的品牌相比，这需要更多的营销传播费用，才能逐渐改变消费者对旗舰品牌的看法。因此，与其采用产品纵向延伸，不如直接向市场推出全新的高端品牌。丰田公司在美国市场一直以中低档汽车赢得消费者的青睐，但是丰田公司并不希望自己的品牌形象长期停留在这一市场区域，它向市场推出了一款高档轿车，策划了一个全新的品牌雷克萨斯（Lexus），并为之开展了大量的营销传播活动，希望建立高端品牌形象，在传播过程中力图淡化丰田中低端品牌形象对雷克萨斯高端品牌形象的不利影响。在雷克萨斯轿车的高端品牌形象逐渐被市场认可之后，丰田公司再回过头来强调雷克萨斯与丰田的关联性，以使雷克萨斯高端的品牌形象转移至丰田品牌，从而在整体上提升丰田公司的品牌形象。

（二）品牌名称延伸战略

企业成功实施品牌名称延伸战略的前提条件是将旗舰品牌产品形象顺利地转移至延伸产品，这又有赖于两个要素，即旗舰品牌的附加价值水平和旗舰品牌产品与延伸产品之间的关联程度。

1. 旗舰品牌的品牌附加价值水平

品牌的附加价值主要由三个方面的内容构成：消费者感受功效、品牌的社会象征意义和品牌认知度。

就消费者感受功效而言，如果消费者对旗舰品牌产品有高品质的感受功效，则企业实施品牌名称延伸战略更有可能取得成功。这里最为关键的是消费者对旗舰品牌产品的感受，而不是旗舰品牌产品本身的品质有多么好。

品牌的社会象征意义对品牌延伸同样具有较大的影响。例如，保时捷汽车对于消费者而言就要比现代汽车代表更高的社会地位，因此，保时捷品牌延伸产品自然比现代品牌延伸产品更有可能成功。具有较高的社会象征意义的品牌比具有较低的社会象征意义的品牌更适合实施品牌名称延伸战略。

一般来说，消费者对旗舰品牌产品的认知度越高，其从旗舰品牌产品上转移到延伸产品上的感受功效和社会象征意义的强度也就越大，消费者对延伸产品的认同和信任度也就越高。因此，消费者对品牌的认知度在很大程度上影响品牌名称延伸战略的成败。

2. 旗舰品牌产品与延伸产品之间的关联程度

旗舰品牌产品与延伸产品之间的关联程度主要包括四个方面的内容：产品类别上的相似性、品牌定位属性的可延展性、目标消费者的相似性、产品在视觉风格上的相关性。

（1）产品类别上的相似性。就产品类别的相似程度而言，消费者认为旗舰品牌产品与延伸产品在产品类别上越接近，成功实施品牌名称延伸战略的可能性就越大。大多数消费者不会怀疑一个能够生产出优质的飞机发动机的企业（宝马）所生产的汽车发动机会有什么问题，但是让消费者相信宝马公司生产的洗发水同样令人信赖则不太可能，原因很简单，发动机与洗发水在产品类别上相差太远，两者完全没有相似性。

（2）品牌定位属性的可延展性。就品牌定位的基础而言，如果企业对旗舰品牌产品的定位着重于产品的内在属性（功能特征），则成功实施品牌名称延伸战略的可能性就会非常小。比如，海飞丝洗发水的定位强调其内在的功能属性——去头皮屑，将海飞丝的品牌名称延伸至其他任何一个产品类别，显然都是不适合的。然而，如果企业对旗舰品牌产品的定位强调的是较为抽象的表意内容，则成功实施品牌名称延伸战略的可能性就会大大增加。比如，方便面市场中的康师傅与今麦郎，前者的定位强调健康亲切的品牌形象，后者则强调面条的弹性，如果将这两个品牌进行品牌名称延伸，显然康师傅品牌获得成功的可能性会大很多。

（3）目标消费者的相似性。就目标群体的相似性而言，如果旗舰品牌产品与延伸产品具有基本相同的消费群体，企业实施品牌名称延伸战略时，消费群体就很容易将其对旗舰品牌产品的感知转移到延伸产品上，企业的延伸战略就更容易获得成功。比如，七匹狼的旗舰品牌产品是男士休闲服装，其目标消费群体是男士，男士与抽烟之间又有较强的关联，于是，七匹狼就将其品牌名称延伸至香烟并取得了成功。

(4) 产品在视觉风格上的相关性。影响品牌名称延伸战略能否成功的最后一个因素是产品在视觉风格上是否具有相关性。这种相关性指的是延伸产品与旗舰品牌产品在包装上是否基本一致，也就是说，消费者只要看产品的包装或产品的外形设计、色彩等，就能轻易地将延伸产品与旗舰品牌产品归为同一家族。由于消费者很容易受到视觉设计与象征物的影响，统一的视觉设计风格有助于消费者将对旗舰品牌产品的认知与联想转移到延伸产品上。

(三) 品牌概念延伸战略

品牌概念延伸是指企业在实施品牌延伸战略的过程中，将旗舰品牌的诉求概念延伸到与旗舰品牌产品不同的产品类别中。品牌概念是企业在长期的传播活动中反复诉求的企业的价值理念和个性特征，其内容偏重于产品的精神属性，这些价值理念已经被众多的消费者接受和认同，甚至已经成为品牌无形资产的重要内容。比如，哈雷-戴维森的品牌概念是"自由"，在长期的传播过程中，哈雷-戴维森几乎成为某种生活方式的象征。消费者对自由生活的载体——摩托车似乎已经不那么看重了，他们更加看重的是自由生活本身。哈雷-戴维森利用其出众的品牌概念，将品牌延伸至众多产品类别——服装、皮靴、啤酒、打火机、太阳镜、水壶等，取得了成功。

企业在实施品牌概念延伸战略的过程中，其延伸产品与旗舰品牌产品在产品类别上毫无关联，企业使用品牌许可的方式与其他企业合作生产延伸产品，品牌拥有者难以实际控制和保证延伸产品的质量。因此，品牌拥有者在与其他企业合作之前，除了规定品牌拥有方在财务和法律方面拥有监管权，还应加上品牌拥有方在延伸产品营销方面的相关权益，以保证品牌拥有方对品牌的控制权，避免延伸产品由于质量问题对旗舰品牌产品造成伤害。

二、品牌延伸战略的实施过程

品牌延伸战略作为企业整体战略的一部分，其实施过程与企业战略管理过程一样，都必须经过市场调研、战略规划、战略实施与控制三个阶段。不过，品牌延伸战略的实施过程有自身的特点，我们可以将这一过程和内容通过下面的模型表示（见图 8-1)。

(一) 市场调研

企业在作出实施品牌延伸战略的决策之前，首要的工作是进行市场调研，调研的内容包括宏观市场环境分析、行业环境分析、企业内部环境分析和品牌认知度（资产价值）分析。市场调研是一项基础工作，是后续品牌延伸战略实施过程每一个步骤的决策依据。

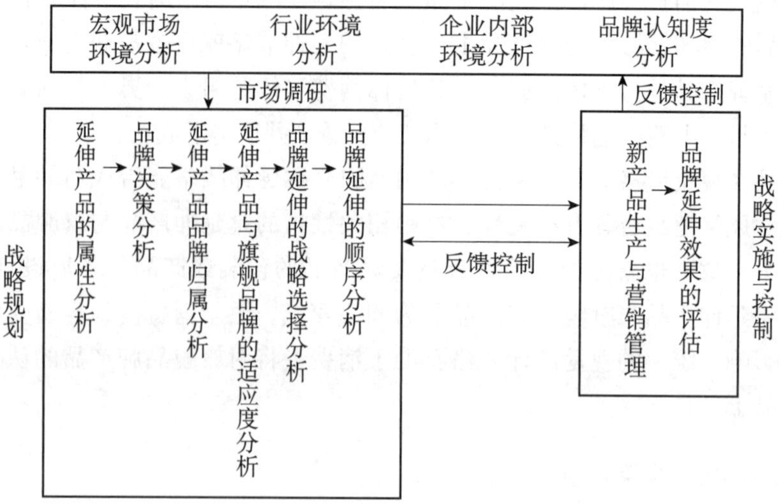

图 8－1　品牌延伸战略的实施过程图

1. 宏观市场环境分析

企业对所处的宏观市场环境进行分析是为了明确以下几个基本问题：企业可以进入哪些行业？企业可以向哪些市场拓展？企业在市场环境的变化中将会遇到哪些机会或威胁？企业进行市场扩张的时机是否成熟？等等。企业所处的宏观市场环境在很大程度上决定了企业可以向哪些行业延伸和发展。宏观市场环境分析要素主要包括政治和法律因素、经济因素、技术因素及社会因素。

2. 行业环境分析

企业通过对所处的宏观市场环境的分析，可以清醒地认识到实施品牌延伸战略可能给自身发展带来哪些机会，以及企业准备通过实施品牌延伸战略进入的行业。接下来，企业就要对即将进入的行业的竞争状况做比较深入的分析，以评估实施品牌延伸战略的可行性。

行业环境分析属于企业外部环境中的微观分析，主要分析行业中的竞争格局以及本行业与其他行业之间的关系。按照迈克尔·波特的观点，行业内部的竞争激烈程度和行业的利润状况并不是偶然的结果，而是取决于行业的基础结构和五种竞争力量的博弈（见图 8－2）。

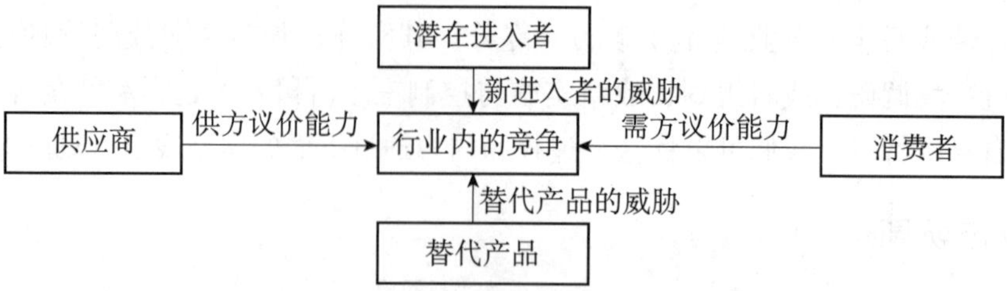

图 8－2　行业竞争环境的五力模型

通过对五种竞争力量的综合分析，企业对准备进入的行业内部竞争状况有了一个比较清楚的认识，这对于企业制定品牌延伸战略是必不可少的分析环节。不过，在以实施品牌延伸战略为目的的行业竞争环境的分析中，分析的重点应是如何利用品牌延伸战略的机会。在分析企业通过产品线延伸、产品种类延伸或市场延伸来抓住行业发展的机会时，尤其要注意行业未来的发展趋势给企业的品牌延伸带来的机会或威胁。

3. 企业内部环境分析

企业内部环境分析包括很多方面，如企业组织结构、企业文化、企业资源条件、企业核心能力及价值链等。按照企业的成长过程，企业内部环境分析又可以分为企业成长阶段分析、企业历史分析和企业现状分析等。

企业成长阶段分析就是分析企业处于成长阶段中的哪一个阶段，据此有针对性地制定企业的品牌延伸战略。

企业历史分析包括企业过去的经营战略和目标、组织结构、企业过去五年的财务状况、过去几年的人力资源战略以及人力资源的现状等。

企业现状分析包括企业现行的营销战略和目标、企业文化、企业各项规章制度、企业的技术研发能力、设备状况、产品的市场竞争地位及市场营销能力等。

4. 品牌认知度分析

企业在正式作出实施品牌延伸战略的决策之前，还必须对自身品牌的资产价值，也就是品牌认知度、品牌美誉度及品牌忠诚度等有关内容进行广泛的调查和分析，以确定旗舰品牌是否有足够的影响力带动延伸产品在市场上有出色的表现。品牌认知度调查的范围包括企业的旗舰品牌、与旗舰品牌形成竞争关系的其他品牌、企业准备推向市场的延伸品牌等。调查的内容主要包括品牌认知度、品牌美誉度、品牌联想、品牌忠诚度等。

（二）战略规划

品牌延伸战略规划的主要内容包括延伸产品的属性分析、品牌决策分析、延伸产品品牌归属分析、延伸产品与旗舰品牌的适应度分析、品牌延伸的战略选择分析和品牌延伸的顺序分析等。

1. 延伸产品的属性分析

在分析了宏观市场环境、行业环境、企业内部环境和品牌认知度之后，企业就可以从战略层面审视自己实施品牌延伸战略所要进入的行业，以及在将要进入的行业可以推出哪些产品。对于将要推出的延伸产品，企业还应充分分析产品的属性，包括技术属性、功能属性、利益属性和消费者的心理感受，以便作出正确的品牌延伸战略决策。

2. 品牌决策分析

通过对品牌认知度的调查和延伸产品属性的分析，企业可以对将来有可能推出的新产品在市场上的发展态势有一个大致的预判，这有助于企业决定在实施品牌延伸战略的过程中推出几种新产品以及这些新产品是什么。企业如果需要实施品牌延伸战略，应首先考虑使用自身的现有（旗舰）品牌。在特殊的情况下，企业也许拥有多个自有品牌，并且各品牌都有独特的品牌价值和品牌个性及识别元素。此时，企业就有必要将这些品牌的基本属性与将要推出的新产品的属性进行比较分析，从而决定新产品使用哪个旗舰品牌推出。

分析的结果有可能是企业的旗舰品牌还不具备覆盖和带动新产品的能力，此时，企业就需要考虑通过收购或创立新品牌来实施市场扩张战略。这里的“不具备”包含两层意思：一是企业将要推出的新产品不适合在旗舰品牌之下延伸，可能会导致品牌产品之间的冲突；二是企业的旗舰品牌产品与将要推出的新产品之间缺乏关联，这就更不适合使用品牌延伸战略。在这种情况下，企业可以考虑使用外包品牌或另创品牌的方法，这样可能会取得较好的市场效果。

3. 延伸产品品牌归属分析

企业在对品牌延伸战略规划的过程中，必须对将要推出的新产品的品牌归属做细致的分析和审查。要尽量避免在某个旗舰品牌之下推出新产品却导致新老产品之间的冲突。在分析的过程中，应该着重分析将要推出的新产品是否有可能对旗舰品牌产品造成伤害、是否有可能稀释旗舰品牌的个性、是否会导致消费者认知混乱、是否会遭到中间商的抵制等。如果将要推出的新产品与现有品牌有较好的相辅相成的关系，则应将其归入该品牌。

4. 延伸产品与旗舰品牌的适应度分析

通过对将要推出的新产品的品牌归属分析，企业可以对新产品应该借助哪个品牌进入市场作出正确的决策。由于企业在发展过程中有可能会出现一系列的新产品使用旗舰品牌的情况，企业有必要对各个新产品与旗舰品牌之间的适应度进行分析，根据适应度为产品排序，为品牌延伸战略规划的下一步骤做好准备。

5. 品牌延伸的战略选择分析

经过对准备推出的延伸产品的属性、品牌决策、延伸产品品牌归属、延伸产品与旗舰品牌的适应度等相关内容进行分析，企业可以选择不同的品牌延伸战略。企业可以根据品牌延伸的目的将品牌延伸战略进一步划分为以下几种类型：如果企业希望通过实施品牌延伸战略强化企业的品牌形象或品牌的核心价值，则这种品牌延伸战略称为强化战略；如果企业希望通过实施品牌延伸战略维持品牌形象，则此种品牌延伸战略称为固守战略；如果企业希望通过实施品牌延伸战略改变品牌形象，则该品牌延伸战略称为改变战略。当然，企业实施的品牌延伸战略必须根据企业内部环境和所掌握的资源以及企业所处的宏观市场环境和行业环境进行慎重决策。

不同的品牌延伸战略对企业将要推出的新产品与旗舰品牌的适应度的要求是不同的。如果企业采用强化战略或固守战略，则应考虑推出与旗舰品牌适应度更高的新产品；如果企业准备采用改变战略，则应考虑推出与旗舰品牌的某些具体属性相关的新产品，这些新产品的具体属性和可能引起的联想可以支持对旗舰品牌的形象及核心价值的改变。

6. 品牌延伸的顺序分析

企业还要考虑在今后的发展过程中，企业在不同的发展阶段所选择的品牌延伸战略决定了新产品将以怎样的顺序推出。总体而言，企业决定品牌延伸先后顺序的基本原则是，在一定的条件下，品牌延伸产品有利于提升品牌形象并按有利程度确定顺序。

（三）战略实施与控制

品牌延伸战略实施与控制需要企业对新产品在生产和营销环节进行有效的管理，根据市场的接受程度对品牌延伸战略实施的结果予以评估，并进行反馈控制。

1. 新产品生产与营销管理

企业对品牌延伸战略做了大量的分析和决策之后，下一步要把新产品生产出来，并选择恰当的时间推向目标市场。企业应该考虑使用哪种管理方式更有利于品牌延伸战略的实施。国外许多企业都实行品牌经理制，即企业在拥有多个品牌的情况下，为每个品牌设置一名具有高度组织能力的经理，由其对产品生产、新产品开发、产品包装设计、品牌市场调研、产品营销、流通渠道策划甚至品牌策划、品牌传播等与品牌相关的工作进行协调和执行。使用这种管理方式，对品牌形象的塑造、维护和传播均能产生积极的效果。

2. 品牌延伸效果的评估

案例 8－1　阿玛尼品牌延伸成功之道

企业在实施了品牌延伸战略之后（至少为一年），应该对市场效果进行评估，以判断是成功还是失败，抑或在目前市场上暂时处于维持状态，但将来可能会有较大的发展空间。在具体的评估过程中，企业可以把握以下四个标准。从宏观层面考虑有两个标准：品牌延伸战略的实施是否符合企业的整体发展战略目标，是否在市场环境发生变化时及时把握住了有利的市场机会。从微观层面考虑也有两个标准：品牌延伸战略是否巩固或提升了企业的品牌形象，延伸产品被市场接受的程度。

3. 反馈控制

企业实施品牌延伸战略之后，及时启动反馈控制系统是十分必要的，因为任何战略的制定都是基于系统的观点和动态的观点。系统的观点是要求系统内部各要素保持整体的平衡和优化，这就要求品牌管理人员不断根据系统输出的结果对系统内的各要素进行反馈调整。动态的观点要求品牌管理人员不断审视市场环境的变化，根据市场环境的变化作出有利于企业发展的战略调整。在品牌延伸战略的管理过程中，企业应根据对品牌延伸评估的结果对品牌延伸战略实施过程中的每一个步骤进行反馈控制，以使企业管理层在品牌延伸战略的实施过程中能够及时作出正确的决策。

第 3 节　品牌产品线延伸的决策

从广义上说，品牌管理人员对品牌延伸概念的理解可以扩展至产品线的延伸。如果说我们之前对品牌延伸的讨论集中在品牌上，那么现在将重点转移到产品上来。

一、产品线及其组合的概念

产品线是指一群相关的产品，这类产品可能功能相似，消费群体相似，价格相似且具有相同的销售渠道。

（一）产品层级

产品层级是指企业从市场的基本需求出发，一直将产品延伸到能够满足市场更多需求的具体产品或服务。菲利普·科特勒和凯文·莱恩·凯勒将产品界定为以下六个层级（这里以人寿保险为例）。

（1）用户需求：产品必须能满足用户的核心需求，如安全。

（2）产品大类：企业必须能够提供满足用户某一核心需求的所有产品种类，如储蓄和投资。

（3）产品种类：在企业为用户所提供的产品大类中，根据用户不同的需求将产品大类划分为具有不同功能的几组，如金融证券或财产保险等。

（4）产品线：在同一产品种类中具有密切关联性的一组产品，它们以类似的方式产生作用——出售给相同的用户群，或通过同类型的销售网点出售，或在一定的幅度内做产品价格上的变动，如人寿保险。

（5）产品类型：在同一产品线中分属若干产品形式的一组产品项目，如有期限人寿保险。

（6）项目：一个品牌或产品线内明确的单位，可以根据尺寸、价格、外形或其他属性加以区分，如可更新的有期限人寿保险。

（二）产品系列与组合

1. 产品系列

产品系列是指企业根据市场需求所开发的一组在使用功能上不尽相同，但在性质上密切相关的产品，这些产品在使用过程中可以起到相互配合的作用。例如，奔迈手持设备和智能电话产品线就有各种功能的产品，如电话、收音机、寻呼机、视频游戏、电子书籍、MP3 播放机和收录机等。

2. 产品组合

产品组合是指企业根据产品使用的性质或消费者的使用特性，为消费者提供的一整套产品项目。一个产品组合由多条产品线组成。比如，通用电气公司家用电器事业部的产品组合有冰箱、电炉、洗衣机三条产品线；日本电气公司的产品组合是通信设备和计算机。

企业同时生产多种产品，这些产品在具体的组合方式上会有诸多不同。这就涉及以下几个基本概念：产品组合的宽度、长度、深度和一致性。这些概念可以用表 8－1 加以说明。

表 8-1　宝洁公司的产品组合

产品组合的宽度	清洁剂	牙膏	香皂	纸尿裤	纸制品
产品组合的长度	Charmin Dreft 汰渍 奇尔 Dash Bold Gain Era	象牙雪 佳洁士	Gleem 佳美 激爽 舒肤佳 玉兰油	Luvs 帮宝适	Puffs Bounty

资料来源：菲利普·科特勒，凯文·莱恩·凯勒．营销管理：第 12 版．上海：上海人民出版社，2006：425.

（1）产品组合的宽度。产品组合的宽度是指一个企业具有多少条不同的产品线。如表 8-1 中宝洁公司有清洁剂、牙膏、香皂、纸尿裤和纸制品 5 条产品线。

（2）产品组合的长度。产品组合的长度是指一个企业生产的产品项目总数。如表 8-1 中宝洁公司生产的产品项目总数是 19 个，则宝洁公司的产品组合的长度就是 19。如果要计算宝洁公司产品线的平均长度，则用其产品组合的长度（19）除以宽度（5），得出该企业的产品组合的平均长度为 3.8。

（3）产品组合的深度。产品组合的深度是指企业产品线中的每一个产品共有多少不同的品种。假设宝洁公司的汰渍洗衣粉有 2 种形式（液体和粉末）、2 种香型、2 种添加剂（有或无漂白剂），由此得出汰渍洗衣粉的深度就为 8。一般而言，产品组合的深度基本上可以反映一个品牌在市场上的影响力及其行业地位。

（4）产品组合的一致性。产品组合的一致性是指一个企业所拥有的各条产品线之间在产品用途、生产工艺、分销渠道或者其他方面相关联的程度。在表 8-1 中宝洁公司的 5 条产品线所生产的清洁剂、牙膏、香皂、纸尿裤和纸制品，均属于个人和家庭使用的快速消费品，使用相同的分销渠道，因此，其产品组合具有相当高的一致性。

企业可以根据市场环境的变化和自身掌握的优势资源，使用产品组合来发展业务。企业还可以根据市场的需求状况增加新的产品线，以扩大企业的产品组合的宽度或延长产品组合的长度。此外，企业可以增加每一种产品的品种，来增加产品组合的深度。企业还可以推出与现有产品有较强一致性的产品线。企业进行品牌产品线延伸决策时，一个有用的工具就是产品线分析。

二、产品线分析

在企业的产品线建设中，企业为降低生产成本，常常会开发一个产品生产的基础平台，在此基础平台上根据不同消费者的不同需求开发出不同种类的产品。如丰田汽车在天津的生产基地就使用一个基础平台生产威姿（VITZ）和威乐（PLATZ）两种子品牌的车型。

企业实施品牌延伸战略，实质是对现有的产品线进行延伸。管理人员对产品线进行深入分析是确保企业成功实施品牌产品线延伸的前提条件。对产品线的分析主要包括两方面的内容：产品线的销售量和销售利润以及产品线的市场竞争比较。

（一）产品线的销售量和销售利润

对于企业来说，每一条产品线的存在至少取决于两个条件：要么占有较大的市场份额，要么销售利润在总利润中占有较大的比例。如果产品线中的某个产品不能满足上述两个条件，则可以考虑将该产品从产品线中撤出。

图8-3显示了某企业一条产品线中的五个产品项目的销售量和销售利润的情况。第一个产品项目的销售量和销售利润分别占到该产品线总销售量和总销售利润的50%以上和30%以上；第二个产品项目的销售量和销售利润均占到该产品线总销售量和总销售利润的30%以上。这两个产品项目的销售量和销售利润相加，分别占到该产品线的总销售量和总销售利润的80%以上和60%以上。这并不是令人满意的产品组合，因为如果这两个最重要的产品项目遭到竞争对手的打击，则产品线的整体销售量和销售利润就会全面崩溃。对于该产品线中第五个产品项目，由于该产品项目的销售量和销售利润均只占到产品线总销售量与总销售利润的5%左右，企业可以考虑将这一产品项目从产品线中撤出。

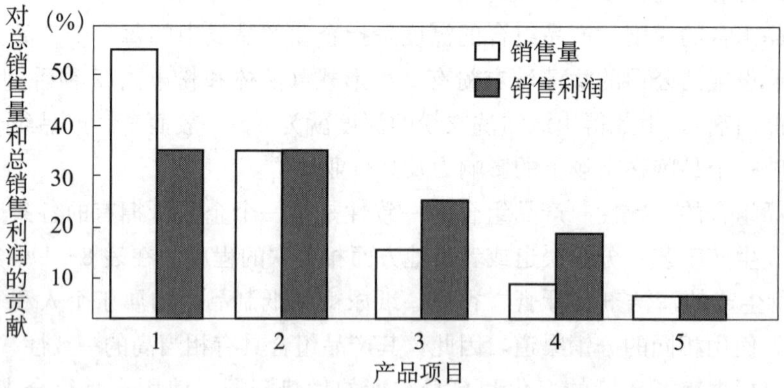

图8-3 产品项目对产品线总销售量和总销售利润的贡献

（二）产品线的市场竞争比较

企业在对产品线进行分析的过程中，还必须针对竞争对手产品线的情况来分析自身产品线的定位。下面我们以造纸公司生产纸张的一条产品线为例来说明这个问题。纸张的两个主要属性是纸张的重量和成品质量。纸张的标准重量级别一般可分为90克、120克、150克和180克，其成品质量则可以分为高、中、低三个标准档次。图8-4是一个产品品目图，表示X公司和A、B、C、D四个竞争对手的各自产品线的产品品目的定位情况。竞争对手A的两个产品品目均为高克重，处于中等和低等成品质量范围内；竞争对手B有四个产品品目，这些产品品目的重量和成品质量各不相同；竞争对手C有三个产品品目，在这三个产品品目中，其纸张重量越重的，成品质量也越高；竞争对手D也有三个产品品目，这些产品品目均是低克重的，但成品质量不太一样；最后，X公司有三个产品品目，其重量各不相同，成品质量在低等和中等之间徘徊。

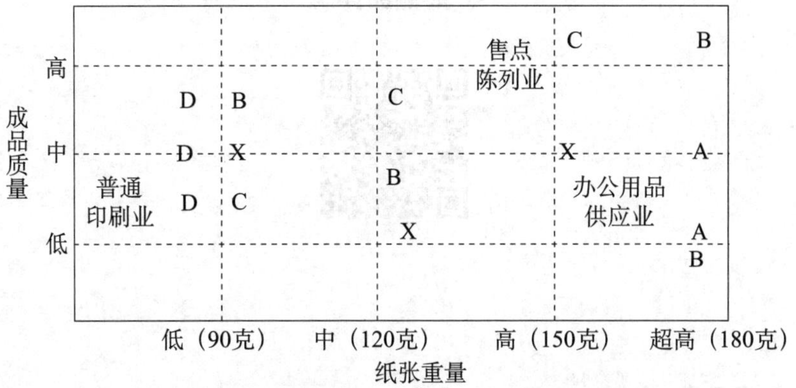

图8-4　五家造纸企业纸张产品线的产品品目图

资料来源：菲利普·科特勒，凯文·莱恩·凯勒．营销管理：第12版．上海：上海人民出版社，2006：427.

产品品目图对企业实施相应的产品线延伸战略具有十分重要的指导作用。图8-4非常直观地显示了目前市场上有哪些竞争对手与X公司形成竞争关系。例如，X公司低重量、中等质量的纸张与竞争者D和B的纸张展开直接竞争。X企业高重量、中等质量的纸张没有直接的竞争对手，这就对X公司在市场空隙中推出新产品提供了启示。也就是说，通过产品线分析，X公司发现目前市场上还没有哪家企业的产品进入高重量、中等质量的市场空隙，如果X公司认定这种纸张有大量未被满足的市场需求，并且自身有能力生产这种纸张，能以合适的价格推向市场，那么X公司就应该在产品线中增加对这一产品品目的投入。

产品品目图还有助于企业识别细分市场。图8-4表明，根据纸张重量和成品质量这两个纸张的属性，普通印刷业、售点陈列业和办公用品供应业对纸张类型的要求各有偏好。对于这些特殊的市场需求，X公司将产品定位于满足办公用品供应业的需求显然是正确的选择。

基本概念

品牌延伸	品牌形象转移	成分品牌策略
联合品牌策略	品牌认可策略	相关延伸
间断延伸	产品横向延伸	产品纵向延伸
品牌概念延伸战略	品牌名称延伸战略	品牌产品延伸战略

思考题

1. 企业实施品牌延伸战略的目的是什么？
2. 品牌延伸战略存在哪些风险？
3. 品牌延伸决策应把握哪几个基本原则？
4. 为什么产品纵向延伸不太容易成功？

即测即评

第9章

品牌资产评估与管理

品牌资产是20世纪80年代出现的最流行和最有价值的营销概念之一。不过，品牌资产概念的出现，对于营销人员既有有利的一面，也有不利的一面。有利的一面在于品牌资产提升了品牌在营销战略中的重要性及地位，也为企业的营销管理和相关研究提供了重心；不利的一面则在于品牌资产概念因为不同的目的而有不同的界定，容易产生概念上的混淆。目前，还没有对品牌资产的概念和具体评估形成一致的观点。本章将围绕品牌资产的基本概念、评估方法等进行探讨。

第1节 品牌资产的基本概念

品牌资产是赋予产品或服务的附加价值。它体现在消费者对有关品牌的想法、感受以及行动方式上，也体现在价格、市场份额以及盈利能力上。“品牌资产”一词的关键在于“资产”，它更多是会计学上的含义。品牌除了本身具有经济价值（可以估值），还可以带来稳定的超额收益，是企业创造经济价值不可缺少的一种资源。品牌资产一词表明，品牌是企业无形资产的重要组成部分。

一、品牌资产的概念

品牌资产是20世纪80年代在营销研究和实践领域出现的一个重要概念。20世纪90年代以后，特别是戴维·阿克的著作《管理品牌资产》出版之后，品牌资产就成为营销界研究的热点问题，众多品牌专家和学者对品牌资产的理解各不相同。总体而言，学界对品牌资产是从两个角度理解的：一是企业角度；二是消费者角度。

（一）基于企业角度的品牌资产概念

基于企业角度的品牌资产概念，是从企业的财务和营销角度对品牌资产予以界定。首先，从企业的财务角度出发研究品牌资产的概念，是为了方便计算企业的无形资产价值，以便向企业投资者或股东提交财务报表，在企业的并购、合资等诸项商业活动中提供企业资产价值的报告。从财务角度对品牌资产的概念进行研究的学者认为：品牌资产本质上是一种无形资产，一个强势品牌本身就应该被视为具有巨大价值的可交易资产。

其次，从企业的营销角度出发研究品牌资产的概念，目的是借助品牌的影响力，帮助企业提高品牌产品的销售量和利润率。从营销角度对品牌资产的概念进行研究的学者认为：品牌资产是一系列关于品牌顾客、渠道成员和品牌所属企业的联想与行为，这使强势品牌可以比弱势品牌获得更多的市场利润；品牌资产是品牌形象的净价值，是一系列跟品牌名称或符号相关联的资产（和负债），它能够增加或减少提供给企业以及消费者的产品或服务的价值；品牌资产也是品牌赋予产品和企业的增加价值；品牌资产还可以表现为品牌在未来的影响力，影响力的大小取决于品牌忠诚度、品牌知名度、品牌认知度、品牌联想和其他资产的综合作用。

品牌资产可以表现为或转化为品牌自身的成长与市场扩张能力，因此，品牌资产的多少在很大程度上取决于上述能力的大小。由于企业开发或塑造一个全新品牌的成本和失败的概率远远高于使用品牌延伸战略推出新产品的成本和失败的概率，所以企业大都试图最大限度地使用品牌延伸战略，推动产品的市场销售。

基于企业角度的品牌资产概念，虽然从企业的财务和营销两个角度对品牌资产进行了比较深入的分析，但是忽视了消费者作为独立客观主体的存在，这就使得企业在建立品牌资产时，难以摆脱从自身利益出发而忽略消费者的主观感受的局限性，总是企图将品牌理念强加给消费者。另外，如果企业一味地采取品牌延伸战略对品牌进行过度营销，那么也会导致品牌价值的稀释和品牌形象的混乱，这对于品牌形象的长远发展是不利的。

（二）基于消费者角度的品牌资产概念

国外一些品牌学者从消费者的主观感受出发对品牌资产进行了界定，认为品牌资产有赖于消费者对品牌相关知识的掌握及所产生的效应，这种效应体现在消费者对品牌营销活动的反应上，即品牌资产是消费者对品牌溢价的主观判断，一个品牌的价值大小取决于消费者对该品牌的主观感受，品牌资产的多少也因消费者的感受不同而存在差异。持这种观点的学者还强调，由于品牌资产因人（消费者）而异，企业试图提高品牌资产的努力并不会产生根本性的作用。企业应该重视建立与目标消费者的互动关系，通过相互认可的关系来留住消费者，形成品牌资产。

这种基于消费者角度的品牌资产概念，虽然强调了消费者在创造品牌资产中的作用，但是忽略了企业这一重要的品牌主体。因此，无论是从企业视角还是从消费者视角对品牌资产概念进行研究都有可取之处，也都有明显的不足。笔者认为，对于品牌资产的定义应将上述两种观点加以整合，才能比较全面地予以阐释。

（三）品牌资产的定义

品牌资产是指企业通过开展相应的营销与传播活动，以向消费者提供品质优异的产品为基础，以消费者对品牌产品的主观感受为核心，能够满足消费者的生理需求和心理需求，并且能够为品牌产品带来附加价值的品牌有形资产与无形资产的总和。也就是说，品牌资产是由企业与消费者共同创造的，体现的方式主要是消费者的主观感受，但是消费者的主观感受是基于对品牌产品的综合的、整体的理性认知和个人化的情感体验。

理性认知是消费者对品牌产品形成判断的前提，情感体验则是消费者对品牌产品产生偏好的基础。消费者对品牌产品的理性认知与情感体验在正常情况下又能相互作用，即消费者对品牌产品品质优劣的判断可以直接影响其对品牌产品的情感印象；反过来，消费者一旦对某品牌产品产生强烈的情感体验，则又可能作出偏向于该品牌产品的理性判断。因此，企业应该与消费者建立良性的互动关系，这种相互信任的关系越稳定、越持久，消费者对品牌的情感投入就越多，品牌的资产价值也就越大，品牌的溢价能力也就越强。

二、品牌资产的特征

品牌资产最典型的一个特征就是以无形资产为主，此外，还有非稳定性、难以精确评估和可以体现企业在市场上的地位等特征。

（一）品牌资产以无形资产为主

品牌资产是由有形资产和无形资产共同组成的，不过对品牌资产的价值高低起决定性作用的往往并不是有形资产部分而是无形资产部分。因此，品牌资产以无形资产为主。

品牌无形资产的价值高低主要由以下因素决定：企业或品牌的管理体制是否先进、品牌管理人员的经验是否丰富、品牌产品的销售机构或网络是否健全、广告的创意及其传播是否优秀、企业或品牌的信誉是否值得消费者信赖、企业或品牌所倡导的文化能否被公众认同、产品的品质是否优异、企业的财务管理制度是否规范等。企业在长期的营销与传播活动中，采用各种方法和策略对这些因素予以整合与有效管理，并通过品牌知名度、品牌认知度、品牌联想、品牌忠诚度和其他相关资产的形式体现品牌的无形资产。

对于一个企业而言，它所拥有的品牌资产的价值越高，它在市场上的竞争优势就越明显；品牌在市场上拥有的竞争优势越大，也就越能促进其品牌资产增加。不过，无形资产的计量较为困难，我国许多企业对品牌资产还没有给予应有的重视，没有把品牌的无形资产提到与有形资产相同的高度来认识。

（二）品牌资产具有非稳定性

品牌资产既包括有形资产，又包括无形资产，因此，品牌资产就不完全像企业的有形资产那样——其资产价值主要由产品的生产决定且必将随着产品生产后生产设备的损耗而不断减少。品牌资产的价值是随着企业科技与创新工作的展开，在长期有效的经营管理过程中，通过与有形资产相结合，从无到有、从少到多、从劣到优，逐步培养、积累而成的。因此，品牌资产具有非稳定性的特征。这种非稳定性可以表现为品牌资产由少到多、不断增值，也可以表现为品牌资产由多到少、不断贬值。

（三）品牌资产难以精确评估

品牌资产的概念及其重要性已经得到一定程度的认识，企业界更为关心的是品牌资产尤其是品牌的无形资产究竟应该如何计量。事实上，对于品牌资产的计量不太可能做到精确而只能是个估计，这也是在涉及品牌资产问题上很少使用“计算”一词而大多使用“评估”一词的原因。

导致品牌资产难以精确计算的原因主要有以下几点：一是品牌资产评估是一项全新而又复杂的技术，需要专业机构采用专业的评估方法对品牌资产予以综合评估，目前还没有哪一种评估方法可以十分精确地计算品牌资产，只能是个估计；二是品牌的无形资产取决于消费者的主观感受，品牌知名度、品牌联想、品牌忠诚度等主观感受不太可能精确量化；三是反映品牌资产的获利性受许多不易计量的因素影响，如品牌建设的投资强度、品牌产品的市场占有率、品牌产品所属行业的结构、品牌产品所属市场的竞争激烈程度等。

（四）品牌资产可以体现企业在市场上的地位

品牌资产的实质是企业通过品牌这个特殊的载体与目标消费者进行沟通并努力建立起一种相互认同的关系，这种关系的互动、和谐和稳定在很大程度上决定了品牌资产的价值。企业要想与目标消费者建立长期友好的关系，就要不间断地针对目标消费者开展相应的传播活动。从这种意义上说，品牌资产尤其是品牌的无形资产主要是由企业不间断地开展品牌传播活动逐步积累形成的。当然，这些传播活动本身也包含了企业丰富的传播技巧、优秀的传播创意和巧妙的传播策略等，这些抽象的智力成果也构成了品牌资产的一部分。因此，品牌资产是各种传播与营销策略综合作用的结果，在很大程度上反映了企业经营管理的总体水平。

三、品牌资产的构成

1991年，戴维·阿克在综合前人研究成果的基础上，提炼出品牌资产的五星概念模型，即品牌资产由品牌知名度、品牌认知度、品牌联想、品牌忠诚度和其他资产五个部分组成（见图9-1）。

（一）品牌知名度

1. 品牌知名度的概念

品牌知名度是指消费者对一个品牌的知晓程度。品牌知名度可分为无知名度、提示知名度、第一提示知名度和第一未提示知名度四个阶段。不同的品牌由于传播的强度不同，在市场上的知名度自然也会不同。

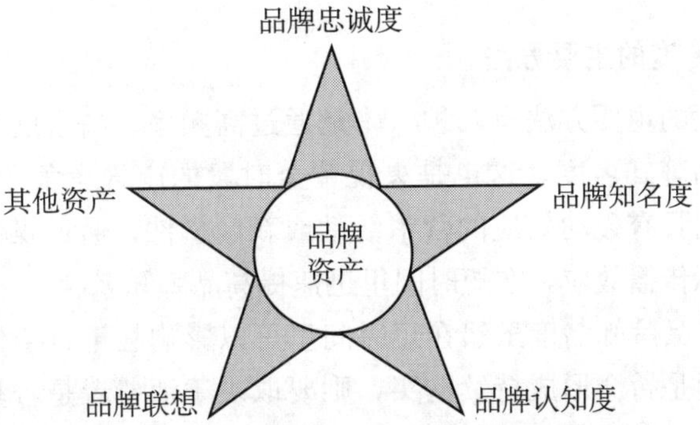

图 9-1　戴维·阿克提出的品牌资产的五星模型

新产品上市之初，在消费者心目中往往无知名度；品牌开展一段时间的营销与传播活动后，在部分消费者心中留下了模糊的印象，这部分消费者在旁人提示之下能够回忆起该品牌，此时，该品牌就进入了提示知名度阶段；进一步地，消费者在无提示的情况下，能主动回忆起该品牌，该品牌也就进入了第一提示知名度阶段；当品牌成长为强势品牌，在市场上处于领头羊位置时，消费者对该品牌脱口而出或在购买时第一个提及该品牌，这时该品牌就进入了第一未提示知名度阶段。

品牌知名度可以用品牌再识率和品牌回忆率来衡量。品牌再识率反映的是在消费者总体中知晓该品牌消费者的数量及比例；品牌回忆率反映消费者总体中有多少消费者或多大比例的消费者在只提示产品大类的情况下就能够回忆起该品牌。显然，品牌回忆率比品牌再识率能够更深刻地揭示品牌知名度的高低。

2. 品牌知名度的价值

由于消费者不太可能购买自己完全不了解的产品，因此，品牌知名度和消费者的购买行为之间存在着明显的关联，尤其是对于那些消费者介入程度比较低、单位产品价值低的产品来说，品牌知名度与产品的市场销售量在短时间里有正相关关系。

品牌知名度之所以是构成品牌资产的要素之一，就是因为品牌知名度可以在提高品牌影响力和抑制竞争品牌知名度提高两个方面发挥积极作用。一方面，由于消费者在选购产品的过程中一般倾向于在自己熟悉的品牌产品的范围之内比较和选择，所以品牌知名度越高，就越容易进入消费者的选择范围，当然也就越有可能成为消费者购买的对象。可见，品牌知名度的高低会在很大程度上影响消费者对品牌产品的选择判断，进而影响品牌产品的预期收益。另一方面，品牌知名度还会起到抑制竞争品牌知名度提高的作用。从心理学的角度来看，一个消费者不可能记住市场上成千上万的品牌，只能对其中极少数的品牌形成选择性注意、选择性理解和选择性记忆。一个品牌如果希望在消费者心目中形成选择性记忆，就必须经过长时间的、不间断的反复传播，以突破消费者的选择屏障。因此，知名度越高的品牌，就越容易被消费者注意和记忆。由于消费者对品牌商品众多信息的记忆是有限的，当消费者对知名度高的品牌产品形成并保持了记忆时，在客观上其他品牌产品，尤其是同一产品大类的竞争品牌产品也就受到了信息屏蔽和干扰，很难被消费者记住。可以说，品牌知名度高在很大程度上起到了抑制竞争品牌的市场传播的作用，进而降低了竞争品牌在市场上的影响力，间接地提升了自身品牌的市场竞争力。

3. 提高品牌知名度的主要方法

提高品牌知名度的主要方法有两种：一是通过高频率、高密度的广告投放，在较短的时间里迅速提高品牌知名度。这也是央视黄金时段的广告竞争非常激烈的原因之一。二是周密精心地策划具有轰动效应的营销活动或新闻事件，通过媒体报道和事件本身的影响力所形成的人际传播效应，在短时间里迅速提高品牌知名度。

需要注意的是，品牌知名度虽然在短时间里可以影响甚至直接促进消费者对品牌产品形成首次购买，但是否会形成持续购买，则要取决于消费者是否具有品牌忠诚度。使消费者形成品牌忠诚度是品牌策划与管理的第二个环节，前提是消费者形成对品牌产品的首次购买。如果消费者没有形成对品牌产品的首次购买，又何谈品牌忠诚度。因此，提高品牌知名度是企业积累品牌资产的重要一步。

（二）品牌认知度

1. 品牌认知度的概念

品牌认知度是指消费者在对某品牌产品的相关信息进行比较全面深入的分析之后，或者在实际使用或消费某品牌产品之后，对品牌产品的质量、功能、外观、服务甚至价格等所形成的整体印象和判断。品牌认知并不是企业自身对产品在生产过程中的一种认识和判断，而是消费者站在使用或消费的角度对品牌产品所形成的认知和判断。消费者对品牌的整体印象可能是积极的，也可能是消极的。企业只有坚持不懈、持之以恒地为消费者提供质量优异、性能稳定的能够真正满足消费者需求的产品，才能逐渐形成良好的和积极的品牌认知度。品牌认知度是大多数消费者对某一品牌产品在长期的使用或消费过程中所形成的共同印象，其形成需要经历相当长的时间。不过，品牌认知度一旦形成，则难以改变，常常形成品牌忠诚度，从而转化为品牌资产。

2. 品牌认知度的价值

（1）有助于促进消费者购买。一般情况下，消费者在选购耐用产品之前会花一定的时间主动通过各种媒体搜寻相关品牌产品的资讯。在产品同质化日益严重的今天，品牌产品之间难以形成太大的差异，消费者只能依靠自身对某品牌产品的认知来决定选择购买哪一个品牌的产品。比如，索尼品牌在长期的营销和传播活动中，使大多数消费者对其卓越的品质达成了共识，因此，当索尼产品扩展到电视机、录音机、随身听、笔记本电脑、手机等多种产品时，消费者即便从来没有使用过，但基于对索尼品牌的认知，往往也会放心地购买索尼品牌的相关产品。消费者在选择经验性商品时，不会花很多时间去了解这类商品的相关信息，而更多地依赖品牌认知度进行判断和决策。因此，提高品牌认知度有助于促进消费者购买。

（2）有助于形成品牌差异化的定位。在激烈的市场竞争中形成品牌差异化，是企业开展营销与传播活动的目的之一。不同的品牌在长期的营销与传播活动中，由于采取的策略不同，在消费者心目中形成的品牌认知度各有不同。品牌认知度一旦形成并得到巩固，实际上也就在消费者的心目中初步形成了品牌差异化的心理定位。因此，提高消费者的品牌认知度有助于企业形成品牌差异化的定位。比如，如果消费者已经对一个大众化的品牌形成认知（如力帆汽车），那么此时企业试图将低价的和大众化的力帆汽车品牌转化为高端汽车品牌，就不太可能获得消费者的认同，反之，如果一个品牌已经在消费者心目中形成高端品牌的认知，则该品牌采取向低端市场延伸的战略，就会对消费者的认知产生干扰，使其混淆对该品牌的原有认知和当前认知，这会导致该品牌形象受损，该品牌的原有消费者也会放弃继续消费和使用该品牌。

（3）有助于建立高端品牌形象。国内外许多强势品牌通过长期的、不间断的营销与传播活动，在消费者的心目中形成了高档、时尚、高品质、高性能的品牌认知。消费者对品牌的这一认知，事实上已经表明消费者愿意为购买强势品牌的产品付出更高的价格，这也是强势品牌能够卖高价的原因。同时，由于大多数消费者并不是品牌或产品方面的专家，难以辨识品牌产品的品质，只能通过品牌加以识别，强势品牌的贴牌产品也能实现高价销售。

3. 提高品牌认知度的基本方法

提高品牌认知度对于品牌管理人员是十分重要的工作。对于消费者而言，品牌知名度具有更多的感性色彩，品牌认知度则具有更明显的理性色彩。因此，企业如果要提高品牌知名度，则可以采用加大影视或网络广告投放力度与频率的方法，因为影视和网络媒体是典型的感性媒体，通过声、光、色的生动形象和直观画面吸引受众的注意，从而达到提高品牌知名度的目的。企业如果希望提高品牌认知度，则应该选择理性色彩更浓厚的媒体，如报纸、杂志，采用新闻报道、公关等方法来传播品牌产品质量优势，使消费者对品牌产品的质量形成全面且深刻的认知。

（三）品牌联想

1. 品牌联想的概念

品牌联想即消费者看到某一特定品牌时，引出对该品牌的一些想法，包括感觉、经验、评价、品牌定位等，这些想法往往能够组合出一些意义，形成品牌形象，进而影响消费者对品牌产品的购买。品牌联想是与品牌记忆相联结的，是消费者对品牌的想法、感受及期望等的集合，可反映品牌个性或对产品的认知。消费者对不同品牌产生不同的联想，使品牌间的差异通过抽象的感觉和判断得以体现。

凯勒将品牌联想分为三种类型。

（1）属性联想。属性联想指消费者对品牌产生的联想指向产品或服务的描述性特征。属性联想包括产品或服务的功能属性或内在属性，如品牌产品的价格信息、品牌产品的包装外观、品牌产品的使用者类型（如何种类型的人会使用此产品或服务）和使用情境（例如，在何处以及何种情境下，此产品或服务会被使用）等。其中，产品价格属性是特别重要的属性联想，消费者常常将价格与品牌价值联系起来，并会就不同品牌的价格来组织他们心中的产品类别知识。

（2）利益联想。利益联想是指消费者对品牌产生的联想指向品牌产品能够为消费者提供哪些利益，也就是消费者认为此产品或服务对他们有什么用。利益联想可分为三类，即功能利益联想、经验利益联想和象征利益联想。功能利益是指产品或服务的内在优势，与生理及安全需求有关。经验利益是指有关产品或服务使用的感觉，通常与产品属性有关，如感官乐趣、多样化以及认知刺激。象征利益是指产品或服务的外在优势，通常与产品属性无关而关乎社会认同的需求或个人表现以及自尊等。

（3）态度联想。态度联想是消费者对品牌的整体评价，是构成消费者行为的基础。消费者对品牌的整体评价与品牌产品质量、品牌传播理念、品牌功能利益、品牌经验利益以及品牌象征利益之间均存在正相关关系。

2. 品牌联想的价值

企业通过各种努力使消费者对品牌产生积极的、正面的、有利于品牌发展的联想。具体而言，品牌联想的价值主要体现在以下两个方面。

（1）有助于促进消费者的购买决策。消费者的品牌联想主要有两种表现形式：一是理性的联想；二是感性的联想。理性的联想有助于向消费者提供购买某品牌产品的理由；感性的联想则有助于在情感上打动消费者并使其作出对某品牌产品的购买决策。比如，别克昂科威汽车的广告采用的是突出卓越性能的理性诉求，这可能使一些需要兼顾城市出行与越野的车主找到购买别克汽车的理由。别克汽车的电视广告则采用感性诉求的方法，其广告片展现的是美丽的田野、奔跑的小鹿并配上精心创作的音乐，生动直观的视觉符号给受众以极大的审美愉悦。当消费者产生购买汽车的需求时，这些让消费者产生精神愉悦的别克品牌的感性联想就会在消费者的脑海中浮现，有助于推动消费者作出购买决策。

别克昂科威汽车广告创意作品

（2）有助于消费者形成对品牌利益点的记忆。消费者在面对琳琅满目、令人眼花缭乱的众多商品难以作出选择时，脑海里对某些品牌的联想将有助于他作出购买决定。一般而言，品牌联想往往会指向品牌产品的功能属性，也就是品牌产品能够提供给消费者的利益点，当消费者通过品牌联想回忆起来这些品牌利益点，这些利益点又符合消费者的需要时，自然就为消费者选购该品牌产品提供了理由。

3. 建立品牌联想的基本策略

品牌联想的形式主要有两种，即理性联想和感性联想。消费者对品牌所形成的理性联想确实有助于他们对某些商品产生购买倾向，但购买倾向并不等于实际购买。在商品同质化日益严重的今天，商品之间在理性层面已经难分高下，决定商品之间差异的往往是品牌文化之间的差异。企业与目标消费者沟通并建立彼此认同的互动关系，经过长期的维系和发展，就会使消费者与品牌之间形成一种情感联系。在大多数情况下，最终促使消费者对某品牌产品采取实际购买行为的往往是感性联想。因此，如果企业通过品牌这个特殊的载体，使消费者建立了理性联想，还使他们产生了强烈的感性联想，品牌联想的创建就是成功的。具体而言，企业建立品牌联想的策略主要有以下几种。

（1）讲述品牌故事。品牌故事是将品牌在发展过程中的优秀事迹加以总结、提炼并创作形成的一个容易记忆又令人浮想联翩的传奇故事。其实，品牌故事是一种比广告还要高明的传播形式，它是品牌与消费者之间情感传递的中介。消费者希望购买的不仅仅是冷冰冰的产品，还包括产品以外的情感体验和相关联想，这种联想有助于诱发消费者对品牌的好奇心和认同感。

未来学者罗尔夫·詹森早在1999年就预言：在21世纪，一个企业应该具有的最重要的技能之一就是创造和叙述故事的能力。正如詹森所说："这是所有企业都面临的挑战——不管是生产消费品、生活必需品、奢侈品的公司，还是提供服务的公司，都必须在自己的产品背后创造故事。"

很多品牌背后都有一个精彩的故事，甚至可以说，一个成功的品牌就是由无数个感人的故事构成的，没有故事就没有品牌。许多中国企业尚未真正领悟编故事、讲故事和传播故事的真谛，也未能成功地在每一个品牌接触点或品牌时刻，始终如一地将品牌故事传递给消费者。

（2）借助品牌代言人。品牌代言人是指企业在一定时期内以契约的形式指定一个或几个能够代表品牌形象并展示、宣传品牌形象的人或物。

米开朗基罗说：艺术真正的对象是人体。在现代社会，品牌最好的载体就是人，特别是耀眼的名人，名人代言反响大。

中国很多企业聘请名人代言品牌，但请实际消费者代言的很少。事实上，很多传播机会来自那些有影响力的实际消费者。请实际消费者代言传播，同样可以建立有价值的品牌联想。

（3）建立品牌感动。未来学家约翰·奈斯比特说："未来社会正朝着高技术与高情感平衡的方向发展。"但凡优秀品牌的传播，无不充满了人类美好的情感，并给消费者带来丰富的情感回报。比如，"钻石恒久远，一颗永流传"的广告语，便将刻骨铭心的爱情与光彩夺目的钻石联系了起来，使消费者建立起品牌感动。又如，希望塑造"环保、亲近自然"形象的著名能源公司雪佛龙，曾拍摄了一则让消费者感动的形象广告：当太阳在怀俄明州升起时，好斗的松鸡跳起了独特的求偶之舞，但铺设的输油管道侵入了它们的孵育领地，于是铺设输油管道的工人们停止了施工，他们一直等到小松鸡孵化出来之后才继续工作。雪佛龙广告建立了品牌感动，这不仅加深了消费者对该品牌环保形象的认知，而且使得消费者看到他们对环保的要求在雪佛龙公司得到了理解和实现，因此消费者愈加认同雪佛龙品牌。

（四）品牌忠诚度

在品牌资产的各构成要素中，品牌忠诚度是最具价值的要素。笔者在第1章提出了对品牌的定义，即品牌是企业组织以其具有优异品质的商品或服务为载体，以商品的功能属性或精神属性为诉求内容，通过各种营销和传播活动与目标消费者建立彼此认同，并为双方带来利益的关系总和。强势品牌与消费者之间形成的良好关系之所以能够成为强大的品牌资产，就是因为在这种关系中，企业拥有了更多忠诚的消费者。

1. 品牌忠诚度的含义

品牌忠诚度是指消费者在购买决策中，多次表现出来的对某个品牌有偏向性的（而非随意的）行为反应，而且这种行为反应并不因消费情境和营销传播的影响而产生品牌转换行为。消费者对某品牌保持忠诚行为固然与该品牌具有相当出众的功能性品质有关，更重要的则是消费者与品牌之间的情感因素。具体而言，品牌忠诚度主要包括以下两方面的含义。

（1）品牌忠诚包括行为忠诚和情感忠诚。消费者在较长的时间里，在众多的品牌产品中只是反复购买某一品牌产品的行为，就是行为忠诚。消费者对品牌所表现出来的行为忠诚，一直是品牌资产评估机构在具体的实践中用以评估品牌忠诚度的重要指标，因为这项指标可以根据消费者所购买的品牌产品的比例来确定其对某品牌的忠诚度。比如，某消费者在一年之内购买过同一产品大类的 A、B、C 三种品牌的产品，但对这三种品牌产品的购买次数和数量不相同，按照其购买次数或数量进行评估，该消费者对 A 品牌的忠诚度为 70％，对 B 品牌的忠诚度为 20％，对 C 品牌的忠诚度只有 10％。

不过，行为忠诚并不能解释消费者对品牌忠诚的真实原因。许多消费者可能会在某段时间里持续大量地购买某品牌产品，但这并不能证明消费者喜爱该品牌，也不能证明消费者在消费环境发生改变的情况下不会作出品牌转换的行为。事实上，消费者对品牌形成的态度或情感才是导致其重复购买某品牌产品的内在原因。因此，品牌资产评估机构在评估消费者对某品牌的忠诚度时，千万不能忽略对消费者品牌态度或情感的调查和分析。界定或衡量消费者是否对某品牌忠诚，必须同时考虑两个方面：第一，消费者重复购买行为的持续时间；第二，消费者对该品牌形成的态度或情感。

（2）顾客忠诚不等于品牌忠诚。尽管顾客是品牌忠诚的主体，对于任何一个品牌而言，缺失了顾客这一关键的行为主体，品牌忠诚就无从谈起，但是我们也不能据此认为，任何顾客忠诚，也就是顾客在行为上表现出来忠诚，就一定是品牌忠诚。导致顾客行为忠诚有多方面的因素，这些因素并不能表明顾客对某品牌忠诚。这些因素主要有：

第一，价格因素。即顾客购买某品牌产品的原因是该品牌产品的价格与其购买能力相吻合。也就是说，顾客可能在态度或情感上更倾向于或忠于其他品牌产品，但是由于收入有限或目前急需购买某产品急用，便只得购买某品牌产品。因此，这种由价格因素导致的消费行为并不能等同于品牌忠诚。

第二，方便因素。即顾客购买某品牌产品的原因是他能够更加方便地购买到该品牌产品。比如，某顾客原本打算购买某品牌的洗衣粉，但是距其最近的一家超市没有该品牌的洗衣粉。为了节省时间和精力，该顾客只好购买了另一品牌的洗衣粉。这种由方便因素导致的消费行为也不等于品牌忠诚。

可见，品牌忠诚与顾客忠诚的关系是：品牌忠诚包含在顾客忠诚之中，品牌忠诚是从品牌角度出发，着眼于顾客对品牌的态度及品牌对消费行为的影响；顾客忠诚则是从顾客的角度出发，着眼于对消费行为的认知。

2. 品牌忠诚度的价值

品牌忠诚度是品牌资产的核心和源泉。如果一个企业拥有较多忠诚的消费者，那么这个企业无形中拥有了一笔长期的、巨大的和宝贵的战略资产。对于企业而言，品牌忠诚度的价值主要体现在以下方面。

(1) 降低营销成本，增加企业利润。在企业的目标消费者中，如果有相当一部分消费者是企业品牌的忠诚者，那么这些品牌忠诚者对企业所具有的价值是不仅能有效地降低营销成本，而且能增加销售利润。

一方面，企业针对本品牌的老顾客所花费的营销传播费用显然要远远低于为开发新顾客所花费的营销传播费用。主要是由于老顾客通常缺乏转换或改变其目前正在使用的品牌产品的动力，他们没有或者不愿意花时间和精力去寻找目前使用的品牌产品的替代品，即使面对替代品（或替代品的营销推广活动），他们也需要替代品企业提供相应的有价值的刺激物来支持他们冒险（对替代品毫不了解）。因此，对于企业而言，保持和维护现有顾客对本品牌的信任与满意度，减少他们转换品牌的动机，显然要比吸引竞争品牌的顾客并将其开发成为本品牌产品的使用者所花费的代价小得多。大体而言，企业维持一个老顾客的成本是开发一个新顾客成本的1/7。

另一方面，某品牌产品的使用者对该品牌的产品和服务均感到满意，对该品牌有较强的使用信心，为了节约购买成本，极有可能继续购买该品牌的系列产品。因此，如果企业能够把握现有顾客的需求，并适时地向他们推荐满足其需求的产品，那么企业与顾客都能够在多次交易中获益。在营销理论中有一个著名的“二八原则”，即企业80%的业绩来自20%的经常惠顾的顾客。可见，品牌忠诚度越高，顾客流失率越低，企业获得的利润就越多。

(2) 形成市场进入壁垒。一个品牌如果拥有较多的品牌忠诚者，那么无形中会构筑起该品牌所属品类市场的进入壁垒。对于其他准备进入该品类市场的竞争对手而言，必须付出更多的营销和传播费用才有可能使消费者放弃对原品牌的忠诚，转而成为其品牌产品的消费者或品牌忠诚者。因此，品牌忠诚度可以帮助企业构筑市场进入壁垒，从而在一定程度上降低品牌竞争的激烈程度，为品牌产品带来较大的利润空间。

(3) 促进销售渠道的畅通。品牌忠诚度为企业提供了贸易杠杆支持，因为赢得品牌忠诚度的企业，如海尔、TCL、格兰仕、联想等，往往会受到流通渠道的格外青睐，它们常常为这些知名品牌保留更好、更充足的货架空间。商家知道具有品牌忠诚度的商品在市场上的流通速度更快，而流通速度越快的商品，其资金回笼也就越快。因此，消费者的品牌忠诚度在很大程度上影响甚至支配经销商的商品选择与供货决策。品牌忠诚度体现在商品流通领域的价值是：有助于提升企业在流通渠道中的话语权，有利于企业建立完善的销售渠道。

(4) 吸引新的消费者。一般情况下品牌忠诚者会自觉不自觉地对周围的亲朋好友等潜在消费者进行品牌人际传播，以实际使用者的身份向他们介绍和推荐品牌产品。对于某些科技含量较高、具有一定使用风险的产品而言，品牌忠诚者兼实际使用者的身份极具影响力。这些品牌忠诚者的推荐效果远好于品牌的广告传播效果，因为第三方的推荐带有更加客观、公正的色彩。品牌忠诚者实际上会形成一个围绕品牌的消费圈，这个消费圈又会以人际传播的方式向周围的潜在消费者扩散。从理论上说，该消费圈就像涟漪一样一层一层向外扩散，使该品牌的实际消费者越来越多。实际消费者增多，意味着品牌忠诚者也会增多。当然，这种良性循环只是一种理论上的分析。实际上，企业应该通过向品牌产品的使用者提供完善周到的服务，尽可能满足实际消费者需求，提高他们对企业或品牌的满意度和忠诚度，最终的目的是通过实际消费者现身说法来带动其他的潜在消费者成为品牌产品的实际消费者。

3. 品牌忠诚度分析

品牌忠诚度是由品牌行为忠诚度和品牌情感忠诚度构成的。

（1）品牌行为忠诚度分析。品牌行为忠诚度大多可以根据消费者对某品牌的实际购买次数来衡量。如复购率（多次购买品牌产品的消费者占消费者总数的比例）、购买百分比（各种品牌在一位消费者最后五次购买行为中各自所占的比重）、品牌购买百分比（在同类别商品的购买行为中，只买一种品牌的商品、只买两种品牌的商品和只买三种品牌的商品的消费者各自所占比重）、品牌转换率（本品牌消费者转向购买其他品牌产品的比例是多少）等指标。

美国一家公司对22个品牌的实际消费者进行长期的跟踪调查，这22个品牌的高度、中度、低度的品牌行为忠诚者[①]分别占被调查消费者的12%、14%和74%。显然，高度品牌行为忠诚者所占的比例偏低，仅为低度品牌行为忠诚者的16.2%，不过，与此形成鲜明对照的是，高度品牌行为忠诚者的产品购买量占到了品牌产品总销售量的69%，低度品牌行为忠诚者的产品购买量只占到品牌产品总销售量的5%。这组数据足以说明高度品牌行为忠诚者对于企业具有重大意义。

这项研究还发现，从动态的角度分析，某一品牌能否长期保持或不断提高市场占有率，不仅取决于该品牌所拥有的高度品牌行为忠诚者的数量，还取决于企业能否将低度品牌行为忠诚者转变为高度品牌行为忠诚者。高度品牌行为忠诚者固然对品牌的市场销售作出了巨大的贡献，但他们也不是一成不变，其中仍然会有人受到各种外在因素的影响而转换到其他品牌。

根据上述分析可以得出两点基本认识：第一，高度品牌行为忠诚者的消费行为对于品牌产品的实际销售量和市场占有率具有至关重要的影响。第二，品牌产品市场占有率的进一步提高与品牌的低度品牌行为忠诚者转变为高度品牌行为忠诚者有着密不可分的正相关关系。因此，企业在维持高度品牌行为忠诚者的同时，还应尽可能地通过各种营销或传播手段将本品牌的低度品牌行为忠诚者转变为高度品牌行为忠诚者，使本品牌的高度行为忠诚者在总量上保持稳定或者增长的趋势。

（2）品牌情感忠诚度分析。以上我们分析了消费者的品牌行为忠诚度对企业或品牌的市场竞争和发展所产生的影响，如果将消费者的品牌情感忠诚度也一并加以考虑，就

① 高度品牌行为忠诚者有50%以上的概率重复购买同一种品牌产品；中度品牌行为忠诚者有10%～50%的概率重复购买同一种品牌产品；低度品牌行为忠诚者有10%以下的概率重复购买同一种品牌产品。之后讨论的品牌情感忠诚度也是按照与此相同的标准进行分类。

有可能出现不同的分析结果。如前所述，品牌情感忠诚度是将消费者对品牌的态度作为问题研究的中心，但消费者对某品牌的态度不一定导致其对该品牌的实际消费行为。因此，从某种意义上说，对品牌情感忠诚度的分析只是对消费者将来可能发生的购买行为的预测分析。

就消费者的品牌情感忠诚度而言，可以通过对品牌认知、品牌联想、品牌个性与消费者生活方式的契合程度等方面的综合考量来预测在无外在约束的条件下，消费者重复购买某品牌产品的概率，进而加以量化分析。对消费者的品牌情感忠诚度的分析，可以为企业评价、判断将来某一个时期消费者品牌忠诚度的变化趋势提供重要帮助。

国外研究表明，高度品牌情感忠诚者远比低度品牌情感忠诚者更容易转变为高情感-高行为忠诚者，也就是真正意义上的品牌忠诚者。高情感-中行为忠诚者、高情感-高行为忠诚者远比低情感-中行为忠诚者、低情感-高行为忠诚者更容易成为真正意义上的品牌忠诚者。因此，对消费者品牌情感忠诚度的衡量是研究和分析消费者品牌忠诚度不可缺少的重要内容。消费者的品牌行为忠诚只是表明其在过去的某段时间内的实际消费行为，并不能表明今后该消费行为能够持续进行；消费者的品牌情感忠诚则可以为企业揭示出该消费者在将来有可能采取的消费行为。对于企业而言，只有将消费者的情感忠诚和行为忠诚整合分析，才能更加全面、准确地考察和分析出消费者更为真实的品牌忠诚度。

(3) 品牌忠诚度分析模型。将消费者的品牌情感忠诚度和品牌行为忠诚度作为坐标，并各自划分为高、中、低三个不同程度，我们可以建立一个消费者品牌忠诚度分析模型（见图 9-2）。

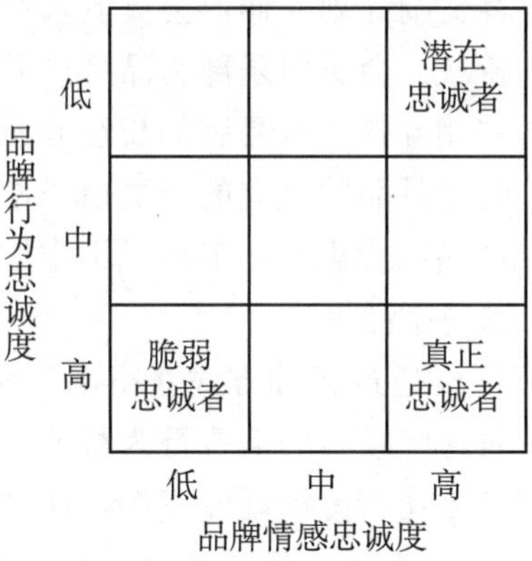

图 9-2　消费者品牌忠诚度分析模型

在此模型中，品牌情感忠诚度高而品牌行为忠诚度低的消费者称为潜在忠诚者。由于这类忠诚者对品牌的忠诚主要源于对品牌形成的良好态度，故此种忠诚更具持久性，并且这类忠诚者很容易向真正忠诚者转变。相反，情感忠诚度低而行为忠诚度高的忠诚者，由于对品牌的忠诚源于外在因素的影响，他们的忠诚度难以稳定和持久，容易成为中、低度忠诚者，甚至会转变为其他品牌的忠诚者，此类忠诚者可以称为脆弱忠诚者。

显然，对于大多数品牌而言，如果潜在忠诚者远多于脆弱忠诚者，则说明该品牌在市场上建立起了鲜明而独特的品牌个性，得到了多数消费者在情感方面的认同，这类品牌具有良好的市场发展前景和抵抗竞争冲击的能力。如果潜在忠诚者远少于脆弱忠诚者，则说明市场上的消费者还没有形成对品牌的认同感，即使该品牌可能由于拥有先发优势、独特的分销渠道或其他营销组合的优势而在短时间内取得较好的市场业绩，但其市场地位是脆弱的。这种状况对于品牌的发展是极其不利的，这也是许多国产品牌在国际品牌的冲击下失败的原因之一。

该模型中的真正忠诚者兼具高情感忠诚和高行为忠诚，这类忠诚者倾向于对品牌具有稳定而持久的忠诚。一个企业如果拥有较多的真正忠诚者，则至少可以表明该品牌已经成为市场的强势品牌，并且拥有更高的资产价值。

4. 建立品牌忠诚度的基本策略

企业要想赢得消费者对本品牌的忠诚，就要贴近消费者，与他们深入互动交流，了解他们的行为偏好和价值取向，满足其多种需求，并与他们建立起一种相互认同、相互理解的情感关系。如此，消费者才会忠于那些真正关注自己需要、维护自己利益的企业。

（1）建立品牌忠诚度的方法。建立品牌忠诚度的方法不一而足，不同企业的目标消费者不同，所采用的方法自然也就不尽相同。总体而言，以下三种方法是企业经常使用的。

第一，常客奖励计划。这是建立消费者品牌忠诚度最直接有效的方法之一。这种方法不但可以吸引老顾客重复购买本品牌产品，更重要的是可以使老顾客感受到企业对其忠诚给予了相应的回报，从而成为品牌忠诚者。如重庆百货公司为消费者办理“绿叶金卡”，奖励那些经常光顾该商场的顾客；再如希尔顿酒店推出“资深荣誉常客计划”，都是试图通过常客奖励计划建立消费者的品牌忠诚度。

第二，会员俱乐部。与常客奖励计划一样，会员俱乐部也能够使顾客感受到自己被品牌或企业重视，并享有某种特权。会员俱乐部为品牌产品购买者提供了一个相互交流的平台，可以使他们参与其中并相互抒发对品牌的想法和感受，分享彼此在使用品牌产品方面的经验。例如，在某些化妆品品牌设立的会员俱乐部里，会员们不仅可以相互交流产品信息，还可以获得购买产品的优惠券，定期或不定期地收到新产品资料，获得免费护肤和试用新产品的机会，获得赠品等。

第三，数据库营销。企业可以通过各种方式获得部分常客的个人资料，包括姓名、住址、职业、电子邮箱等，并对这些顾客的消费行为特征进行分析，根据这些顾客的消费习惯，定期发送新产品介绍、公司特惠活动专案等，让顾客感到自己被企业尊重，从而建立起品牌忠诚度。

（2）保持与提升品牌忠诚度的方法有以下几种。

第一，接近顾客。具有强烈顾客意识的企业会采取各种措施增加接近顾客的时间。比如，IBM 的高层管理人员每年都会抽出时间与顾客进行交流和沟通；迪士尼乐园的负责人每年在乐园内以普通员工的身份工作两个星期；一些企业会不定期地安排一线生产工人在品牌产品的销售商店与顾客进行面对面的接触，使他们意识到自己的工作在保证产品质量和满足顾客需求方面的重要作用。这些活动不但能够使企业的负责人或员工亲身接触和了解消费者的需求，也可以让消费者感到自己受到企业的重视，为使消费者形成品牌忠诚度打下良好的基础。此外，企业还可以通过开展消费者调查来了解和掌握消费者对品牌产品的使用感受，以便及时根据消费者的反馈意见，调整产品结构和服务方式。

第二，正确对待消费者。建立品牌忠诚度要确保消费者在第一次接触品牌或实际使用品牌产品时产生满意而美好的印象，要做到这一点，企业必须对营销人员进行专门培训，培训内容包括员工的言行举止、服务态度、与各种类型的消费者打交道的基本原则。另外，为消费者提供一些附加的、意料之外的服务，有助于使消费者由品牌观望者转变为品牌潜在忠诚者。

第三，增加转换成本。增加消费者的品牌转换成本虽然不太可能使消费者保持长期的品牌忠诚，但是在短时间内会产生较好的效果。增加消费者品牌转换成本的方法主要是找出并解决消费者面临的一些问题。比如，招商银行为其信用卡持有者提供众多的免费服务项目，这些服务项目表面上是为满足顾客多方面的需求，实际上则是为了增加信用卡持有者的转换成本。因为招商银行的信用卡持有者一旦转换品牌，就将自动放弃在招商银行享有的各项免费服务。

第四，留住老顾客。企业在开展市场营销与传播活动的过程中，应该始终将留住老顾客作为主要目的之一。许多企业往往喜欢将开发和吸引新顾客作为营销活动的主要目的，实际上，吸引新顾客的成本要远远高于留住老顾客的成本，而且企业的利润主要来自老顾客的重复购买。因此，降低顾客流失率关系到企业的生存和发展。

第五，通过情感沟通提高品牌忠诚度。在科技高度发展的今天，企业要想形成产品差异化越来越困难，企业需要通过抽象的文化和情感因素来影响消费者对品牌产品的选择与判断。事实上，消费者对品牌产品的选择与判断越来越依赖非理性因素。笔者在20多年前发表的一篇论文中首次提出了“感觉营销”的概念。① 企业应该通过各种传播手段向目标消费者进行情感诉求与沟通，尽可能将情感与品牌信息融为一体，使消费者将品牌产品视作其情感的外化物，通过拥有品牌产品来表达自己的情感。

总之，正如我们在前面阐述的那样，真正的品牌忠诚度是由消费者对品牌产品的态度决定的，这又源于其对品牌产品的情感。因此，企业必须注重与目标消费者的情感沟通，才能真正保持和提升品牌忠诚度。

（五）其他资产

作为品牌资产的重要组成部分，附着在品牌上的其他资产是指那些与品牌密切相关的、对品牌的增值能力有重大影响的、不易归类的特殊资产，如产品专利、专有技术、商标等。比如，可口可乐公司津津乐道并引以为傲的“7X”配方即是一种专有技术，正是“7X”配方的独有性和专属性，使得可口可乐品牌具有无可比拟的资产价值。

第2节　品牌资产的评估

品牌资产评估的历史并不长，企业在评估品牌资产时无论采用什么方法，都不可避

---

① 程宇宁．感觉营销：从物质消费到精神消费：品牌塑造与传播的全新概念研究．中国广告，2004（6）.

免地带有主观性和不确定性。

一、品牌资产评估的意义

20 世纪 80 年代后期，西方发达国家出现的一连串企业并购案，使得品牌资产成为一个热门话题。例如，1988 年瑞士雀巢公司以 10 多亿美元的价格买下了英国罗特里公司（Rowntree），实际上雀巢还收获该公司财务报表上未曾列出的东西——宝路（Polo）、奇巧（KitKat）以及 8 点以后（After Eight）等品牌。雀巢支付给罗特里公司的收购价使得后者的股票市价从每股 475 便士一路飙升至每股 1 075 便士。雀巢支付的 10 多亿美元是罗特里公司账面价值的 6 倍，也就意味着罗特里公司拥有的宝路、奇巧以及 8 点以后等品牌资产是高于罗特里公司的账面价值的部分。因此，量化品牌资产，测量品牌的市场竞争力，已经成为国际上通行的做法。具体而言，品牌资产评估的意义主要有以下几点。

（一）有利于企业的资本运作

越来越多的企业开始使用品牌资产进行融资活动。品牌资产评估使得企业资产负债表结构更加健全。企业通过量化品牌资产，可以提升企业的资产总值，降低企业的资产负债率，获得银行贷款的可能性大大提高。更为重要的是，品牌资产评估使得市场投资者对企业资产状况有更全面、更准确的了解，有利于增强投资者购买企业股票的信心，进而使得企业的股票价值有所提升，有利于企业通过股市融资开展相关的产品研发、市场推广等活动。

（二）有利于提高管理决策效率

虽然企业良好的整体形象可以使投资者产生一定的信心，但企业的整体形象无法反映各项品牌经营的实绩。因此，对企业拥有的各个品牌的资产价值进行评估，将十分有利于企业的营销和管理人员对品牌投资作出明智的决策，合理分配资源，减少投资浪费。

（三）有利于激励企业员工、提高企业的声誉

企业开展品牌资产评估，不但可以向外界传递企业所拥有的品牌的健康状态和发展潜力，显示品牌产品在市场竞争中的地位，更重要的是可以使员工对企业充满信心，激励员工，提高企业的市场声誉。

（四）有利于合资和品牌延伸

国际上一些知名企业通过品牌资产评估，将某品牌从公司的资产中分离出来，作为可以交易的财务个体，这种做法日渐增多。这为企业与其他企业的合资和品牌延伸奠定了基础。企业如果事先没有对所拥有的品牌资产进行评估，一旦出于不可预料的原因而需要与其他企业合资，临时草率地将自己的品牌以低廉的价格转让，会得不偿失。

二、品牌资产评估方法

国际市场上关于品牌资产评估有多种方法，大致可从三种研究视角进行评估。

第一种研究视角是宏观的视角，品牌资产评估方法可以分为两大类。第一类是企业由于自身产权的变动或使用权的拓展而需要对所拥有的品牌资产予以量化评估。这种评估必须根据评估目的，依据企业所在地或品牌注册地颁布的品牌评估标准、评估方法，以个案的形式进行。第二类是用于价值比较所进行的量化评估，这种评估方法的前提是必须采取同一标准、方法、基准对品牌所属的某一行业进行统一的群体评估。使用第一类评估方法得出的品牌资产价值可以称为交易价值；使用第二类评估方法得出的品牌资产价值可以称为内在价值，也就是品牌在市场竞争力方面的客观表现。内在价值不能用于交易，它只是表明品牌资产能够为企业带来的超值创利能力，相当于政治经济学中的价值。交易价值则相当于价格。品牌的交易价值与品牌的内在价值存在密切的关系，品牌的交易价值的基础是品牌的内在价值，品牌的内在价值作为品牌的影子价格可以影响品牌交易价格。

第二种研究视角是品牌主体对象的视角，品牌资产评估可以从三个方面展开：一是针对CEO等专业人士所做的关于“品牌力”的评估调查；二是针对品牌的营销部门、会计单位所做的关于“品牌值”的推算评估；三是针对消费者所做的关于“品牌资产”的调查与评估。

第三种研究视角是实际运用的视角，该方法主要有三大类，目前比较流行。第一类是使用客观财务数据的会计评估方法，其评估结果可以比较准确地体现品牌的交易价值；第二类是财务与市场双要素评估法，其结果可以比较客观地体现品牌的内在价值；第三类是结合上述两种方法的品牌资产评估法。

（一）会计评估方法

会计评估方法又可以根据评估重点的不同分为四种：成本法、市价计量法、收益计量法和股票市值法。

1. 成本法

在实际运用过程中，成本法还可以进一步细分为历史成本法和重置成本法。

（1）历史成本法。历史成本法是依据品牌资产的购置或开发若干项目的全部原始价值进行资产评估。最直接的方法是计算企业对品牌的投资，包括设计、创意、广告、促销、研发、分销等。比如，当初埃克森美孚石油公司对于新品牌标志的设计，是聘请不同专业背景的专家学者从上万个候选设计中经反复斟酌才最后确定的。为推广这个新品牌，埃克森美孚石油公司花了上亿美元。

ExxonMobil Chemical

埃克森美孚石油公司标志

使用成本法的主要问题是如何确定哪些成本需要考虑进去，如企业管理的时间成本需不需要计算？如果需要计算，按照什么标准计算？一个品牌的成功，从企业内部而言，可能有许多原因，如企业内部各个部门密切配合、相互支持，这肯定是品牌成功的因素之一，却无法量化，因此，成本法几乎不太可能计算出品牌的真正成本。此外，成本法还存在一个严重的问题，就是无法反映品牌现在的价值，因为该方法没有将过去投资的质量和成效考虑进去。因此，总的来说，使用成本法进行品牌资产评估，得到的结果往往会高估失败或不太成功的品牌资产的价值。

（2）重置成本法。重置成本法是根据品牌的现状进行模拟投资来计算和确定品牌价值的方法。重置成本是第三方愿意支付的费用，相当于重新建立一个全新品牌所需要的全部成本。其计算公式为：

品牌资产评估值＝品牌重置成本×成新率

成新率是反映品牌的现有价值与全新状态重置价值的比率。一般采用专家鉴定法或剩余经济寿命预测法计算，其公式为：

成新率＝剩余使用年限÷(已使用年限＋剩余使用年限)×100％

企业所拥有的品牌的来源有两种：一是企业自己创建的品牌；二是从其他企业购入的品牌。因此，重置成本的构成是不同的。如果属于企业自创的品牌，则由于财务制度的制约，品牌价值难以在账面体现，只能根据评估时的价值标准估算其重置的价格总额。如果属于外购品牌，则其重置成本一般以品牌的账面价值作为依据，用物价指数来调整计算方法，其公式为：

品牌重置成本＝品牌账面价值×(评估时的物价指数÷品牌购置时的物价指数)

需要指出的是，品牌资产评估原则上不受使用年限的限制，但是在具体的评估实践或品牌交易中常常会受到折旧因素的影响。不过，品牌的折旧毕竟不同于技术类无形资产的折旧，前者主要受经济性贬值（外部经济环境的变化）和形象性贬值（品牌形象落伍）的影响，后者主要受功能性贬值（技术落后）的影响。

2. 市价计量法

市价计量法是指通过市场调查，选择一个或几个与评估品牌同属一个产品类别且规模实力相当的品牌作为比较对象，在对比较对象的品牌成交价格和交易条件进行分析之后，估算出品牌资产的价值。该方法的参考指标主要有市场占有率、消费者复购率、品牌知名度、品牌忠诚度等。使用市价计量法必须具备两个前提条件：一是要有一个活跃、公开、公平的市场；二是必须有与被评估品牌类似的和可比较的参照对象。

使用此方法进行品牌资产评估在实践中存在一定的困难，因为市场存在差异性以及对市场的理解不同，而且属于同一产品大类的不同品牌的市场占有率不同；从理论上说，品牌的获利情况与其市场占有率之间也没有必然的相关性。因此，运用市价计量法时，企业或评估机构应该慎重考虑比较对象之间的可比性。

3. 收益计量法

收益计量法又称为收益现值法，是指企业或品牌评估机构对评估品牌的未来预期收益（一般采用税后净利润指标）进行估算，并采用适当的贴现率将其折算成现值，然后与过去的品牌收益累加求和，得出品牌资产价值的评估方法。在评估品牌未来收益的过程中，有两个相互独立的过程：一是分离出品牌净收益；二是预测品牌未来收益。

使用收益计量法评估品牌资产的价值时认为品牌资产的价值主要由两部分组成：一是品牌过去的价值（指过去某一时间段内品牌收益的总和）；二是品牌未来的价值（指将来某一时间段内品牌收益的总和）。其计算公式为两部分加总：

$$品牌资产价值=\sum_{i=1}^{n}A_t(1+i)^{n-t}+\sum_{t=1}^{n}A_t(1+i)^t$$

式中，A_t为品牌的销售利润；n为品牌总的收益期；i为贴现率；t为品牌未来的收益期。

一些品牌专家对收益计量法的准确性表示怀疑，认为使用该方法计算品牌资产的价值不可靠，主要理由有以下三点：预计的品牌收益无法将未来市场竞争态势的变化因素计算在内；贴现率的选取标准具有明显的主观性；对时间段的选取也难以做到客观、准确。

4. 股票市值法

芝加哥大学教授西蒙和沙利文提出以公司股票市值为基础，将有形资产与无形资产相分离，再从无形资产中分离出品牌资产的评估方法，即股票市值法。这种方法更加适合上市公司的品牌资产评估。具体计算方法和步骤是：第一步计算公司股票总市值A。第二步使用重置成本法计算公司有形资产总值B，无形资产总值$C=A-B$。无形资产由三部分组成：品牌资产C_1，非品牌因素C_2（如研发和专利等），行业外可以导致获取垄断利润的因素C_3（如法律等）。第三步确定C_1、C_2、C_3各自的影响因素。第四步建立股票市值变动与上述各影响因素的数量模型，以得出品牌资产占公司无形资产的百分比（也可得出不同行业中品牌资产占该行业无形资产的百分比），最终得出品牌资产价值。

（二）财务与市场双要素评估法

单纯以财务要素作为评估品牌资产的依据，确实可以比较准确地计算出品牌有形资产，但是在计算品牌的无形资产时存在不足之处。为此，引入非财务因素对品牌资产评估方法进行调整就成为一些专家学者研究和思考的课题，这些方法中最著名的是Interbrand评估法，这种评估方法的特点是引入了能够反映品牌市场业绩和市场竞争力的若干评估新因素。

英特品牌集团公司（Interbrand Group）是世界上最早研究品牌资产评估的专业机构之一。该公司开发的品牌资产评估方法在国际上颇具影响力，它以严谨的技术所建立的评估模型在国际上具有很高的权威性。美国《金融世界》杂志从1992年起对世界著名品牌进行每年一次的跟踪评估，所采用的评估方法就是在Interbrand评估模型基础之上加以改进的。

Interbrand评估模型的最大特点是将构成品牌资产价值的主客观两方面的数据作为评估依据。客观的数据包括品牌市场占有率、产品销售量以及产品利润；主观判断是确定品牌强度。两者的结合构成了Interbrand评估模型，其计算公式为：

$$V=P\times S$$

式中，V为品牌资产价值；P为品牌带来的净利润；S为品牌强度倍数。

(1) 计算品牌带来的净利润P。企业在对品牌开展评估之前，首先应该从企业的财务报表、分析专家、贸易协会、公司主管人员那里收集有关品牌销售和营业利润方面的基本数据。比如，1995年吉列剃须刀的销售额为26亿美元，营业利润为9.61亿美元。接下来要关注的是吉列品牌能够带来的利润。

为此，企业或评估机构就要确定这个行业的资本产出率。有关专家估计，护理行业资本产出率大约为38%，即企业每投入38美元的资本，可产出100美元的销售额。这样可以计算出吉列公司所需的资本额为：26×38%=9.88（亿美元）。

之后，假设一个在护理行业里没有品牌知名度和影响力的普通产品，其每年投入的资本所创造的产品净利润率为5%（扣除通货膨胀因素）。用5%乘以9.88亿美元得到0.49亿美元。接下来，从9.61亿美元的营业利润中减去0.49亿美元，就可以得到吉列品牌创造的税前利润为9.12亿美元。计算出品牌的税前利润之后，下一步要确定品牌的净利润。为了防止品牌价值受整体经济或行业波动的影响过大，《金融世界》杂志在使用这种评估方法时采用品牌最近两年税前利润的加权平均值，当年的权重是上一年的2倍，即品牌税前利润=(品牌当年税前利润×2+品牌上年税前利润×1)÷(2+1)。

最后，按品牌拥有者（企业）所在国家或地区的最高税率计算减去税收，即可得到吉列品牌的净利润为5.75亿美元，这个数字就是纯粹与吉列品牌相关联的净利润。

（2）计算品牌强度倍数 S。根据Interbrand评估模型，品牌强度倍数主要由七个方面的影响因子决定，每个因子的权重有所不同（见表9-1）。

表9-1 影响品牌强度倍数的七大因子

影响因子	含义	权重（%）
领导力	品牌的市场地位	25
稳定力	品牌维护消费者特权的能力	15
市场力	品牌所处市场的成长和稳定情况	10
国际力	品牌穿越地理文化边界的能力	25
趋势力	品牌对行业发展方向的影响力	10
支持力	品牌所获的持续投资和重点支持程度	10
保护力	品牌的合法性和受保护程度	5

《金融世界》杂志根据大量研究的成果，在计算品牌强度倍数时，将品牌最低的预期获利年限确定为6年，将最高的预期获利年限确定为20年，即 $6 \leqslant S \leqslant 20$。确定的品牌强度倍数处于这两个特定的数值之间，而且每年的取值范围有所不同，如1992年为12～20，1993年为13～20，1994年为6～20，1996年为4.4～19.3。

图9-3中的 S 曲线反映了品牌强度倍数和品牌实力得分的关系。品牌实力得分越高，品牌强度倍数也就越大，即品牌实现未来收益的可能性越大。

作为个人护理行业的一个特殊品牌，吉列得到的品牌强度倍数是17.9。只要用上述计算出来的吉列品牌净利润5.75亿美元乘以17.9，便可得出吉列品牌资产价值为103亿美元。

（三）品牌资产评估法

品牌资产评估法是对会计评估方法的挑战，它试图克服品牌价值评估使用财务指标

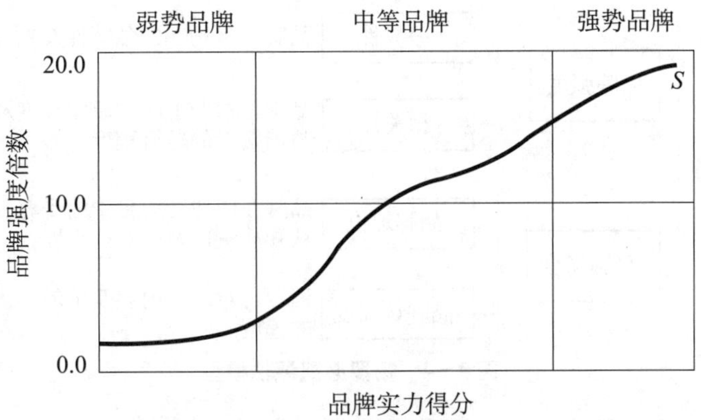

图 9-3 Interbrand评估模型的*S*曲线

的不足。品牌形象的建设及品牌资产的积累需要企业进行长期投资，但是使用会计评估方法所得到的财务指标都只是短期性指标。如果使用这些短期性指标来衡量品牌资产价值，则往往会给品牌投资决策造成误导。

尽管品牌资产评估法克服了传统会计评估方法的某些缺点，但它也存在一些难点和问题。比如，评估机构如何找到与品牌资产相关的系统数据？即使得到这些数据，又应该如何确定各个指标的权重？等等。不过，该评估方法具有两大突出贡献：一是确定了品牌确有价值。强势品牌是企业生存和发展的重中之重，值得企业为之做长期投资。二是提供了品牌竞争力比较的可靠数据，这些数据可以清晰地反映当前品牌经营的实际状况。

1. 品牌资产评估的意义

运用品牌资产评估方法，一方面可以测量各大品牌的市场实力及其变化趋势；另一方面可以借此分析影响品牌资产及其变化的主要因素，这对于品牌经营管理有着十分重要的意义。

2. 品牌资产评估模型

（1）扬罗必凯评估模型。该评估模型由扬罗必凯广告公司（Y&R）提出。该模型通过邮寄问卷，每三年进行一次消费者调查，调查对象覆盖全球性品牌及区域性品牌。调查是由消费者用下述四个方面的指标对每一个品牌的表现进行评估：（1）差异性，指品牌在市场上的独特性及差异性程度；（2）相关性，指品牌与消费者相关联的程度及品牌个性与消费者的适合程度；（3）品牌地位，指品牌在消费者心目中的受尊敬程度、档次、认知质量以及受欢迎程度；（4）品牌认知度，指消费者对品牌内涵及价值的认识和理解的程度。

在消费者对品牌评估的基础上，该模型还建立了两个评估因子：一是品牌强度，等于前述的差异性与相关性指标的乘积；二是品牌高度，等于前述的品牌地位与品牌认知度指标的乘积，具体见图9-4。

（2）电通模型。该模型由日本电通广告公司提出，着重从品牌力的角度对品牌资产进行评估，有利于对品牌现有资产进行分析和对品牌战略进行有效管理。此评估模型的

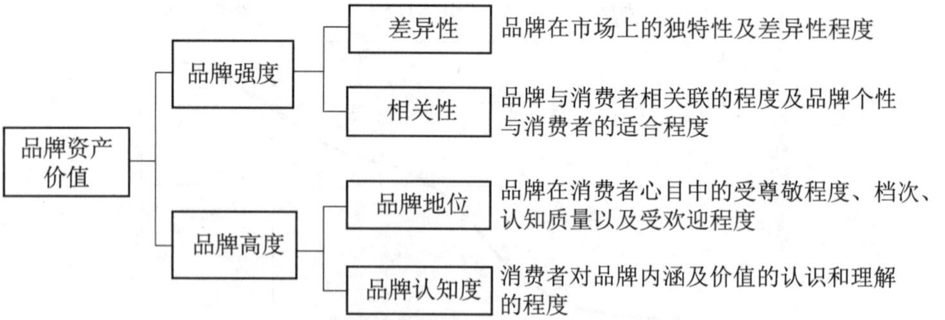

图9-4 扬罗必凯评估模型

优点是比较简单，易于操作，可以覆盖的行业和产品种类非常广泛，摆脱了传统品牌资产评估模型对消费者的品牌认知与回忆的过度依赖，因而比较新颖。不过，该模型也有不足之处，即只能以数据库作为评估的基础，不能解释消费者对品牌的选择及其品牌忠诚的内在机制。

3. 品牌资产评估十大指标系统

在对各大评估机构的品牌资产评估方法进行分析研究的基础之上，戴维·阿克提出了品牌资产评估十大指标系统（见表9-2）。该评估系统兼顾了两套评估标准：基于长期发展的品牌强度指标，品牌短期性的财务指标。

表9-2 戴维·阿克的品牌资产评估十大指标系统

品牌忠诚度评估	1. 价差效应 2. 满意度/忠诚度
品牌认知度/领导性评估	3. 品质认知 4. 领导性/受欢迎度
品牌联想/区隔性评估	5. 价值认知 6. 品牌个性 7. 企业联想
品牌知名度评估	8. 品牌知名度
市场状况评估	9. 市场占有率 10. 市场价格、渠道覆盖率

在该系统中，10个指标被分为5个组别，前4组代表消费者对品牌的认知，它们是基于戴维·阿克提出的构成品牌资产的5个要素中的4个：品牌忠诚度、品牌认知度、品牌联想和品牌知名度。第5组则是品牌在市场上的表现，评估的内容主要涉及来自市场而非消费者的信息。

该系统为品牌资产评估提供了一个更全面、更详细的思路，其评估指标以消费者为主，兼顾了市场业绩，既可以用于对一个品牌进行连续性研究，又可以用于针对某个品牌在某个特定时间范围内进行专项研究。该系统的指标还可用来预测品牌资产在未来一定时间内的变化。

4. 北京名牌资产评估公司的评估模型

北京名牌资产评估公司的品牌资产评估模型是由中国民间机构主持的品牌资产价值

评估系统。就国内品牌资产价值评估领域的研究现状而言，这是一个适合中国国情、适用于多个不同行业的品牌资产价值评估系统。该评估模型是以 Interbrand 评估法的七大因子作为基本框架，考虑全球著名品牌的六大特征：可观的市场占有率、可观的超常创利能力、较强的出口能力、较强的法律保护能力、超常的国际化能力和有力的企业支持，将这些特征因素转化为三个评估指标：品牌的市场占有能力（M）、品牌的超值创利能力（S）和品牌的发展潜力（D）。这三个指标被分别给予不同的权重，分别为 4、4、2（不同的行业略作调整）。这样，一个品牌的综合资产价值可表述为：$P=M+S+D$。

M 以企业的销售收入作为评估指标；S 以利润额作为评估指标，借鉴了一般商标评估中的收益法；D 也是以利润增长为基本指标，借鉴了世界上最有价值品牌评价方法中的利润倍数法。利润既可以反映品牌在市场中的竞争状况，又可以反映企业的经营状况，据此可以评估品牌持续发展的潜力。

案例 9-1　万宝路品牌资产评估

总之，品牌资产的主要构成是无形资产，与商誉价值浑然一体，这从根本上决定了品牌资产评估不太可能做到精确。因此，无论采用何种评估方法，得到的结果都只能是相对合理的，而无法做到绝对准确。同时，由于影响品牌资产价值的因素是多方面的，从多个不同的角度对品牌资产进行评估也就有了合理性，这实际上也表明品牌资产评估方法的多样性有天然的客观基础。在具体对品牌资产进行评估时，选择使用什么样的评估方法，应该根据评估的目的确定。

第 3 节　创建品牌附加价值

品牌是否具有价值关键在于品牌在消费者心目中是否具有特定的意义，这种意义使品牌获得了除产品实体价值以外的附加价值，正是这种附加价值构成了品牌重要的资产。

一、品牌附加价值

提起海尔、西门子、格力、飞利浦、乐百氏等品牌，消费者的第一反应已经不仅仅是这些品牌向自己提供了什么样的产品，而是联想到一系列与上述品牌有关的产品特性及其所表征的社会意义。这些联想深深地植根于消费者的思想和情感之中，使他们能够清楚地辨别上述品牌与其他同类品牌之间的差别所在。消费者对品牌的这种认知与判断，在很大程度上影响或决定了他们的购买行为。产品实体之外的品牌价值就是品牌附加价值。

（一）品牌权益与品牌附加价值

企业的品牌价值存在于品牌产品的市场销量和利润之中。也就是说，企业的品牌价值在很大程度上取决于消费者赋予品牌的价值，即品牌附加价值。消费者更愿意购买品牌附加价值高而不是品牌附加价值低的商品。因此，附加价值高的品牌自然就比附加价值低的品牌能够为企业创造更多的价值。这种由品牌带给企业的附加价值又可以称为品牌权益。

1. 品牌权益的界定

品牌权益的概念起源于20世纪80年代早期的西方金融界，当时许多金融界人士将品牌权益界定为“企业的一项重要金融资产”，品牌权益实际上被许多人理解为品牌的财务价值。到20世纪80年代后期，营销界开始关注和研究品牌权益这一新兴的概念。著名品牌专家戴维·阿克对品牌权益进行了重新界定：品牌权益是品牌对于企业的价值大小，这一价值体现在企业的经济、战略和管理的优势当中。戴维·阿克的表述明确地传达出这样的观点，即品牌权益并不只是体现品牌带给企业的经济价值，还包括品牌带给企业的战略和管理优势。

2. 品牌权益的构成要素

里克·莱兹伯斯等在2003年出版的《品牌管理》（*Brand Management*）一书中提出，构成品牌权益的有四个要素，分别是品牌市场份额的规模、品牌市场份额的稳定性、品牌带给企业的利润空间和品牌的所有权。

（1）品牌市场份额的规模。品牌在市场上所占份额的大小，取决于消费者认为品牌能够提供的附加价值的高低。在绝大多数情况下，消费者更愿意选择附加价值高的品牌。因此，具有较高附加价值的品牌要比低附加价值的品牌占有更大的市场份额。当然，我们也可以从另外一个角度来理解，那就是占有更大市场份额的品牌能够为企业提供更高的附加价值。

（2）品牌市场份额的稳定性。如果某个品牌的产品在市场上的销售处于一种相对稳定的状态，那就说明有相当一部分的消费者在重复购买该品牌的产品。从消费者的角度来看，这一状况说明该品牌在市场上拥有较高的品牌忠诚度。从企业的角度来看待这一现象，拥有相对稳定的市场份额的品牌，会给企业带来经济和战略两个方面的竞争优势。经济优势体现在：品牌市场份额的稳定性可以为企业未来的市场发展和销售收入提供足够的保障，同时，还会大大节省品牌因为保持或拓展市场所投入的营销与传播费用。战略优势体现在：品牌市场份额的稳定性可以威慑潜在竞争对手，使企业在产品销售渠道上具有主动性。因此，市场份额相对稳定的品牌比市场份额不稳定的品牌，对于企业而言具有更高的附加价值。

（3）品牌带给企业的利润空间。这里的利润是指企业将品牌产品出售给经销商的价格（出厂价）与品牌产品生产成本之间的差额。品牌产品的出厂价会随着市场需求量增加而有所提高（如成功的广告诉求促使消费者的需求量增加），品牌产品的生产成本也会随着生产规模的扩大而有所下降。对于企业而言，具有较高利润空间的品牌要比利润空间小的品牌有更高的价值。作为品牌权益的构成要素之一，品牌产品的利润空间在很大程度上取决于品牌带给消费者的附加价值的高低。

（4）品牌的所有权。品牌权益的这一构成要素与产品的专利、品牌的法律保护、零售商对品牌的接纳度有关。与前面三个构成要素不同的是，品牌的所有权很少或根本不受品牌附加价值的影响。

3. 对品牌附加价值的理解

无论是消费品、工业品还是服务的购买者，都会将产品或服务视为能够满足他们需求的价值集合。为此，企业在进行品牌营销与传播的过程中，应该通过开发更多的品牌附加价值来满足消费者的不同需求，并创造出与众不同的品牌。总体而言，企业在开发品牌的附加价值时，必须事先策划一个较为完备的整体方案，企业可以根据品牌产品的特征和消费者的具体需求策划方案，具体措施大体上应该包括以下四个方面：其一，创造与竞争对手不同的品牌联想，使目标消费者能够通过品牌联想认知到品牌带给他们的特殊的附加价值；其二，为品牌产品开发或增加的价值不应该只满足消费者功能方面的需求，也要尽可能满足他们在情感方面的需求；其三，应向消费者诉求品牌产品能够提供的物质利益等关键信息；其四，尽可能地向消费者传播品牌产品的非物质利益，以利于消费者选择或实施低风险的购买行为（一旦消费者产生需求便能够很方便地买到所需要的产品，既可以节省消费者选购商品的时间成本，又变相增加了品牌产品的附加价值）。成功的品牌之所以能够得到消费者的偏爱，不只是因为上述某一方面，而是企业将上述四个方面进行了全方位整合。只有如此，才能在真正意义上创造出更多的品牌附加价值。

4. 品牌附加价值与品牌权益的关系

品牌附加价值的高低在很大程度上取决于品牌权益的大小。企业应该充分认识到有许多因素会干扰品牌附加价值与品牌权益之间的关系，如品牌产品的货源及价格。就货源而言，有较多经销渠道的品牌要比只有较少经销渠道的品牌拥有更大的品牌权益。原因很简单，经销渠道广泛而畅通，消费者在产生需求时买到品牌产品的机会更多。因此，若经销渠道存在明显的差异，则两个产品即便有大致相同的品牌附加价值，其品牌权益也会有较大的差异。

另外，品牌之间在价格上的差异也会影响品牌附加价值与品牌权益之间的关系。例如，尽管价格高的品牌产品有可能使消费者感觉到该品牌具有较高的附加价值，但消费者由于受到收入水平的限制，不太可能成为该品牌产品的实际购买者，这种情况会导致一部分具有较高品牌附加价值的产品只能吸引一小部分的消费者成为实际购买者。因此，品牌之间的价格及经销渠道的差异，往往会成为影响品牌附加价值与品牌权益之间关系的主要因素。不过，即使品牌附加价值与品牌权益之间的关系会受到许多因素的影响，为简单起见，许多人也常常将品牌附加价值与品牌权益的关系看成正比关系（见图 9－5）。

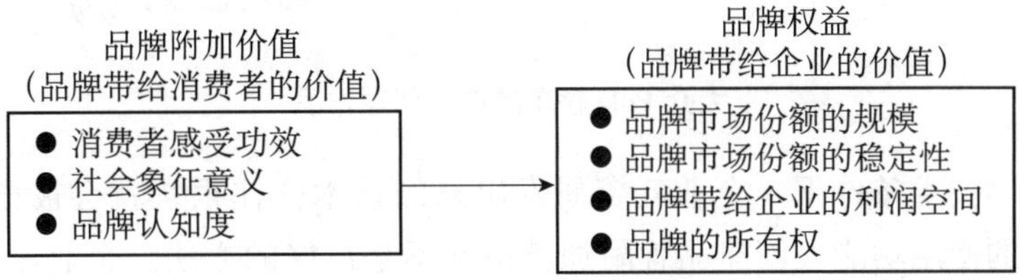

图 9－5　品牌附加价值的三个元素与品牌权益的四个构成要素之间的关系

（二）创建品牌附加价值

品牌附加价值无论对于企业，还是对于消费者，意义都非常明确，无须反复讨论。接下来的问题是，企业究竟应该如何创建品牌附加价值？为了回答这个问题，我们从品牌的基本属性和消费者对品牌的不同需求出发，将品牌需求分为三个层面，然后有针对性地根据这些不同的品牌需求层面，创建品牌附加价值（见图 9－6）。

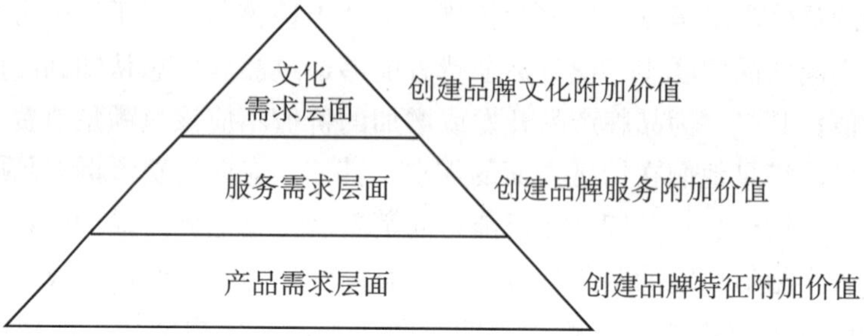

图 9－6　品牌需求层面金字塔

1. 产品需求层面

产品本身是构成品牌的基础，虽然产品并不能成为品牌的核心价值，但如果一个品牌不能满足消费者对产品的基本质量的需求，那么品牌创建则无从谈起。对于企业而言，在激烈的市场竞争中，应能够通过提高产品质量、完善产品使用功能、突出产品的使用特征等来满足目标消费者对品牌产品多样化的需求，并以此创建品牌附加价值。如大众 Polo 轿车反复强调其在功能上与众不同的特征——“小，但是结实”，并以此为核心创建了大众 Polo 的品牌附加价值。

大众 Polo 轿车的广告创意作品

在现代科学技术条件下，企业耗资研发出来的技术往往很快就会被竞争对手模仿，因此，从产品的使用功能去创建品牌附加价值并不是最好的方法。企业一旦拥有在产品的具体使用功能上的显著特征，就应该持之以恒地向目标消费者诉求，使得产品的这一特征成为该品牌的象征，从而使该特征成为品牌向目标消费者提供的附加价值；同时，也使得竞争对手即使将来的产品拥有同样的功能，也不能公开向消费者诉求。如舒肤佳的“杀菌”、高露洁的“双层氟化物特护牙齿”等都是选择强化品牌产品的使用功效，并据此向目标消费者提供了品牌附加价值。

2. 服务需求层面

如果说经验性产品更有可能通过提高或强调产品的功能属性向消费者提供品牌附加价值，那么对于生产搜索性产品的企业而言，除了可以通过提高或改善产品的功能属性来创建品牌附加价值，还可以通过向消费者提供更加完善、周到、细致的服务来创建品牌附加价值。从长远来看，由于产品的基本功能非常容易被竞争对手模仿，一个品牌尤其是搜索性品牌如果想要取得成功，就必须向目标消费者提供超过产品基本功能价值的附加价值。当品牌产品与竞争对手的产品没有多大差异时，向消费者提供更好的服务就是创建品牌附加价值最容易实施的手段之一。比如，海尔、格力等产品就是通过向消费者提供更为完善和周到的服务而创建了品牌附加价值。

3. 文化需求层面

消费者对于商品的需求大体上经历了一个从物质消费到精神消费的过程，只是不同的消费者由于价值取向不同而对商品的物质属性和精神属性有不尽相同的选择标准。如果说企业在产品需求层面和服务需求层面已经付出全部的努力，并在上述两个层面为企业和消费者创建了品牌附加价值，随着科技的发展和社会的进步，企业的竞争对手的产品也已经拥有与本品牌产品相同的品质甚至更为全面的使用功能，或者也能够向消费者提供更为细致和完善的服务，那么此时企业只能在品牌属性最为核心的层面，也就是消费者最为看重的文化需求层面努力创建品牌附加价值。

企业在产品需求层面和服务需求层面所创建的品牌附加价值可以被竞争对手模仿、复制，而在文化需求层面创建的品牌附加价值则是竞争对手无法仿效的，因为在文化需求层面所创建的品牌附加价值针对的并不是产品本身，而是消费者的心理需求、情感需求、文化需求、审美需求等涉及精神领域的个性偏好和意识形态方面的价值取向。不同的消费者会有不同的价值取向和个性偏好，企业如果能够在对品牌产品的目标消费者进行深入调查的基础上，提炼出能够满足目标消费者心理需求的价值理念，并通过广告创意与广告传播对这一理念加以突出和强化，使这一理念成为品牌的象征性符号，就可以使这一象征性符号逐渐转化为品牌附加价值。

消费者经常会将品牌作为社会交流的工具，或者当成一种表达自己价值取向或审美偏好的象征性符号。消费者大都会选择在特定的情况下能使自己身心舒适且可以支持自己价值取向的品牌产品。例如，一个非常内向的年轻人在与朋友一起用餐时会喝一种特定品牌的啤酒，因为他认为这个品牌的啤酒能表达他所认同的生活方式或体现他的身份、地位；但当他一个人在家时，由于不必考虑需要向他人传达什么信息，他也许就会喝其他品牌的啤酒。因此，企业应该对消费者的这一特殊消费心理进行深入的研究，针对具有这种消费心理和价值取向的消费者创建品牌的文化价值，并使品牌的文化价值转化为能够为企业和消费者带来利益的品牌附加价值。

二、实现品牌增值的途径

品牌增值是指企业通过有效的营销传播活动，向目标消费者提供能够满足其需求的品牌产品，使消费者和企业都能获得品牌为双方带来的附加价值，并达成品牌价值提升的结果。

品牌增值体现的是一个品牌价值提升的结果，企业要想获得这样的结果，可以采用以下几种途径。

（一）通过向消费者提供产品附加价值实现品牌增值

一个品牌之所以成功，很大程度上是因为消费者认为该品牌产品具有超过其他同类产品的价值，或者该品牌产品的价值超过了产品与服务的价格总和，因此愿意支付较高的价格反复购买该品牌产品，这就实现了品牌价值的提升。越来越多的企业期望通过增加产品附加价值来吸引更多的消费者成为本品牌产品的实际消费者，甚至成为对本品牌产品具有较高忠诚度的消费者。不过，这种不断向消费者增加产品额外利益的营销策略也存在一定的风险，即如果消费者认为企业向他们提供产品附加价值是理所当然的，则意味着企业只有不断地增加产品附加价值，才能吸引消费者产生购买行为，这样的被动局面显然于企业是非常不利的。

（二）通过降低产品成本实现品牌增值

上述通过为消费者提供更多的产品附加价值的方法可以在一定程度上达到品牌增值的目的，如果换种思维方式，企业也可以通过降低产品成本的方法达到品牌增值的目的。如果一个品牌产品的核心利益没有变化而消费者为拥有这个产品所需付出的成本却有所降低（如降低价格、增加分销渠道以降低消费者为购买产品而花费的成本），那么也可以使消费者感受到品牌产品为自己提供了更多的价值。越来越多的消费者希望以更低的成本得到相同的产品质量或服务，这实际上为企业的品牌增值提供了更多的可能。

（三）通过顾客参与实现品牌增值

比较流行的一种观点是，企业不应只是想方设法地为产品增加附加价值，还应该以产品为纽带，调动消费者积极参与实现品牌增值。关键是在企业内部建立完善的品牌增值系统，在该系统中，产品的营销活动参与者不仅仅是企业，还包括产品的供应商和产品的目标消费者，三者共同参与品牌增值。

家居零售商宜家（IKEA）非常成功地运用了这种品牌增值方法。宜家品牌经营管理模式的重点是：简单、高品位的设计、资源全球化、家具可以按客户的要求进行组合、容易组装、在城市的近郊建立大型卖场。按照这一模式经营管理的结果是：宜家出售给消费者的产品的价格比竞争者低 25%。宜家在品牌经营模式上的创新性还体现在它根据消费者的需求制定了参与者规则，并充分发挥企业的沟通作用，宜家通过调动消费者参与来实现品牌增值。

宜家为客户提供的服务是帮助客户挑选、组装和运送家居产品，并精心设计了品牌的经营管理系统来支持这项工作。例如，宜家专门为客户设计产品说明书；在卖场的布局上，精心营造出以家庭为本的消费情景：消费者进入卖场之后，发现符合自己要求的家居产品，马上就能够找到产品目录、丈量产品的卷尺、记录准备购买的产品的纸张等，这些东西并不需要企业花太多的钱，但给消费者的感觉是宜家真正践行了以消费者为中心的文化理念。

在这一全新的价值创造过程中，企业与消费者之间的买卖关系发生了变化，产品与服务之间的界限消失了。消费者到宜家卖场，不仅仅是购物，更是享受。宜家为产品提供了较为全面的信息与相关知识，参与者根据这些信息来创造价值，企业和消费者共同参与实现品牌增值。这一价值创造过程体现了企业品牌战略管理的三层含义：一是企业必须能够调动消费者的积极性，通过消费者参与创造价值；二是企业很难做到自己提供所有的产品，必须重视发展与消费者的关系；三是通过把价值链转变为价值创造系统，增强品牌在市场上的竞争优势。

（四）通过定制化实现品牌增值

从理论上说，企业可以根据每个消费者的需求来设计、生产和销售个性化的产品或服务，但是由于这样做不经济，所以不太可能成为现实。然而，少量定制化也可以满足不同消费者的需求。按传统方法对市场进行细分时，同属于一个细分市场的消费者的需求也并不完全相同。例如，公务舱的乘客，出行目的并不完全相同，有的是出差，有的是旅游，他们对饮料的需求可能也有所不同。品牌的策划与管理人员在为顾客提供附加价值时必须思考的问题是：如何恰当地平衡为顾客提供额外利益所付出的成本与企业期望得到的回报。

为了帮助品牌管理者评估他们所选择的定制化是否正确，吉尔墨与培恩于1997年提出了一个二维矩阵，该矩阵提出了定制化的四种方法：协作型、透明型、适应型和化妆型（见图9－7）。

产品 \ 顾客	不参与	参与
变化	透明型	协作型
无变化	化妆型	适应型

图9－7　定制化的四种方法

协作型定制化是企业在产品或服务的设计阶段与客户进行直接的、面对面的交流，以便真正了解客户究竟有哪些需求并努力找到最好的解决方案。例如，日本的眼镜零售商PadsMish曾经对顾客进行了深入细致的研究，制订了一整套定制化的营销方案。具体做法是，先让每一个准备购买眼镜的顾客试戴选择的眼镜，然后用电脑生成一幅顾客的正面肖像，再通过电脑技术将不同大小、形状的眼镜安放在顾客肖像的眼睛上，供顾客选择。接下来，顾客可以与专业人员一起调整镜片的形状、大小、视距等，直到满意为止。最后由技师磨制镜片、配置镜架，一小时之内顾客便可得到满意的眼镜。这种营销手法就是一种与顾客配合程度很高的协作方法。

透明型定制化是企业为每位顾客提供专门的产品或服务时不让顾客感知到定制化。这种方法适用于顾客的需求很容易被企业准确预测的情况，因此企业没有必要反复询问顾客的需求。例如，某企业是工业用盐的供应商，该企业在对所有的客户使用工业用盐的情况进行研究分析之后，可以按时交付这些客户需要的不同数量和质量的工业用盐。这种定制化方式的前提是企业建立了良好的顾客资料收集系统和灵活的设计与配送系统。

适应型定制化是向顾客提供标准设计的产品，供顾客自己进行定制化。例如，Lukon电子公司的照明系统可以让顾客根据室内照明的要求对照明亮度和色彩进行适当的调整，如针对浪漫约会、聚会、书房等不同场合的照明要求进行调试。这种定制化方法的目的是发挥顾客的设计能力，使他们在使用产品或服务时能够更好地满足自己个性化的需要。

化妆型定制化是通过改变包装而不改变产品的方法，把标准产品提供给不同的顾客。如光明牛奶将牛奶分成家庭大包装和个人小包装来满足不同消费者的需求。这种定制化方法适用于产品只需在包装上采取一些变化就可以满足各种顾客需要的情况。

（五）通过提供系统服务实现品牌增值

现代市场竞争的一个重要趋势就是服务竞争，服务在现代市场竞争中的地位和作用越来越突出。质量概念不仅包括产品质量，还包括服务质量。对于生产制造企业而言，如果只重视产品在生产过程中的质量而忽视产品在售前、售中和售后的服务质量，则是非常错误的。在这个问题上，国外的一些专家提出了品牌服务增值的理论，值得借鉴。

1. 提升服务质量创造品牌形象

构成和决定品牌形象最根本、最关键的要素就是产品质量和服务质量。如果企业生产的产品的质量不能得到保证，那么企业很难拥有良好的品牌形象；如果企业只重视并保证产品的质量，但不注意服务质量的管理和提高，那么企业的品牌形象也很难被消费者认同。从这个意义上说，优异的产品质量有助于塑造和传播品牌形象，优质的服务质量同样有助于塑造和传播品牌形象。

2. 服务可使品牌增值亦可减值

国外专家之所以提出品牌服务增值的理论，是因为服务是一个变量，相对于产品的质量，服务的质量受到人为因素的影响非常大。在实践中，同样质量的产品，可能因为企业优质的服务而使品牌增值；反过来，同样质量的产品，也可能因为企业糟糕的服务而使品牌减值，服务成为企业或品牌重要的竞争工具。大多数企业有能力生产出与竞争对手相同质量的产品，但不是每一个企业都能为消费者提供优质的服务。事实上，许多全球知名品牌正是由于能够向消费者提供增值服务，才得以提升品牌价值。

虽然服务在品牌差异化营销中扮演越来越重要的角色，但服务是个难以控制的变量，往往会受到服务者本人的精神状态、情绪、性格特征、综合素质和成本费用等多种因素的影响，这就要求企业建立一套完善的培训机制和管理体系，尽可能保证员工在为顾客提供服务时表现出基本的职业道德素养和良好的精神状态。

另外，服务也是企业对顾客进行人际传播的重要手段。顾客与服务人员交流，实际上是与服务人员所代表的品牌沟通。服务人员的工作态度、工作责任心，甚至他们的一些言谈举止都有可能使顾客对品牌形象形成基本判断。因此，从某种程度上说，服务就是品牌传播，服务不仅仅是向顾客提供一种附加价值，更是传播品牌文化和品牌精神的重要手段。

总之，实现品牌增值的途径有很多，除了上述五个主要途径，企业还可以通过向产品注入文化内涵为品牌增值，通过工业设计和提高产品美学为品牌增值，通过为产品设计出精美的包装为品牌增值，通过品牌延伸和品牌规模经营为品牌增值，等等。

基本概念

品牌资产	品牌知名度	品牌认知度
品牌联想	属性联想	利益联想
品牌代言人	品牌忠诚度	历史成本法
重置成本法	市价计量法	收益计量法
品牌附加价值	品牌权益	品牌增值

思考题

1. 可以从哪几个角度理解品牌资产的概念？
2. 品牌资产主要由哪几个要素构成？
3. 建立品牌联想的基本策略是什么？
4. 顾客忠诚和品牌忠诚这两个概念有什么联系与区别？
5. 品牌资产评估的方法主要有哪些？
6. 品牌附加价值与品牌权益的关系是什么？
7. 实现品牌增值的途径有哪些？

即测即评

第10章

品牌国际化战略与管理

实现营销与传播的全球化，是品牌策划与管理者的终极理想。现代企业的典型特征就是品牌国际化、经营跨国化、资本国际化和战略全球化。尽管我国品牌迈向国际化品牌还有很长的一段路要走，但这条路是所有企业在市场竞争和发展过程中的必由之路。随着经济全球化的飞速发展，已经做强、做大的企业必然要考虑如何将自己的品牌成功地打入国际市场，这就使得品牌国际化成为品牌策划与管理中一个不可或缺的主题。

第1节　品牌国际化的趋势

从世界经济的发展来看，全球化、信息化和市场化使世界更加开放，市场的范围空前扩大，几乎囊括了全世界所有发达国家和发展中国家的国内市场、地区市场与区域集团市场，全球经济一体化的发展趋势正在迅速推动各国的经济、技术、政治和社会发生巨大的变革，跨国企业竞争的焦点集中于成本竞争、形象竞争及品牌竞争。

一、品牌国际化的基本概念

品牌国际化基本概念的辨析主要包括两个方面：一是全球性品牌、国际品牌和全国性品牌概念的辨析；二是国际营销、跨国营销和全球营销概念的辨析。

(一)全球性品牌、国际品牌和全国性品牌

1. 全球性品牌的界定

全球性品牌是指跨国企业将其拥有的品牌在全球众多的国家和地区进行营销与传播，

以获取规模化的经营效益，进而实现低成本运营的目的。

首先，在传播理念和营销战略上，全球性品牌在全球各个市场上表现出完全相同的品牌价值理念、完全统一的品牌识别系统，向消费者提供的产品或服务也基本相同。例如，麦当劳在全球各个国家和地区的市场上使用完全相同的价值理念、视觉形象以及产品和服务，向全世界各个市场的消费者传播品牌所倡导的“清洁、美味、方便、家庭氛围”的消费文化，但在不同市场也有一些细小的差别，以尽可能地适应当地消费者的口味偏好。

其次，全球性品牌在世界上绝大多数的国家和地区拥有自己的市场，因此，在某种程度上也可将全球性品牌称为“无国籍品牌”。如可口可乐在全球 200 多个国家和地区拥有自己的市场，每天在全球市场上售出约 20 亿瓶可口可乐。

2. 全国性品牌

全国性品牌是指在本国市场上畅销的产品品牌，这种品牌往往有大规模的、持续性的广告投入，在市场上具有较高的知名度和良好的销售渠道，并且占有较大的市场份额。

从品牌发展的历史进程来看，企业品牌发展的第一步是成为全国性品牌，然后逐步向国际品牌的方向努力，最后成为全球性品牌。

3. 全球性品牌与国际品牌

全球性品牌与国际品牌在概念上容易混淆，难以区别。两者的区别主要体现在两个方面：一是在营销组合方面，全球性品牌比国际品牌的统一程度要高。具体而言，由于全球性品牌在许多国家和地区开辟了自己的市场，其产品的经营规模和品牌影响力促使其使用标准化的、统一的营销与传播模式；国际品牌的市场营销范围相对有限，有的国际品牌只在某个特定的国家或地区开辟市场，如我国的力帆摩托车的主要国际市场就局限在越南地区，该品牌可以根据越南地区的情况制定更加灵活的营销策略。

二是在销售地域的分布方面，全球性品牌比国际品牌的市场范围要更广泛一些。从理论上说，全球性品牌通常是指那些经过多年的跨国营销，在世界上绝大多数的市场上均销售其产品的品牌；国际品牌则是指那些刚刚开始在某些国家或地区开展跨国营销的品牌。两者的市场覆盖范围有较大差距。

上述从市场覆盖范围的角度将品牌划分为全国性品牌、国际品牌和全球性品牌。从品牌的地位和价值的角度来看，强势品牌是指在市场上具有较高的知名度、优异的产品质量、相对稳定的品牌忠诚者，并且能够向消费者提供令人印象深刻的品牌价值理念的品牌。可以这样说，强势品牌不一定是全球性品牌，但全球性品牌一定是强势品牌。

（二）国际营销、跨国营销和全球营销

尽管品牌全球化和企业全球化已经成为现代企业发展的一种必然趋势，但不管是国内企业还是国外企业，要想真正实现品牌全球化或企业全球化，必然要经历一段艰难而漫长的发展之路。无论是全球性品牌还是国际品牌，都是企业成功实施营销发展战略的阶段性产物。从事企业品牌管理有必要明确国际营销、跨国营销和全球营销这些概念的内涵及其区别。

1. 品牌向国外市场发展的三大战略

企业开发与经营管理国外市场，可以根据实际情况选择三种不同的市场营销发展战略，并配备相应的组织结构。这三种市场营销发展战略分别是国际营销、跨国营销和全球营销。

（1）国际营销。国际营销是指企业超越本国国境进行营销活动。国际营销与国内营销一样，需要企业开展市场调研、市场分析、市场细分、市场营销组合、目标营销、消费文化整合等一系列营销活动，在确定市场定位后制订适当的营销组合方案，以满足国际市场的需求并实现利润。国际营销既要适应国内环境，又要适应国际环境，国际营销较国内营销具有更大、更多的差异性、复杂性和风险性。

国际营销是企业在市场发展过程中寻找与本国市场相似的国外市场，这种营销战略的延伸或转移是企业从内向型向外向型转变的一个关键环节。营销战略的构想是企业以所处的市场环境为参照系，因此，也可以说国际营销是企业以本土市场为中心的扩张和延伸。最典型、最常见的组织特征是企业在组织架构中专设一个处理国外事务的国际部门，将原有的营销策略和品牌产品移植到国外市场，由企业派专人在国外负责相关工作。

（2）跨国营销。跨国营销与国际营销的区别在于它已经开始重视各个国外市场的差异性，并且将国外市场视为独立的市场体系，以多元中心主义作为国外市场的营销运作导向，积极主动地根据各个国家的市场特征采取因地制宜的营销战略。

（3）全球营销。全球营销这个概念是由哈佛大学的西奥多·莱维特首先提出来的。这个概念的核心是假定全球消费者的需求基本相同，不管各国文化存在多大差异，消费者对品牌的诉求都是相似的。与多数营销概念一样，全球营销受到所处环境的制约。全球营销面临的一个挑战是如何建立一个运作效率高的组织，该组织能够为企业或品牌建立起一致的形象识别，还可以根据每个国家的文化特点，在实施营销与传播战略时留有一定的空间。

全球营销从总体上说是一种更具有宏观意义的营销方法，它将世界当作一个统一完整的市场，致力于在不同国家的市场开发消费者有共同需求及诉求的品牌产品。全球营销最为独特的优势在于它可以利用系统转移、规模经济、资源共享等对全球营销战略起到杠杆作用。跨国公司如果在更多的国家使用几乎相同的营销战略，就会成为全球公司。国际营销、跨国营销及全球营销的比较见表10-1。

表10-1 营销战略比较

营销战略	市场区域	需求满足	产品提供	广告策略
国际营销	较少国家	相似需求	相似或不同	不同
跨国营销	较多国家	不同需求	不同	不同
全球营销	大多数国家	同样需求	相同	相同

2. 营销战略与品牌战略的关系

一般而言，企业在开展国际营销和跨国营销的过程中，可以使用在本国采用的品牌，也可以根据某个市场的特征使用不同的品牌；企业如果在全球范围内开展营销活动，则使用同一个品牌，只是在品牌标志的设计上可以有所变化（见图 10－1）。

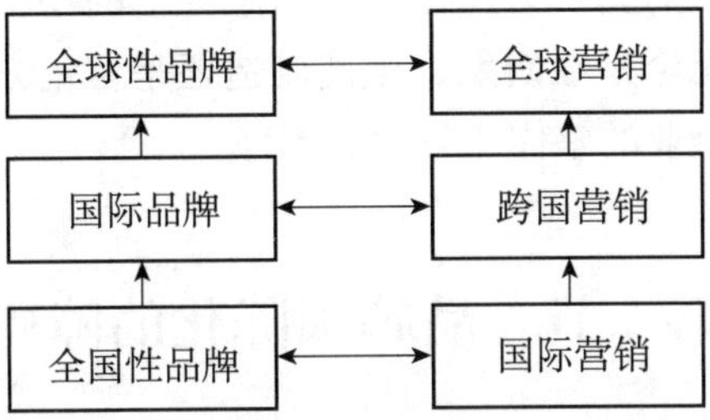

图 10－1　营销战略与品牌战略之间的关系

二、品牌国际化的意义

全球经济一体化促成了品牌国际化，品牌国际化又加快了全球经济的融合。实现品牌国际化是品牌发展的高级阶段，它可以为企业带来极大的益处。首先，全球性品牌意味着产品的发展已经迈向市场的高级阶段，拥有该品牌的企业也可以向市场彰显其雄厚实力，更为重要的是可以向市场证明该品牌已被各国消费者广泛接受，让人产生丰富的品牌联想，全球性品牌常常拥有众多的追随者和忠诚者。其次，全球性品牌在全球拥有庞大的消费群体而成为市场的领导品牌，具有巨大的市场潜力，可以为企业赢得巨额利润。最后，全球性品牌可以使企业在市场竞争中处于居高临下的有利地位，能在谈判时处于有利位置。著名品牌专家凯勒对品牌国际化的问题作过卓有成效的研究，凯勒认为实施品牌国际化战略可以为企业带来四个方面的优势。

（一）实现生产与流通的规模经济

从供应方面来看，品牌国际化能持续产生大量生产和大量流通的规模效应，降低成本，提高生产效率。经验曲线表明，随着累计产量的增加，生产成本会下降。品牌国际化能促进产品的生产和销售，实现生产和流通的规模经济，促进企业持续稳定地发展。

（二）降低营销成本

企业通过实施品牌国际化战略，可以在包装、广告、营销等方面统一规划与实施。企业如果在各国实施统一的品牌行动，那么经营成本降低的潜力会更大。实施品牌国际化战略是降低营销成本最有效的手段之一。例如，可口可乐、麦当劳、索尼等企业在全球各地采取了统一的广告传播，节省了大量营销成本。

（三）扩大影响范围

全球性品牌向世界各地的消费者传达一种信息：它的产品或服务是信得过的。全球性品牌的产品在全球范围内有忠诚的顾客群，产品畅销全球。全球性品牌具有强大的技术能力或专业能力，产品受到广大消费者的欢迎。

（四）知识的迅速传播

品牌国际化能增强组织的竞争力。在一个国家产生的一个好的构想或建议，能迅速在其他国家传播或利用。无论是在研发、生产制造还是营销方面，在全球范围内获取新知识并不断改进，能提高企业的整体竞争力。

第 2 节 品牌国际化的障碍

企业实施品牌国际化战略固然可以创造更多的利益，但是任何事物都有两面性，有利则必有弊。在实践中，许多品牌在开辟国际市场时经历了挫折、失败，本节将主要讲述品牌国际化的障碍。

一、文化层面的障碍

文化是企业制定品牌国际化战略时非常重要的一个考虑因素。事实上，在产品同质化日益严重的今天，品牌战略之所以被越来越多的企业重视，就是因为品牌向消费者诉求的不只是品牌产品的功能属性，还有品牌能够带给消费者的精神层面的利益属性，对于品牌国际化更是如此。不过，由于不同国家的消费者有不同的文化背景，这就在客观上要求企业在制定品牌国际化战略时，必须首先评估一国文化会对消费者的消费观念产生什么样的影响，以便根据一国文化的特征制定相应的品牌战略。

（一）文化的相似性与差异性

在品牌国际化的实践中，对于各国文化之间的异同在企业制定品牌战略时究竟有多重要一直有争论。一种意见认为，各国的文化不尽相同，企业应该结合各国的文化制定品牌战略；另一种意见则认为，各国的文化虽有所不同，但是在价值取向上有同一性，比如追求幸福、渴望自由等，这是品牌国际化营销的根本，而且越被细分的市场，其目标消费者的文化和需求就越接近。宝洁公司的一位品牌经理曾经这样表述公司制定的帮宝适品牌国际化战略：“宝宝的屁股在哪儿都是一样的。”

对于各国文化的相似性和差异性的不同理解，决定了企业在实施品牌国际化战略时将采用两种不同的战略，即全球标准化的品牌营销战略和适应当地文化的品牌营销战略。如果细分市场确实具有超越国界的文化同质性，那么企业选择全球标准化的品牌营销战略是行之有效的；如果细分市场不具有文化同质性，那么企业有必要采用适应当地文化的品牌营销战略。如此一来，企业开展品牌国际化市场营销的复杂程度将大大提高。

就实际情况而言，国与国之间的文化差异程度往往与产品类别有较为密切的关系。对于一些商品，比如药品、电脑和通信产品，国与国之间的文化差异并不是很大；对于另一些商品，如食品、服装和时尚产品，国与国之间的文化往往有天壤之别。因此，企业应该根据产品的特点和各国文化特征制定合适的品牌营销战略。

帮宝适品牌广告作品

（二）文化与价值观

文化犹如一面透镜，它在很大程度上决定了人们看到的世界是怎样的，并反映在人们的价值取向上。价值观是一种固化的并带有倾向性的思考和行为方式，它包含人们对是非善恶的判断标准。品牌传播的价值观往往是品牌能否获得目标消费者认可的决定性因素。

品牌反映的价值观可以影响甚至决定消费者对品牌营销战略的反应。比如，一项对 A、B 两地电视广告诉求信息差异的研究发现，这两个市场中的品牌信息常常由于文化价值观不同而具有不尽相同的特性。A 地广告信息诉求中经常出现的最重要的五个文化价值观分别是“现代”“家庭”“传统”“技术”“集体主义”，B 地广告信息诉求中经常出现的最为重要的五个文化价值观分别是“品质”“有效”“经济”“欢娱”“现代”。A 地广告信息诉求更注重象征性意义，B 地广告信息诉求更注重实用性。

（三）文化差异性对品牌国际化的影响

下面具体分析文化差异性对品牌国际化的影响，这些影响主要体现在语言障碍和风俗差异上。

1. 语言障碍

语言是文化的载体，对于相同的事物，不同国家的语言表述往往并不相同。品牌国际化最为重要的一点就是利用广告对消费者进行传播，此时，语言就成为企业利用广告与消费者进行有效沟通的主要障碍之一。在品牌国际化的传播案例中，许多品牌就是因为没有充分重视广告语言的翻译问题，而在不同国家的市场遭受挫折。比如，可口可乐公司在使用著名的广告口号“享用可口可乐”（Enjoy Coca-Cola）时发现，有些国家对“enjoy”一词有“性感受”的理解，为此，可口可乐公司不得不将其广告口号更改为“请喝可口可乐”（Drink Coca-Cola）。

2. 风俗差异

对于在实施品牌国际化战略的过程中遇到的语言障碍，企业只要充分重视和谨慎对待，清除这一障碍应当不是太困难的事情，但是国与国之间的文化风俗差异要比语言差异复杂得多，企业在品牌传播的过程中如果缺乏相关知识，将面临极其严重的后果。

二、环境层面的障碍

国与国之间除了在文化层面有诸多的差异，在法律和竞争的环境层面也存在差异，这些差异在一定程度上构成了企业实施品牌国际化战略的障碍。

（一）法律环境

国与国之间由于历史和文化传统不同，法律体系也有所不同，企业实施的营销与传播策略在甲国受到法律的保护，在乙国却可能是违法的。在英国的广告法里，烟草广告不能使用英雄人物形象；在我国和新加坡的广告法中，不允许企业使用对比诉求策略来显示自身的优势；在奥地利，广告法明确规定企业不能用儿童做广告；波兰的广告法要求所有在电台或电视台播放的广告创意作品必须使用波兰语；等等。各国法律上的差别，客观上为企业的品牌国际化设置了障碍，企业在某国运作十分成功的营销策略可能无法直接复制到其他国家，结果是增加了企业进行品牌国际化的营销成本。

（二）竞争结构

品牌竞争结构主要包括竞争对手的数量和实力、品牌知名度、分销能力和产品生命周期阶段等若干因素，企业在实施品牌国际化战略的过程中要根据不同国家市场的具体情况适当调整营销战略，除非企业的品牌产品在他国市场上没有任何竞争对手，是一种全新的产品，如微软的视窗操作系统、英特尔的奔腾处理器等，可以满足所有国家消费者的需求。

在全球市场上，相同的品牌由于竞争结构不同，其在不同国家市场上的地位和消费者认可程度是有区别的。一项对美国、欧洲、日本和世界其他地区的消费者的调查支持了上述观点，在该项调查中，同一品牌在不同国家消费者的心理位置和受尊敬程度上有明显的差别。

在美国市场上，在消费者心理位置中排名前十的品牌均为美国品牌；在欧洲市场上，消费者心理位置中排名前十的品牌中有三个品牌属于美国和日本公司，其余七个品牌属于欧洲公司；至于日本市场的消费者心理位置排名前十的品牌中，只有两个品牌属于欧洲品牌，其余八个品牌均属于日本品牌；在世界其他市场上的消费者心理位置排名前十的品牌当中，属于美国的品牌占了七个，属于日本的品牌有两个，属于欧洲的品牌只有一个。另外，在世界十大品牌中，雀巢和IBM没有出现在美国、欧洲和日本这三大市场的消费者心理位置排名的前十位。可见，世界不同国家和地区对品牌形象与地位的认知和理解存在明显的差异。事实上，除了可口可乐、索尼、奔驰和柯达这四个品牌同时出现在美国、欧洲、日本三大市场中的两大市场，其他品牌均未能取得这样的市场地位。这进一步说明在品牌国际化的过程中，企业应根据当地市场的竞争格局适当地调整品牌的市场定位，同时，品牌的营销模式和传播策略也应该根据当地市场的竞争情况有所调整。

（三）品牌认知和消费模式

由于品牌所处的环境不同，相同品牌的产品在不同国家和地区的市场上会有完全不同的生命周期，处于不同国家或地区的消费者对于品牌的认知和判断也会有所不同。比如，海尔在我国市场上家喻户晓，其传播策略没有必要再过多地强调品牌产品的性能特点等相关信息，但如果海尔要实施品牌国际化战略，那么它在刚刚进入欧洲或其他某一地区的市场时，必须强调品牌产品的基本性能和产品特征，甚至要借助品牌定位和大规模的广告传播来影响或改变当地市场对品牌产品的看法。

另外，由于不同国家和地区的消费者常常拥有不尽相同的消费价值观念，一些企业在使用标准化的营销组合策略时有可能遇到障碍。比如，当年宝洁公司将海飞丝洗发水进行国际化推广时，在英国和荷兰市场均取得了成功，在法国市场却遭到了失败。到 1989 年底，海飞丝在法国的洗发水市场只占到 1%的市场份额。究其原因是法国消费者更习惯到药店购买具有去头皮屑功能的洗发水，然而，具有去头皮屑功能的海飞丝洗发水只在超市销售。此外，法国人普遍认为海飞丝品牌没有对这一特殊的价值观念予以特别的研究和重视，而是直接将在其他国家市场上成功的营销传播模式照搬到法国市场，结果是海飞丝品牌在法国市场彻底失败。

不同国家消费者不同的品牌认知、消费观念、购买习惯和价值取向等因素都有可能成为品牌国际化的障碍。企业在作出品牌国际化战略决策之前，有必要对有可能成为品牌国际化障碍的各个因素加以深入研究和分析，避免由于文化或其他因素的影响而损害品牌形象。

第 3 节　品牌国际化管理决策

在对品牌国际化的基本概念和障碍进行分析之后，企业的品牌管理人员便可以开始思考如何开展和实施品牌国际化。下面我们从三个层面来讨论开展和实施品牌国际化的战略决策，即国际目标市场决策、国际目标市场品牌营销决策、品牌国际化市场传播决策。

一、国际目标市场决策

企业在实施品牌国际化战略之前，首先应该对品牌产品将要进入的国家或地区的市场进行细分，以便从中确定一个或若干有利于进行品牌推广的市场。细分全球或国际市场的标准或依据主要有三个，即地理位置、经济发展水平、文化群体。

（一）根据地理位置选择国际目标市场

许多企业在实施品牌国际化战略时，往往从地理位置的角度来划分不同类别的市场。

最常见的根据地理位置划分是将市场分为国内市场和国际市场，国际市场又可以进一步分为区域性市场和全球性市场。

国际市场中的区域性市场是指在地理位置上相邻的一些国家和地区，这些国家和地区一般是在同一大洲之内。由于地理位置相近，这些国家和地区的社会结构与文化习俗具有更多的相似性。许多在地理位置上相邻的国家纷纷成立经济和贸易联盟，比如欧盟、北美自由贸易区以及亚洲的东盟等，处于联盟内的国家之间实施品牌国际化战略几乎不存在障碍。这也是那些首次将本土品牌产品向国外市场推广的企业更倾向于选择在地区上邻近的国家或地区的主要原因。

不过，将地理位置相邻作为选择国际目标市场的依据，仅仅适用于第一次实施品牌国际化战略的企业以及某些较为特殊的品牌产品，因为选择相邻国家或地区作为品牌产品的目标市场的营销传播成本较低，或者说，品牌产品在相邻国家或地区的成功概率较高。但是，有些类别的品牌产品不适用这种目标市场选择方法。比如，20 世纪 70 年代日本丰田汽车实施品牌国际化战略时，就没有将地理位置更近的中国、韩国、俄罗斯等国作为目标市场，而是舍近求远，将美国作为品牌国际化的目标市场，这就涉及品牌国际化决策的第二个依据，即根据经济发展水平选择国际目标市场。

（二）根据经济发展水平选择国际目标市场

不同国家和地区的经济发展水平往往具有较大的差异，大多数经济学家习惯于将国际市场分为两种，即成熟市场和发展中市场。

1. 成熟市场

成熟市场是指处于该市场中的大多数消费者的消费模式或消费指向更关注改善和提高自身生活品质，而不是满足自身基本生活需求。成熟市场的消费者由于可以比较容易地获得满足基本生活需求的商品，如食品、服装和住房等，因此可以将其可任意支配的收入用于生活非必需品的消费，包括购买艺术品和奢侈品以及旅游、探险等。

北美地区经济发展水平较高，是成熟市场之一。欧洲地区随着欧盟的诞生及其成员的不断增加，逐渐形成了统一市场，也是典型的成熟市场。成熟市场主要有四个方面的特征：高度发达的现代文化、较完善的医疗保障和教育体系、较充分的媒体竞争及较高媒体渗透率、较高的生活水平。

对于企业而言，如果从经济发展水平的角度来选择品牌国际目标市场，则成熟市场的购买力比发展中市场的要强得多。不过，成熟市场相对于发展中市场的消费观念要更理性，市场环境更规范。相对而言，成熟市场对耐用品和食品的消费更注重质量与售后服务。企业品牌产品如果属于耐用品或食品，但售后服务体系不是很完备，则最好不要轻易进入成熟市场。相反，企业如果对自身品牌产品的质量有十足的信心，并且建立了一套完备的售后服务体系，则完全可以将成熟市场作为品牌国际目标市场，例如，当年日本丰田汽车选择美国市场就是典型的根据经济发展水平选择品牌国际目标市场的成功案例。

2. 发展中市场

发展中市场是指处于该市场中的大多数消费者的消费模式或消费指向更关注满足基

本生活需求，同时，有许多富裕的消费者热衷于购买奢侈品或能够显示其身份地位的高档商品。这是一种从基本生活必需品向生活非必需品过渡的极具扩张力的市场。越南、印度等都是典型的发展中市场。

发展中市场的消费模式特征是消费者对商品的需求从基本生活必需品向生活非必需品过渡，市场需求的动态变化是发展中市场的最大特征。另外，发展中市场的消费者两极分化程度要远高于其他市场，这也使许多企业难以准确判断市场的真正需求，给企业在当地市场的营销传播决策带来一些困扰。

对于将要进入发展中市场的企业而言，一个重要的挑战是这些市场的媒体相对匮乏、消费者的受教育程度和可支配收入较低、物流配送系统等营销基础设施落后等。企业在作出将品牌产品推广至发展中市场的决策前，必须对上述这些市场特征及不利因素进行深入的研究和分析，以便企业决策层在权衡品牌国际化的利弊时作出正确的判断。

（三）根据文化群体选择国际目标市场

文化群体是指在多元文化中，通过人口统计学或心理学对不同的人群和不同的文化进行细分的结果，或者说是一群在文化和爱好上有着大体一致兴趣的消费者。企业在实施品牌国际化战略时，按照文化群体对国际市场进行细分，实际上就是将具有相同特征的消费者归类和细分的一种分层方法，将具有相同文化需求的消费者划归为一个目标市场。比如，对于婴儿食品和相关产品，其消费者不管是哪国的，需求都是基本相同的。另外，对于旅游、汽车等产品来说，消费者往往也表现出更多的共性而不是差异性。这种文化群体的现象在年轻人市场更为显著。

年轻人市场是最全球化的文化群体之一，从企业品牌管理人员的角度来看，这个特殊的文化群体对企业的品牌营销与传播有极其重要的意义。不过，企业对这个文化群体进行目标市场细分和选择时，仍然需要考虑不同国家或地区的消费者的价值取向、生活方式和个性特征。一项针对全球 44 个国家和地区超过 2.7 万名消费者的文化偏好的调查表明，虽然年轻人在文化价值取向上有诸多的共性，但在实际的生活中，年轻人的文化趋向也并非完全相同，即使在同一国家也往往存在较大的差异。不过，调查数据也显示，在年轻人市场中，还是存在一些跨国界的相似的生活方式。

二、国际目标市场品牌营销决策

企业选择好国际目标市场后，接下来要根据不同的细分市场制订不同的品牌营销方案。对于企业而言，制订国际市场的品牌营销方案与制订本国市场的品牌营销方案有诸多不同。相对来说，企业在制订国际市场的品牌营销方案时，主导思想应该是努力创建品牌资产而不是过于追求品牌产品的市场销售份额，更不能照搬在本国市场上先卖产品后卖品牌的策略。

（一）品牌国际化市场进入策略

品牌国际化市场进入策略有三种：利用企业现有品牌实施地域扩张，收购拟进入市场的当地品牌，建立品牌联盟。

1. 利用企业现有品牌实施地域扩张

这是一种比较传统而稳健的品牌国际化市场进入策略。此种品牌国际化市场进入策略最大的问题是短期内难以见效，因为大多数企业缺乏足够的资金和营销传播经验将品牌产品同时投入若干不同的国家或地区市场，常见的品牌国际化的扩张大都是从一个市场再到另一个市场的缓慢推进过程。例如，万宝路、麦当劳成为国际品牌大都花了二三十年的时间。此种品牌国际化市场进入策略的优点与缺点同样鲜明。运用此种策略的品牌虽然在国际市场上的扩张速度比较缓慢，却能够稳扎稳打、步步为营，企业不需要冒太大的风险。

2. 收购拟进入市场的当地品牌

第二种策略是收购拟进入市场的最有可能与本品牌构成竞争关系的品牌。这种策略是企业进入国外市场最简便快捷的策略，但收购的代价往往是高昂的。

企业收购当地品牌之后有两种选择：一是将当地品牌弃之不顾，实际上就是扫清竞争对手，例如，百事可乐进入我国重庆市场之后，发现重庆的天府可乐拥有相当大的市场份额，与百事可乐构成了直接的竞争关系，为使百事可乐在重庆市场占有更大的市场份额，百事出资购买了天府可乐并将其弃之不顾。二是企业将自身的产品贴上当地品牌的标签，开展市场营销与传播。不过，使用这种方法的企业也要冒一定的风险，因为企业不同品牌间的文化整合往往比预想中要困难得多。

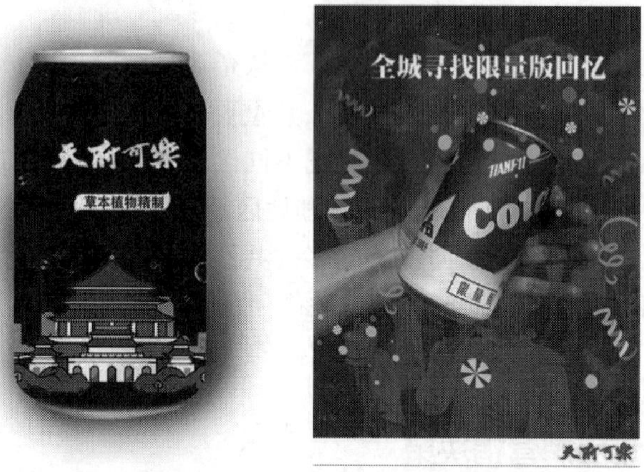

复出后的天府可乐包装设计与广告作品

说明：曾经在重庆广受消费者欢迎的自主品牌天府可乐在被百事购买之后便销声匿迹了。重庆天府可乐集团公司于 2009 年着手向百事“索回”品牌。2010 年天府可乐通过司法追讨等途径，向百事公司讨回了天府可乐的配方、生产工艺和品牌，2013 年再夺回商标。2016 年 1 月 6 日宣布品牌复出。

3. 建立品牌联盟

第三种策略是建立品牌联盟（如合资、结成伙伴关系、达成许可经营协议等）。建立品牌联盟是一种既不需要投入巨资，又能够帮助品牌快速进入当地市场的策略。另外，建立品牌联盟还有利于培育品牌的全球性声誉，塑造企业形象。特别是两个强势品牌的强强联合，更可以起到互利的作用。不过，品牌联盟由于在产权上的纽带通常较弱，对品牌资产经营与发展的控制力也就相对较弱。

上述三种品牌国际化市场进入策略，很难说孰优孰劣。企业要根据自身所掌握的资源和经营目标，以及对每一种市场进入策略的成本收益所作的比较分析，作出正确的选择。

（二）品牌国际化市场营销模式

通过总结许多跨国公司开展品牌国际化实践的经验，大体可以将品牌国际化市场营销模式分为四种：标准全球化模式、模拟全球化模式、标准本土化模式和体制决定型模式。

1. 标准全球化模式

这种模式的基本特点是，企业除了根据不同市场的文化特点对营销组合要素作一些必要的战术调整，对其他方面均实行统一化和标准化策略，不同的国家或地区只是全球市场中具有无差异特征的子市场。从行业和产品大类上来看，实行这种模式的主要是一些高档奢侈品和化妆品品牌，也有部分食品品牌。如贝纳通、路易威登等品牌就采用此种模式进行品牌国际化市场营销。

2. 模拟全球化模式

这种模式的营销特征是，企业除了对品牌形象和品牌定位等重要的品牌构成要素实行全球统一化管理，对其他的品牌要素如产品、包装、广告创意等，基本上是根据当地市场的具体情况加以适当调整，以尽可能使品牌产品适应当地市场的需求。从行业和产品大类来看，比较适合采用这种模式的是汽车行业。如欧宝汽车在欧洲市场就是采用这种营销模式。欧宝汽车在欧洲拥有较高的市场占有率，除了品牌标志、品牌个性等重要的品牌要素外，欧宝汽车的产品设计甚至产品价格均实行本土化策略，也就是说，欧宝汽车在欧洲市场上生产什么款式的汽车、制定什么样的价格策略等全部由设在欧洲的子公司决定，总公司不予干涉。

3. 标准本土化模式

这是国际化程度最低的一种品牌国际化市场营销模式。企业在运用品牌国际化市场营销策略的过程中，所有营销组合要素都必须充分考虑当地的文化传统和风俗习惯，根据当地市场的具体情况对品牌策略进行适当调整。这种模式比较适合食品和日化产品。如在欧洲市场销量很好的 Playtix 女士内衣品牌，专门针对意大利市场设计产品，在意大利市场销售的女士内衣的含棉量要高于在其他国家市场出售的该品牌产品的含棉量。同时，该品牌在不同国家的注册标志也不尽相同：在法国市场，该品牌的名称叫作 Coeur Croise，在西班牙市场，则称为 Crusado Magico。

4. 体制决定型模式

体制决定是指由于某些产品的特殊性，生产这些产品的企业所实施的营销策略并不完全取决于企业本身，要受所在国贸易体制的巨大影响，企业在很大程度上只能在品牌所在国的体制约束的框架内作出标准化或者本土化的决策。适合采用这种模式的行业和产品大类主要是电影、电视、唱片、出版物等与文化相关的产业。比如，美国的电影业在全球占有相当大的市场份额，但是从总体上来说，由于各国对电影业的政策存在较大差异，美国电影业在各个国家的发展呈现明显的不平衡性。

需要指出的是，纯粹的全球化品牌模式即标准全球化模式是难以实行的，它只是理论上的一种理想模式。企业进行品牌国际化市场营销要注意两点：一是有些企业的品牌形象与定位不适合实行本土化模式，但是如果完全实行标准全球化模式，则又有可能影响品牌的市场影响力。二是如果企业一味地实行标准本土化模式，则有可能出现以下两种情况：一种是企业由于分散使用资源，可能会降低资源配置水平和资源利用效率；另一种是由于品牌形象的本土化，难以形成统一有效的品牌联想。因此，大多数企业在品牌国际化市场营销中，更倾向于使用模拟全球化模式。

（三）创建国际化品牌资产

企业在实施品牌国际化发展战略时必须认识到，虽然品牌在本国市场是成熟品牌，但是对于所进入国家或地区的市场而言，只能算处于导入期的品牌。因此，企业在实施品牌国际化战略的过程中，必须首先在新的市场建立品牌认知，再考虑其他的竞争因素。事实上，在实施品牌国际化营销战略的过程中，企业首先需要在当地消费者的心目中建立起品牌联想。企业要建立适用于不同国家或地区的消费者的品牌联想，以适应消费者的不同感知、偏好以及他们所处的不同的文化环境。品牌管理者在实施品牌国际化战略的过程中，必须认清各个市场的相似性和差异性，才能有针对性地开展品牌国际化的营销与传播活动。

1. 理解全球品牌营销环境的异同点

对于品牌管理人员而言，最基本的一点就是要深刻地认识到全球市场具有相当大的差异性，这些差异性主要表现在品牌发展、消费者行为、营销基础设施、竞争激烈程度以及法律法规等方面。

成功的国际知名品牌常常是根据各国消费者行为和市场竞争的具体状况制定有针对性的营销组合策略，这种策略的核心就是保持品牌理念不变而仅仅改变品牌的其他一些元素。比如，联合利华的Snuggle牌衣物柔顺剂为了抵消其所实行的低价策略给消费者带来的低质量的负面联想，将“柔软”作为品牌差异性的关键诉求点，传播载体主要是品牌名称（如在德语中为“Kuschelweich”，意指“柔软的怀抱”）和包装上的玩具熊图案。该产品在进入法国市场时，仍然定位于经济型（价格低廉）和柔软（产品特征），但品牌名称则根据法国市场的具体情况改为“Cajoline”，意思是柔软、柔和。此外，该产品的玩具熊图案升级为品牌标志并反复出现在广告中。此种营销传播策略使该产品在法国市场获得成功。之后，该产品每进入一个国家，都会以当地语言的“柔软”作为品牌名称，玩具熊图案则作为品牌标志在世界各国保持一致。

2. 创建品牌资产必须从头做起

企业实施品牌国际化战略的最大危险是品牌管理人员走捷径，对市场差异性不重视，将在某一国家或地区成功的营销传播模式照搬到另一个国家或地区，以至于在较长的时间内难以在消费者心目中建立起必要的品牌资产来源——品牌联想。

在一个完全陌生的市场上建立品牌形象需要从基础工作做起，每一个环节都不可省略。在战略层面上，企业在建立品牌形象前必须集中精力，先在消费者的心目中建立品牌认知；在战术层面或者说操作层面上，企业必须决定如何建立最优的品牌资产来源。实际上，在一个市场建立起品牌形象的方法和手段（包括分销、传播和定价策略等）在另一个市场上并不一定合适。许多跨国企业在开展品牌国际化营销中常犯的错误就是想当然地认为它们在本国市场强大的品牌影响力会自然而然地转移到国外市场，甚至认为国外市场的消费者对品牌的联想也与国内消费者一样。品牌在国内市场的影响力是企业长期传播、不断强化的结果，国外市场显然没有这样的基础。因此，直接移植或者照搬国内成功的营销模式到国外市场是不切实际的。

3. 建立营销基础设施

许多跨国企业成功实施品牌国际化战略的原因之一是在生产、分销等方面具有优势。这些企业一开始就建立了适当的营销基础设施，并且在其他国家充分发挥了这些基础设施的作用。

由于国外市场的营销基础设施水平有较大的差异，一些准备实施品牌国际化战略的企业不得不花费一定的物力、人力建立自己的营销基础设施，以确保自身品牌产品顺利销售。在特殊的情况下，针对特殊的市场，企业不得不从零建立分销渠道。比如，在经过艰苦谈判之后，雀巢终于在 1987 年获准在我国黑龙江省投资设厂，之后，雀巢在我国市场陆续推出了奶粉和婴儿谷类食品，由于当时当地的铁路和公路不能保证牛奶按时送达，雀巢建立了自己的渠道网络，即“牛奶之路”，这一网络实际上是在 27 个村庄和加工厂之间建立奶源收购点，村民将自家产的牛奶送到收购点，这就解决了牛奶供货问题。因此，建立生产和分销渠道是企业成功实施品牌国际化战略的关键。

4. 建立品牌合作关系

实施品牌国际化战略的大多数企业，以某种形式在当地建立了不同程度的营销合作关系，如合资伙伴、特许经营者、经销商、代理商等。

企业在当地建立品牌合作关系，基本的动因是希望获得品牌产品的分销渠道。比如，在与百事公司合作分销产品的头四年，立顿的销售额增加了 500%，立顿的冰茶产品得到了发展，百事也借助立顿扩大了在全球市场的分销渠道。

三、品牌国际化市场传播决策

随着全球媒体的发展，全世界消费者的品位开始趋向于一致，广告传播活动也逐渐标准化和国际化。当然，这种趋势还在发展变化之中。有些消费群体（青少年和年轻的商界人士）比其他消费者更愿意成为“地球村”的村民。随着全球卫星和有线电视频道的发展，像耐克、佳能这样的公司正通过标准化全球广告活动逐渐强化其国际品牌形象。

（一）品牌传播的差异化策略

虽然企业通过实施标准化的品牌营销与传播策略可以降低成本，但各个国家的消费者具有不同的消费品位、习惯和偏好。例如，美国人早餐爱喝橙汁，中国人则没有这种习惯；麦当劳在不同的国家有不同的菜单——在德国有啤酒，在法国有白葡萄酒，在新加坡和马来西亚提供当地水果口味的奶昔。

不同国家的人有不同的文化，每一种文化都覆盖了一定的社会关系、宗教信仰、语言和消费习惯，极大地影响着信息传达和接收的方式。在这种情况下，要想成功地进行信息沟通，就要遵循一个基本原则：信息发送者了解信息接收者的偏好。跨国企业必须熟悉各地区市场的差异，清楚地认识到这些市场与本国市场的不同之处。

有多种方式可以用来进行文化对比，例如，与现代化相比传统化的程度，明确的口头信息（低情境文化）与暗示的非口头信息（高情境文化），等等。例如，许多研究者认为，北美文化与亚洲文化相比是低情境文化。明确了文化的差异，就可以理解为什么不同国家的消费者在决定购买某些产品时有不同的方式，以及对广告也有不同的态度。

特定的产品种类可能具有更深层的文化基础，对这些产品开展全球化营销的难度会更大一些。即使产品的文化基础不深，如工业化产品，市场上也存在各种差异。例如，大众媒体的可利用性可能不同，政府的法令也有所不同，消费者对产品的包装会有不同的期待和偏好。另外，某一特定品牌的竞争环境也许有很大的区别，即在此市场是领导者，在彼市场却是跟进者，其竞争品牌可能采用与其他市场完全不同的定位策略。所有这些使标准化的广告传播几乎不可能。

对于多个市场的需求，标准化的营销与传播活动可能具有明显的不足，它们只重视市场的共性而忽略个性，导致无法有效地吸引特定市场的消费者。正如一位营销学专家指出的：越普通的信息，其受众越多，但信息的特定性也越低，吸引力也越小。

（二）全球营销与品牌传播

1. 全球营销

全球营销必须适应不同的环境，品牌及品牌资产在全球营销中有十分重要的作用。没有品牌，可口可乐就仅仅是加了调味剂的水，瑞士的天梭手表也仅仅是一块手表。这些公司在产品质量、持久性和领导世界潮流方面塑造了自己的品牌价值。

天梭手表广告作品

2. 全球营销管理

许多公司由最初的小规模营销发展为世界范围的营销。跨国公司的一种典型的营销管理方式是公司总部决定战略方案，在实施方面则赋予地方管理者很大的灵活性，以发挥他们的才能。

例如，在可口可乐公司，曾经有一段时间甚至是一些最不重要的决定也要由亚特兰大的公司总部作出，这种管理模式为可口可乐公司主宰世界软饮料市场起到了一定的作用，但是随着竞争日益激烈，可口可乐公司意识到它忽略了地区之间在政治、经济与文化方面的差异，于是决定采用一种更为开放的管理体系。

现在大多数的跨国公司并不采用纯粹的自上而下的管理模式——管理者坐在总部向全世界的分公司发号施令。许多跨国公司确实使用过这种管理模式，但是今天大多数跨国公司已经很少使用这一模式了。

3. 广告执行

全球营销广告管理一般有三种基本模式，每一种模式都有多变性，在不断变化的国际商业领域，没有什么是绝对的。

（1）传播标准化。传播标准化是指在全球范围内执行广告策略和宣传活动时，创意或其他方面的改变尽量保持在最低限度。在这种模式下，广告公司的创意队伍要同企业营销部门进行沟通，一起制订统一的全球传播方案。这种模式的一个主要优点是确保了广告质量以及广告执行的一致性，更重要的是，它使得一个公司或一个品牌在传播活动中保持一致的声音，更易于建立一个全球形象。

（2）策略模式标准化。策略模式标准化是指总公司控制整个广告策划、整体创意和媒介选择方法，广告的执行则由当地公司完成。每个国家或地区的公司都有一定的媒介选择权，可以为了适应当地情况而对广告诉求做适当更改。这种模式相对而言较为合理。

策略模式标准化在理论上没有问题，但在具体执行广告计划和管理时出现了问题。不同国家的实际执行情况多少会有所不同，什么时候可以从标准化完全转为地方化？很明显，没有一个统一的答案。商家和广告公司在执行这种模式时会发现，广告和品牌创意策略与执行完美结合，是国际品牌运作成功的关键。

（3）传播策略地方化。与标准化管理模式相对应的是地方化管理模式。这种管理模式是指公司的每个分部可以独立制定策略并开展广告传播活动。地方公司根据每个地区的文化和需求制定广告传播策略。总部并不掌控战术性的活动，总部的战略计划会强调地方营销活动的努力成果。

科技的发展有助于将全球营销中的众多设想变为现实，但是要使不同国家或地区适应一种营销策略也是不可能的。从成本和效益的角度看，全球营销是一个非常有吸引力的概念，尽管它还有许多缺点。有些全球营销策略把公司的利益置于消费者的利益之上，这当然是不正确的（见图 10－2）。

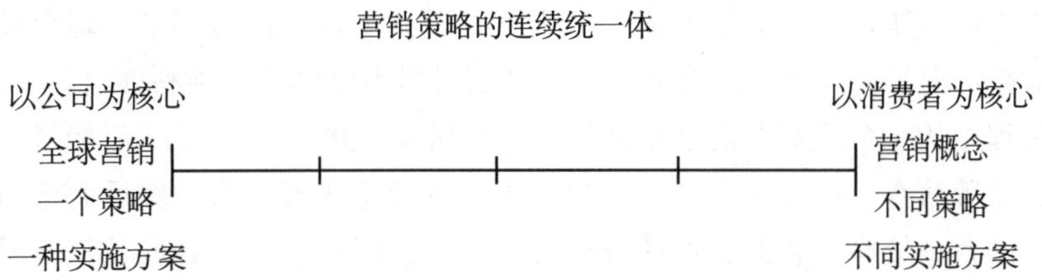

图 10－2　跨国公司在制订营销计划时通常要在企业与消费者的需求间寻求平衡

（三）跨国广告公司

越来越多的企业实施品牌国际化战略，必然会带动越来越多的广告公司进入国际市场。20 世纪 40 年代，麦肯和智威汤逊便开始带领美国广告公司进入国际市场，建立海外分公司，为进入海外市场的美国大客户代理广告业务。

麦肯广告公司标志　　智威汤逊广告公司标志

进入 20 世纪 70 年代，大多数海外分公司的经营模式发生了转变，即从独资经营向控股或合资经营转变，从而解决了建立新机构耗时过长的问题，其广告计划也更能反映当地的实际情况，同时可以向客户提供标准化的服务。

1. 广告公司运作管理

国际广告公司负责制定品牌战略，按市场或地区分配资源、广告等。当地的广告公司和营销队伍要确保广告方案在当地市场得到合理的贯彻执行（可能包括创意或策略方面的修正），同时将结果反馈给国际广告公司，以便传播到其他市场。

当地公司与总公司的合作使营销人员以及广告公司获益匪浅。将创意和信息共享，可以产生新的创意，提供看问题的不同角度；也可以采用更一致的方法进行创意和品牌定位，消除在本地实施中可能发生的分歧；还可以集中资源（财力和人力）应对全球营销中可能出现的问题。

2. 跨国消费者研究和营销翻译

只在一国市场有工作经验的营销人员发现，他们在进行全球营销时会遇到一些挑战。比如，他们在对多国消费者的购买行为进行调查时，经常会遇到一些在一个国家采集数据时没遇到过的问题。在跨文化研究中充分理解行为的含义要考虑社会与文化因素。做好跨文化研究的关键是对真实数据的分析。对于全球营销者而言，如何做好调查数据的分析是一个很重要的问题。企业要寻找一种办法，将广告和营销的关键因素恰当地“翻译”出来，以适用于不同的国家。虽然传统意义上的语言翻译很重要，但这里的“翻译”还要能区分各个国家文化与传统中的微妙差异。

营销翻译指的是将营销计划引入其他国家。这种翻译需要广告客户不仅能够处理语言和一词多义的问题，还要了解不同国家中各种营销手段、广告活动、媒介使用的差异以及法律规范的差异。显然，没有哪个广告计划可以不做修改就顺利推出。

翻译过程中的一个重要因素是品牌核查。品牌核查的目的是了解消费者对某品牌的评价。通过品牌核查，可以知道一个品牌对于消费者意味着什么，然后制定可能提高品牌销售潜力的营销策略。通常品牌核查会帮助公司发现自己对品牌的认识与某些国家的消费者对品牌的认识并不相符。

（四）制订跨国广告计划

无论在哪个国家或地区，广告的基本功能都是一样的。成功的广告应建立在良好的规划和营销策略的基础之上。消费者利益必须成为广告信息的核心诉求，所有形式的营销都应该整合成为一个广告传播活动，而不能是一系列毫无关联的广告和促销活动。

虽然广告的基本特征是一样的，但是在不同国家或地区，广告的执行和实践会遇到一些特殊问题。全球营销人员发现，对广告的使用和接受程度以及广告的目的是极其多样的。当一个公司向全球推销产品时，它面临的问题除了有人们熟知的产品竞争问题，还有更棘手的问题，如怎样说服购买者改变已有的习惯。无论一个国际广告活动的目标是什么，广告商都必须处理每个国家或地区独有的一系列特殊情况。

国际广告的创意过程始于对某一社会和文化的理解。只有当营销者了解了一个国家或地区的文化时，广告才有效果。即便对于国内营销者，能确定人们购买产品和服务的动机也不是件容易的事情，对于在几十个国家或地区运作的公司，这个问题会放大几十倍，全球营销面临的问题与难度可想而知。

就像商务运作方式不能从一个国家直接照搬到另一个国家一样，广告也是如此。了解一个国家的商业文化有助于洞察消费者的购买过程，从而有利于广告制作。例如，在荷兰，人们对于约定的商务会面严格遵守时间，只用很少的时间寒暄，很快便进入正题。在墨西哥和马来西亚，商务会面往往是在社交场合或主人的家中进行。在巴西，商务会面也很随意，通常以随意交流开始，但很快切入正题，结束时通常会得出一个最终的结果。

广告公司对自己传递的信息非常谨慎。例如，多数国际广告经理会对幽默广告持反对意见：因为各国对于幽默的理解差别很大，即便相邻的国家和使用相同语言的国家之间也存在差异。幽默难以翻译到位，人们的态度、观念和行为不同，会有不同的感受，无论那些幽默在母语中是多么正常和无伤大雅。

美国广告中经常出现幽默、双关语，但是这些在直译时往往会成为灾难。美国的国际广告公司一度采用直译的方法翻译美国广告并向全球传播，但它们发现这么做虽然快捷、费用低，但很难令人满意。现在跨国公司非常注重各地的文化差别，广告的内容在不同的国家也有所区别。

美国广告简略的语言表达方式在其他国家有时会造成误解或被认为是对其他国家的冒犯，对全球营销人员来讲有许多“雷区”。商家和广告公司发现，调查研究和雇用本地员工是避免出现以上问题的两种基本途径。

（五）媒体规范与法律思考

跨国广告公司在制订媒体计划时会遇到许多在构思创意时意想不到的问题。事实上，制订媒体计划在某些方面比开发创意还要困难。总体而言，跨国广告公司在制订媒体计划要考虑以下几个方面。

1. 媒体可用性

不同文化背景或法制健全程度不同的国家，对媒体使用广告具有一定的限制。比如绝大多数的欧美发达国家不允许媒体（户外媒体除外）刊发香烟广告，在香烟包装盒上也必须使用图片和数据说明吸烟有害健康；但是在一些不发达国家，对香烟广告的限制就不是那么严格。有些国家对电视媒体播出的广告有一定的限制，如只允许电视广告在一天的某个时段播出广告或只允许广告在电视节目之前或之后播出而不允许在节目中插播。不过，随着世界经济全球化进程的发展，各国政府对引进外资及其品牌产品持有积极的态度，对媒体的控制往往也会有所放松。

2. 法律要求

例如，在美国向儿童促销产品受到诸多限制。各国规范儿童广告的条例各有不同，但主要集中在以下四个方面。

第一，有些产品不可做广告。例如，英国广告和促销条例规定，广告不得出现鼓励儿童上床要睡觉时吃喝东西的内容，也不能出现鼓励用快餐代替主食的内容。

第二，不适宜儿童的广告方式。如瑞典规定不允许向 16 岁以下的儿童做直接回应广告。

第三，一些国家禁止在广告中使用著名人物形象，如演员、运动员和卡通人物。还有一些国家禁止用儿童做广告。

第四，在美国，对比性广告是很普遍的，但很多国家对此有严格限制或完全禁止。

3. 媒体使用

各国消费者对媒体表现出不同的偏好。在日本，看电视的时间因受众的年龄和性别而有所不同。根据一项调查，日本高中生每天看电视的平均时长为 6 小时 14 分钟，初中生为 4 小时 42 分钟，小学生（10 岁以上）为 3 小时 46 分钟。此外，日本体育厅的数据显示，超过 17%的中小学生每天屏幕使用时长超过 5 个小时，主要是用于非学习目的。这些数据表明，日本中小学生的媒体使用时长呈现出增加趋势，并且呈现低龄化。

而在英国，根据英国商业电视节目销售机构 THINKBOX 的调查，英国人 2023 年每天看电视节目的平均时长为 3 小时 55 分钟。英国通信办公室（Ofcom）的数据显示，英国人每天看电视的平均时长为 4 小时 3 分钟。这表明，英国人每天花费大量时间观看电视节目，他们对电视媒体依然有较高的依赖性。

四、品牌全球化的相关法律与协定

案例 10－1　华为品牌的全球化发展之道

中国品牌要走向国际，参与全球竞争，就必须使自己的商标获得国际法律的保护。商标专用权具有地域性，这是国际惯例。目前，中国企业到国外进行商标注册的途径有两个：一是通过《马德里协定》或《马德里议定书》办理商标的国际注册；二是到品牌销售国逐一办理商标国际注册手续。

（一）《马德里协定》及其原则

《商标国际注册马德里协定》（简称《马德里协定》）于 1891 年 4 月 14 日由五个发起

国（意大利、西班牙、葡萄牙、法国和瑞士）在西班牙马德里签署生效。该协定的宗旨是在各协定国之间办理共同认可的商标国际注册，先后修订过5次，1979年9月28日在瑞典首都斯德哥尔摩进行修改。截至2024年，马德里联盟共有115个成员，覆盖131个国家和地区。中国于1989年10月4日正式签字成为《马德里协定》的成员，从那时起，中国企业即可通过《马德里协定》在该协定的成员所在地办理商标的国际注册。通过该渠道进行国际商标注册的特点是省时、省力和省钱，企业可以根据自己的品牌营销战略规划，在协定成员中任意挑选需要进行商标注册的地点。

《马德里协定》有以下几条基本原则和规定。

1. 申请人资格

申请人资格是指什么人才有获得申请商标国际注册的权利。该协定明确规定只要是本协定的签署成员国的国民，或者在成员国中有住所的自然人或设有总部的法人，或者在成员国中设有真实有效的工商营业场所的法人，均有权利申请商标国际注册。上述三个条件只要满足其中一个就符合申请人资格。

2. 原属国与所有人国家

该协定第一条第三款关于原属国的规定是这样的，原属国是指申请人设有真实有效的工商营业所的特别联盟国家；在特别联盟国家中没有此类营业所的，系指其住所所在的特别联盟国家；在特别联盟国家境内没有住所，但为特别联盟国家的国民的，则指其国籍所在的国家。

特别联盟国家是指适用《马德里协定》的国家，适用该协定的系指协定成员国，因此，协定成员国就是特别联盟国家。所有人国家是指商标国际注册所有人（或称注册人）所在的国家，亦即该商标所有人设有真实有效的工商营业所，或具有所在国国籍的协定成员国。

3. 原属国的国家注册

原属国的国家注册是指商标所有人在其所在的原属国，向该国商标主管机关提出申请并核准的国内商标注册过程，该协定上述过程称为“基础国家注册”。基础国家注册是相对于商标国际注册而言的。凡是国内商标所有人欲申请商标国际注册的，必须以基础国家注册（或申请注册）为前提，如果没有此前提，该商标所有人将不得申请商标的国际注册。

4. 基础国家注册与国际注册之间的关系

某商标先后在其基础国家和国际注册，那么基础国家注册与国际注册之间的关系基本是以五年为期限，即某商标自国际注册之日起五年以内，如果该商标在其基础国家注册后因某种原因在其原属国失去全部或部分保护，或在其基础国家的商标注册最后并未被核准，那么该商标的国际注册在协定国的成员国也相应地全部或部分地失去保护。如果该商标国际注册的时限已经满五年，那么该商标的国际注册与其基础国家注册可以相互独立，之后的国际注册就将不再受到基础国家注册的影响。

5. 优先权原则

优先权原则是《保护工业产权巴黎公约》（简称《巴黎公约》）对工业产权确立国际

保护的重要原则之一。就商标而言，优先权是指同一品牌商标申请人在《巴黎公约》任一成员国内正式提出商标注册申请之后的六个月之内，有向该公约的其他成员国提出相同的商标注册申请，此时，其他公约国应该将该商标的第二次申请注册的日期视同为该商标在六个月之内向其原属国第一次申请注册的日期。商标申请人欲享有此优先权需要向有关公约国提出声明要求。中国既是《马德里协定》成员，又是《巴黎公约》的成员国，中国的企业在办理商标国际注册的过程中，应该充分利用此优先权原则，使本商标的申请注册能够尽可能早地获得国际保护。

6. 商标国际注册的效力

某商标自国际注册之日起，就相应地在所有《马德里协定》的成员或《巴黎公约》的成员国得到保护，其保护的效力与该商标在某一国家直接注册得到的保护是完全一致的。商标国际注册的效力可以分为商标国际注册的法律效力和商标国际注册的领土效力。

商标国际注册的法律效力，主要是指商标一经国际注册并由世界知识产权组织国际局通知被指定保护的相关成员国之后，该商标的指定应视同该商标所有人直接到各相关国家申请注册；如果上述商标的注册申请未被驳回，则该商标的国际注册在上述各相关国家所得到的保护，也应视同该商标所有人直接到各相关国家办理注册手续并获得的保护。

至于商标国际注册的领土效力，则是指商标通过国际注册所得到的保护，如何扩展到得到相关《马德里协定》成员同样的保护。商标国际注册的申请人有权利向世界知识产权组织总干事提出申请，要求并指定相关成员对其商标予以保护。商标所有人在其原属国注册之后，又准备将其商标注册延伸到《马德里协定》相关成员的，可以在申请商标国际注册时指定一个或多个成员对其商标予以保护。如果在商标国际注册时其所有人未能指定某些成员对其商标予以保护，则在其商标注册之后，其所有人仍然可以申请指定有关成员对其商标予以保护，其保护不受任何影响。

（二）商标进行国际注册时需要注意的事项

1. 国际局

商标国际注册的手续是由商标的所有人（或代理人）直接向世界知识产权组织国际局（简称“国际局”）提出申请。国际局是《马德里协定》的职能机构，其主要职能有以下几个方面。

其一，办理商标国际注册。凡是商标的所有人（或代理人）为该商标提出国际注册申请，或为其商标提出变更、续展申请，或提出变更其商标代理人等其他有关事项的申请，须经该商标所有人的原属国国家主管机关上报国际局，由国际局根据具体情况办理上述事宜。涉及商标国际注册的其他有关事项，如公告国际注册簿的登记事项也由国际局负责办理。

其二，筹备马德里成员联盟大会的会议。

其三，筹备有关条款的修订会议。

其四，为马德里成员联盟大会以及专家委员会和工作小组提供（秘书处）服务。

2. 工作语言

《马德里协定》各条款实施所使用的工作语言规定为一种语言，即法语。《商标国际注册马德里协定实施细则》第七条第一款明确规定："协定的执行，以法语为国际局的工作语言。"

3. 商标国际注册簿

商标国际注册簿是由国际局专门为记载细则所规定的各项登记而设立的注册簿，存放于国际局，以便能够对各项登记及时进行记载。登记的内容主要包括以下几项。

其一，商标国际注册。涉及申请人名义、地址，代理人名义、地址，申请国际注册的商标，商标原属国注册日期、注册号、商品和（或）服务名称及其所在的类别，原属国名称，指定保护的国家，国际注册申请号、日期、注册日期、注册号等。

其二，商标国际注册的变更。

其三，商标国际注册的续展。

其四，指定保护的驳回。

其五，商标的无效决定。

其六，某些司法或行政裁定。

其七，更正。

4. 付费

商标国际注册的付费方式统一使用瑞士法郎支付，其基本的费用标准为：基础注册费 653 瑞士法郎（黑白商标图样）（彩色商标图样的为 903 瑞士法郎）。

（三）商标国际注册的申请、审查和受理

商标在通过《马德里协定》进行国际注册的过程中，有一些基本的条件、程序和填写要求是需要了解的。

申请条件是指申请人在申请商标国际注册之前，必须在原属国取得基础国家注册，申请人如果之前没有在原属国取得基础国家注册，就不得申请商标国际注册，并且其商标国际注册的商品或服务的类别不得超过原属国注册的商品或服务类别。

申请程序是指申请人提出申请，经原属国主管机关受理并送达国际局的过程。整个过程分为两个环节：一是从申请人提交申请书至原属国主管机关进行受理的环节；二是从原属国主管机关将商标国际注册的申请送达国际局的环节。

商标国际注册申请书的填写必须注意以下有关事项：

其一，申请人的名称，应写明中文全称及拼音（或外文译名）。

其二，申请人详细地址，包括通信地址、住所门牌号码、邮政编码、电话、传真、电子邮箱等。

其三，有委托代理的，要写明委托代理人的中文名称及拼音（或直接注明译名）和详细地址。

其四，要详细写明在基础国家注册的商标申请日期、申请号和商标注册日期、注册号。

其五，申请人在申请书中指定有国别的，即视为其申明在某国有使用该商标的意图。

其六，商标国际注册的申请人必须与其在国内商标注册时的申请人一致。

（四）商标国际注册的其他途径

《马德里协定》的商标国际注册是商标国际注册的基本途径，而且是一条比较便捷的途径，但不是唯一的途径。与《马德里协定》并行的还有一个《商标国际注册马德里协定有关议定书》（简称《马德里议定书》）。该议定书于 1989 年 6 月 27 日在西班牙马德里通过，于 1995 年 12 月 1 日正式生效。中国于 1995 年 9 月 1 日签署该议定书。该议定书于 1995 年 12 月 1 日对中国生效。该议定书一共有九个签署成员国，主要是以美国为代表的英语国家。因此，《马德里议定书》规定的工作语言为法语或英语。在议定书签署成员国进行商标国际注册，其基本程序与《马德里协定》大体是一样的，也是通过世界知识产权组织国际局办理相关手续。

截至 2024 年马德里联盟共有 115 个成员。企业如果希望将自己的品牌产品开展海外市场营销，就只能将自己的商标进行逐一的国家注册。一般而言，企业可以到《巴黎公约》的成员国或与中国签订有商标注册互惠协定的国家逐一注册。目前，《巴黎公约》共有 180 个成员，中国是其缔约国之一。《马德里协定》和《马德里议定书》的签署成员全部是《巴黎公约》的成员。企业如果还希望向更多的国家进行市场拓展，就必须通过逐一注册的途径进行品牌商标进入国的注册。

基本概念

全球性品牌　　国际品牌　　全国性品牌

强势品牌　　国际营销　　成熟市场

发展中市场　　文化群体　　传播标准化

策略模式标准化　　营销翻译

思考题

1. 品牌国际化的意义和作用是什么？
2. 企业在实施品牌国际化的过程中会遇到哪些障碍？
3. 企业选择国际目标市场的主要依据是什么？
4. 品牌国际化市场进入策略主要有哪几种？
5. 品牌国际化市场营销模式主要有哪几种？

即测即评

参考文献

[1] 凯文·莱恩·凯勒．战略品牌管理：第 3 版．北京：中国人民大学出版社，2009.

[2] 里克·莱兹伯斯，等．品牌管理．北京：机械工业出版社，2004.

[3] 西尔维·拉福雷．现代品牌管理．北京：中国人民大学出版社，2012.

[4] 道格拉斯·霍尔特，道格拉斯·卡梅隆．文化战略：以创新的意识形态构建独特的文化品牌．北京：商务印书馆，2013.

[5] 马丁·林斯特龙．品牌洗脑．北京：中信出版社，2013.

[6] 何佳讯．品牌形象策划：透视品牌经营．上海：复旦大学出版社，2000.

[7] 杨海军，袁建．品牌学案例教程．上海：复旦大学出版社，2009.

[8] 艾丽丝·泰伯特，蒂姆·卡尔金斯．凯洛格品牌论．北京：人民邮电出版社，2006.

[9] 保罗·莱斯特．视觉传播：形象载动信息．北京：北京广播学院出版社，2003.

[10] 大卫·爱格．品牌经营法则：如何创建强势品牌．呼和浩特：内蒙古人民出版社，1999.

[11] 戴维·阿克，等．品牌领导．北京：新华出版社，2001.

[12] 奥美公司．奥美的观点Ⅳ．北京：中国人民大学出版社，2006.

[13] 周安华，苗晋平．公关关系：理论、实务与技巧．3 版．北京：中国人民大学出版社，2010.

[14] 阿尔·里斯，劳拉·里斯．公关第一，广告第二．上海：上海人民出版社，2004.

[15] 程宇宁．广告创意．2 版．北京：中国传媒大学出版社，2009.

[16] 唐锐涛，劳双恩．智威汤逊的智．北京：机械工业出版社，2005.

[17] 保罗·唐波拉尔．亚洲品牌之路．上海：上海交通大学出版社，2001.

[18] 贝恩特·施密特，亚历克斯·西蒙森．视觉与感受：营销美学．上海：上海交通大学出版社，1999.

[19] 苏特·杰哈利．广告符码：消费社会中的政治经济学和拜物现象．北京：中国人民大学出版社，2004.

[20] 让·波德里亚．消费社会．南京：南京大学出版社，2000.

[21] 保罗·梅萨里．视觉说服：形象在广告中的作用．北京：新华出版社，2003.

[22] 菲利普·科特勒，凯文·莱恩·凯勒．营销管理：第 12 版．北京：清华大学出版社，2009.

[23] 托马斯·拉塞尔，罗纳德·莱恩．克莱普纳广告教程．北京：中国人民大学出

版社，2005.

[24] 杰斯帕·昆德. 公司精神. 昆明：云南大学出版社，2002.

[25] 钟伟. 品牌营销策划与管理. 北京：科学出版社，2009.

[26] 李彬. 大众传播学. 北京：中央广播电视大学出版社，2000.

[27] 卫军英. 整合营销传播理论与实务. 2 版. 北京：首都经济贸易大学出版社，2009.

[28] 马克·布莱尔，等. 360 度品牌传播与管理. 北京：机械工业出版社，2004.

[29] 汤姆·邓肯. 整合营销传播. 北京：中国财政经济出版社，2004.

[30] 丁俊杰，董立津. 品牌：企业核心价值的开发. 北京：中国工商出版社，2005.

[31] 杰克·特劳特. 显而易见：终结营销混乱：经典重译版. 北京：机械工业出版社，2017.

[32] 李杰. 战略性品牌管理与控制. 北京：机械工业出版社，2012.

后　记

我对于品牌理论的接触与学习大概是1997年前后的事情，在那一年我开始到广告公司从事兼职的策划工作，后来做到了策划总监这一职位。在那些年里，我主持策划了许多国内企业的品牌营销与广告策划传播项目，其中有些项目包括品牌策划与实施的全部环节：客户沟通、市场调查、品牌定位、营销策划、品牌VI设计、品牌广告创意、广告文案与设计、影视广告拍摄与制作等。这些经历使我得以从三个不同的角度来看待和理解品牌：一是从广告公司的角度；二是从企业的角度；三是从大学教师这一比较单纯的品牌研究者的角度。总体来说，前两者属于实战派，第三者则是学院派。实战派的专家常常以不屑的眼光藐视学院派，认为他们只会形而上的夸夸其谈；反之，学院派的学者往往以俯视的姿态看待实战派，认为他们只会形而下的追逐小利。我不认为自己是学院派，当然，我也不认为自己属于实战派。事实上，我是先从事了品牌策划的相关实践活动，再系统地学习和研究品牌的相关理论。我的这种独特经历帮助我从不同的角度对品牌策划与管理有了更接近全面的认知和理解。

记得我第一次给学生讲品牌课程是在2004年，那时由于没有相应的教材，我只能将讲稿大纲整理出来发给学生，由此，我便萌发了写一本教材的想法。不过，品牌理论涉及的相关学科较多，这对于任何一个作者而言都是一个巨大的挑战。虽然我的杂乱的学科背景相对而言比较有优势，但是我仍然难以鼓起勇气挑战自我。想法如果不能加以实施，就永远只是想法。因此，我要感谢中国人民大学出版社的各位编辑，因为他们的鼓励和催促，这本书才能够从想法变为现实；有了他们在编辑过程中付出的心血，本书才能更加完善。

程宇宁

中国人民大学出版社　管理分社

教师教学服务说明

中国人民大学出版社管理分社以出版工商管理和公共管理类精品图书为宗旨。为更好地服务一线教师，我们着力建设了一批数字化、立体化的网络教学资源。教师可以通过以下方式获得免费下载教学资源的权限：

★ 在中国人民大学出版社网站 www.crup.com.cn 进行注册，注册后进入“会员中心”，在左侧点击“我的教师认证”，填写相关信息，提交后等待审核。我们将在一个工作日内为您开通相关资源的下载权限。

★ 如您急需教学资源或需要其他帮助，请加入教师 QQ 群或在工作时间与我们联络。

中国人民大学出版社　管理分社

教师 QQ 群： 648333426（工商管理）　1057207274（财会）　648117133（公共管理）
教师群仅限教师加入，入群请备注（学校＋姓名）

联系电话： 010-62515782，82501868，82501048，62514760

电子邮箱： glcbfs@crup.com.cn

通讯地址： 北京市海淀区中关村大街甲 59 号文化大厦 1501 室（100872）

管理书社　　人大社财会　　公共管理与政治学悦读坊